Kleine Geschichte
der Türkei

Kleine Geschichte der Türkei

Von Klaus Kreiser und
Christoph K. Neumann

Philipp Reclam jun. Stuttgart

2., aktualisierte und erweiterte Auflage 2008

Satz und Druck: Reclam, Ditzingen
Buchbinderische Verarbeitung: Conzella Verlagsbuchbinderei,
Aschheim-Dornach bei München
Printed in Germany 2008
RECLAM ist eine eingetragene Marke
der Philipp Reclam jun. GmbH & Co., Stuttgart
ISBN 978-3-15-010678-5

www.reclam.de

Inhalt

Der frühmoderne Staat und seine Gesellschaft (1596–1703)

Von Christoph K. Neumann

Das kurze 18. Jahrhundert (1703–1768)

Von Christoph K. Neumann

Das Osmanische Reich in seiner Existenzkrise (1768–1826)

Von Christoph K. Neumann

Das letzte osmanische Jahrhundert (1826–1920)

Von Klaus Kreiser

Die neue Türkei (1920–2008)

Von Klaus Kreiser

Anhang

Vorwort

Eine »Kleine Geschichte der Türkei« kann als Geschichte des anatolischen Raumes oder als die der Türken geschrieben werden. Wir haben uns für die zweite Möglichkeit entschieden und uns damit dem in der Geschichtsschreibung seit dem 19. Jahrhundert Üblichen angeschlossen. Diese Darstellungsweise hat den Vorteil, kontinuierliche und diskontinuierliche Entwicklungen einer Gesellschaft über lange Zeiträume verfolgen zu können. Andererseits sind wir uns der Willkür, die in solcher Nationalgeschichtsschreibung liegt, bewusst: Völker sind nichts Statisches, Nationen etwas ausgesprochen Modernes, und Staaten beruhen nicht darauf, das Land einer und nur einer Ethnie zu sein. Deshalb kann die Geschichte der Türkei nicht allein und ausschließlich eine Geschichte der Türken im engen linguistischen oder ethnischen Sinn sein. Auch wenn die Eigen- und Außenwahrnehmung der Türkei und ihrer Nachbarländer entscheidend vom Nationalismus geprägt werden, konnte es nicht unsere Sache sein, entsprechenden Denkmustern unbesehen zu folgen. Unser Buch reicht von den ersten Herrschaftsbildungen der Türken in Innerasien bis zur unmittelbaren Gegenwart der Republik Türkei. Ausgespart sind allerdings alle im weiteren Sinne türkischen Gesellschaften außerhalb des östlichen Mittelmeerraumes nach der Zeit der türkischen Einwanderung nach Anatolien ab dem 11. Jahrhundert. Unsere Darstellung ist als Geschichte der Gesellschaft entworfen, die heute als Türkei ein wichtiges Mittelmeerland ist. Dabei ist uns ein wesentliches Anliegen, die Vergangenheit dieses Landes und seiner Bewohner nicht vorwiegend als Ausnahme, als von der (implizit west- oder mitteleuropäischen) Norm abweichendes Exotikum oder gar bedrohlich Fremdes zu schildern, sondern die Verbindungslinien zu den Gesellschaften der umliegenden Regionen angemessen zu berücksichtigen. Türkische Geschichte ist auch europäische Geschichte.

Wir haben versucht, neben den Grundlinien der Ereignisgeschichte soziale, wirtschaftliche und kulturelle Gesichtspunkte zu ihrem Recht kommen zu lassen. Dem von uns behandelten Zeitraum von etwa 1500 Jahren entspricht eine riesige räumliche Ausdehnung türkischer Staatenbildungen. Das hat uns zu vielen Verkürzungen und Auslassungen gezwungen. Auf der anderen Seite versprechen wir, gerade in den Kapiteln zum Osmanischen Reich und zur Republik Türkei Tatsachen und Meinungen zu bieten, die man anderswo vermisst.

Wir hoffen, gestützt auf die Ergebnisse einer expandierenden internationalen Forschung, deren Leistungen wir häufig durch Namensnennung hervorheben und anerkennen, eine handliche und lesbare Übersicht geliefert zu haben, ohne komplexe geschichtliche Vorgänge unzulässig zu vereinfachen. Für die Durchsicht und zahlreiche Verbesserungsvorschläge bedankt sich Christoph Neumann bei Klaus Kreiser und Klaus Kreiser bei Christoph Neumann. Wichtige Ergänzungen verdanken wir Christine Jung, Maurus Reinkowski (Bamberg) sowie Kathrin Neumann und Claus Schönig (Istanbul). Die Entwürfe der Karten stammen von den Autoren.

Klaus Kreiser / Christoph K. Neumann

Das türkische Alphabet

Die Aussprache der folgenden Zeichen des seit 1929 gültigen türkischen Alphabets weichen von der des Deutschen teilweise ab:

c stimmhaftes *dsch* wie in *cami* (»Moschee«)
ç stimmloses *tsch* wie in Çerkes (Tscherkesse)
ğ so genanntes *yumuşak* g (weiches g), zwischen Vokalen kaum hörbar (vgl. Erdoğan), häufig bezeichnet es Dehnung des vorausgehenden Vokals (Bağdat)
ı sehr dumpfes i (z.B. *ışık* »Licht«)
s immer scharf wie deutsches ß
ş wie deutsches **sch** wie in *şah* (»Schah, Kaiser«)
z stimmhaftes s wie in Sonne (Erzurum; *zimmî* »Schutzbefohlener«)

Vokallängen werden gelegentlich durch den Zirkumflex über Vokalen ausgezeichnet.

Die Schreibung von im Deutschen eingebürgerten Wörtern aus dem islamischen Kulturkreis lehnt sich an den *Duden* (*Rechtschreibung der deutschen Sprache*) an. Ortsnamen folgen weitgehend den Formen von *Diercke-Weltatlas*. In den Kapiteln über das 19. und 20. Jahrhundert wird die zeitgenössische türkische Rechtschreibung verwendet. Gelegentliche Abweichungen sind angesichts der großen zeitlichen und geographischen Ausdehnung der türkischen Geschichte unvermeidlich.

Glossar

Erläuterung häufig vorkommender Begriffe (alle fremdsprachigen Termini sind, soweit sie nicht im Deutschen fest eingebürgert sind, auch beim ersten Vorkommen im Text erklärt). Die Definitionen lehnen sich teilweise an folgende Nachschlagewerke an: *Lexikon der Islamischen Welt*, hrsg. von Klaus Kreiser [u. a.], Stuttgart 1974, überarb. Neuaufl. 1992; Klaus Kreiser, *Kleines Türkei-Lexikon*, München 1992.

ağa (mongol. »älterer Bruder«): »Herr, Dorfoberhaupt, Großgrundbesitzer«, z. B. heißt der Befehlshaber der Janitscharen *yeniçeri ağası*.

akçe (türk. »Weißling«): Kleine Silbermünze, in späteren Jahrhunderten nur noch Recheneinheit, sie wurde durch den *gurûş* ersetzt.

Aleviten (deutsche Form von *Alevî*): Ali-Verehrer, große esoterische Glaubensgemeinschaft in Anatolien; seit dem 19. Jahrhundert ist die Bezeichnung an die Stelle des abwertenden *kızılbaş* getreten.

âlim: Sing. von *ulemâ* (s. d.).

asker (arab. »Soldat« aus lat. *exercitus*): *askerî* waren von Steuern befreite Angehörige der osmanischen Führungsschichten.

a'yân (arab. »Augen«): Notabeln, lokale bzw. provinzielle Elite.

beğ/bey (türk. »Herr«): Früher im Sinn von Fürst, Befehlshaber (arab. *emir/amîr*) gebraucht.

beğlerbeği/beylerbeyi (türk. »Herr der Herren«): Generalgouverneur, Militärbefehlshaber über mehrere Provinzen.

beğlik/beylik, (türk. »Fürstentum, Herrschaft«): Entspricht der arab. Form *emirat.*

Chan/Chanat: Vgl. *hân.*

cizye (arab. *cizya*)*:* Von Nichtmuslimen erhobene Kopfsteuer.

cumhuriyet: Eine im 18. Jahrhundert aus dem arab. *cumhûr*, d. h. »Volksmassen«, abgeleitete Bezeichnung für »Republik«.

çiftlik (türk. »Paar«): »Ein von einem Paar Ochsen bewirtschaftbares Landgut«, Bauernstelle, seit dem 18. Jahrhundert auch großes Landgut eines *a'yân.*

dâr ül-hadîs: Den nicht-koranischen Überlieferungen des Propheten gewidmete Unterrichtsstätte.

Derwisch (pers. »Angehöriger einer Bruderschaft«): Ein erheblicher Teil der osmanischen Muslime gehörte im engeren oder weiteren Sinn zu einer mystischen Bruderschaft wie Halvetiye, Kadiriye, Mevleviye, Nakşbendiye oder Bektaşiye.

dîvân (pers.): Das vieldeutige Wort bedeutet 1. eine Ratsversammlung, vor allem der großherrliche D. unter Vorsitz des Großwesirs, eine Kombination von Obergericht und »Ministerrat«, 2. die Sammlung der Gedichte eines Poeten (vgl. auch Goethes *West-östlicher Diwan*), 3. das auch im Deutschen so genannte Sitzmöbel.

efendi (griech.): Feiner Herr, Titel der *ulemâ* und Zivilbeamten.

emir: Vgl. *beğ.*

fetvâ (arab.): Gutachten eines *müftî*, das auf eine anonymisierte Frage zu rechtlichen Problemen Auskunft gibt.

fikh: Jurisprudenz, Rechtsverständnis, islamisches Recht.

gâzî (arab): Sieger, Kämpfer in einem Krieg.

Großwesir (pers.-arab. *vazîr*): In direkter Stellvertretung des Sultans mit der Leitung der Staatsgeschäfte beauftragter »Premierminister«.

gurûş/kuruş (ital. *grosso*): Kleine Silbermünze.

hân: 1. alttürtk. Herrschertitel, 2. Wirtschaftsbau, auch Karawanserei.

Hanefitische Rechtsschule: Die im Osmanischen Reich am weitesten verbreitete der vier als orthodox anerkannten sunnitischen Richtungen (*mezheb*) des islamischen Rechts (s.a. *fikh*).

iktâ (arab.): Eine Art Lehen, Pfründe (vgl. *timar*).

ilmîye (arab.): Moderne wissenschaftliche Bezeichnung für die von den *ulemâ* verwalteten osmanischen Staatseinrichtungen (Religion, Recht, Bildung).

Janitschar (türk. *yeniçeri* »Neue Truppe«): Angehöriger des stehenden, besoldeten Heers, zum größten Teil mit Gewehren bewaffnete Infanteristen.

Kadi (arab. »Richter«): Der Amtsbezirk eines Kadis wurde bei den Türken *kazâ* genannt.

kagan/Kaganat: Großchan, Kaiser; vgl. *hân*/»Kaiserreich«.

kalemîye (arab. von »Männer des Schreibrohrs«): Bürokratie der Zentralverwaltung.

Kalif (arab. *halîfa* »Nachfolger, Stellvertreter«): Die Institution des Kalifats geht auf die Nachfolge des Propheten Muhammad zurück. Die Osmanen haben seit dem 15. Jahrhundert den Kalifentitel geführt und nach 1774 den Gedanken eines universalen Kalifats belebt.

kânûn (von griech. *kanon* »Gesetz«; arab. »Recht«): Durch Tradition oder sultanischen Befehl geschaffenes osmanisches Recht, nur in der Theorie den Bestimmungen der Scheriat harmonisch ein- und untergeordnet. *kânûnnâme* waren Rechtsbücher, in denen nicht unmittelbar aus den religiösen Quellen abgeleitete Vorschriften enthalten waren. Der »Gesetzgeber« Sultan Süleymân I. führt deshalb im Türkischen den Beinamen »Kânûnî«.

kapı/kapu (türk. »Tor, Tür«): Haushalt, Gefolge eines Paschas.

kızılbaş (türk. »Rotkopf«): Bezeichnung für die Anhänger des iranischen Schahs İsmâîl und andere heterodoxe Gruppen (Aleviten).

kul (türk. »Sklave, Diener«): Bezeichnung der dem osmanischen Herrscher persönlich unterstehenden Mamluken-Kaste.

mahalle (arab. »Stadtviertel«): Das städtische Quartier war für Muslime und Nichtmuslime eine wichtige Organisationseinheit.

mâlikâne (arab.-pers.): Steuerpacht auf Lebenszeit.

medrese (arab. »Ort der Lehre«): Höhere Lehranstalt für die Vermittlung der Traditionswissenschaften und des Rechts, zu unterscheiden von der einfachen Schreibschule (*mekteb*).

millet (arab. »Nation«): Im weitesten Sinn bezeichnet das Wort Ethnien und andere Volksgruppen, später unterscheidet man einzelne »staatlich anerkannte« nichtmuslimische Gemeinschaften als m.

muftî/muftü: Islamischer Gelehrter, der befugt ist, eine Rechtsauskunft (*fetvâ*) zu erteilen. Heute führen die Bezirksbeauftragten der Religionsbehörde den Titel m.

nişancı: Leiter der Palastbürokratie.

nizâm-ı cedîd (»die neue Ordnung«): unter Selim III. rekrutierte Truppen, nach westlichem Muster exerziert; allgemeiner alle Maßnahmen der umfassenden Staatsreform, die zur Aufstellung dieser Einheiten angepackt wurde.

ocak (türk. »Herd«): militärisches Korps, vor allem für Janitscharen gebraucht.

Pascha/*paşa*: Aus Padischah (pers. »Herrscher«) entstandener Titel hoher Militärs, er wurde 1934 durch Gesetz aufgehoben, in der türk. Umgangssprache ist p. immer noch als Bezeichnung für einen General üblich.

Rechtsschule (arab. *mazhab*, türk. *mezheb*): Die Osmanen folgten wie die Abbasiden der so genannten hanafitischen Rechtsschule, die auf den irakischen Juristen Abû Hanifa (699–767) zurückgeht.

rüus: Prüfung, deren Bestehen einem jungen Rechtsgelehrten eine Laufbahn in den höheren Rängen der *ilmîye* erlaubte.

sancak (türk. »Banner«) / Sandschak: Bezeichnung für einen Militärbezirk bzw. eine Provinz (arab. *livâ* bzw. *vilâyet*).

Scheichülislam: Ursprünglich Ehrentitel für islamische Theologen. Im Osmanischen Reich wurde der *muftî* von İstanbul zum Sch., der bis 1924 an der Spitze der *ilmîye* stand.

Schiiten: Angehörige der Schia (arab. *şî'a*), die Alî, den Vetter und Schwiegersohn des Propheten Muhammad, als dessen ersten rechtmäßigen Nachfolger anerkennen.

sipâhî (pers. »Reiter«): Lehensreiter, Nutznießer eines *timâr*.

sufi (von arab. *sûf*, dem Wollgewand der Asketen): Mystiker, vgl. Derwisch.

Sultan (arab. »Gewalt, Herrschaft«): Bezeichnet seit dem 11. Jahrhundert den unabhängigen Herrscher eines Gebietes. In nachgestellter Form wird *sultan* bei den Osmanen als Titel für Gattinnen und Töchter des Herrschers (z.B. Hasekî Sultan) sowie Derwischscheiche verwandt.

sunna (arab., »gewohnte Handlungsweise«): Die Sunniten bemühen sich als orthodoxe Muslime, Praktiken des Propheten Muhammad und seiner Gemeinde fortzuführen.

şerîat/Scheriat: Kanonisches Recht, das auch die Beziehungen des Menschen zu Gott regelt und keine Trennung zwischen einem religiös-sakralen und profan-säkularen Bereich kennt.

şeyh, Scheich (arab. »Alter«): Vieldeutiger Titel, u. a. für das Oberhaupt einer Derwischerie (*tekke*) oder den Chef einer Zunft.

Tanzîmât (arab. »Verordnungen, Gesetzgebung«). Dieses Wort wird vor allem als Epochenbegriff für die osmanische Reformperiode zwischen 1839 und 1876 eingesetzt.

tarîka (arab. »Weg«): Bruderschaft.

tekke/tekye: Konvent einer Bruderschaft, Derwischerie.
timâr: Dienstpfründe für einen Kavalleristen (*sipâhî*).
türbe, kümbet: Grabbau, Mausoleum.
ulemâ (arab. Plural von *âlim* »Gelehrter«): Angehörige des *ilmîye*-Korps.
vakf, pl. *evkâf* (arab. »Fromme Stiftung«): Einnahmen, vor allem aus Immobilien, dienten dem Unterhalt des Personals von Moscheen, Medresen, Derwischerien und anderen gottgefälligen Zwecken wie der Unterstützung von Armen und Kranken.
Wesir (arab. »Freund und Helfer«): Leiter bzw. »Minister« der Zentralverwaltung.
zimmî (arab. »Schutzbefohlener«): Kopfsteuerpflichtiger (siehe *cizye*) Christ oder Jude.

Von der Chinesischen Mauer über Transoxanien nach Anatolien

Von Klaus Kreiser

Epochenüberblick

Mit dem Übertritt der meisten türkischen Stämme und Völker zum Islam im Laufe des 10. bis 11. Jahrhunderts war die alttürkische (hier bis 550 n. Chr.) bzw. *vorislamische* (bis etwa 1000 n. Chr.) Periode abgeschlossen. Die *islamische* Periode lässt sich in drei große Zeitabschnitte trennen: Ein türkisches Mittelalter (etwa 1000 – etwa 1500), in dem im Orient bis zum Einbruch der Mongolen (1258) eine Vielfalt kleiner und mittlerer Staaten bestand, lassen wir mit dem Fall des iranischen Samanidenstaates in Chorasan und Transoxanien (1005) beginnen und mit der osmanischen Eroberung von Konstantinopel (1453) bzw. Kairo (1517) enden. Die »klassischen Jahrhunderte« (1512–1826), in denen der Osmanenstaat auf drei Kontinenten Großmachtpolitik betrieb, bilden in diesem Buch die Neuzeit. Seit den Reformmaßnahmen der *Tanzîmât* (ab 1839) lässt sich von einer Moderne sprechen.

Zur Vorgeschichte der Türken kann hier nur das Notwendigste gesagt werden. Spekulationen über den türkischen Charakter der »östlichen Hunnen« (*Hsiung-nu*), die mit den Hunnen Attilas im Westen nichts gemeinsam haben und zwischen 300 v. Chr. und 100 n. Chr. auftraten, müssen außer Acht bleiben. Die ältesten verlässlichen Hinweise auf Türken finden sich in chinesischen Quellen aus dem 2. bzw. 3. Jahrhundert n. Chr. Mitte des 6. Jahrhunderts erschienen auf dem Gebiet der späteren Mongolei mächtige türkische Föderationen. Sie schufen innerhalb weniger Jahrzehnte zwischen Chinesischer Mauer und Aralsee »Imperien«, die einem oft mehr nominellen als tatsächlichen Oberhaupt (*kagan*) unterstanden, neben dem als zweiter Würdenträger ein so genannter *yabgu* genannt wird.

Unter den alttürkischen Kaganaten muss man sich ein Konglomerat aus nomadischen Stämmen bzw. Konföderationen und Gebieten mit sesshafter Bevölkerung (Oasen) vorstellen, das von einer Dynastie als Familienbesitz betrachtet wurde. 568 erschien bereits eine Gesandtschaft des westtürkischen Kaganats in Konstantinopel. Im folgenden Jahr sandte Kaiser Justin II. seinerseits eine Gesandtschaft. Byzanz und die Türken hatten in den sassanidischen Persern einen gemeinsamen Gegner, der den Seidenhandel zu monopolisieren versuchte. Die Seidenstraße, die China mit Ostrom verband, wurde nun von türkischen Herrschern kontrolliert.

Nach einem chinesischen Zwischenspiel entstand zwischen 682–745 das so genannte zweite türkische Kaganat. Die frühesten Zeugnisse der türkischen Sprache auf den Grabdenkmälern des Orchon- und Jenissej-Gebiets künden von den Machtverhältnissen und dem Selbstbewusstsein der Kagane. Die Verbindung einer universalen Ideologie mit nomadischer Wirtschaftsweise und nomadischem Lebensstil wurde von den Stämmen des Kaganats nach Transoxanien (»jenseits des Oxus / Amudarja«), Iran und Anatolien weitergegeben.

Die religiöse Landschaft Innerasiens war vielfältig: Legitimation bezogen die Kagane aus dem Besitz der geheiligten Landschaft Ötüken (im Changai-Gebirge am Oberlauf des Orchons). Einzelne Herrscher zeigten großes Interesse am Buddhismus. Schon im späten 6. Jahrhundert wurde ein wichtiger, freilich nicht überlieferter Text aus dem Chinesischen ins Türkische übertragen. Um 762 trat der Herrscher der Uiguren, Bögü Han (Tängri Kagan) zum Manichäismus über. Daneben finden sich zahlreiche Hinweise auf zoroastrische, christliche (nestorianische) und jüdische Glaubensgemeinschaften unter den Türken Innerasiens. Neben den Lehren der missionierenden Universalreligionen behielten Totemismus und bestimmte rituelle Praktiken (»Schamanismus«) ihre Geltung.

Die mit den »Orchon-Türken« sprachlich und kulturell eng verwandten Uiguren bildeten nach ihrem Sieg über diese ein eigenes, rund hundert Jahre bestehendes Kaganat (745–840). Inzwischen hatten arabische Eroberer das Fergana-Tal (im heutigen Usbekistan) erreicht. Ihr Sieg über ein chinesisches Heer am Talas (751) veranlasste China zu einem über ein Jahrhundert bestehenden Zweckbündnis mit den Uiguren. Tang-China erlebte damals einen starken Niedergang, während die Uiguren auf dem Höhepunkt ihrer Macht standen. Die uigurisch-chinesischen Beziehungen waren nun von einer starken Abhängigkeit der Kaiser gekennzeichnet. Sie drückte sich unter anderem in Handelsbeziehungen und der Verheiratung chinesischer Prinzessinnen an die Barbarenfürsten des Westens aus.

Um 780 finden wir die Ogusen, nach denen die Sprachgruppe des Südwesttürkischen (u. a. Turkmenisch, Aserbaidschanisch, Osmanisch = »Türkei-Türkisch«) heißt, in Transoxanien. Sie waren vielleicht die Abkömmlinge einer gleichnamigen Föderation in der Mongolei. Nachdem die am oberen Jenissej ansässigen »Alten Kirgisen« die Uiguren besiegt hatten (840), zogen sich diese aus der Mongolei in die Tianshan-Region (»Ostturkestan«) zurück. Um 866 gründeten sie dort das Reich von Kotscho. Die Grenzkriege der Samaniden gegen die türkischen Karachaniden und Ogusen konnten nicht ohne die Unterstützung ebenfalls türkischer Militärsklaven (*gulâm*) geführt werden. Unter ihren Herren, die ihrerseits dem Kalifen von Bagdad unterstanden, stiegen einige zu hohen Befehlshaberstellen auf. Alp Tegin, einer dieser türkischen Kommandeure in samanidischen Diensten, machte sich in

Ghasni (im heutigen Afghanistan) selbstständig. Sebük Tegin, seinerseits ein Militärsklave Alp Tegins, begründete die Dynastie der Ghasnawiden. 999 wurde Buchara von dem Karachaniden Nasr Ilig eingenommen. Der Oxus bildete nun die Grenze zu den Ghasnawiden.

Kriegerische Auseinandersetzungen waren von einer friedlichen Islamisierung Transoxaniens begleitet. Im 10. Jahrhundert verfügten bereits zahlreiche Orte über eine Moschee. Die arabischen Quellen sprechen jetzt von Turkmenen und meinen islamisierte Ogusen. Satuk Buğra Hân aus der eben genannten Dynastie der Karachaniden ist der erste bekannte türkische Würdenträger, der zum Islam konvertierte (vor 955). Allerdings vollzog sich die tiefere Islamisierung der türkischen Stämme erst in den folgenden Jahrzehnten auf iranischem Territorium. In Innerasien waren weiterhin nichtsesshafte türkische Stämme beheimatet. Die Kirgisen und Kasachen gingen erst im 19. Jahrhundert zur Dauersiedlung über. Ihr vollständiger Übertritt zum Islam fällt in die Zeit zwischen dem 14. und 17. Jahrhundert.

Die Seldschukendynastie bestimmte in enger Kooperation mit dem abbasidischen Kalifat etwa eineinhalb Jahrhunderte die Geschicke Irans, Iraks und großer Teile Syriens. Der Höhepunkt des so genannten Großseldschukischen Reichs war mit dem Tode Malik Şâhs (1092) überschritten, während den kleinasiatischen Rumseldschuken noch ihre größte politische Machtentfaltung und kulturelle Blüte Anfang des 13. Jahrhunderts bevorstand. Die osmanische Dynastie berief sich (nachweislich seit dem 15. Jahrhundert) auf den *Heros eponymus* Oguz Hân als Vorfahren.

Von den Anfängen bis 1000

um 300 v. Chr.	»Türkisches Altertum« bis um 550 n. Chr.
552 n. Chr.	T'u-men / Bumın Kagan vertreibt die Juan-juan aus der Mongolei. Türkisches Reich (Eigenbezeichnung: Türküt) unter seinem Sohn Mu-kan/Muhan (553–572) vom Baikalsee zur Großen Mauer.
554–558	Die Türken unter Istämi/İştemi (gest. 575/576), einem jüngeren Bruder Bumıns, besiegen die Hephtaliten (»Weiße Hunnen«) im Bündnis mit den Sassaniden und erhalten Zugang zur Seidenstraße.
568	Eine türkische Gesandtschaft in Ostrom strebt eine Allianz gegen die Sassaniden an.
582	Einfälle in China, in der Folge Verträge (584) und Heiratsverbindungen (590).
630	Der Feldherr des Tang-Kaisers Taizong besiegt das osttürkische Reich, 659 stoßen die Chinesen bis Buchara und Samarkand vor. Die östlichen Türk bleiben über 50 Jahre unter chinesischer Oberherrschaft.
682	Gründung des zweiten osttürkischen Reichs (bis 745).
688–691	Çoyren-Inschrift, angeblich ältestes türkisches Sprachzeugnis.
ab 693	Erneuter Höhepunkt der osttürkischen Macht unter Qapgan/Kapgan. Der osttürkische Herrscher unterwirft die westtürkischen On Ok-Stämme.
721	Der chinesische Hof verpflichtet sich zu hohen Tributleistungen.
732	Kül Tegin-Inschrift mit wichtigen Aussagen zur Schöpfungs- und Vätergeschichte, dem sakralen Herrscheramt und staatlichen Ordnungsvorstellungen.
um 742/745	Nach dem Untergang des westtürkischen Kaganats entsteht eine Konföderation der Basmıl, Uiguren und Karluk. 744 verbünden sich die Uiguren mit den Karluk gegen die Basmıl. Der Führer der Uiguren beansprucht den Titel des *kagan*, bei den Karluken bleibt die Würde des *yabgu*.

751	Schlacht am Talas (Taraz): Die Araber siegen über ein chinesisches Heer.
762/763	Übertritt der Uiguren zum Manichäismus.
um 780	Die Ogusen aus der Gegend um den Issyk-kul treten in Transoxanien auf.
um 820	Die Uiguren erscheinen am Oberlauf des Syrdarja.
um 840	Die »Alten« bzw. »Jenissej-Kirgisen« schlagen die Uiguren, die sich zum Teil nach Ostturkestan zurückziehen und dort das Reich von Kotscho gründen.
um 893–898	Eine Allianz aus Ogusen und Chasaren besiegt die Petschenegen, die zwischen Wolga und Ural nomadisieren.
955	Todesjahr des zum Islam übergetretenen westlichen Chans Satuk Buğra.
960	Die östlichen Karachaniden treten mit angeblich 200 000 Zelten zum Islam über.
um 985	Flucht Selcüks vor seinen Oberherrn; er rettet sich nach Cand/Jand und tritt zum Islam über.
etwa 1000	Niedergang der Macht der iranischen Samaniden und Bujiden; Aufstieg der Ghasnawiden unter Mahmûd; ogusische Stämme weiden bei Buchara.

Turkologie und Nationalismus

Die türkische Philologie hat das Nationalbewusstsein der Türken innerhalb und außerhalb der Türkei in einem so starken Ausmaß geformt, dass keine Darstellung der türkischen Geschichte ohne einen Exkurs über das Fach Turkologie auskommen sollte.

Der türkische Nationalismus verdrängte Anfang des 20. Jahrhunderts den alle Muslime einschließenden Osmanismus als Leitideologie der Eliten. Das herkömmliche Geschichtsbild, das die Legitimität der Dynastie mit der ogusisch-seldschukischen Ahnenreihe und der Übernahme des Kalifats begründete, wurde nun einer Revision unterzogen. Schon 1869 hatte ein polnischer Konvertit, Konstanty Borzęcki alias Mustafâ Celâleddîn Pascha (1826–1876), in İstanbul sein Buch *Les Turcs anciens et modernes* veröffentlicht, in dem er die herausragende Rolle der »alten und neuen Türken« in der Weltgeschichte betonte und sie als enge Verwandte der »Arier« bezeichnete. Ohne es zu ahnen, hatte Borzęcki Thesen der türkischen Sprachrevolution der 1930er Jahre vorweggenommen.

Übersetzungen von europäischen Reiseberichten, Geschichtswerken und historischen Romanen über Türken und Mongolen Innerasiens spielten bei dieser Entwicklung keine geringe Rolle. Armin Vámbéry (1831–1913), der ungarische Forschungsreisende und Turkologe, hatte als Erster das karachanidische (von ihm als »uigurisch« missverstandene) »Sprachmonument« *Kutagdu Bilig* bearbeitet, von dem noch die Rede sein wird. Vámbéry und Csoma Körösi gaben auch die Anstöße zum so genannten ungarischen »Turanismus«, einer Denkschule, die von der ethnisch-linguistischen Verwandtschaft der Ungarn mit den Türken ausging und die ihre stärkste Aktivität in den Jahren von 1910 bis 1930 entfaltete.

Der französische Autor Léon Cahun (1841–1900) machte die türkischen Leser mit der historischen Geographie der Gebiete zwischen der Chinesischen Mauer und dem Aralsee vertraut. Cahuns Hauptwerk »Einführung in die Geschichte Asiens« (*Introduction à l'Histoire de l'Asie. Turcs et Mongols des orgines à 1405,* Paris 1896) wurde 1900 von Necîb Âsım (1861–1935), einem sprachbegeisterten Offizier, in erweiterter Form als »Türkische Geschichte« veröffentlicht. Trotz Cahuns durchaus negativen Aussagen über »dauerhafte« Beiträge der Türken und Mongolen zur Zivilisation war seine Wirkung auf die nationalromantischen Strömungen in der osmanischen Türkei beträchtlich.

Finnische und russische Expeditionen entdeckten Ende der 1880er Jahre die alttürkischen Inschriften an Jenissej

Mittelasien zwischen 500 und 1000 n. Chr.

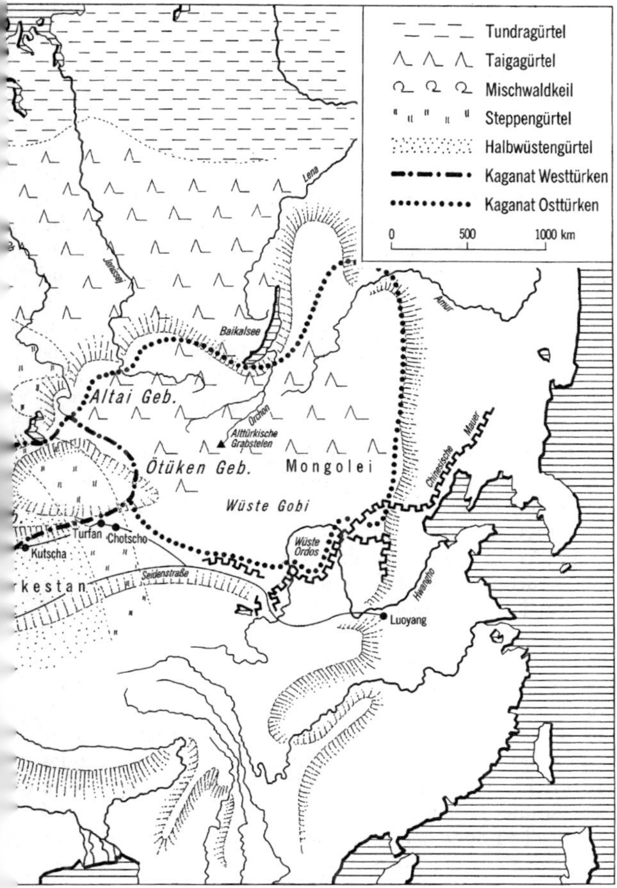

Tundragürtel
Taigagürtel
Mischwaldkeil
Steppengürtel
Halbwüstengürtel
Kaganat Westtürken
Kaganat Osttürken
0
500
1000 km
Lena
Jenissei
Amur
Baikalsee
Altai Geb.
Orchon
Alttürkische Grabstelen
Ötüken Geb.
Mongolei
Wüste Gobi
Chinesische Mauer
Turfan
Chotscho
Kutscha
Wüste Ordos
Seidenstraße
rkestan
Hwangho
Luoyang

und Orchon. Ihre Entzifferung durch den Dänen Vilhelm Thomsen (dargelegt auf seiner Kopenhagener Akademierede von 1893) verhalf dem jungen Fach Turkologie zu einem ungeheuren Aufschwung. Das Berliner Museum für Völkerkunde rüstete zwischen 1902 und 1914 vier Expeditionen aus, nachdem schon der Schwede Sven Hedin (ab 1895) und der in britischem Auftrag reisende Ungar Aurel Stein (ab 1900) aus »Chinesisch-Turkestan« berichtet hatten. Die bei ihrem ersten Vorstoß weitgehend privat finanzierte Expedition erreichte 1903 die Turfan-Oase, im Herbst des Jahres konnte ihr Leiter Albert Grünwedel die ersten Fundkisten nach Berlin schicken. In den Ruinenstädten im Herzen Innerasiens fand man 30000 Manuskripte, überwiegend Fragmente, in 17 Schriften und 24 Sprachen. Die inzwischen über die ganze Welt verstreuten Texte aus der Zeit zwischen 400 und 1400 n. Chr. beschäftigen seitdem Forschergenerationen. In Berlin wurde Willi Bang (1869–1934) zum Gründervater der alttürkischen Philologie.

Die nationalromantische Strömung in der Türkei wurde nach dem endgültigen Zusammenbruch des Osmanenstaates in das enge Korsett einer offiziellen Geschichtsthese gezwängt. Auf dem Ersten Türkischen Geschichtskongress (Ankara 1932) wurde – durchaus an einige prominente europäische Gelehrte wie den Altorientalisten Fritz Hommel anschließend – verkündet, dass die Türken ihre Zivilisation zu einem sehr frühen Zeitpunkt über die Welt verbreitet hätten. Neben sprachlichen wurden auch archäologische »Beweisgründe« herangezogen, um die Türken als Schöpfer der ältesten Zivilisationen herauszustellen. Die im selben Jahr gegründete »Gesellschaft für Türkische Sprache« erhielt den Auftrag zu beweisen, dass das Türkische nicht nur die Sprache der ersten Zivilisation war, sondern auch die Mutter der indoeuropäischen und semitischen Sprachen. Die willkommene Möglichkeit zur »Systematisierung« dieser Vorstellungen bot die so genannte »Sonnensprachtheorie«, ein sprachpsychologisches Konstrukt, das ab 1935 propagiert wurde und zwischen 1936 und 1938 als Staatsdoktrin galt.

Die Sonnensprachtheorie behauptet, dass »der Urmensch« der türkischen Rasse angehörte und sich seine Sprache mit der Benennung der lebensspendenden Sonne von einem Urlaut zur Ursprache der Menschheit entwickelte. Alle Rassen und Sprachen der Welt gehen dementsprechend auf das »Prototürkische« des Urmenschen zurück. Der *spiritus rector* dieses Systems war ein 1927 in Wien promovierter Orientalist namens Hermann Feodor Kvergić, der sich 1935 mit einer kleinen Schrift über *Die Psychologie einiger Elemente der türkischen Sprache* vermutlich persönlich an Atatürk gewandt hatte. Nach Atatürks Tod wurde die türkische Geschichtsthese allmählich aufgegeben, die Sonnensprachtheorie sehr plötzlich fallen gelassen.

Der Name *türk* und die Nomaden der Steppe

Die Bedeutung des Worts *türk*, das Anfang des 8. Jahrhunderts in den Orchon-Inschriften auftritt, ist nicht unumstritten. Spätere Turkologen haben sich von der üblichen Identifizierung mit dem Stammes- oder Volksnamen »Türken« abgewandt. Es gibt Forscher, die *türk* mit »mächtig« gleichsetzen. Der Vorschlag, unter *türk* den »unter einem *kagan* vereinigten Adel« (im Gegensatz zu den gewöhnlichen Untertanen) zu verstehen, ist – bis zum Auftreten neuer Argumente – sehr einleuchtend. Ob die Kök- bzw. Göktürken, deren Bezeichnung nur in chinesischer Transliteration vorliegt, ethnische Türken waren, lässt sich nicht beweisen. Manche Turkologen unterstellen, dass sie ihren Namen an »richtige« Türken weitergegeben haben wie etwa die baltischen Pruzzen an die deutschen Preußen.

Die Uiguren bezeichneten sich übrigens noch nicht als Türken, zumindest finden sich in ihrer Literatur keine Spuren dafür. Hingegen nannten sie ihre Sprache »Türkisch« bzw. »Türkisch-Uigurisch« (*türk tili, türkçe, türk uygur tili*). Vielleicht verstand man unter »Türkisch« in vorislamischer Zeit die *Koine* der Steppe, also eine Gemeinsprache, in der die Dialektunterschiede weitgehend eingeebnet waren. *Türk* ist jedoch zweifellos seit der Wende vom ersten zum zweiten Jahrtausend ein Stammes- bzw. Volksname. Die Karachaniden verwandten ihn zum ersten Mal in diesem übergreifenden Sinn. Der Name *Türk* wird vor allem von den Ogusen und ihren Abkömmlingen als Eigenbezeichnung verwendet.

Die Turkisierung großer Teile des Vorderen Orients war die zweite Überformung durch Nomaden nach der arabischen Expansion im 7. Jahrhundert. Freilich unterschieden sich ihre geographischen und kulturellen Voraussetzungen wesentlich von denen der Beduinen. Der eurasische Steppengürtel dehnt sich über 9000 km am Rande Innerasiens in Ost-West-Richtung von der Mandschurei bis zur Ukraine aus. Er bildet zwischen dem nördlichen Misch- bzw. Nadelwald (Taiga) und den Halbwüsten und Wüsten im Süden eine Zone von unterschiedlicher Breite. Die Grasländer stellen die Grundlage für die Lebensweise der Nomaden dar.

Obwohl sich in diesem riesigen Raum zahlreiche Völker mit unterschiedlichen Sprachen bewegten und bewegen, ist die Nomenklatur der Haustiere nach Alter und Geschlecht bei allen viehzüchtenden Stämmen in den asiatischen Steppen und Osteuropa gleich. Am besten für die Überwinterung unter freiem Himmel eignen sich Kamele, Pferde, Schafe und Ziegen. Diese Tiere sind in der Lage, ihre Nahrung auch unter einer Schneedecke zu suchen. Hervorzuheben ist das Fettschwanzschaf, das sich bei einer kargen Futtergrundlage an Extreme anpassen kann. Als *Karaman Koyunu* herrscht es noch heute in großen Teilen des östlichen und mittleren Anatoliens vor. Den Türken gelang es auch, aus Dromedaren und Kamelen Hybride zu züchten, die dem anatolischen Klima besser angepasst waren als ihre Vorfahren. Wassermangel, Schneestürme und Vereisungen, aber auch Seuchen konnten den Viehbestand in kürzester Zeit ruinieren. Die prinzipielle Identität der Wirtschaftsformen in diesem Raum begünstigte die Verschmelzung unterschiedlicher Ethnien.

Die Türken der Orchon-Zeit und des Uiguren-Reichs verfügten wohl nicht nur über die notwendige Masse an Berittenen, sie besaßen auch Prestige und hatten im intensiven Umgang mit Tang-China (618–907) politisch nützliche Erfahrungen gesammelt. Über die Formen des alttürkischen Nomadismus lassen sich keine genaueren Aussagen machen. Die meisten Vermutungen darüber sind in Analogie zu modernen Beobachtungen entstanden, etwa bei den Kirgisen und Kasachen im 19. Jahrhundert. Man darf annehmen, dass die Ogusen des Syrdarja ähnlich wie die Kasachen als ihren Nachfolgern im Sommer den Karakum (heute Turkmenistan) nutzten und sich im Winter in Kysylkum (heute Usbekistan) aufhielten. Ackerbau und Heumad im Winterlager war dabei eine Überlebensvoraussetzung. Die Zyklen zwischen Sommer- und Winterweide waren schon deshalb enorm, weil es darauf ankam, das Vieh so weit wie möglich von der Vorratskammer des winterlichen Wohnplatzes fernzuhalten.

Es hat zweifellos sehr große Stämme und Föderationen gegeben. In Analogie zu Iran und zu Anatolien in der Neuzeit lässt sich von Verbänden von 40000 bis vielleicht maximal 100000 Menschen sprechen. Ob die Nomaden auf Grund ihrer angeblich gesünderen Lebensweise einen ständigen Bevölkerungsüberschuss erzeugten, lässt sich für die letzten Jahrhunderte ebenfalls nur vermuten, für die alttürkische Zeit fehlen alle Anhaltspunkte. Einige Tausend Reiter aus der Steppe konnten jedenfalls bei innerchinesischen Auseinandersetzungen bereits den Ausschlag für die mit den Türken verbündete Partei bedeuten. Das Verlassen des Steppengürtels leitete die Ansiedlung ein. Allerdings finden sich türkische Dorfbewohner in Aserbaidschan erst im 17. Jahrhundert, während die Sesshaftigkeit in großen Teilen Anatoliens, gefördert und erzwungen durch den osmanischen Staat, zwei oder drei Jahrhunderte früher beginnt (Xavier de Planhol). In Anatolien war die halbnomadische Viehzucht die vorherrschende Lebensweise. Nur im mittleren und westlichen Taurus betrieben die Yürüken genannten Wanderhirten bis Mitte des 20. Jahrhunderts Viehzucht.

Die frühesten Sprachzeugnisse

Obwohl sich die Türken Innerasiens verschiedener Schriften bedienten und Unterschiede zwischen einzelnen Dialekten festgehalten werden müssen, kann vereinfachend gesagt werden, dass die Sprache von den Grabstelen in der nördlichen Mongolei bis zur »tschagataischen« Literatur (ab 1405) im Großen und Ganzen die gleiche geblieben ist. Die frühesten Sprachzeugnisse der alttürkischen Epoche sind, wie schon hervorgehoben, die Runeninschriften an Orchon und Jenissej in der Republik Mongolei (deren heutige Bevölkerung nur noch zu einem kleinen Prozentsatz aus Türken besteht). Die bekanntesten Beispiele sind neben der Tonyukuk-Inschrift (um 720) die etwa einen Kilometer voneinander entfernten Denkmäler der Fürsten Kül Tegin und Bilge Kagan aus den Jahren 732 bzw. 735. Die Stele für Kül Tegin wurde von seinem Bruder Bilge durch chinesische Künstler errichtet. Bilge wurde seinerseits von seinem Sohn Tängri Kagan (734–741) mit einem Monument geehrt. Kül Tegins Stele ruht auf einer Marmorschildkröte und ist mit einem

66 Zeilen langen Text versehen. Beide Monumente tragen auch chinesische Inschriften, was die Entzifferung des Haupttextes erleichtert hat. Die auf den ersten Blick an germanische Runen erinnernde Schrift besteht aus 38 Zeichen, die das türkische Lautsystem recht gut repräsentieren. Die Texte beanspruchen weit mehr als sprachwissenschaftliches Interesse. Sie beschwören die erfolgreichen Herrschaftsperioden der Vorfahren Bumın Kagan und Istämi Kagan, denen die Unterwerfung zahlreicher Stämme gelungen war. Unfähige Nachfolger hätten das Erreichte verspielt und sich dem chinesischen Kaiser über fünfzig Jahre dienstbar gemacht. Erst dem Vater des Grabherrn sei es gelungen, das chinesische Joch abzuwerfen. Wenig später beginnt die Blütezeit der buddhistischen und manichäischen Literatur der Uiguren (8.–12. Jahrhundert). Den überwiegenden Teil dieser Texte stellen Übersetzungen aus dem Chinesischen, Sanskrit und Tocharischen dar, einer ausgestorbenen indoeuropäischen Sprache. Die Kultur des uigurischen Königreichs Kotscho ist besonders gut erforscht, ihre Kunst ist in westlichen Museen vertreten.

In karachanidischer Zeit entstanden im 11. Jahrhundert die beiden Hauptwerke der »mitteltürkischen« Periode, die trotz ihrer überragenden Bedeutung für die Sprach- und Literaturgeschichte erst im 19. Jahrhundert wiederentdeckt wurden. 1069 oder 1070 legte ein aus der karachanidischen Residenzstadt Balasaghun stammender Dichter namens Yûsuf seinem Herrscher Tavgaç Buğra Hân ein aus 6645 Doppelversen bestehendes Werk mit dem Titel »Beseligende Weisheit« vor (*Kutagdu Bilig*, eigentlich »Zum fürstlichen Charisma leitende Weisheit«). Yûsuf wurde für diese Leistung mit dem Amt des Haushofmeisters (*hass hâcib*) belohnt. Das *Kutagdu Bilig* ist ein Lehrgedicht, dessen erste Hälfte als »Fürstenspiegel« bezeichnet werden kann, im zweiten Teil dominieren mystische Betrachtungen über Askese und Tod. Insgesamt bemühte sich der Verfasser, innerasiatische mit iranisch-islamischen Traditionen zu versöhnen. Vereinzelt finden sich auch griechische und buddhistische Spuren. Yûsufs Leistung liegt nicht nur in der meisterhaften türkischen Umsetzung der verschiedenen Traditionen: »Er hat auch einen äußerst originellen Beitrag zur Entwicklung des Genres geleistet. Er dramatisierte die Themen in Form von Dialogen innerhalb einer Rahmenerzählung und verlieh den Hauptgestalten bedeutungsträchtige allegorische Namen. Er versuchte darüber hinaus mit großem Erfolg den sufischen Asketismus als ein gegensätzliches, letztlich komplementäres Ideal zu der vorherrschenden Gemeinschafts- und Staatsethik einzubeziehen« (Robert Dankoff).

Das andere Hauptwerk ist das monumentale türkisch-arabische Wörterbuch *Dîvân lugât at-Turk* von 1074. Sein Kompilator Mahmûd bin al-Husain bin Muhammad al-Kâşgarî stammte aus dem innerasiatischen Kaschgar, der zweiten Karachanidenresidenz. Man muss sich nicht wundern, dass er die Sprache der hier Hakani-Fürsten genannten Herrscher als die eleganteste unter den türkischen Dialekten preist. Einleitend beruft er sich auf ein Wort des Propheten Muhammad, das ihm glaubwürdige Informanten in Buchara und Nischapur übermittelt hätten: »Erlernt die Sprache der Türken, denn ihre Herrschaft wird lange währen!« Kâşgarî widmete das Werk voller Selbstbewusstsein dem Kalifen al-Muktadî in Bagdad, das seit 1055 Teil des seldschukischen Großreichs war. Das Lexikon bietet weit mehr als die Übertragung von türkischem Wortmaterial ins Arabische. Es enthält auch eine Fülle von historischen, folkloristischen und geographischen Einzelheiten einschließlich einer Weltkarte. Kâşgarî notiert zum Beispiel, dass die Bevölkerung bestimmter Städte wie Balasaghun und Talas neben Türkisch noch das iranische Sogdisch gebrauchte. Er zählt alle ihm bekannten 21 ogusischen Stämme auf: die Kınık, Bayundur, Yiva, Salır, Afşar,

Bektili usw. Die meisten unter ihnen lassen sich noch Jahrhunderte danach im osmanischen Anatolien identifizieren.

Die kulturellen Vorlieben der Karachaniden werden noch deutlicher, wenn man sie mit den beiden anderen türkischen Dynastien des 11. Jahrhunderts vergleicht. Die Karachaniden pflegten noch Sprache, Schrifttum und Wertsystem des Steppennomadismus, während sich die Ghasnawiden wie schon die iranischen Samaniden als Patrone der persischen Kunst und Dichtung hervortaten. Gern wird daran erinnert, dass Firdausis persisches »Königsbuch«, das *Şâhnâma*, unter dem Patronat der Samaniden begonnen, unter dem der Ghasnawiden aber abgeschlossen wurde (1010). Die Seldschuken als überzeugte »Persophone« sollten dann die iranische Kultur nach Kleinasien tragen und den Unterbau der osmanischen literarischen Bildung bereitstellen.

Von Mahmûd von Ghasna bis Alp Arslan (1017–1072)

1017 Mahmûd von Ghasna (999–1039) unterwirft Chorasan.

1025 Selcüks Sohn Arslan und seine Neffen Çağrı und Toğrul treten in den Dienst des westkarachanidischen Herrschers Ali-Tigin.

1040 Die Seldschuken unter Toğrul besiegen bei Dandânakân die Ghasnawiden unter Mas'ûd. Sie beherrschen Chorasan, Gurgan und Choresm und beginnen in Iran einzufallen und Streifzüge nach Aserbaidschan, Armenien, Hakkâri und Mosul zu unternehmen.

1049 Toğrul erklärt Rayy (beim heutigen Teheran) zur Hauptstadt. Er zieht ohne Blutvergießen in Bagdad ein, wo ihn der Kalif (1058) als »Sultan des Ostens und Westens« anerkennt. 1064 ernennt er Toğruls Neffen Alp Arslan zum »Fürsten der Fürsten« (*amîr al-umarâ*).

1067 Gründung der Nizâmîya-Medrese in Bagdad.
1071 In der Schlacht von Mantzikert/Malazgirt siegt Alp Arslan über den oströmischen Kaiser Romanos IV.
1072 Ermordung Alp Arslans.

Die Seldschuken von Toğrul bis Malik Şâh

Die schon in den Orchon-Inschriften als Feinde des Kaganats genannten »Neuner Ogusen« (*Tokuz Oguz*) waren die Stammesföderation, aus der nach einem enormen zeitlichen (über 200 Jahre später) und räumlichen (etwa 3000 km weiter westlich) Abstand die Seldschuken ins Licht der Geschichte treten sollten. Ogusische Nomaden lassen sich um 780 in Transoxanien bzw. um 820 am Lauf des Syrdarja nachweisen. Im 10. Jahrhundert legte sich ihr »Reich« in einem Umkreis von 600 bis 800 km um die nördliche Hälfte des Aralsees. Die Stadt Jangikent/Yenikent an der Einmündung des Syrdarja in den Aralsee war ihre Winterresidenz. Der berühmte arabische Reisende Ibn Fadlân hat sich auf seinem Weg zu den Wolgabulgaren (um 921) über ihre recht bescheidene Lebensweise ausgelassen.

Ein Ogusenhäuptling aus dem Stamm der Kınık namens Selcük entzog sich um 955 seinem Oberherrn. Selcük bedeutet etwa »Kleiner Gießbach«; diese gesicherte Aussprache müsste uns eigentlich veranlassen, von »Seldschüken« zu sprechen. Auf alle Fälle ist zu unterstreichen, dass es sich um die Bezeichnung einer Familie, nicht etwa eines Stammes oder gar Volkes handelt! Es ist nicht ersichtlich, ob Selcük ursprünglich dem *kagan* der Chasaren im Norden oder einem ogusischen Teilfürsten (*yabgu*) unterstand. Jedenfalls tauchte er in Cand auf, einer Stadt mit vorwiegend islamischer Bevölkerung, die aber auf ogusischem Territorium lag. Er befreite sie von Abgaben und ließ sich mit seinem Stamm nieder. Danach trat er selbst mit seinen Leuten zum Islam über.

Der Niedergang der Samaniden und der Aufstieg der Ghasnawiden um das Jahr 1000 veränderten das gesamte Machtgefüge in Transoxanien und Chorasan. Nach Selcüks Tod (um 1007?) traten sein Sohn Arslan (»Löwe«) und seine Neffen Çağrı und Toğrul (beide Namen bedeuten »Falke« oder »Sperber«) zunächst in die Dienste des westkarachanidischen Herrschers Ali-Tigin. 1037 zog Çağrı in Merv (heute Turkmenistan) ein, wo er sich mit dem altiranischen Titel »König der Könige« (*şâhinşâh*) schmückte. Ein Jahr später entriss Toğrul vorübergehend den Ghasnawiden Nischapur, die bedeutende Hauptstadt von Chorasan. Von großer Tragweite ist die dreitägige Schlacht bei Dandânakân (1040), einer Festung in der Nähe von Merv. Die Seldschuken unter Toğrul besiegten die Ghasnawiden unter Sultan Mas'ûd. Hier handelt es sich um den Sohn des berühmten Mahmûd von Ghasna, dem es nicht gelungen war, die Kontrolle über Afghanistan, Teile Indiens und Chorasan gleichzeitig auszuüben. Toğrul nahm nun den Titel Sultan an und wandte sich in den von den Bujiden beherrschten Iran.

Die Bujiden waren eine iranische Familie, die trotz ihres schiitischen Bekenntnisses paradoxerweise die Schutzherrschaft über das abbasidische Kalifat von Bagdad ausübte. Spätestens hier erscheint es wichtig, dass sich die Seldschuken zur sunnitischen Richtung des Islams bekannten und ihre Gelehrten die hanafitische Rechtsschule vertraten. Dass sich die Seldschuken der »orthodoxen« *Sunna* anschlossen, war von weltgeschichtlicher Bedeutung, weil dies den Vormarsch des politischen Schiitentums in weiten Teilen der islamischen Welt aufhielt bzw. rückgängig machte.

Die leichte Reiterei der Ogusen, die jetzt in den arabischen Quellen auch Turkmenen genannt werden, hatte schon vor Dandânakân Vorstöße bis nach Aserbaidschan und Armenien unternommen. Der Chronist Matthäus von Edessa klagte 1018 über eine barbarische Nation namens »Türk«, die in ein armenisches Fürstentum (zwischen Van und Nachitschewan) eingefallen sei und die Bevölkerung massakriert habe. Zum ersten Mal habe das armenische Heer berittenen, langhaarigen Bogenschützen gegenübergestanden. Diese Einfälle führten zur Eingliederung Vaspurkans und benachbarter armenischer Gebiete in das byzantinische Reich, der stärksten nichtmuslimischen Kraft in der Region.

Es ist nicht bekannt, ob diese Aktionen immer mit Wissen oder Billigung von Sultan Toğrul erfolgten. Dieser erklärte 1049 zunächst das alte Rayy (heute ein Vorort Teherans) zu seiner Hauptstadt, 1051 entschied er sich für Isfahan. Für Toğruls staatsmännische Mäßigung spricht, dass er den Bewohnern von Isfahan, das er nach einer längeren Belagerung genommen hatte, eine dreijährige Steuerbefreiung gewährte. Toğrul verbrachte die letzten zwölf Jahre seiner Herrschaft in Isfahan und investierte große Mittel in öffentliche Bauten. Seine Nachfolger Alp Arslan und Malik Şâh setzten diese Bevorzugung der Hauptstadt fort. Die Umwandlung der Freitagsmoschee von Isfahan in eine so genannte Vier-Iwan-Anlage setzte Maßstäbe für die islamische Architektur Irans. Es war jedenfalls schon unter Toğrul deutlich, dass Iran und Irak die Kernländer des Großseldschukischen Reichs bilden sollten.

Im Jahr 1055 zog Toğrul, ohne Blut zu vergießen, in Bagdad ein und beendete die über hundertjährige Herrschaft der bujidischen »Schutzherrn«. Der Kalif al-Kâ'im bi-Amr Allâh erkannte Toğrul 1058 als »Sultan des Ostens und Westens« an und verlieh ihm unter anderen den Titel Rukn ad-Dîn (»Stütze des Glaubens«). Zwei Jahre später bot ihm derselbe Kalif die Herrschaft über die Länder der Fatimiden an, die ebenfalls einer schiitischen Richtung folgten. Damit waren in erster Linie Syrien und Ägypten gemeint, deren Eroberung die Reiterheere aus den winterkalten Steppen aber vielleicht gar nicht in Betracht zogen.

Man muss sich das seldschukische System aber nicht als eine kontinuierliche Auseinandersetzung mit dem politischen Schiitentum vorstellen. Die Seldschuken arbeiteten einerseits mit schiitischen Machthabern auf ihrem Territorium zusammen, andererseits wichen sie Kriegen mit sunnitischen Herrscherhäusern nicht aus. So wurde die kurdische Marwaniden-Dynastie von Diyarbakır, einer der letzten souveränen sunnitischen Staaten des Mittleren Ostens, 1085 aus höchst eigennützigen Gründen von Malik Şâh beseitigt. Im Jahr seines Todes (1063) ehelichte der siebzigjährige Toğrul *pro forma* die Tochter des Kalifen, um die Verbindung zwischen der höchsten islamischen Autorität und der weltlichen Macht noch enger zu knüpfen. Sein Nachfolger Alp Arslan (1063–1072), der Sohn Çağrıs und Neffe Toğruls, wurde 1064 als Oberbefehlshaber (*amîr al-umarâ*) zuständig für »alles außerhalb des Tores des Kalifenpalastes«. Er engagierte sich in dem Jahrzehnt seiner Herrschaft an zahlreichen Fronten. U.a. leitete er Feldzüge nach Armenien und Georgien und siegte 1071 in Malazgirt über das oströmische Heer. Die Herrschaft Alp Arslans und seines Sohnes Malik Şâh (1072–1092) wird übereinstimmend als Zenith der großseldschukischen Epoche bezeichnet.

Der Anteil des Wesirs beider Sultane, Nizâm al-Mulk (eigentlich ein Titel, der »Ordnung der Herrschaft« bedeutet), daran war so groß, dass schon ein Zeitgenosse von »der nizamischen Herrschaft« sprach. Nizâm al-Mulk, dessen Vater noch in ghasnawidischen Diensten stand, hatte sich schon früh als Verwalter von Chorasan unentbehrlich gemacht. Unter Sultan Alp Arslan bestimmte er die Regierungsgeschäfte entscheidend, unter Malik Şâh so gut wie ausschließlich. 1092 fiel er einem Mordanschlag zum Opfer, hinter dem man mit einiger Berechtigung die Assassinen-Sekte des Hasan Sabbâh vermutet, der sich der Bergfestung Alamut (bei Qazvin/Iran) bemächtigt hatte. Nizâm al-Mulks Name ist auch mit der Stiftung der berühmten Nizâmîye-Medrese in Bagdad und der Förderung eines engen Netzwerkes von sunnitischen Medresen im seldschukischen Machtbereich verbunden. Kurz vor seinem Tod vollendete er sein berühmtes, heute in viele Sprachen übersetztes Handbuch der Staatsführung in 50 Kapiteln (*Siyâsatnâma*). Hier erläuterte er seine, freilich nur zum geringsten Teil verwirklichten, politischen Vorstellungen. Allgemeine Erörterungen sind mit zahlreichen sinnfälligen Erzählungen verknüpft, einige davon freilich für heutige Leser von einer atemberaubenden Frauenfeindlichkeit. Als Lösung für den inhärenten Konflikt zwischen Zentralstaat und disziplinlosen Reiternomaden schlug Nizâm al-Mulk eine allmähliche Integration in das besoldete Heer vor: »Trotz der durch die Turkmenen verschuldeten Ungelegenheiten – und groß ist ihre Zahl – steht ihnen gleichwohl ein Anspruch gegen diese Herrschaft zu. Denn zu deren Beginn haben sie zahlreiche Dienste geleistet und viele Mühen ertragen. Auch stammt die Herrschaft (d.h. die seldschukische Dynastie) aus ihrer Mitte. Eintausend ihrer Söhne sollen mit Namen in die Stammrolle eingetragen und nach Art der Sklaventruppen (*gulâmân*) gehalten werden. Denn durch den beständigen Dienst erlernen sie die edlen Regeln des Waffendienstes, wachsen mit unseren Leuten zusammen und werden der Herrschaft zugetan.« Das seldschukische System hatte keine feste Thronfolgeregelung entwickelt. In der Tradition der reiternomadischen Völker hatte jeder ältere männliche Verwandte des Herrschers Anspruch auf den Thron. Eine unvermeidliche Schwäche angesichts der häufigen Feldzüge lag auch im Ausbau der Dienstlehen (*iktâ*). Grund und Boden wurden gegen Heerfolge unter Verzicht auf Steuereinnahmen verteilt.

Anatolien im 12. Jahrhundert

Die Rumseldschuken (1071–1310)

1086 Tod des ersten »Rumseldschuken« Süleymân bin Kutlumuş bei Antiochia/Antakya, sein Sohn Kılıç Arslan wird als Geisel an den Bagdader Hof von Malik Şâh gebracht.

1092 Kılıç Arslan I. kehrt als Sultan nach Nikaia/İznik zurück, vernichtet die Teilnehmer des »Bauernkreuzzuges« (1096), wird aber vom regulären Kreuzfahrerheer aus Nikaia vertrieben. Seit 1097 herrscht er in Ikonion/Konya, 1100/1101 schlägt er ein Kreuzfahrerheer.

1155 Thronantritt von Kılıç Arslan II.

1176 Er besiegt die byzantinische Armee bei Myriokephalon (heute Kırkbaş). Vor seinem Tod (1192) teilt er sein Reich unter zehn Söhne auf.

1204 Nach der Einnahme Konstantinopels durch die Kreuzfahrer Annäherung der Seldschuken an das byzantinische Kaiserreich von Nikaia.

1220 Thronbesteigung Alâ ad-Dîn Kaykubâds I. (bis 1237). Ausdehnung des rumseldschukischen Reiches nach Ostanatolien, Obermesopotamien und Nordsyrien.

1235 Pakt mit den Mongolen (Ilchaniden).

1243 Schlacht am Kösedağı gegen das mongolische Heer. Der Seldschukensultan Kayhusrav muss sich den Mongolen unterstellen. Der Pervâne als ihr Gefolgsmann ist *de facto* Herrscher in Anatolien.

1258 Der Mongolenherrscher Hülâgû, Enkel von Dschingis Chan, nimmt Bagdad und lässt den letzten abbasidischen Kalifen töten.

1261 Ende des lateinischen Kaiserreichs von Byzanz.

1265 Der Pervâne lässt Kılıç Arslan IV., der sich mit dessen Rolle nicht abfinden möchte, in Aksaray ermorden.

1273 Tod des Dichters und Mystikers Celâl ad-Dîn-i Rûmî »Mevlânâ« in Konya.

1277 Anatolien-Feldzug des Mamlukensultans Baybars. Er besiegt die Mongolen bei Elbistan.

um 1300 Höhepunkt der mongolischen Unterdrückung in Anatolien.

um 1310 Ende der nominellen Seldschukenherrschaft in Anatolien.

Meer
Samsun
hes Gebirge
Trapezunt
GEORGIEN
Kars
Amasya
Niksar
Kösedağı
KAISERREICH TRAPEZUNT
SALTUKIDEN
HMENDIDEN
Bayburt
Kemah
Erzurum
Sivas
MENGÜCEK
Divriği
ERMENSCHAHS
Malazgirt
Ahlat
Vansee
Kayseri
RUM
Malatya
Elbistan
Diyârbekir
Marash
ARTUKIDEN
Edessa/Urfa
Adana
Ayntâb
Tigris
ZANGIDEN
Aleppo
Euphrat
0
500 km

Politische Geschichte der Rumseldschuken

Die gut zweihundertjährige Epoche der Seldschuken von Rûm (d. i. Anatolien) zwischen 1071 und 1307 wird in die »vormongolische« und in die »mongolische« Zeit unterteilt. Den Wendepunkt stellt die Niederlage der Seldschuken am Kösedağı (1243) dar. Obwohl die Dynastie bis Anfang des 14. Jahrhunderts bestand, hatte sie nach Kösedağı bzw. seit 1277, als die Mongolen unmittelbar herrschten, keine wichtige Rolle mehr gespielt. Bereits einige Zeit vor der Schlacht von Malazgirt waren seldschukische Truppen nach Anatolien vorgestoßen. Alarmierend war die Plünderung der reichen Stadt Sebasteia/Sivas mit ihren »600 Kirchen«, wie ein armenischer Chronist schreibt, im Jahr 1059.

Die Schlacht zwischen Alp Arslan und Romanos IV. im August 1071 bei der Festung Malazgirt (unweit Muş in der heutigen Osttürkei) war das Ende des dritten Feldzugs, den der oströmische Kaiser offensiv gegen die Seldschuken anführte. Der Kaiser hatte übrigens auch ogusische Söldner in seinem bunt zusammengesetzten Heer, die vor der Schlacht ebenso desertierten wie georgische Hilfstruppen. Vertrauend auf seine weiter bestehende Überlegenheit wagte Romanos die Auseinandersetzung und verlor. Der gefangene Kaiser erhielt nach Zugeständnissen, deren Umfang nicht bekannt ist, die Freiheit.

Die Begründer des rumseldschukischen Sultanats sind die vier Söhne von Kutlumuş bin Arslan bzw. die Abkömmlinge von Süleymân, einem der vier Kutlumuşsöhne. Sicher war dieses Vorgehen mit Malik Şâh nicht abgestimmt, denn er ließ einen der Kutlumuşsöhne töten und bekämpfte Süleymân. Dieser hatte sich bis Nikaia/İznik unweit des Marmarameers vorgewagt und zwischen etwa 1075 und 1097 in der alten Konzilsstadt eingerichtet. Sein Sohn Kılıç Arslan machte Konya zu seiner Residenz, nachdem die Ritter des Ersten Kreuzzugs den Seldschuken İznik wieder abgenommen hatten. Ab Mitte des 12. Jahrhunderts wurden die Seldschuken unstreitig zur stärksten Kraft in Anatolien. Bei Myriokephalon besiegte Kılıç Arslan II. 1176 die Byzantiner. Der Dritte Kreuzzug hatte hingegen kaum Auswirkungen auf die fränkisch-byzantinisch-seldschukische Konstellation.

Unstreitig bilden die 25 Jahre des Sultanats von İzz ad-Dîn Kaykâvûs I. (1211–1220) und seines Bruders und Nachfolgers Alâ ad-Dîn Kaykubâd I. (1220–1237) den Höhepunkt der seldschukischen Machtstellung. Das Territorium reichte vom Euphrat im Osten bis nahe an die Ägäis im Westen. Die Sultane von Konya bemühten sich erfolgreich, ihre bis dahin auf das innere Hochland beschränkte Herrschaft Richtung Nord- und Südküste zu erweitern. Es gelang ihnen zwar nicht, die letzten christlichen Staaten, Trapezunt und Kilikien, zu beseitigen, doch wurde das griechische Trapezunt durch eine seldschukische Expedition auf die Krim in seinen Handelsinteressen beeinträchtigt, während der König des kleinarmenischen Reichs von Kilikien nach Aussage seiner Münzprägungen Alâ ad-Dîn Kaykubâd I. als Oberherren anerkennen musste.

Von Kaykâvûs I. und seinem Nachfolger wurden kurz hintereinander zwei wichtige Hafenstädte eingenommen. Mit Sinop (1214) und Kalon Oros / Alanya (1220) verfügten die Seldschuken nun über Stützpunkte, die sie im Schwarzen Meer und im Mittelmeer zu Mitspielern im Seehandel machten. 1231 gelang es den Seldschuken mit Unterstützung der Aijubiden (die sich ihrerseits in der Führungsrolle sahen), die Chwaresmier bei Yassı Çimen im Raum Erzincan abzuwehren. Diese waren in Transoxanien dem Druck der Mongolen gewichen. Bereits im Todesjahr Alâ ad-Dîn Kaykubâds (1237) forderten Gesandte des mongolischen Großchans Ögädäi von den Seldschuken tributäre Unterwerfung.

Unter Kaykubâds Sohn Giyâs ad-Dîn Kayhusrav II.

(dem Chronisten Ibn Bîbî zufolge war er »ruchlos und verwirrten Sinnes«) zerbrach dieses Reich wohl eher wegen externer Faktoren als aus innerer Schwäche. Nachdem die Mongolen 1237 die wichtigsten russischen Städte erobert und 1241 bei Liegnitz ein vereintes Ritterheer unter Herzog Heinrich II. von Schlesien geschlagen hatten, ging Baidschu, der mongolische Statthalter im Kaukasus, gegen die Seldschuken vor. Nach der Einnahme von Erzurum und seiner Brandschatzung kehrte er ins Winterlager zurück. Als die Mongolen 1243 erneut erschienen, sammelte der Sultan ein 80 000 Mann starkes Heer einschließlich aijubidischer und armenischer Hilfstruppen sowie fränkischer und griechischer Söldner. Nach der verlorenen Schlacht am Kösedağı (angeblich 80 km nordöstlich von Sivas) konnte sich Kayhusrav oder vielmehr sein Wesir Alî al-Daylamî mit Baidschu verständigen, um das Weiterbestehen der Seldschukendynastie unter mongolischem Protektorat zu ermöglichen. Der Sohn Daylamîs, Mu'în ad-Dîn Sülaymân, diente Baidschu und erhielt die höchsten Titel: *emîr*, *hâcib* und *pervâne*. Das Letztere heißt »Falter« und bezeichnet den engsten Vertrauten des Souveräns. In Anatolien wurde Mu'în ad-Dîn *der* Pervâne, welcher zwei Jahrzehnte die Geschicke des Sultanats bestimmen sollte. In diese Zeit fiel die Eroberung von Bagdad durch den Mongolenherrscher Hülâgû (1258). Der Enkel von Dschingis Chan ließ dabei den abbasidischen Kalifen töten, dessen Vorgänger Kaykubâd noch mit so großer Hochachtung begegnet war, dass er den Steigbügel seines Handpferdes küsste, bevor er das aus Bagdad gesandte Ehrengewand anlegte. 1265 ließ der Pervâne Sultan Kılıç Arslan IV., der sich mit einer nachgeordneten Rolle unter dem eigenmächtigen Mann nicht abfinden mochte, in Aksaray ermorden. Er installierte Kayhusrav III., den er mit seiner Tochter verheiratete. 1277 – noch immer ist der Pervâne der starke Mann – marschierte der Mamlukensultan Baybars ein und besiegte die Mongolen beim südostanatolischen Elbistan. Diese Intervention erfolgte angeblich auf Einladung seldschukischer Emire.

Da die Ilchaniden genannte Mongolendynastie im Iran bis zur Konversion Ghâsân Chans (1295) zum sunnitischen Islam Schamanisten mit buddhistischen Neigungen waren, genossen sie bei vielen anatolischen Muslimen kein besonderes Ansehen. Der große mystische Dichter Mevlânâ Celâl ad-Dîn-i Rûmî, mit dem der Pervâne in Konya Kontakte unterhielt, warf ihm vor, die islamische Welt den Mongolen ausgeliefert zu haben. Obwohl der Pervâne 1277 auf Seiten seiner mongolischen Oberherrn gefochten hatte, ließ ihn der Ilchanide Abaka hinrichten. In dem Reisebericht eines gewissen Kirakos Ganzaketsi steht die berühmte, wenn auch nicht verbürgte Geschichte, dass der Leichnam des Pervâne »nach tartarischem Brauch« zweigeteilt und verspeist wurde.

Die letzten Jahrzehnte des 13. Jahrhunderts sind gekennzeichnet durch mehr oder weniger erfolgreiche Rebellionen mongolischer Statthalter gegen die Ilchaniden. Den völlig machtlosen Seldschukensultanen gelang es nicht, sich aus diesen Konflikten, die oft eine internationale Dimension annahmen, herauszuhalten. Die »Regierung« Mas'ûds II. zerfällt beispielsweise in vier Abschnitte, er wurde nicht nur abgesetzt, sondern auch als Geisel in die Ilchaniden-Hauptstadt Täbris verschleppt (1297). Sein Neffe und Rivale wurde von den Mongolen zunächst auf den Seldschukenthron gesetzt, aber 1303 zu Tode gebracht.

Als Öldschäitü im Jahr 1304 seinem Bruder Ghâsân nachfolgte, war das rumseldschukische Sultanat sang- und klanglos von der Bildfläche verschwunden. Die Chroniken handeln von dem mächtigen mongolischen Befehlshaber Tschoban und seinem Sohn Timurtasch, der sich 1321 aus unbekannten Gründen gegen seinen Vater erhob und zum Messias ausrufen ließ. Nach einem zweiten Aufstand rettete er sich nach Ägypten, wo er 1328 hingerichtet wurde. Der letzte Ilchanide Abû Sa'îd (1316–1335) kann noch als nomineller Oberherr Anatoliens gelten, bevor sich der Staat des kinderlosen Herrschers im Iran auflöste. »Wir stehen hier vor dem verwirrenden Phänomen des Zusammenbruchs eines Reichs, welches keinen vorausgehenden Niedergang erlebt hatte.« (David Morgan) Über dem Eingang zur Zitadelle von Ankara wurde noch im Jahr 1330 eine persischsprachige Inschrift angebracht, in der der Ilchanidenherrscher als der *Pâdişâh-i Islâm* vor Missbräuchen bei der Steuereintreibung warnt. Dieses letzte Zeugnis der *Pax Mongolica* auf anatolischem Boden befindet sich noch heute an Ort und Stelle.

Zu den ständigen Nutznießern der unstabilen Lage gehörten als die einzigen mächtigen Nachbarn weniger die Mamluken als die Karamaniden und die westanatolischen *beğlik*, die am Ende des 13., zu Beginn des 14. Jahrhunderts aufblühen.

Staatsverwaltung und Heer der Rumseldschuken

Die seldschukischen Sultane führten unterschiedliche Personennamen: türkische (*Toğrul* »Falke«, *Alp* »Held«, *Arslan* »Löwe«, *Kılıç* »Schwert«), aus der vorislamischen Mythologie Persiens stammende (Kaykubâd, Kaykâvûs, Kayhusrav) und arabische (*Malik* »König«, *Mas'ûd* »Glücklicher«). Eine Besonderheit waren die theophoren Beinamen (*lakab*) wie İzz ad-Dîn (»Glanz der Religion«) oder Rukn ad-Dîn (»Stütze des Glaubens«). Die vollständige Herrschertitulatur enthielt auch die so genannte *kunya* »Vater des Sieges« (*Abulfath*) und den Namen des Kalifen.

Der seldschukische Sultan verfügte über die Krongüter als Privateigentum. Diese wurden wie der Kronschatz getrennt von den Staatseinnahmen verwaltet. Große Teile des Bodens wurde als Lehensgüter (*iktâ*) vergeben. Man muss sich darunter Zuwendungen an einen weiten Personenkreis, also nicht nur an kriegstaugliche Gefolgsleute vorstellen. Stiftungen und Privatbesitz waren weitere Formen von Grundeigentum.

Einzelne Emire hatten Hofämter, deren Vorbilder fast ausnahmslos in der iranischen Welt zu finden sind. Nur der Titel, sicher nicht die Funktion, des »Vorkosters« (*çaşnagîr*) erscheint erst in seldschukischer Zeit. Die wichtigste Persönlichkeit war der Wesir als Vorgesetzter der Diwanbeamten. Der *hâcib* war ein persönlicher Kammerherr, der den Zutritt zum Herrscher gewähren und verwehren konnte. Wie im Abendland kennen wir auch die Funktion eines Mundschenken (*şarâbdâr*). Die Tafelbedienung oblag unter anderem dem »Träger des Handwaschbeckens« (*taştdâr*). Der Stallmeister (*amîr-i âhûr*) hatte die Aufsicht über die Pferdeknechte. Der Oberjäger (*amîr-i şikâr*) und der für die Beizjagd zuständige Falkner (*bazdâr*) waren nicht weniger unentbehrlich.

Eine Thronfolge, bei welcher der älteste Sohn begünstigt wurde, kannten die Seldschuken nicht. Häufig wurden die Kinder zu Lebzeiten mit Statthalterschaften betraut. Sultan Mas'ûd übergab seinem Sohn Şâhinşâh im Jahr 1142 die Städte Ankara und Çankırı, welche er den Danişmendiden abgenommen hatte. Nach Mas'ûds Tod erhob Şâhinşâh weiterhin Anspruch auf diese Gebiete. Er blieb erfolglos, weil ihn sein Bruder, der Sultan Kılıç Arslan, 1164 daraus verjagte. Kılıç Arslan seinerseits entschloss sich schon zu Lebzeiten (1187), sein Reich unter seine zehn Söhne aufzuteilen. Den jüngsten, Kayhusrav, machte der Vater, im Gegensatz zur geltenden Regel, »weil er ihn am meisten liebte«, zum Thronfolger.

Die Stadt Konya, von der es bei dem Chronisten Ibn Bîbî heißt, »dass eine Stunde des Lebens in ihr besser ist, als tausend Monate in anderen Ländern«, war spätestens ab 1116 die wichtigste Residenz der anatolischen Seldschuken. Sie lag im Zentrum des Straßennetzes. Boten konnten in wenigen Tagen Städte wie Antalya oder Sivas erreichen. Ihre Mauern wurden als eine Art Gemeinschaftsleistung des Sultans und sämtlicher Emire errichtet (die erste Renovierungsinschrift datiert 1203/1204). Sie erhielten 108 Türme und einen Graben und waren bis zu ihrem Abriss im 19. Jahrhundert mit antiken Skulpturen und seldschukischen Reliefs geschmückt. Vom Palast der Sultane in Konya ist nur eine hohe Mauerecke aus Lehmziegeln erhalten. Friedrich Sarre, der Entdecker der seldschukischen Kultur, sah 1895 noch ein turmähnliches Gebäude aus dem Schutt und Trümmerhaufen vor dem Burgberg emporragen. Alâ ad-Dîn wurde auf dem Zitadellenhügel von Konya beigesetzt, der wichtigsten Nekropole der Seldschukensultane. Hier liegen in der Türbe von Kılıç Arslan II. die mumifizierten Körper von acht Herrschern, die zwischen 1182 und 1292 das Zeitliche segneten. Die ausgedehnten Sommerpalastanlagen am Westufer des Beyşehirsees wurden 1236 auf Befehl Sultan Kaykubâds durch den Oberjäger Sa'deddîn Köpek angelegt. Nach antikem Vorbild enthielten sie einen Wildpark (pers. *firdaus* < griech. *paradeisos*). Vor dieser Kubâdâbâd genannten Palaststadt war schon das Schloss Kubâdîye in der Nähe von Kayseri entstanden (1224–1226). An diesem Ort starb Sultan Kaykubâd – angeblich nach dem Verspeisen eines vergifteten Vogels. Größere Teile der Truppen nutzten fruchtbare Ebenen als Sommerlager. Die Uzun Yayla zwischen Kayseri und Maraş dürfte eine bevorzugte Weide gewesen sein. Bei Ibn Bîbî wird die Kaz Ova bei Tokat mehrfach als Winterlager genannt.

Das Zentrum der Staatsverwaltung bildeten die Sitzungen des Diwans. Wir beziehen unsere Kenntnisse darüber zum größten Teil aus der so genannten *inşâ*-Literatur: Epistilographien, Stilmustersammlungen und Urkundenformularbücher, die zum Teil Muster sowohl für amtliche als auch private Schreiben enthalten. Einzelne Urkunden sind fast nicht überkommen. Wir kennen zwar eine Anzahl von Steuerarten, haben aber keine Vorstellung von ihrer Höhe. Die Nomaden zahlten (wenn überhaupt) ihre Abgaben in Form von »Kleinvieh«, auf den Bauern lasteten viele reguläre und außerordentliche Steuern, die zum Teil verpachtet und oft gnadenlos eingetrieben wurden.

Die Seldschukensultane und ihre mächtigen Emire rekrutierten Leibgarden aus gefangenen Christenknaben (*gulâm*), von denen die meisten Griechen waren. Daneben gab es *gulâm* armenischer und georgischer Herkunft. Viele stiegen zu hohen und höchsten Ämtern auf. Damit kehrten die Seldschuken das im islamischen Orient geläufige Prätorianer- oder Mamlukensystem um: In frühislamischer Geschichte waren es *türkische* Importe gewesen, welche die Leibgarden der Kalifen gebildet hatten. Manche Historiker erkennen in den *gulâm*-Truppen das Vorbild der osmanischen Janitscharen. Als »territoriale Reserve« kann man die Streitkräfte der Emire, Vizekönige und Gouverneure bezeichnen. Weitere Bestandteile der Streitmacht bildeten turkmenische Reiter, Truppen der Verbündeten und christliche Söldner. Berittene Bogenschützen waren in einem Zeitalter, das noch keine Feuerwaffen kannte, die wichtigste Streitmacht. Die gut befestigten Städte Anatoliens erforderten aber bei Belagerungen den Einsatz von Wurfmaschinen. Bei anhaltendem Widerstand wurde den Städten durch die Politik der verbrannten Erde die Lebensgrundlage entzogen.

Die sprachliche Landschaft

Die Einwanderung nach Anatolien verlief in mehreren Wellen von der Mitte des 11. Jahrhunderts bis ins 15. Jahrhundert. Sie war nicht auf die ogusischen Stämme beschränkt, an welche heute noch die Namen von einigen hundert Dörfern erinnern. Andere türkische Ethnien waren beteiligt, das mongolische Element bestand aus einigen ilchanidischen Militärgouverneuren aus der Zeit des »Protektorats« (nach 1277) und ihren Gefolgsleuten. Von der Landnahme durch eine zusammenhängende »Nation« kann also nicht die Rede sein, auch wenn dies einige türkische Mittelalterhistoriker so sehen.

Ob Anatolien im Jahr 1071 ein leeres (Faruk Sümer) oder halbleeres »Haus« war und wie sich die Einheimischen zu den Eroberern zahlenmäßig verhielten, lässt sich nicht zufriedenstellend beantworten. Eine Größenordnungsangabe sei dennoch gewagt: 100000 bis 300000 »Türken« trafen im 11. bis 12. Jahrhundert in den Grenzen des östlichen und mittleren Anatolien auf zwei bis drei Millionen Alteingesessene.

Der erstaunlich rasche Erfolg des Türkischen nicht nur als quasi amtliche Sprache in Anatolien, sondern auch als Umgangssprache zwischen den einzelnen Elementen der Bevölkerung hängt natürlich mit der politischen Dominanz der neuen Herren zusammen. Die Ausbreitung des Türkischen wurde aber auch durch die zersplitterte Sprachlandschaft erleichtert, die sie vorfanden. Anders als in Iran, wo sich die Türken in die vorhandene städtische Kultur integrierten, hielten sie in Anatolien Abstand zu den vorhandenen Stadtkernen und zogen es vor, eigene Wohnquartiere anzulegen. Das hatte Auswirkungen auf die sprachliche Situation.

Das Griechische herrschte nicht nur im Westen vor (Ägäis- und Marmararaum), sondern war auch an der Schwarzmeerküste und in Kappadokien in allen Städten und auf dem Land zu hören. Das kleine, aber dicht besiedelte Kaiserreich Trapezunt wurde erst 1461 von den Osmanen unterworfen. Griechische Wörter aus der bäuerlichen Sphäre sind bis heute im Gemeintürkischen vertreten (wie *demet* »Strauß«, *düven* »Dreschschlitten«, *tınaz* »Garbenhaufen« oder *tırpan* »Sense«). In vielen türkischen Dialekten finden sich Gräzismen; erwartungsgemäß sind sie in der Terminologie der Seefahrt und des Fischfangs sowie des Weinbaus, aber auch in der Seidenraupen- oder Bienenzucht besonders häufig.

Damit soll nicht gesagt werden, dass die Türken über keinen entsprechenden Wortschatz verfügten. Einige Forscher haben Listen von alten türkischen Agrarwörtern aufgestellt (dazu gehören die Wörter für »pflügen« *tarı-*, »Pflug« *saban* und »Weingarten« *bağ*). Sie wollen damit beweisen, dass es sich bei der ogusischen Wanderung aus Mittelasien um so etwas wie einen »Nomadismus auf Zeit« einer von Hause aus teilweise bäuerlichen Bevölkerung handelte. Man sollte sich jedoch vom Gegensatzpaar Sesshaftigkeit *versus* Nomadismus entfernen. In den Herkunftsgebieten der mittelalterlichen Ogusen östlich des Aralsees dürfte ein bäuerlicher Halbnomadismus die vorherrschende Wirtschafts- und Lebensform gewesen sein.

Obwohl ein Sprach- bzw. Wortatlas Anatoliens noch lange ein Desiderat bleiben wird, lässt sich sagen, dass der Austausch von Wörtern nicht unbedingt Rückschlüsse auf die Intensität des Zusammenlebens erlaubt. Die türkischen Dialekte enthalten zum Beispiel nicht allzu viele Armenismen. Zu den Ausnahmen in der Hochsprache gehört das Wort *petek* für »Bienenstock« oder *çap* für »Durchmesser«. Unter Christen waren neben Griechisch und Armenisch auch Syrisch und Arabisch wichtige Bildungssprachen. Davon zeugt der Hekim Han, eine Karawanserei zwischen Malatya und Sivas aus dem Jahr 1218. Hier berichtet eine Inschrift in Arabisch, Syrisch und Armenisch von der Stiftung eines christlichen Arztes in den Tagen von Alâ ad-Dîn Kaykubâd.

Das Persische war neben dem Arabischen bis ins 13. Jahrhundert die wichtigste Bildungssprache, nicht nur für die literarisch Ambitionierten, sondern auch die Kanzlei der Fürsten, deren Beamte sich freilich in den meisten Fällen als Dichter übten. Alle Chroniken der rumseldschukischen Zeit sind auf Persisch verfasst. Im Türkischen sind sogar einige Grundwörter der islamischen Glaubenspraxis persischen Ursprungs (wie *namâz* für das »Pflichtgebet« und das Wort *peygamber* »Prophet«). Ein Sprichwort kommentiert die Iranisierung der anatolischen Kultur: »Wenn der türkische Hund in die Stadt geht, bellt er auf Persisch.« Trotzdem dürften Gelehrte (*ulemâ*), die aus den Schulen von Syrien und Ägypten hervorgegangen sind, im Laufe der Zeit den iranischen Einfluss im Religionsleben zurückgedrängt haben.

Untersuchungen zur Zusammensetzung der rumseldschukischen Eliten haben gezeigt, dass gegen Ende des 13. Jahrhunderts noch etwa die Hälfte der hohen Religionsgelehrten, Beamten und Militärs aus den östlichen Nachbarräumen (Iran, Aserbaidschan, Mittelasien) stammte. Es war also alles andere als vorhersagbar, dass sich aus den verschiedenen Varianten des Türkischen nicht nur eine einheitliche osmanische Schriftsprache entwickeln würde, geschweige denn, dass auch anatolische Christen, insbesondere Griechen in Mittelanatolien und Armenier zum Türkischen als Haus- und Umgangssprache übergehen würden.

Das Arabische war Pflichtübung aller Gelehrten von Kindesbeinen an, wurde aber in Teilen von Südostanatolien auch als Umgangssprache der Nachkommen von Beduinen aus der Halbinsel verwendet. In vielen Anwendungsbereichen (Kadiregister, Stiftungsurkunden, Inschriften usw.) wurde die Sprache des Koran erst im späten 16. Jahrhundert durch das Osmanische, zumindest in den Kernräumen des Staates, verdrängt.

Der Name »Türkei« (*Turchia*, *Turcia* usw.) erscheint in den abendländischen Quellen ab dem Dritten Kreuzzug. Im Arabischen ist *barr al-turkiyya*, was man mit »Land der Türken« bzw. »Türkenherrschaft« übersetzen kann, im frühen 14. Jahrhundert belegt. Die mittelalterlichen Quellen haben also dem sich zügig islamisierenden und türkisierenden Raum einen Namen beigelegt, den ein türkischer Staat erst Jahrhunderte später (1920) annehmen sollte. Der größte Teil der anatolischen Städtenamen wurde in türkischer Zeit nur wenig verändert: Ancyra > Ankara, Ikonion > Konya, Kaisareia > Kayseri, Prusa > Bursa. Schwerer erkennbar ist die Herkunft von Toponymen wie Giresun (< Cerasus) und Sivas (< Sebasteia). Aus dem armenischen Xlat' wurde Ahlat, aus Baberd Bayburt, aus Xarberd Harput. Die Konstanz der Namen bedeutet aber nicht, dass sich die Türken überwiegend in den alten Städten eingerichtet hätten. Sie gingen, wie schon gesagt, auf Distanz zu den dichten Siedlungskernen und legten Vorstädte mit Gärten an. Das postbyzantinische Pergamon/Bergama ist eines von vielen Beispielen, wo die türkische unbefestigte Stadt in der Ebene angelegt wurde. Einige Städte (Tokat, Çorum) tragen sogar Namen, die auf ihre Lage *extra muros* hinweisen. Das führt uns zu einer näheren Betrachtung der Rolle von Byzanz.

Byzanz und die Griechen Kleinasiens

Die byzantinischen Bürgerkriege bildeten – mit den Worten eines Historikers – geradezu eine »Einladung, Kleinasien an sich zu reißen« (Ralph-Johannes Lilie). Im 11. Jahrhundert wurde das Reich aus mehreren Richtungen bedroht. Im Jahr der Schlacht von Malazgirt (1071) fiel auch das unteritalienische Bari an den Normannen Robert Guiskard. Die Balkanprovinzen banden durch die Ausdehnung des ersten bulgarischen Reichs byzantinische Kräfte. Dass es den Seldschuken gelang, schon zehn Jahre später Nikaia/İznik zu besetzen, eine von Konstantinopel nur wenige Tagesreisen entfernten Stadt, ist ein Beweis für die Schwäche des Gegners. Ihre Rückeroberung durch die Ritter des Ersten Kreuzzugs 1097 zeigt aber auch die begrenzten Machtmittel der Seldschuken. Der Zerfall Kleinasiens in zwei Dutzend türkische Fürstentümer hat den Niedergang von Byzanz nur aufgeschoben. Ein letztes lebensverlängerndes Ereignis war die Niederlage Bâyezîds I. gegen Timur bei Ankara (1402).

Wie muss man sich die De-Hellenisierung Anatoliens vorstellen? Auf der einen Seite trugen schon vor 1071 der Autoritätsverlust des Kaisers und der wirtschaftliche Niedergang zur Entvölkerung der inneranatolischen Provinzen bei. Nach der seldschukischen Eroberung beschleunigte sich der Rückgang der orthodoxen Bevölkerung. Obwohl wir über keinerlei solide demographische Angaben verfügen, sprechen die Quellen eine deutliche Sprache. Der Übertritt zum Islam wurde von allen Bevölkerungsschichten vollzogen. Der einflussreiche seldschukische Staatsmann Karatay war einer der berühmtesten griechischen Konvertiten. Kryptochristen, die sich nur zum Schein der neuen Religion beugten, mag es überall gegeben haben. Landbesitzer haben, vielleicht in Analogie zur späteren osmanischen Praxis der christlichen Timarioten, den neuen Herren an Stelle von Abgaben Kriegsdienste geleistet.

In den Städten warben streng sunnitische Institutionen wie Moschee und Medrese und weniger orthodoxe wie die Konvente der mystischen Bruderschaften um die christlichen Mitbewohner. Schon 1173 wollte sich der Bischof von Ankara nach Amasra am Schwarzen Meer versetzen lassen, weil es in seiner Hauptkirche nur noch wenige Christen gab. Ein scharfer Rückgang der griechischen Bischofssitze war im 14. und 15. Jahrhundert zu registrieren, die Zahl der Metropolitien schrumpfte von über 50 auf 17. Der Einzug von Klosterbesitz und seine Umwandlung in Militärlehen war im 15. und 16. Jahrhundert üblich. Aus vorosmanischer Zeit fehlen noch entsprechende Hinweise, aber es steht fest, dass christliche Dörfer an islamische Stiftungen übereignet wurden.

Auf der anderen Seite wird von einer Konsolidierung der

Verhältnisse der Christen in den »guten« seldschukischen Jahren gesprochen. Aus der Stiftungsurkunde von Sultan Kaykâvûs I. für sein Hospital in Sivas (1220) wissen wir, dass es von Grundstücken mit christlichen Eigentümern umgeben war. Eine interessante Episode wirft ein Licht auf enge Beziehungen der seldschukischen Dynastie zum byzantinischen Kaiserhaus. İzz ad-Dîn Kaykâvûs (gest. 1278/1279), der älteste Sohn von Sultan Kayhusrav II., hatte eine griechische Mutter. Eine Koregentschaft mit seinem Bruder Rukn ad-Dîn, der Sohn einer Türkin war, scheiterte. Rukn ad-Dîn sollte in Kayseri, İzz ad-Dîn in Konya unter mongolischer Aufsicht residieren. Der ältere flüchtete vorübergehend nach Nikaia zu dem Palaiologen Michael, ein zweites Mal nach Konstantinopel, wo sich sein Freund inzwischen als Michael VIII. etabliert hatte.

Zahlreiche kappadokische Felskirchen wurden erst nach der seldschukischen Eroberung angelegt oder, zum Teil sehr qualitätsvoll, ausgemalt. Eine Kirche der »Vierzig Märtyrer von Sebasteia« wurde unter Sultan Kaykubâd (1216) gestiftet. Ein Widmungsbild in der heute Kırkdamaltı Kilise genannten Georgskirche zeigt den kappadokischen Hauptheiligen eingerahmt von der Dame Thamar und ihrem Gatten, dem »Emir« Basilios Jakob. Der christliche Emir trägt einen weißen Turban und einen langen Kaftan und gliche auch ohne seinem Bart einem Muslim. Das Stifterbild nennt die Namen des Sultans, Mas'ûd II., und des oströmischen Kaisers Andronikos II. und dürfte 1284 entstanden sein. Es ist eine einzigartige Veranschaulichung des byzantinisch-seldschukischen Zusammenlebens am Ende der mongolischen Epoche.

Ein Autor (Spiros Vryonis) kam für das 13. Jahrhundert zu dem Schluss, dass die griechische Kirche aus zwei unterschiedlichen, aber blühenden Teilen bestand: wiederbelebte und florierende Bezirke im nördlichen und westlichen Kleinasien sowie stark verminderte, aber stabilisierte Gemeinden in Zentral- und Ostanatolien. Erst für das frühe 16. Jahrhundert erlauben mehrere Sondagen Aussagen über das Zahlenverhältnis von Christen zu Muslimen. Es steht fest, dass im Südosten (Mardin, Harput, Maraş) erheblich mehr Nichtmuslime registriert waren als in den Provinzen Mittel- und Westanatoliens. Im *sancak* (Statthalterschaft) Mardin war 1518 jeder dritte Einwohner Christ, im *kaza* (Gerichtsbezirk) Larende/Karaman waren es im selben Jahr nur 7,2 Prozent.

An dieser Stelle sei noch darauf aufmerksam gemacht, dass in Kleinasien neben Griechisch-Orthodoxen auch Armenier und im Machtbereich der Artukidendynastie Assyrer (»Nestorianer«) lebten, die es begrüßten, dass sie unter den islamischen Herrschaften keinem Hellenisierungsdruck mehr ausgesetzt waren. Armenier lebten in den großen Städten des Nordostens (Erzurum, Erzincan), aber auch in Van und Sivas. Auch die Städte Âmid (Diyarbakır) und Mardin waren christliche Hochburgen, und das Gebirge des Tur Abdin galt bis ins 20. Jahrhundert als der Athos der syrischen Monophysiten.

Kreuzfahrer und Seldschuken

Die Kreuzzüge waren alles in allem für die byzantinische Welt von größeren Auswirkungen als für die Seldschuken, obschon Letztere als Besitzer des »Heiligen Landes« zu den auslösenden Faktoren gehörten. Alle »Bewaffneten Wallfahrer«, die den Landweg nach Jerusalem einschlugen, mussten das seldschukische Anatolien durchqueren. Die Teilnehmer des so genannten Bauernkreuzzugs wurden im Oktober 1096 im Raum Eskişehir niedergemetzelt. 1097 erreichte das erste reguläre Kreuzheer Konstantinopel und gewann das seit 1081 in seldschukischer Hand befindliche Nikaia/İznik zurück. Nach weiteren Siegen über die Türken gelang ihm die Einnahme von Antiochia/Antakya und 1099 die Eroberung von Jerusalem, das nach einem seldschukischen Zwischenspiel (1071–1098) wieder von den ägyptischen Fatimiden besetzt worden war.

Die Einnahme der fränkischen Grafschaft von Edessa/Urfa (1144) durch Nûr ad-Dîn Zangî, den Fürsten von Mosul, bildete den Anstoß zum Zweiten Kreuzzug, in dem das deutsche Heer unter Konrad III. im Oktober 1147 bei Eskişehir eine Niederlage gegen die Seldschuken hinnehmen musste. Der französische König Ludwig VII. überließ im kommenden Frühjahr den Großteil seines Heeres im byzantinischen Attaleia/Antalya seinem Schicksal und rettete sich mit der Geistlichkeit und den Baronen auf dem Seeweg. Die Masse der Teilnehmer wurde in Südanatolien von den Seldschuken niedergemacht.

Die Wiedereroberung Jerusalems durch den Aijubiden Saladin (1187) führte, trotz der vorausgehenden Fehlschläge, zur Wiederbelebung der Kreuzzugsbewegung. Kaiser Friedrich Barbarossa gelang nach einem Sieg über das Seldschukenheer unter Kutb ad-Dîn Malik Şâh, dem ältesten Sohn von Kılıç Arslan II., die Einnahme von Konya (bis auf die Zitadelle). Der in seiner Burg belagerte Sultan gab seinem Sohn die Schuld an den Feindseligkeiten und erlaubte den Deutschen, sich mit frischen Lebensmitteln und Lasttieren zu Marktpreisen zu versorgen. Nach dem plötzlichen Tod Barbarossas im Fluss Saleph/Göksu bei Seleukia/Silifke (10. Juni 1190) zerfiel das Ritterheer. Nur ein Teil erreichte Antiochien/Antakya.

Der Vierte Kreuzzug endete mit der Erstürmung von Konstantinopel 1204 und der Gründung des Lateinischen Kaiserreichs (bis 1261). Die Schwächung von Byzanz hatte größere Auswirkungen auf das Machtgefüge in Anatolien als die drei vorausgehenden Kreuzzüge. In den Randgebieten entstanden die griechischen Reiche der Laskariden (Nikaia/İznik) und Komnenen (Trapezunt/Trabzon). Im südlichen Balkanraum ging Venedig als der Hauptgewinner hervor.

Das kulturelle und religiöse Leben unter den Seldschuken

Die Türken hatten in Transoxanien und Chorasan von den Samaniden den Islam in seiner sunnitischen Form kennen gelernt und übernommen. Die Staatslehre des Mawardî (gest. 1058) versöhnte die Machtausübung durch die seldschukischen Sultane mit dem höchsten Amt des Kalifats. Der bereits erwähnte Wesir Alp Arslans und Malik Şâhs, Nizâm al-Mulk, förderte das in Chorasan entstandene Institut der islamischen Hochschule (*medrese*) im westlichen Iran und Irak. Im seldschukischen Anatolien verbreitete sich die Medrese stärker als in Ägypten und Syrien. Vor 1300 entstanden hier 50 Medresen, von denen neun mit Sicherheit schon im 12. Jahrhundert gegründet wurden. Wegen der geringen Überlieferung in Iran, wo man überwiegend mit Ziegeln baute, gehören die anatolischen Medresen zu den wichtigsten Zeugen dieser Entwicklung. Im 13. Jahrhundert entstanden auf dem Boden der heutigen Türkei mindestens 68 Medresen (von denen sich 41 mehr oder weniger erhalten haben). Es ist nicht verwunderlich, dass die meisten vorosmanischen Medresen in Konya gestiftet wurden (24). Drei von ihnen gehören wegen ihres reichen Dekors zu den Hauptwerken der islamischen Architektur (Sırçalı 1242, Karatay 1251, İnce Minare 1265).

Medresen dienten nicht nur der Ausbildung von Richtern und Gelehrten in den islamischen Traditionswissenschaften und der Jurisprudenz. In seldschukischer Zeit wurden mehr Medizinschulen unter diesem Namen gegründet als in der langen osmanischen Epoche. Es gab angeschlossene Hospitäler und Anstalten für Geisteskranke wie in Amasya, Çankırı, Divriği, Kayseri und Sivas. Wie in osmanischer Zeit war der Anteil prominenter Damen unter den Gründern von Krankenhäusern besonders hoch. Aus Stiftungsurkunden wissen wir von angestellten Allgemeinmedizinern, Augenärzten und Chirurgen. Der

Wesir Fahr ad-Dîn, genannt Sâhib Ata, einer der bedeutendsten Bauherrn im seldschukischen Anatolien, ließ 1267/1268 die schon in der Antike genutzten Thermalbäder von Ilgın (zwischen Konya und Akşehir) überkuppeln. Observatorien werden in der Literatur zwar genannt, konnten aber auf anatolischem Boden noch nicht sicher nachgewiesen werden. Die berühmte Sternwarte des Nasîr ad-Dîn Tûsî entstand ab 1259 auf Befehl des Ilchanidenherrschers Hülâgû in Iran (Marâgha) 185 Jahre nach einem Bau Malik Şâhs in Isfahan, von dem sich keine Spuren erhalten haben. Das Beispiel von Medizin und Astronomie zeigt, dass die anatolischen Sultane als Gönner der Wissenschaft mit ihren mächtigen Konkurrenten im Osten nicht gleichziehen konnten.

Unter den Turkmenen Anatoliens waren zahlreiche nichtsunnitische Bruderschaften wirksam, die ihren Ursprung meist in Zentralasien hatten (Yesevîye, Kalenderîye, Haydarîye). Eine wichtige Ausnahme war der sehr einflussreiche Orden der Vefâ'îs, der sich auf den irakischen Sufi (d. h. Mystiker) Abu'l-Vafâ (gest. 1107) beruft. Auch später waren die Einflüsse irakischer Gottesmänner auf den türkischen Islam von großer Bedeutung. Die moderne Forschung weist die Auffassung zurück, dass der frühe türkische Sufismus nur wie eine Art dünner Firnis auf altererbten »schamanistischen« religiösen Praktiken lag. Die großen Sufis hatten engeren Kontakt mit dem *mainstream* der arabischen und persischen Welt unterhalten, als man bisher annahm (Ahmet T. Karamustafa). Eine bekannte Persönlichkeit ist der charismatische Ilyâs, der wahrscheinlich um 1200 aus Chorasan eingewandert sein soll. Seine Anhänger verehrten ihn als Messias (*Mehdî*) und Gesandten Gottes (*Baba Resûlullâh*). Er soll um 1240 in der Regierungszeit von Keyhusrav II. eine Revolte angefacht haben, die sein Schüler Baba İshâk leitete. Nach anfänglichen Erfolgen in Südost- und Zentralanatolien wurden beide Personen festgenommen und hingerichtet.

Man glaubt, dass dieser so genannte Baba'îler-Aufstand, zu dem die Quellen recht widersprüchliche Aussagen machen, den Boden für andere heterodoxe Strömungen wie die der Abdalân-i Rûm, der Kızılbaş (»Rotköpfe«) und Râfizî vorbereitet hat.

Im vorosmanischen Anatolien entstand auch die Bewegung des Haci Bektaş, die sich bis ins 20. Jahrhundert hinein nicht nur in den osmanischen Kernländern, sondern auch an der Peripherie von Albanien bis Ägypten ausbreitete. Ihr Begründer wird zum ersten Mal in den »Überlieferungen der Wissenden« (*Manâkib al-'Ârifîn*) von Aflâkî als charismatischer Prediger erwähnt, der freilich nicht auf dem Boden des Religionsgesetzes stand. Von seinen Lebensdaten ist fast nichts gesichert, es dürfte aber feststehen, dass Haci Bektaş Mitte des 13. Jahrhunderts in Anatolien wirkte. Die Bektaşîye hatte neben antiken und buddhistischen auch viele christliche Bestandteile wie Beichte und Absolution aufgenommen. Dem Zölibat stand sie aufgeschlossen gegenüber. Wahrscheinlich hat sie bei der Missionsarbeit unter Christen eine bedeutende Rolle gespielt. Die Nachfolger des Mevlânâ Celâl ad-Dîn-i Rûmî (gest. 1273) schlossen sich bald zur Mevlevîye, einer ordensähnlichen, straff von Konya aus geleiteten Gemeinschaft, zusammen.

Das mystisch-theologische Schrifttum in arabischer und persischer Sprache war bedeutend. Der aus Spanien stammende Ibn al-'Arabî (Murcia 1165 – Damaskus 1240) hielt sich wiederholt in seldschukischen Städten auf. Eine zu seinen Lebzeiten viel diskutierte Sammlung von Gedichten entstand in Kayseri, ein Kommentar desselben Autors in Aksaray. Sein Schüler und Stiefsohn Sadr ad-Dîn Kunavî (d. h. »aus Konya«, gest. 1274) bemühte sich um die philosophische Systematisierung der auf mystischer Erkenntnis beruhenden Doktrin seines Lehrers. An erster Stelle der persischen Dichtung des 13. Jahrhunderts steht Celâl ad-Dîn-i Rûmîs 26000 Verse umfassendes mystisches

Lehrgedicht *Masnavî* (»Doppelverse«). Celâl ad-Dîn war zwar in Balch (im heutigen Afghanistan) zur Welt gekommen, verbrachte aber fast sein ganzes Leben in Konya, zunächst als Gottesgelehrter, dann als Gottsucher (Annemarie Schimmel: »Seine Verwandlung vom Theologieprofessor zum ekstatischen Sänger war ihm selbst ein Rätsel.«). Im späten 14. Jahrhundert verfasste Şams ad-Dîn Aflâkî, ebenfalls in Konya, die oben erwähnten *Manâkib al-'Ârifîn* eine unterhaltsame Beschreibung des Lebens des Meisters und seiner Schüler. Die persische Sprache herrschte bis ins späte 13. Jahrhundert vor. Damals ist vielleicht auch ein verloren gegangenes »Königsbuch« (*Şâhnâma*) in der Tradition von Firdausî am Seldschukenhof entstanden. Trotz der bedeutenden Entwicklung des Osmanischen in den folgenden Jahrhunderten blieb Türkisch bis zur Sprachreform unter Atatürk (wie Hindustani bzw. Urdu) eine »persifizierte Sprache« (Bert Fragner).

Das Bedürfnis nach türkischen Übersetzungen wurde durch gelehrte Doppelsprachler befriedigt. Der nach 1317 verstorbene Gülşehrî übertrug und erweiterte ein Hauptwerk der persischen Mystik, »Die Sprache der Vögel« von Farîd ad-Dîn Attâr (gest. 1220) aus Nischapur. Sultan Veled, der älteste Sohn Rûmîs, 1226 in Larende/Karaman geboren, fügte seinen persischen Dichtungen eine größere Anzahl türkischer Verse ein. Alttürkische Traditionen der Ogusen wurden weiter mündlich gepflegt. Der Erzählzyklus *Dede Korkut* wurde zwar erst in frühosmanischer Zeit (15. Jahrhundert) aufgezeichnet, enthält aber viel älteres Material. Die »Geschichte von Danişmend-Gâzî« ist eine Art Ritterroman, der nur wenige sichere Angaben über den namengebenden Fürsten preisgibt. Der Seldschukensultan İzz ad-Dîn II. soll seine Niederschrift um 1244/1245 angeordnet haben. Der uns bekannte Text stammt allerdings erst aus der Zeit des Osmanen Murâd II. (1421–1451). Yûnus Emre (gest. etwa 1320) verfasste als Erster einen Diwan in einem westtürkischen

Dialekt. Seine Vierzeiler in einfachen silbenzählenden Metren gehören noch heute zu den volkstümlichsten Versen.

Als man Ende des 19. Jahrhunderts in Europa begann, die seldschukischen Moscheen, Medresen, Mausoleen und Karawansereien in ihrer Vielzahl wahrzunehmen, sah man in ihnen die Fortsetzung der »persischen« Baukunst. Richtig ist, dass viele Motive Vertrautheit mit der ilchanidischen Kunst im Iran zeigen (wie die berühmte Gebetsnische der Arslanhane-Moschee von Ankara). Insgesamt kann aber für den Bereich der Architektur – im Gegensatz zum höfischen Leben und zur Literatur – nicht von einer vollständigen Iranisierung die Rede sein. So hat sich nur eine einzige persischsprachige Handwerkersignatur an einem anatolischen Bauwerk nachweisen lassen (Alâ ad-Dîn-Moschee in Konya von 1215). Nirgendwo sonst in der islamischen Welt gibt es einen so vielfältigen Baudekor. Neben klassischen Elementen der islamischen Kunst findet man Drachen, Sphingen, Greifen und doppelköpfige Adler. Antike und christliche Spolien werden ohne Scheu integriert.

Die Mehrzahl der Kunsthandwerker kam aus dem kaukasischen Raum und war mit der Steinbautradition vertraut. Trotz dieses engen Zusammenhangs fällt auf, dass Georgier (aus Tao-Klargeti im Nordwesten Anatoliens) und später vermehrt Armenier im Auftrag seldschukischer Patrone oft zu ganz anderen Ergebnissen als beim einheimischen Kirchenbau kamen. So bediente sich ein Meister aus Tiflis in Divriği einer Technik, die im nördlichen Syrien zu Hause war. »Es gab im ganzen Vorderen Orient des 13. Jahrhunderts keine Bautradition, die der rumseldschukischen das Wasser reichen konnte. Das war teilweise der geographischen Lage ihrer Gebiete zu verdanken, die sie für Ideen aus dem Osten, Westen und Süden offen hielt. Aber das anhaltende Engagement für die Baukunst durch die herrschende Elite ermöglichte es erst örtlichen Schulen mächtig aufzublühen, so dass sich selbst nachrangige anatolische Städte größerer Monumente – die meisten in feinem Haustein – rühmen können« (Robert Hillenbrand).

Grabtürme (*kümbet*, *türbe*) aus Ziegeln waren in den vorausgehenden zwei Jahrhunderten in Iran entwickelt worden. Sie bestanden aus einem runden oder polygonalen Unterbau (oft über einer Krypta für den Toten) und wurden mit einem kegelförmigen oder polygonalen Dach abgeschlossen. Eine Mihrab-Nische zeigte die Gebetsrichtung an. In Anatolien wurden bisher 61 Bauten gezählt, von denen aber nur acht vollständig in Ziegeln ausgeführt sind. 39 sind reine Steinbauten. Einige wie der Grabturm von Halima Hatun in Gevaş (Vansee, 1335) entsprechen in Form und Dekor vollständig der armenischen Tradition.

Die seldschukische Moschee, die bereits eine Kuppel einbezieht, bereitet auf die osmanische Baukunst vor, auch wenn ihre frühen Beispiele Basiliken sind, deren flaches Dach manchmal auf Holzsäulen ruht. Besonders auffällig in der seldschukischen Baukunst sind Portale mit Zwillingsminaretten. Die Tortürme der Çifte Minare Medrese von Erzurum fanden Nachahmer in vergrößerter (Sivas, Gök Medrese) und verkleinerter Form (Beyşehir, Karaman). An einigen Stellen wurden Stiftungsbauten zu größeren Komplexen zusammengezogen (Kayseri, Huant Hatun; Divriği).

Die Kleinfürstentümer Anatoliens (*beğlik*): Ein Gruppenporträt

Zwischen Seldschuken und Osmanen hat man in Anatolien vom späten 11. bis zum frühen 14. Jahrhundert nicht weniger als 26 Dynastien gezählt, ohne die Aufspaltung in Unterlinien zu berücksichtigen. Die meisten von ihnen können auf ogusische Stammeshäuptlinge zurückgeführt

Anatolien in frühosmanischer Zeit

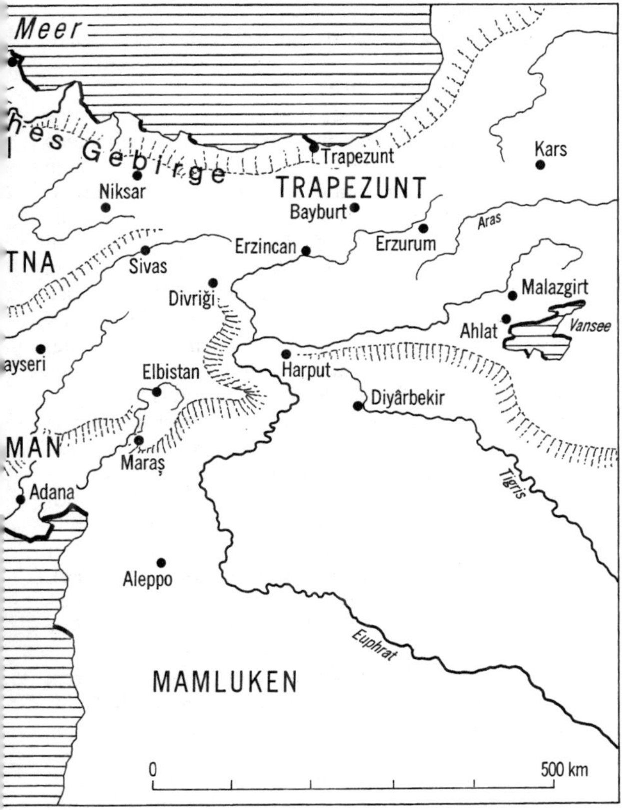

Meer
...hes Gebirge
Trapezunt
TRAPEZUNT
Kars
Niksar
Bayburt
Aras
Erzincan
Erzurum
...TNA
Sivas
Divriği
Malazgirt
Ahlat
Vansee
...ayseri
Elbistan
Harput
Diyârbekir
...MAN
Maraş
Tigris
Adana
Aleppo
Euphrat
MAMLUKEN
0
500 km

werden. Der Grad dieser Zersplitterung wird deutlich, wenn man diesen Wert der Zahl von insgesamt 186 wichtigeren Dynastien in der über 1400-jährigen Geschichte islamischer Staaten gegenüberstellt. Selbst die etwa gleichzeitigen *taifas* (Kleinkönigreiche) in Spanien brachten es nur auf 18 Herrscherfamilien.

Für die Eroberungsperiode lässt sich die Zersplitterung des Landes sicher mit einer mehr oder weniger zufälligen »Parzellierung« durch die neuen Herren erklären, deren Zahl zu gering war, um sich den Luxus von größeren Rivalitäten zu leisten. Einige der *beğlik* bzw. Emirate wie die Artukiden, Danischmendiden, Karamaniden und nicht zuletzt die Germiyan waren eher Offiziere auf dem Schachbrett des Nahen Ostens, so dass sie in keiner noch so knappen Darstellung fehlen dürfen. Wichtige Felder waren auch von den großen turkmenischen Stammesföderationen der Karakoyunlu und Akkoyunlu (die »Horden der Schwarzen bzw. Weißen Schafe«) besetzt. Die von ihnen kontrollierten Regionen reichten weit über das Gebiet der heutigen Türkei hinaus und umfassten Teile von Iran und des Irak. Die meisten anderen Häuser aber beschränkten sich wie die Rumseldschuken auf die Landmasse Anatoliens. Andere Dynastien waren, um im Bild zu bleiben, eher »Bauern«. Ihr Stammbaum brachte es nur auf zwei bis drei Generationen wie die Söhne der Eşref, Kadi Burhâneddîn und Pervâne, doch kann ihnen auf keinem Fall eine Bedeutung für die Geschichte vieler Städte und größerer Regionen abgesprochen werden.

Da die meisten *beğlik* turkmenischen Ursprungs waren, stützten sie sich auf tribale Elemente am Rand des seldschukischen Systems. Undeutlicher ist die Abstammung der Germiyan. Die Eretna waren von Hause aus Mongolen oder uigurische Türken. Eine Anzahl früher Fürstentümer war bereits in vorosmanischer Zeit im seldschukisch-mongolischen Reich aufgegangen. Beispielhaft sind die Mengücek zu nennen, die zwischen 1118 und 1230 in

Ostanatolien auftraten und unter denen die Städte Erzincan und Divriği zu herausragenden kulturellen Zentren wurden. Unter Kaykubâd I. wurden sie nur noch als Inhaber von Dienstlehen registriert. Die anatolischen *beğlik* waren alles in allem Katalysatoren, die tribale Gemeinschaften auf territoriale und urbane Strukturen vorbereiteten. Bei der ersten Wahrnehmung des verwirrenden Mosaiks (s. Karte, S. 66f.) entsteht der gar nicht falsche Eindruck, als hätten sich zunächst die Seldschuken, später dann die Osmanen mit dem »Aufrollen« kleiner Rivalen befasst, von denen sich aber etliche schon im Bauch oder Schlund mittelgroßer Gegner befanden, bevor sie samt diesem verzehrt wurden.

Das Pendeln zwischen Winter- und Sommerlagern war in diesen Jahrhunderten noch lange üblich und führte zu Residenzpaaren, nicht nur bei den Fürstentümern, sondern auch bei den späteren mongolischen Oberherrn (Mosul → Erçiş, Antalya → Korkuteli). Der Taurus bildete für einige *beğlik* wie die Karaman und die Menteşe einen sicheren Rückzugsraum. Die »maritimen« *beğlik* (u. a. Menteşe, Aydın, Karası und nicht zuletzt die Osmanen) bauten die ersten Flotten auf, die als ein Novum in der Geschichte der türkischen Kriegführung Kämpfer nach Europa an die thrakische Gegenküste transportierten. Die Grenzlage aller *beğlik* zwang zu Bündnissen mit christlichen Staaten (Byzanz, Trapezunt, Genua). Getreidehandel und Glaubenskampf (so lautet ein Buchtitel von Elizabeth Zachariadou: *Trade and Crusade*) schlossen sich in den Marken (*uc*) der islamischen Welt nicht aus.

Der sich Ende des 13. Jahrhunderts beschleunigende Zerfall Anatoliens wurde nach der Thronbesteigung des Ilchaniden Abû Saîd (1316) durch den ebenfalls mongolischen Befehlshaber (*noyan*) Çoban kurzfristig angehalten. Ihm gelang es, eine Anzahl wichtiger turkmenischer Fürsten in sein Winterlager Karanbük (zwischen Kayseri und Sivas) zur Huldigung zu zitieren. Seinem Befehl kamen die Herren von Borgulu (Uluborlu), die Eşrefsöhne von Beyşehir, die Nachfolger des Seldschukenwesirs Sâhib Fahr ad-Dîn aus Develi Karahisar, die Germiyan aus Kütahya und die Candar aus Kastamonu nach. Auch der kleinarmenische König von Sis eilte nach Norden. Die Karamansöhne hatten sich der »Einladung« entzogen und wurden von dem mongolischen Heerführer mit der Plünderung Konyas (1315) gebührend bestraft.

Erst die Eroberungen durch den Osmanen Bâyezîd I. bereinigten die anatolische Landkarte. Einige *beğlik* wie die der Eşref oder İnanc, die Sâhib Ata (von Germiyan), Pervâne und Çoban (von Candarlı) waren allerdings schon zuvor von ihren Nachbarn einverleibt worden. Nach Timurs Sieg über die Osmanen bei Ankara von 1402 kam es zur Wiedereinsetzung sämtlicher wichtiger Lokalfürsten. Verzögert durch die Kriege zwischen den osmanischen Thronbewerbern (bis 1413) und die Feldzüge in Südosteuropa (1444 Schlacht bei Varna) dauerte es weitere Jahrzehnte, bis mit Karaman (1475) auch das älteste, stärkste und widerspenstigste *beğlik* unwiderruflich in die osmanische Provinzverwaltung einbezogen wurde. Der Pufferstaat der Ramazansöhne zwischen Mamluken und Osmanen geriet mit dem Ägyptenfeldzug von Selîm I. (1516) in völlige Abhängigkeit von İstanbul. Die späten Herrscher waren *de iure* nur noch Statthalter der Zentrale. Mit der Annexion im Jahr 1608 endete dieser letzte nichtosmanische Staat auf anatolischem Boden.

Die Osmanen gebrauchten den *beğlik* gegenüber alle denkbaren politischen, wirtschaftlichen und militärischen Instrumente, um sie in ihr System zu zwingen. Dazu gehörten auch Heiratsallianzen (die im Fall der Karaman weniger wirksam als bei den Germiyan waren) und Kaufverträge (so bei den Hamîd). Entmachtete Begs versuchte man mit der Vergabe von neu eroberten Provinzen zufrieden zu stellen oder ihnen ihre ehemaligen Fürstentümer als Sinekure zuzuweisen. Ein aufschlussreicher, wenn auch extremer Fall ist der des Aydınoğlu Cüneyd Bey. Er wurde nach 1405 mit der Provinz Ohrid (in der heutigen Republik Makedonien) »belehnt«. Obwohl er seinem neuen Dienstort so bald wie möglich den Rücken kehrte, um nach Südwestanatolien zurückzueilen, erhielt er von Sultan Mehmed I. eine zweite Chance als Statthalter der Provinz Nikepolis/Niğbolu an der Donau. Mit Billigung Murâds II. durfte Cüneyd, der sich wiederholt als abtrünnig erwiesen hatte, erneut nach Aydın zurückkehren. Wenige Jahre später wurde er allerdings wegen notorischer Unbotmäßigkeit von einem Beauftragten des Sultans hingerichtet.

Der Gründer der turkmenischen Artukiden-Dynastie, Artuk bin Aksab, war zunächst von den Seldschuken zum Statthalter von Jerusalem ernannt worden. Nach der Rückeroberung Jerusalems durch die Fatimiden (1098) findet man seine Nachkommen in verschiedenen Orten im oberen Mesopotamien (Âmid/Diyarbekir, Mardin, Hisn Kayfa / Hasankeyf, Harput). Später gelang es den Artukiden, die Abhängigkeit von den Seldschuken abzuschütteln. Der letzte Artukide übergab 1409 Mardin den Karakoyunlu.

Die Danischmendiden hatten sich zwischen 1071 und 1178 im nördlichen Kappadokien festgesetzt. Ihr erster bekannter Führer, Gâzî Dânişmend (1071–1085?), wurde im Abschnitt über die Literatur in seldschukischer Zeit schon genannt. Er kämpfte mit Alp Arslan bei Malazgirt und erhielt Sivas als Pfründe. Schon sein Sohn Gümüştekin prägte Münzen auf seinen eigenen Namen. Der Enkel von Gâzî Dânişmend, Emîr Gâzî, war ein entschlossener Mann. Bei seinem Thronantritt tötete er sämtliche Brüder – so behauptet es jedenfalls der armenische Chronist Matthäus aus Edessa/Urfa. Auf dem Höhepunkt ihrer Machtstellung kontrollierten die Danischmendiden einen beachtlichen Teil Anatoliens zwischen Sivas und Malatya. Der Seldschukensultan Mas'ûd galt nicht weniger, aber auch nicht mehr als der Schwiegersohn Emîr Gâzîs.

Aus der Vielfalt dieser *beğlik*, die sich am Rand der seldschukischen Welt entwickelten, ragen die Karamansöhne nach den Osmanen als erfolgreichste Turkmenen-Dynastie heraus. Sie verliehen der Stadt Larende und später der ganzen Region im zentralen Anatolien ihren Namen und überdauerten die Seldschuken um eineinhalb Jahrhunderte. Für die Osmanen bildete ihr zäher Widerstand eine anhaltende und ärgerliche Herausforderung. Die türkischsprachigen orthodoxen Christen Mittelanatoliens nennen sich übrigens bis in die Gegenwart »Karamanli«, auch wenn sie nach dem Ersten Weltkrieg nach Griechenland umgesiedelt wurden.

Die Karamansöhne bzw. Karamaniden gingen wahrscheinlich aus den Avşar hervor, einem der bedeutendsten ogusischen Stämme. Um 1225 nahmen sie die Region um Ermenek, Mut und Anamur in Besitz. Im mittleren Taurus bestanden ideale Bedingungen für die Sommerweide, als Winterlager bot sich das inneranatolische Vorland an. Das Gebirge erwies sich als der Rückzugsraum, welcher die permanenten Konflikte mit mächtigen Gegnern erst ermöglichte. Hier wurden sie Nachbarn des kleinarmenischen Königreichs, das nach dem Fall von Akkon an die Mamluken (1291) die letzte christliche Enklave in der Levante darstellen sollte. Fast in Blickweite lag die Insel Zypern, der Mitte des 14. Jahrhunderts noch eine Blütezeit unter den Königen des Hauses Lusignan bevorstand. Die Mamluken waren die Herren Ägyptens und des größeren Syriens. Es gab so gut wie keine politische Kraft in diesem Raum, mit der die Karamaniden (die »Herren der Berge des Rhomäerlandes« in der Sprache der mamlukischen Chroniken) nicht zu kämpfen oder zu kooperieren gezwungen waren.

Innerseldschukische Spannungen erweiterten stets ihre Bewegungsfreiheit. Nach der Schlacht am Kösedağı (1243) nutzten sie den Gegensatz zwischen Mongolen und Mamluken. 1277 verbündete sich Karaman Mehmed Beg mit dem Cimrî genannten seldschukischen Thronbewerber, zog in Konya ein und machte den Prinzen zu seinem Wesir. Dem Seldschukensultan gelang es ein Jahr später, Mehmed Beg mit eigenen und mongolischen Truppen zu besiegen. Davon kaum entmutigt nutzten die Karamaniden auch in der Zukunft die Abwesenheit mongolischer Heere, um die seldschukischen Städte im Taurusvorland zu plündern. Umgekehrt stützten sich auch revoltierende mongolische Kommandanten auf die Karamaniden wie in den anarchischen Jahren gegen Ende des 13. Jahrhunderts. Der Ilchanide Ghâsân (1295–1304) soll sich beklagt haben: »Ich suchte den Feind im Osten und im Westen, während er sich unter meinem Gewand verbarg. Ohne die Karamaniden, die Turkmenen und Kurden hätten die mongolischen Reiter die Stelle erreicht, wo die Sonne untergeht.« Je stärker der mamlukische Faktor wurde (schon 1277 hatte der ägyptische Sultan nach einem Sieg über die Mongolen das mittelanatolische Kayseri besetzt), umso enger lehnten sich die Karamansöhne an Kairo an. İbrâhîm Beg (gest. nach 1340) unterstellte sich ihnen sogar förmlich. Sein Gesandter war mit Gussformen für Münzen aus Kairo zurückgekehrt.

Der Osmane Murâd I. hatte den Karamaniden Alâ ad-Dîn Alî Beg, der sich inzwischen nach seldschukischem Vorbild »Sultan« und Abulfath (»Eroberer«) nannte, zu seinem Schwiegersohn gemacht, nicht zuletzt, um für seine Balkanfeldzüge den Rücken frei zu bekommen. Trotzdem wollte er auf seinen Anteil an dem Territorium einer Nachbardynastie, der Hamidoğulları westlich von Akşehir, nicht verzichten. Murâd besiegte den Schwiegersohn 1387 mit Leichtigkeit. Während Murâds Nachfolger Bâyezîd I. 1396 in Nikepolis an der Donau mit einem europäischen Kreuzfahrerheer kämpfte, griff derselbe Alâ ad-Dîn Beg Ankara an und nahm den osmanischen Statthalter gefangen. Bâyezîd war bald in der Lage, den Spieß umzudrehen. Die Bevölkerung von Konya lieferte Alâ ad-Dîn

Beg seinem Schwager aus. Bâyezîd ließ ihn hinrichten und seine Söhne in der osmanischen Hauptstadt Bursa gefangen setzen.

Ohne den Vorstoß Timurs im Jahr 1402 (von dem im Kapitel über die frühen Osmanen noch einmal die Rede sein wird) wäre jetzt das Kapitel »Mediatisierung Anatoliens durch die Osmanen« fast abgeschlossen. Timur aber setzte die Karamansöhne frei und gab ihnen umfangreiche Gebiete, einschließlich der Städte Kayseri, Kırşehir und Sivrihisar zurück.

Im 15. Jahrhundert standen den Osmanen noch drei bedeutende Karamanenherrscher gegenüber: Mehmed, Ali und İbrâhîm. Solange die Thronkämpfe unter den Söhnen Bâyezîds anhielten, versuchten sie zur anatolischen Führungsmacht aufzusteigen. 1413 belagerte Mehmed Karaman dasselbe osmanische Bursa, in dem ihn Bâyezîd gefangen gehalten hatte. Von noch größerem Symbolwert ist vielleicht, dass er 1423 bei der Verteidigung von Antalya gegen die Osmanen durch eine Kugel starb. Anders als die übrigen turkmenischen Fürstentümer Anatoliens hatten die Osmanen frühzeitig den Einsatz von Feuerwaffen erprobt. Einer der letzten Vertreter des Hauses rettete sich nach Osten zu Uzun Hasan, dem damals noch mächtigen Herrn eines riesigen Stammesverbunds. 1475 wurde »Karamanien« mit Konya endgültig als osmanische Provinz einverleibt.

Die Karamaniden genießen wegen eines berühmten Erlasses, der im Jahr 1277 nach der oben erwähnten Einnahme von Konya bei Beratungen des Divans das Türkische als »Amtssprache« vorschrieb, einen hervorragenden Ruf bei nationaltürkischen Autoren. Bei Historikern, die eher die Perspektive der osmanischen Chronisten einnehmen, haftet ihnen das Stigma des Verrats an. Wenn man einen Beleg für ihre islamische Observanz sucht, kann man aber auch einen solchen finden: Die meisten der 37 nachweisbaren Medresebauten des 14. Jahrhunderts sind auf karamanidische Initiative entstanden.

Die stärkste Regionalmacht im westlichen Anatolien waren ab Ende des 13. Jahrhunderts die Germiyan-Söhne. Sie hatten sich wohl im Gefolge des Chwaresm-Schahs Calâl ad-Dîn im Raum Malatya niedergelassen. Mitte des 13. Jahrhunderts wanderten sie nach Westen. Unter Ya'kûb Bey I. (1300–1340) beherrschten sie so wichtige Plätze wie Kütahya und Denizli. Als sie im Jahr 1304 das byzantinische Philadelphia (Alaşehir) belagerten, bot Kaiser Andronikos II. die als Katalanische Kompagnie bekannt gewordene Söldnertruppe gegen sie auf. Mit der im Raum Philadelphia eingetriebenen Kopfsteuer der Christen unterhielt der Germiyan-Sohn in Kütahya eine Medrese, eine der ersten großen islamischen Schulen im Westen Anatoliens (1314/1315). Eine zeitgenössische mamlukische Enzyklopädie behauptete, der »Herr von Kustantiniya« (der Kaiser von Byzanz) habe ihm einen jährlichen Tribut von 100 000 Denaren gezahlt.

Der ilchanidische Statthalter Timurtasch, der 1326 mit den Fürstentümern der Eşref und Hamîd zwischen den Seen von Pisidien und der Ebene von Pamphylien aufgeräumt hatte, entschloss sich mit Hilfe der Eretna-Fürsten, auch den Germiyan und den *beğlik* von Aydın und Menteşe zu zeigen, wer der Oberherr in Anatolien sei. Konflikte in Iran zwangen aber Timurtasch, sich unverzüglich Richtung Aserbaidschan zurückzuziehen. Bevor er Iran erreichte, flüchtete er nach Ägypten, wo er 1327 hingerichtet wurde.

In großen Teilen Zentral- und Nordanatoliens gaben nun für einige Jahrzehnte die Eretna den Ton an. Die unmittelbaren Nachbarn der Germiyan im Westen waren die Osmanen, die, wenn man den späten Chroniken Glauben schenken will, schon 1313 mit Ya'kûb Bey in einen ernsten Konflikt um das Städtchen Karacahisar (bei Eskişehir) verwickelt waren. Da sich die Germiyan wegen der Gegnerschaft zu den Karamaniden später an die Osmanen anlehnten, von denen sie familienpolitisch umarmt wurden, hat diese Dynastie abgesehen von ihrer kurzfristigen Wiedereinsetzung durch Timur nicht überleben können. Die Erfolge der Osmanen gegen Byzanz waren letzten Endes verantwortlich dafür, dass die Geschichte ein »Germiyanisches Reich« nie kennen gelernt hat.

Frühosmanische Geschichte (1288/89–1421)

1288/1289	Überliefertes Todesjahr von Ertoğrul Gâzî, dem Vater Osmâns.
1300	Ab dem frühen 14. Jahrhundert bauen die Germiyanoğulları in Westanatolien ihre Macht aus.
1302	Osmâns Sieg über eine byzantinische Armee unweit Nikomedia/İzmit.
1313	Das turkmenische Fürstenhaus Karaman sichert sich die Stadt Konya.
1324	Todesjahr Osmân Gâzîs? – Sultan Orhan stellt die älteste bekannte osmanische Urkunde aus.
1326	Die Festung Bursa fällt durch Aushungern an die Osmanen, die sie zu ihrer ersten Residenzstadt ausbauen.
1331	Eroberung von Nikaia/İznik.
1337	Orhan besitzt die Mehrheit der byzantinischen Orte Bithyniens.
1341–1347	Bürgerkriege im Byzantinischen Reich.
1345/1346	Das Fürstentum Karesi fällt an die Osmanen.
1347	Die Beulenpest verbreitet sich von der Krim ausgehend über Konstantinopel nach Europa.
1348	Einrichtung des griechischen Despotats Morea (Mistra).
1351	Osmanische Militärallianz mit Genua gegen Venedig.
1354	Einnahme von Gallipoli. – Ankara vorübergehend osmanisch.
1369	Einnahme von Adrianopel/Edirne. Die Stadt wird bis 1453 Hauptstadt des expandierenden Staates.
1371	Sieg von Sultan Murâd I. über die Serben an der Marica.

1373 Murâd und der oströmische Kaiser verbünden sich gegen ihre Söhne.

1385 Der osmanische Heerführer Gâzî Evrenos besetzt Thessalien. – Fall Sofias (Jahr nicht gesichert).

1386 Die Karamanfürsten in Anatolien ergeben sich den Osmanen.

1388 Der Bulgarenzar Šišman unterwirft sich. 1393 verschwindet das bulgarische Reich mit der Einnahme von Tarnavo.

1389 15. Juni: Schlacht auf dem Amselfeld / Kosovo Polje. Murâd I. besiegt (wahrscheinlich) die Truppen des Serbenfürsten Lazar. Beide Heerführer verlieren ihr Leben.

1394 Bâyezîd I. versucht Konstantinopel einzuschließen. Im selben Jahr erreichen die Osmanen die Donaulinie. Fast gleichzeitig gelangt der Mongolenherrscher Timur in den Besitz von Erzincan.

1396 Bei Nikopolis an der Donau wird der spätere Kaiser Sigismund von Ungarn mit seinem Ritterheer vernichtend geschlagen.

1401 Bâyezîd I. ist nach der Einnahme von Konya (1397) Herr Anatoliens bis Malatya, in Südosteuropa reicht seine Herrschaft bis zur Adria.

1402 In der Schlacht von Ankara unterliegt Bâyezîd I. den Mongolen. Wiedereinsetzung der großen anatolischen Begs. – Konflikt unter Bâyezîds Söhnen (»Bürgerkrieg« 1403–1413).

1411 Scheich Bedreddîn Heeresrichter unter dem Teilfürsten Mûsâ. 1416 wird er in Serres gehängt.

1413 Der Fürst von Karaman steckt Bursa in Brand.

1417 Straffeldzug gegen Karaman durch Mehmed I., der sich als Alleinherrscher durchgesetzt hat.

1418 Südalbanien befindet sich zum größten Teil in osmanischer Hand.

1420 Abschluss der Pazifisierung Anatoliens durch den Sultan.

Osmanische Eroberungen 1300–1512

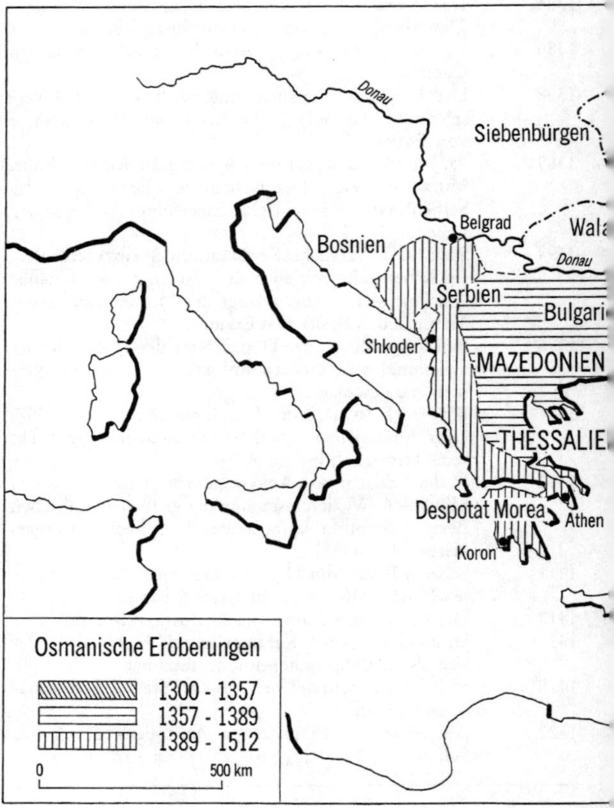

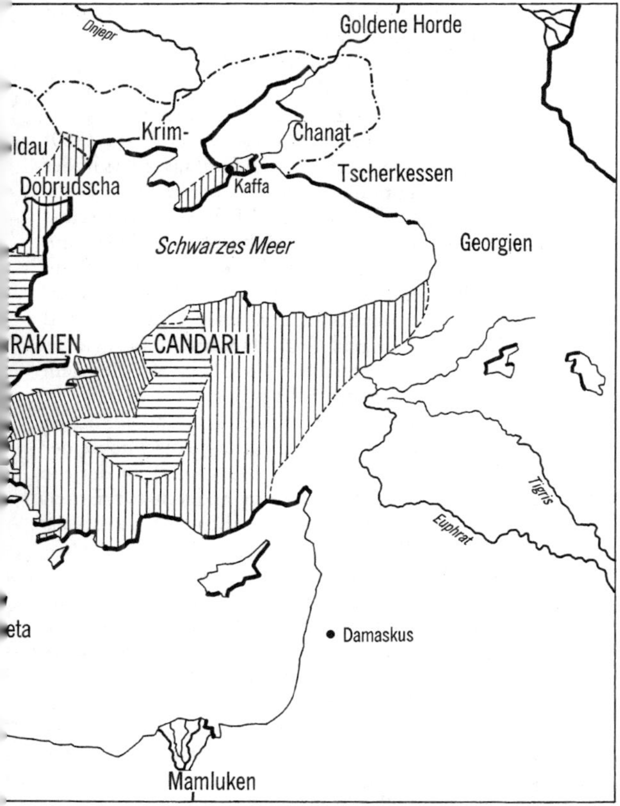

Dnjepr
Goldene Horde
Krim-
Chanat
ldau
Dobrudscha
Kaffa
Tscherkessen
Schwarzes Meer
Georgien
RAKIEN
CANDARLI
Tigris
Euphrat
eta
Damaskus
Mamluken

Das *beğlik* von Osmân und Orhan

Der Aufstieg »vom Hirtenzelt zur Hohen Pforte« (Richard F. Kreutel) war für die Osmanen, wie man später die Angehörigen des erweiterten Haushalts des Sultans und ganz am Ende alle türkischen Muslime nennen sollte, ein Werk der Vorsehung. Zur Herrschaft legitimierte sie ihre ogusische Abkunft. Der Chronist Âşıkpaşa-Zâde (etwa 1480) zählte bei der Beschreibung des ersten Freitagsgebets in der Hagia Sophia den Stammbaum des Eroberersultans Mehmed II. auf: »Sohn des Sultan Murâd Hân Gâzî, der selbst wieder der Sohn war des Sultan Mehmed Gâzî Hân, und dieser der Sohn des Sultan Bâyezîd, und dieser der Sohn des Murâd Hünkâr Hân, und dieser der Sohn des Orhan Gâzî Hân, und dieser der Sohn des Osmân Gâzî Hân, und dieser der Sohn des Ertoğrul Gâzî Hân, und dieser wieder der Sohn des Sultan Süleymân Şah Gâzî Hân, also aus dem Geschlecht des Gök Alp, des Sohnes des Oğuz Hân.«

Die jüngere Forschung erkennt in diesem und ähnlichen Stammbäumen einen ogusischen Mythos, Ausdruck einer Bewegung in der Zeit Murâds II. (1421–1451), in der die Osmanen noch um den Vorrang vor anderen türkischen Dynastien kämpften. Die Osmanen sahen sich damals als eine Gemeinschaft, die schon bei ihrer Ankunft in Anatolien mit den Seldschuken vertrauensvollen Umgang gepflegt hatte. Die rund 200 Jahre nach dem Auftreten Ertoğruls verfassten »altosmanischen« Chroniken stimmen darin überein, dass der Vater Osmân Gâzîs um die Mitte des 13. Jahrhunderts den Raum Eskişehir-Söğüd besetzte. So wurde die alte Landschaft Bithynien im nordwestlichen Kleinasien zur Wiege der Osmanen. Ertoğrul betrieb seine Weidewirtschaft zwischen den befestigten Plätzen der Byzantiner und griechischen Bauerndörfern. Dass Ertoğrul eine historische Figur war, steht fest.

Gleichzeitig ist aber auch sicher, dass wir vor 1282 noch keine Spuren von Osmanen haben. Damit bleibt der 27.

Juli des Jahres 1301 (nach anderen Autoren 1302) der Zeitpunkt, zu dem sie ins Licht der Geschichte treten. Damals siegte Osmân, der Sohn Ertoğruls, bei Baphaion/Koyunhisar in Bithynien über eine 2000 Mann starke byzantinische Armee. Wie die benachbarten turkmenischen Dynastien bauten die Osmanen islamische Institutionen zur inneren Stabilisierung ihrer Herrschaft auf. 1324 datiert die früheste bekannte Stiftungsurkunde von Orhan für einen Konvent bei Mekece am Sakarya. Der wichtige Stiftungsbau (*imâret*) Orhans in İznik wurde 1334/35 errichtet. 1326, als die Ilchaniden zum letzten Mal ihre Autorität in Kleinasien durchzusetzen versuchten, fiel die bedeutende byzantinische Festung Prusa/Bursa durch Aushungern an die Osmanen. In den kommenden Jahrhunderten sollte sie zur bevölkerungsreichsten und wirtschaftlich stärksten Stadt in Anatolien aufsteigen.

Der oströmische Kaiser Andronikos III. war gezwungen, nach einer bereits langen Auseinandersetzung (1321–1328) mit seinem Vorgänger und Großvater gegen die Türken in die Schlacht zu ziehen. Serbien und das osmanische Fürstentum profitierten von den anhaltenden Thronstreitigkeiten in Byzanz. 1329 wurde der Kaiser sogar in einem kleineren Gefecht mit den Soldaten Orhans verwundet. Obwohl es Andronikos III. teilweise gelang, den Niedergang von Byzanz aufzuhalten, fielen 1321 Nikaia/İznik und 1331 Nikomedeia/İzmit an Orhan.

Als der marokkanische Reisende Ibn Battûta 1332 Bursa aufsuchte, bezeichnet er Orhan als den mächtigsten unter den Fürsten von Rûm: »Ihr Sultan ist Ihtiyâr al-Dîn Orhan Beg, Sohn des Osmâncuk. Auf Türkisch bedeutet *cuk* »klein«. Dieser Sultan ist der Mächtigste unter den Königen der Turkmenen. Er hat die reichsten Schätze, die meisten Städte und Soldaten. Er besitzt beinahe 100 Festungen, die er ohne Unterbrechung aufsucht. Man sagt, dass er nie mehr als einen Monat in einer dieser Städte verbringt. Er bekämpft die Ungläubigen und belagert sie.«

1333 zahlte der Kaiser 12 000 Goldstücke (*hyperpera*) Schutzgeld für seine verbliebenen bithynischen Festungen an den türkischen Herrscher. Der Bürgerkrieg nach dem Tod von Andronikos III. (1341) führte zu Unruhen unter Albanern, Serben und Bulgaren, die den neuen Kaiser Johannes VI. Kantakuzenos veranlassten, in Thrakien Krieg zu führen. Die Vernachlässigung der Flotte durch Byzanz erlaubte den Aydın, Karası und Osmanen voneinander unabhängige Vorstöße über die Ägäis und Propontis nach Euböa/Negroponte und Thrakien. Einzelne byzantinische Bürgerkriegsparteien wandten sich mit Hilfeersuchen an die türkischen Fürstentümer. Nach der Annexion von Karası wurde eine Allianz zwischen Kantakuzenos und Orhan durch die Verheiratung der Prinzessin Theodora mit dem türkischen Sultan bekräftigt (1346).

Zu den machtpolitischen Faktoren, die den Vormarsch der Osmanen ermöglichten, kam die katastrophale Beulenpest, die um 1346 von der Krim, wo das mongolische Heer die Stadt Kaffa belagerte, über Konstantinopel in den Westen getragen wurde. Auch in den 1360er Jahren wissen zahlreiche Quellen von Pestepidemien in Südosteuropa. Sie haben zweifelsohne die Abwehrkraft der Balkanvölker geschwächt. Die Osmanen unterhielten hingegen gute Beziehungen zu Genua, das seine Besitzungen im östlichen Mittelmeerraum gegen Venedig schützen musste. Orhans Sohn Süleymân Pascha konnte 1352 die Dardanellenfestung Tzympe/Çimbi einnehmen, 1354 fiel mit Gallipolis/Gelibolu der erste bedeutende europäische Platz an die Türken. Süleymân konnte nun eine Hand voll thrakischer Festungen erobern. 1354 gelangte er auch in den Besitz von Ankara, ohne dass wir sagen können, *wem* er Ankara entriss.

Innerhalb von wenigen Jahrzehnten war das osmanische *beğlik* neben Byzanz zur wichtigsten Macht im Marmararaum aufgestiegen. Im Gegensatz zu den benachbarten turkmenischen Fürstentümern lebten die Osmanen in einer

Landschaft, die zu keinem Zeitpunkt in die seldschukisch-mongolische Machtsphäre einbezogen war, wenn man die kurze seldschukische Besetzung von Nikaia (1075–1097) außer Acht lässt. Orhan hatte mit militärischen und diplomatischen Mitteln die innerbyzantinischen Konflikte ebenso genutzt wie die Lage auf dem Balkan und in Anatolien nach dem Niedergang der serbischen bzw. mongolischen Macht. Es ist kennzeichnend, dass seine Fromme Stiftung in Bursa (1360) im Jahr 1413 von Mehmed Karaman zerstört, aber 1417 von Mehmed I., Orhans Urenkel, wieder aufgebaut wurde. Orhan kann deshalb als der eigentliche Begründer des osmanischen Staates gelten.

Der Aufstieg der Osmanen zur Großmacht (1421–1512)

1429 Venedig nimmt Kontakt mit Karaman auf.
1430 Einnahme von Saloniki durch Murâd II. – Spätestens in diesem Jahr sind alle ehemaligen westanatolischen Fürstentümer in osmanischem Besitz.
1439 Einnahme von Zvornik, Srebrenica und der Festung Smederevo an der Donau.
1443 Der »Lange Feldzug« des ungarischen Reichsverwesers János Hunyádi.
1444 Zehnjähriger Waffenstillstand zwischen Murâd II. und Wladislaw in Edirne. – Vorübergehende Abdankung Murâds zugunsten Mehmeds II. (bis 1446). – Schlacht bei Varna, Wladislaw fällt, Hunyádi ergreift die Flucht.
1448 Zweite Schlacht von Kosovo mit der Niederlage Hunyádis.
1453 29. Mai: Einnahme von Konstantinopel durch Mehmed II.
1454 Einsetzung des freigekauften Georg Scholarios (»Gennadios«) als Patriarch.
1460 Mistra mit der Peloponnes unter osmanischer Verwaltung.
1461 Fall von Trapezunt, der letzten griechischen Herrschaft in Kleinasien.

1463 Beginn des »Langen Kriegs« gegen Venedig (bis 1479).
1466 Albanienfeldzug mit Bau der Zwingburg Elbasan.
1468 Endgültige Niederlage von Karaman. Tod Skanderbegs, der in Albanien den Osmanen nachhaltig Widerstand geleistet hatte.
1473 Sieg über den Akkoyunlu-Fürsten Uzun Hasan am Otlukbeli/Başkent. – Erste türkische Vorstöße nach Kroatien, in die Krain und nach Kärnten.
1475 Inbesitznahme der genuesischen Handelskolonien auf der Krim.
1480 Apulienfeldzug Ahmed Gedik Paschas und Einnahme von Otranto (bis 1481 in türkischem Besitz).
1482 Flucht von Cem, dem Bruder Bâyezîds II., nach Rhodos.
1486 Bâyezîd II. entsendet eine Flotte an die spanische Küste.
1489 Zypern wird venezianisch (bis 1571).
1492 Mit Granada fällt die letzte muslimische Bastion in Andalusien. Vertreibung der Juden aus Spanien, Beginn ihrer Aufnahme im Osmanischen Staat.
1500 In Iran tritt Schah Ismâîl auf, 1505 besetzt er Bagdad. In Anatolien findet er viele Anhänger unter den Turkmenen (*kızılbaş*).
1509 Ein starkes Erdbeben zerstört İstanbul und Orte des östlichen Mittelmeerraums.
1511 Heterodoxe Aufstandsbewegung in Teke/Südanatolien (Şâh Kulu-Baba-Revolte).

Von Murâd I. bis Mehmed I.

Bursa blieb bis zur Eroberung von Konstantinopel die Grablege der Sultane, obwohl ab 1369 die für die Kriegführung in Südosteuropa günstiger gelegene Dreiflüssestadt Adrianopel/Edirne Regierungssitz wurde. Zu den Kriegszielen der Osmanen in Europa gehörten vorrangig die Kontrolle der Heerstraßen und die Ausbeutung der Gold- und Silberbergwerke Bosniens und Serbiens. Unter Murâd I. (1362–1389) wurden die Grundlagen eines »Imperiums« gelegt, das sich auf zahlreiche christliche und muslimische Vasallenstaaten stützte, die durch Allianzen, Geiselstellung, Tribut oder Heeresfolge an den Sultan gebunden wurden. »Es hatte alle Merkmale, welche das Osmanische Reich bis ins 20. Jahrhundert auszeichneten. Es umfasste sowohl in Asien als auch in Europa Territorien, Städte und ländliche Siedlungen. Der Herrscher hatte erste Moscheen errichtet und religiöse Einrichtungen geschaffen, die die islamische Politik seines Fürstentums auszeichnete« (Colin Imber). In seine Zeit (1371) fällt die Niederlage der serbischen Despoten bei Çirmen (an der Marica in Thrakien). »Von nun an«, schreibt der Verfasser einer griechischen Chronik, »begannen die Muslime das Reich der Christen zu überrennen«. Aber kurz darauf (1373) verbündeten sich Kaiser und Sultan gegen ihre rebellischen Söhne, eine nicht eben christliche Allianz, die der Papst verurteilen musste.

Die weiteren Vorstöße der Osmanen in Südosteuropa und Anatolien können hier nur summarisch angesprochen werden. Alle Sultane der frühosmanischen Zeit verbrachten Jahre im Sattel. Neben ihnen müssen aber auch die Namen herausragender Heerführer genannt werden. Sie bildeten Familien, die zum Teil noch Jahrhunderte als Soldaten, Bürokraten, aber auch als *ulemâ* im Dienst des Hauses Osmân standen. Ihre Stiftungen und Ländereien waren vor allem in den Balkanländern legendär. Die größten Namen sind die der Mihaloğlu, Timurtaş, Turahan, Çandarlı und Evrenos.

Am 15. Mai 1389 kämpfte Murâd I. auf dem Amselfeld (Kosovo Polje) gegen die serbischen Truppen des Fürsten Lazar und seines Schwiegersohns Vuk Branković, die durch Kontingente des bosnischen Königs Trvtko verstärkt wurden. Am Ende der für die Osmanen sieg- und verlustreichen Schlacht erlag Murâd einem Attentat. »Kosovo« wurde für beide Seiten, mit umgekehrten Vorzeichen, zum historischen Erinnerungsort. Für den serbischen Nationalismus war es der »Golgatha«, die Osmanen verehrten hier bis zu den Balkankriegen (1912) das Mausoleum des Märtyrersultans Murâd.

Die Tatsache, dass Murâds Sohn Bâyezîd I. noch im selben Jahr 1389 zu einem Feldzug nach Anatolien aufbrechen konnte, hat man als Beweis für die Machtsicherung auf dem Balkan genommen. Die osmanische Ostgrenze verlief noch durch den Westen Anatoliens und war alles andere als stabil. In rascher Folge beseitigte Bâyezîd I. die *beğlik* Aydın, Menteşe, Hamîd und Candarlı. In Südosteuropa zerschlug er 1393 endgültig das bulgarische Reich. In der Schlacht von Nikopolis an der Donau (1396) besiegte er ein großes europäisches Ritterheer unter Sigismund. Einer der Gefangenen, der bayrische Knappe Schiltperger, hat der Nachwelt einen berühmten Bericht darüber hinterlassen. Um 1400 reichte die Herrschaft von Bâyezîd I. vom oberen Euphrat bis zur Adria.

Ein Jahr zuvor war Timur in Westasien zu seinem siebenjährigen Feldzug aufgebrochen. Dieser letzte große Feldzug von zentralasiatischen Reiternomaden hatte Mamluken und Osmanen als Gegner. Anfangs bemühte sich Timur, den Osmanensultan auf die Ausbreitung des Islams in den westlichen Ländern festzulegen. Ihm, Timur, stünde das Erbe der Dschingisiden zu, selbstverständlich unter dem Einschluss von Anatolien. Als Bâyezîd 1399 nach dem Tod des Mamlukensultans Barkûk die Städte Malatya und Elbistan in Besitz nahm, kam es zum offenen Konflikt. Nach der Verwüstung syrischer Städte und Bagdads (1401) rückte Timur im Frühjahr nach Zentralanatolien vor. Im Juli 1402 kam es bei Ankara zur Schlacht, die mit der Niederlage der Osmanen und der schmählichen Gefangenschaft Bâyezîds endete.

Timur stellte in Anatolien im Großen und Ganzen die Besitzverhältnisse der Zeit vor Bâyezîd I. her. Man kann nachvollziehen, dass Kaiser Manuel II., der in diesen Jahren an europäischen Höfen um Unterstützung warb, die

Nachricht von Timurs Sieg freudig aufgenommen hat. Damit bildete die Einnahme Konstantinopels, auf die sich der Sultan unter anderem mit dem Bau einer Festung auf dem asiatischen Bosporusufer (Anadolu Hisarı) vorbereitet hatte, keine unmittelbare Bedrohung mehr. Zeitnahe osmanische Chronisten sprachen Bâyezîd nicht frei von der Schuld an dem Unglück, das über Anatolien hereinbrach. Er habe Timur verantwortungslos herausgefordert. Moderne Historiker erklären die radikale Zentralisierungspolitik Mehmeds II. mit dem Trauma der Thronkämpfe nach Timur. Später sollten die Osmanen mit den timuridischen Nachfolgereichen der Scheibaniden in Zentralasien und den Nachfolgern Babars, den Mogulkaisern, in Indien ausgezeichnete Beziehungen unterhalten.

Die Söhne des Sultans, Îsa, Mûsâ und Mehmed, kämpften in beiden Teilen des verbleibenden Territoriums um die Nachfolge. 1410 wurde Mehmed, der zukünftige Alleinherrscher, Herr des »wiedervereinigten« Anatoliens. Bis 1413 gelang ihm die Niederkämpfung seines Bruders Mûsâ, der seine Anhängerschaft in Südosteuropa hatte. Zu Mehmed war auch der schon genannte mächtige Kriegsherr Evrenos übergegangen. Der Vorstoß des Karamaniden nach Bursa im selben Jahr wurde ebenfalls schon erwähnt, um daran zu erinnern, dass die Osmanen noch lange nach dem Tode Timurs (1405) nicht wieder die Herren Anatoliens waren. Mehmed I. ließ sich in seinem Todesjahr 1421 »Kalif von Gott« nennen. Dies ist die erste Verwendung dieser Titulatur für einen osmanischen Herrscher. Die ersten Herrschaftsjahre Mehmeds I. waren durch die Aufstände des gelehrten Mystikers Bedreddîn im Balkanraum (Dobrudscha) und die eines endzeitliche Botschaften predigenden Börklüce Mustafa auf der Insel Chios geprägt und haben wohl das Bedürfnis nach einer Verstärkung seiner islamischen Legitimität geweckt.

Zur altosmanischen Kultur: Medrese, Wissenschaft, Literatur, Kunst

Die Hauptstädte Bursa, Edirne und İstanbul waren nicht die einzigen kulturellen Mittelpunkte des osmanischen Staates. Anatolische Zentren wie Manisa und Amasya konnten als Prinzenresidenzen bis ins 16. Jahrhundert Dichter und Gelehrte, Kalligraphen und Musiker binden, obwohl der kulturelle Konzentrationsprozess in İstanbul unumkehrbar war. Für einen Religionsgelehrten war der Karrieregipfel mit einer Berufung an eine der acht Hochschulen des Fâtih-Komplexes nicht erreicht, noch ehrgeizigere *ulemâ* strebten nach dem Kadiposten von İstanbul oder nach einer der beiden Heeresrichterstellen von Rumelien bzw. Anatolien. In jedem Fall war damit die Nähe zum Hof verbunden (erst unter Sultan Süleymân I. gelangte der Kadi von İstanbul als Scheichülislam an die Spitze der *ulemâ*-Hierarchie). Der Mamlukensultan Kaitbay hofierte den Religionsgelehrten Molla Gûrânî (gest. 1488) zunächst erfolgreich, bevor der Molla wieder nach İstanbul ging, um endgültig Mehmed II. zu dienen, dem er einst ein strenger Prinzenerzieher gewesen war. In İstanbul wirkte auch Molla Husrev (gest. 1480), den Mehmed II. seinen Wesiren gegenüber als den »Abû Hanifa unserer Zeit« pries und ihn damit auf die gleiche Stufe wie den großen arabischen Theologen und Juristen des 8. Jahrhunderts stellte.

Die frühen Sultane förderten neben der Gottesgelehrtheit auch die positiven Wissenschaften. Zwischen den alten islamischen Kulturlandschaften und den Osmanen entstand ein lebhafter Wettbewerb um angesehene Forscher. Ein bekannter Fall aus der Geschichte der Mathematik und Astronomie ist der des Selâheddîn Mûsâ aus Bursa, genannt Kadi-Zâde er-Rûmî (gest. um 1431/1432). Er ging zur Fortbildung nach Chorasan und Transoxanien, um dort Lehrer des gelehrten Timuriden Ulug Beg in Samarkand zu werden. Dieser betraute ihn mit der Leitung seines neuen Riesenobservatoriums, ohne dass Kadi-Zâde dessen Fertigstellung erlebte. Die andere Richtung, von Mittelasien nach dem Westen, schlug Ali Kuşçu ein. Er studierte bei Ulug Beg und Kadi-Zâde er-Rûmî und vollendete das Observatorium in Samarkand. Der Akkoyunlu-Fürst Uzun Hasan und Mehmed II. umwarben ihn als Verfasser von auf den neuesten Stand gebrachten Sternentafeln.

Das von den Seldschuken nach Anatolien gebrachte islamische Hospitalwesen wurde auch in den drei osmanischen Residenzen gefördert. Bâyezîd I. ging in Bursa mit einer Spitalstiftung (um 1400) voraus, es folgten Mehmed II. mit einem großen 70-Zellen-Krankenhaus in İstanbul (1470) und sein Sohn Bâyezîd II. in Edirne (1488). Wir kennen eine beachtliche Zahl von Ärzten, die am osmanischen Hof erfolgreich wirkten. Unter ihnen sind auffällig viele Juden und Konvertiten, ein Zeichen dafür, dass die islamischen medizinischen Anstalten nicht die brillantesten Absolventen hervorbrachten. Mehmed II. wandte sich an die Republik Ragusa, um für seinen Arzt Jacobo de Gaeta Abschriften von lateinischen Kommentaren zu Avicennas *Canones* zu bekommen.

Die Literatur der Zeit kennt unterschiedliche Entstehungsräume. Religiöse Dichtung wurde im Umkreis der Derwischkonvente gepflegt. Zahlreiche Heiligenlegenden wie die von Hacı Bektaş Velî wurden im 15. Jahrhundert zu Papier gebracht. Gemeinbesitz türkischer Muslime bis in unsere Zeit ist das Prophetenleben (*Mevlid*) des Süleymân Çelebi. Um 1436 verfasste Yazıcıoğlu sein *Oğuzname* in altosmanischer Prosa. Es versucht, das Gedächtnis an die Überlieferungen der Stammeswelt wach zu halten und schlüssige Erklärungen für den Übergang von den Seldschuken zu den Osmanen zu liefern: »Damals (in der Eroberungszeit) gab es noch Reste der ogusischen Sitten und Bräuche, man hatte sie nicht wie heutzutage vollständig der Vergessenheit überantwortet«.

Die Kunstliteratur war untrennbar mit dem Hof des Sultans verbunden. Murâd II. gilt als der erste in einer langen Reihe von Osmanenherrschern, die Gedichte verfassten und sich mit Dichtern umgaben. Wir wissen auch, dass er sich erfolgreich um eine literarisch anspruchsvolle Übersetzung eines persischen Fürstenspiegels (des *Kâbûsnâme*) ins Türkische bemühte. Der Horizont Mehmeds II. beschränkte sich nicht auf die islamischen Literaturen. Er interessierte sich für antike Schriftsteller, nicht zuletzt den homerischen Sagenkreis. Bâyezîd II. und sein im Exil lebender Bruder Cem tauschten Gedichte aus. Cems berühmte »Fränkische Ode« (*Frengistan kasidesi*) beginnt mit dem Vers: »Oh Cem, trinke aus den Pokal des Cem [des mythischen iranischen Königs Dschamschid], das Schicksal ist auf die Stirn eines jeden Menschenkinds geschrieben […]«. Wesire wetteiferten mit den Herrschern als Patrone und Bibliophile. Umûr Bey, dessen Vater Timurtaş schon unter den prominenten Heerführern der Frühzeit genannt wurde, stiftete in Bursa eine bedeutende Moscheebibliothek (1440), die er nicht nur mit den islamischen Grundwerken, sondern auch mit erbaulich-unterhaltender Literatur in türkischer Sprache ausstattete.

Das 15. Jahrhundert kennt noch keine amtliche Historiographie. Chronisten wie Âşık-Paşa-Zâde beschrieben den Aufstieg der Osmanen aus ihrer Sicht, »von unten« und nicht ohne Kritik an den Verhältnissen unter Mehmed II. und seinen Günstlingen. Kemâl-Paşa-Zâde (1468–1534), der »Mufti der Menschen und Geisterwelt«, ist eine der herausragenden Figuren seiner Zeit, in der sich religiöse Autorität und literarische Produktivität verbinden.

Den höchsten Rang unter den Künsten nimmt in der islamischen Welt die Kalligraphie ein. Die Osmanen setzten die Produktion kostbarer Manuskripte fort, die seit rumseldschukischer Zeit gepflegt wurde, auch wenn hier die Riesenformate von Koranen fehlten, welche die Ilchaniden und Mamluken gerne in Auftrag gegeben hatten. Scheich Hamdullâh Efendi (gest. 1520), der Lehrer des Prinzen Bâyezîd in Amasya, ist der Begründer der osmanischen Schreibschule, die bis weit ins 19. Jahrhundert in der islamischen Welt maßgebend blieb. Manche Medresen der osmanischen Frühzeit bildeten regelrechte Skriptorien, um den Mangel an Lehrbüchern für das expandierende Bildungswesen zu mildern.

Zahlreiche Moscheebauten der frühen Osmanen stellten eine »Verschmelzung von gotisch-romanischen und palaiologischen Formen aus Ost und West« (Marcell Restle) dar. Das wird nirgendwo deutlicher als bei der Moschee Murâds I. in Bursa (um 1358). Der T-förmige Grundrisstyp des klassischen Bursa-Schemas ist allerdings eine osmanische Erfindung. Fast alle frühen İstanbuler Moscheen folgen dieser Grundform. Italienische Architekten waren sicher im Festungsbau tätig. Das Maßsystem der Medresen des Fâtih-Komplexes weist auf italienische Entwürfe hin. Der italienische Architekturtheoretiker Filarete hat möglicherweise İstanbul im Jahr der Fertigstellung der riesigen symmetrischen Anlage (1466) aufgesucht. Der Kontakt mit dem timuridischen Zentralasien und Iran verlieh der jungen osmanischen Kunst weitere Impulse. Charakteristisch wurde die Anwendung von glasierten Ziegeln wie bei der Moschee und dem Grabmal Mehmeds I. (etwa 1420) in Bursa. Das Çinili Köşk in İstanbul, ein Palast Mehmeds II. (1472/1473), ist ein unmittelbarer Gruß, wenn nicht aus Samarkand, so doch aus Isfahan an den Bosporus.

Der osmanische Zentralstaat machte die Förderung von Kunst und Wissenschaft stark von der Patronage durch den Herrscher und eine Hand voll Wesire abhängig. Ihre Neigungen und Abneigungen sollten auch in Zukunft wesentlichen Einfluss auf die Entwicklung haben.

Die Eroberungen Murâds II., Mehmeds II. und Bâyezîds II.

Drei Sultane, Murâd II. (1421–1451), Mehmed II. (1451–1481) und Bâyezîd II. (1481–1512), bauten das embryonale »Reich« zu einer regionalen Großmacht aus. Murâd II. sah sich in Südosteuropa mächtigen Allianzen christlicher Staaten gegenüber, in Anatolien musste er sich, wie beschrieben, mit den Karamaniden auseinander setzen. Die Eroberung Konstantinopels wollte nicht gelingen, dagegen ergab sich Saloniki nach achtjähriger Belagerung 1430 endgültig den Osmanen. Der Großteil der Balkanländer fiel auch den Nachfolgern der ersten Eroberer nicht in den Schoß. Murâd II. eroberte zwar vorübergehend Semendria/Smederevo (1439) und große Teile Serbiens; die Festung Belgrad, der Schlüssel zu Ungarn, sollte aber weder von ihm noch von seinen drei Nachfolgern genommen werden. Albanien unter Georg Kastriota (»Skanderbeg«, gest. 1468) konnte nur nach dem Bau der Zwingburg Elbasan (1466) einigermaßen befriedet werden. Die Moldau und die Walachei wurden tributpflichtig.

Das Janitscharenkorps, das sich vielleicht schon in den 1330er Jahren aus der Leibgarde des Sultans gebildet hatte, war nun eine mächtige Militärmaschine, die überwiegend aus Infanteristen bestand. Ein schwerer Konflikt mit dem Heer spielte sich 1446 ab: Unter dem jungen Mehmed II., dem sein Vater Murâd II. vorübergehend den Thron überlassen hatte, rebellierte das Janitscharenkorps und zwang Murâd zur Aufgabe seines Altersitzes. Der Zuwachs an Land in Südosteuropa erlaubte die großzügige Vergabe von Dienstlehen (*timar*) an verdiente Kämpfer. In diesem Zeitraum setzten die Osmanen auf dem Balkan (wie etwa gegen Saloniki) und in Anatolien Feuerwaffen (am Otlukbeli gegen Uzun Hasan, s. S. 84) ein. Die Armee zählte im Jahr 1473 12000 Janitscharen, zu denen man 7500 Reiter der Pforte rechnen muss. Die rumelische und anatolische

Provinzialreiterei bestand aus 64 000 *sipâhî*. Auf Schiffen dienten 20 000 *Azeb* (Marinesoldaten). Kleinere Belagerungsgeschütze wurden an Ort und Stelle gegossen.

Bei der Eroberung Konstantinopels 1453 schlug eine in Edirne gefertigte Riesenkanone die entscheidende Bresche in die Landmauern. Der Einnahme der Stadt war die kampflose Übergabe der Häfen am Schwarzen Meer vorausgegangen. Im März hatte sich die Flotte vor Gelibolu in den Dardanellen versammelt. Die Aufrüstung war im ganzen Winter auf Hochtouren betrieben worden. Waffenschmiede stellten Schilde, Helme, Brustpanzer, Schwerter, Pfeile usw. her, Techniker bauten Belagerungsmaschinen. Der vom byzantinischen Kaiser zurückgewiesene Geschützgießer Urban baute für Mehmed II. in der binnen 139 Tagen errichteten Burg Rumeli Hisar ein Geschütz, mit dem er einen venezianischen Blockadebrecher versenkte.

Die Größe des Belagerungsheers ist nicht genau bekannt, hat aber die Zahl der eingeschlossenen Soldaten sicher um das Vielfache übertroffen (90 000 – 120 000?). Die osmanischen Streitkräfte setzten sich aus *sipâhîs* (berittene Provinzialtruppen), Janitscharen und Irregulären zusammen. In der Stadt dürften nur noch einige Zehntausend Menschen verblieben sein. Zu den Verteidigern gehörten neben den 7000 Griechen des Kaisers einige Hundert venezianische und genuesische Soldaten. Genua hatte es den örtlichen Vertretern freigestellt auf Seiten des Kaisers zu kämpfen, vielleicht sogar ihre Neutralität begrüßt. Ein bekanntes Detail ist die Absperrung des Goldenen Horns durch eine Kette. Sie wurde von den Türken durch das Schleppen von 70 oder 80 Schiffen aus dem Bosporus über ein benachbartes Tal in das Goldene Horn umgangen (ein Ereignis, das man heutzutage wieder an jedem 29. Mai bei den städtischen Gedenkfeiern nachstellt). Die Einnahme der Stadt erfolgte nach sechswöchiger Belagerung. Entlastende Flottenangriffe christlicher Mächte waren ausgeblie-

Stadtplan von Istanbul nach 1453

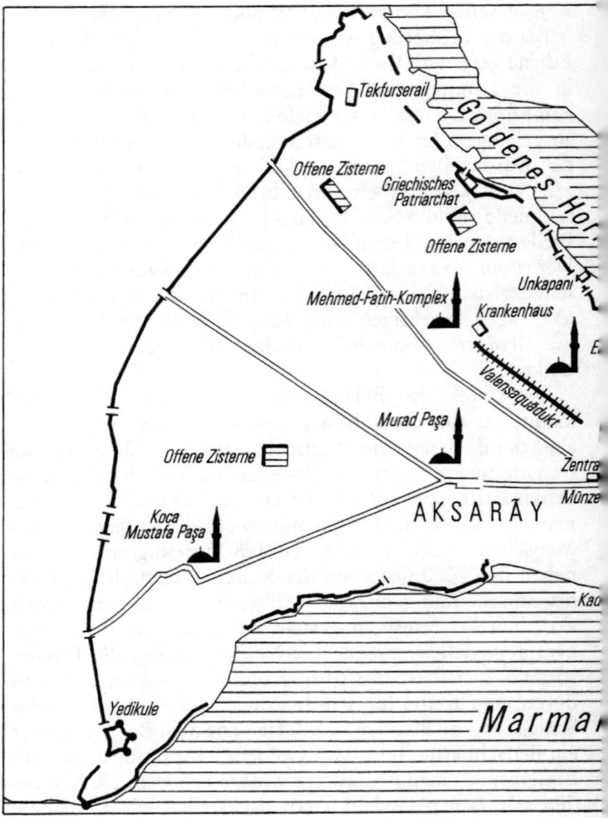

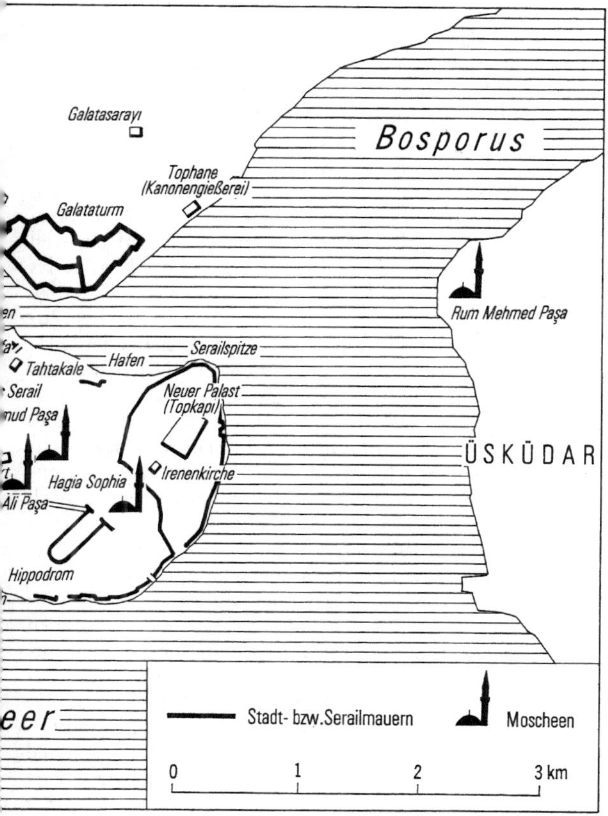

Galatasarayı
Bosporus
Tophane
(Kanonengießerei)
Galataturm
Rum Mehmed Paşa
Serailspitze
Tahtakale
Hafen
Serail
Neuer Palast
(Topkapı)
mud Paşa
ÜSKÜDAR
Irenenkirche
Hagia Sophia
Ali Paşa
Hippodrom
eer
Stadt- bzw. Serailmauern
Moscheen
0
1
2
3 km

ben. Der ersten schweren Beschießung war scheriatskonform die Aufforderung zur kampflosen Übergabe (*amân*) vorausgegangen. Kaiser Konstantin XI. fiel bei der Verteidigung der Landmauer.

Nach dreitägiger Plünderung begann der Ausbau İstanbuls zur Hauptstadt. Zwischen 1453 und 1923 blieb die Stadt am Bosporus nicht nur Mittelpunkt des osmanischen Staates, sondern die größte Metropole im Mittelmeerraum, Hauptort der islamischen Welt, wichtigstes religiöses und kulturelles Zentrum der griechischen und armenischen Christenheit und des sephardischen Judentums. Die Wiederbesiedlung İstanbuls war alles andere als einfach, weil die Bevölkerung in vielen Landschaften auf das Niveau des 12. Jahrhunderts herabgesunken war. An eine vollständige Islamisierung der Stadt war nicht zu denken. Griechen, Juden und Armenier bildeten einen erheblichen Teil der wirtschaftlich aktiven Bevölkerung. Nicht alle Neusiedler kamen freiwillig. So hat man in der Umgebung der Stadt Kriegsgefangene aus einem Serbienfeldzug angesiedelt. Die Hagia Sophia wurde die erste Freitagsmoschee. Mehmed II. hatte dem gelehrten griechischen Patriarchen Gennadios II. die Apostelkirche als Sitz zugewiesen, aber nach einer Sinnesänderung an ihre Stelle den riesigen Fâtih-Komplex mit acht Medresen (vollendet 1481) errichten lassen. Mehmeds Serail entstand an Stelle des Forum Tauri, hier blieben bis ins 16. Jahrhundert die Privat- und Frauengemächer (Harem) des Sultans. Auf einem riesigen Areal, das der Fläche des antiken Byzantion entsprach, entstand die später als Topkapı-Serail bekannt gewordene Palaststadt. Die zentralen Marktviertel von Bursa und Edirne boten ein Vorbild für den Basardistrikt, der hier unmittelbar an den Hafen im Goldenen Horn grenzte. Mehmed legte Wert auf die Wiederherstellung der Stadtmauern. Erst im folgenden Jahrhundert war die Bevölkerung der Stadt so stark angewachsen, dass auch die antiken Wasserleitungen wieder in Betrieb genommen werden mussten.

Venedig blieb der wichtigste Gegner Mehmeds II. im Westen. Der »lange Krieg« mit der Serenissima währte von 1463 bis 1479. Mit der Eroberung von Euböa/Negroponte fiel 1469 eine Insel in türkische Hände, die 264 Jahre in venezianischem Besitz gewesen war. Genua wurde nicht geschont: 1475 nahm sich Mehmed II. die genuesischen Handelskolonien auf der Krim.

Im Osten bildete nach dem Tode Timurs (1405) nur die Föderation der Akkoyunlu unter dem klugen Uzun Hasan (1457–1478) bis zur Schlacht am Otlukbeli bei Tercan (1473) eine ernste und anhaltende Bedrohung. Uzun Hasan hatte über Jahre intensive Kontakte mit dem venezianischen Senat unterhalten, der ihn mit Mörsern, Armbrüsten, Flinten und Munition sowie den erforderlichen Spezialisten ausrüstete. Venedig war so weit gegangen, Uzun Hasan im Falle eines Sieges ganz Kleinasien bis zu den Meerengen zu garantieren. Es kam anders: Mehmed II. besetzte die letzten griechischen Territorien in Europa und Asien. Die Einnahme von Mistra (1460) und Trapezunt (1461) beendete die letzten Reste griechischer Staatlichkeit in Südosteuropa und Anatolien. »Byzance après Byzance«, wie es der rumänische Historiker Nicolas Iorga in seinem klassischen Buch nannte, lebte nur noch im kulturellen bzw. kirchlichen Sinn fort.

Ein Blick auf die politische Landkarte beim Tod Mehmeds II. zeigt, dass außer den timuridischen Nachfolgestaaten im Iran im Osten bzw. Süden nur noch die Mamlukensultane eine bedeutende islamische Macht darstellten. Die Chane der Krim waren wichtige Alliierte der Osmanen im Norden. In der Ägäis konnten sich die Johanniter auf Rhodos halten. Die beiden großen Mittelmeerinseln Zypern und Kreta waren ein unabhängiges Königreich bzw. Bestandteil Venedigs. Auf dem europäischen Festland reichte der osmanische Staat bis an die Save, den Grenzfluss zwischen Bosnien und Slawonien. Die kurzfristige Eroberung von Otranto in Apulien

(1480–1481) hatte zwar keine größeren Auswirkungen, bewies aber der westlichen Welt, insbesondere den italienischen Staaten, welche Entwicklungsmöglichkeiten die einstige Landmacht zu See hatte.

Gegen Ende seiner Herrschaft legte Mehmed II. ein in der Forschungsliteratur »Organisationsgesetz des Hauses Osman« genanntes *kânûn-nâme-i Âl-Osmân* vor. Das später vielfach erweiterte Dokument enthält unter anderem die Funktionsbeschreibungen aller wichtigen Staatsdiener, zahlreiche protokollarische Regelungen und Gehaltsangaben. Fast versteckt findet sich hier die berühmte Billigung des Brudermords: »Wer immer von meinen Söhnen die Herrschaft erlangt, für den ist es angemessen um der Ordnung der Welt willen, seine Brüder zu töten.« Mehmed II. fügte hinzu: »Die Mehrheit der *ulemâ* hat dies auch gutgeheißen.«

Bâyezîd II. konnte das von den Vätern ererbte Territorium abrunden. Der Umstand, dass sein Bruder Cem im Okzident als Geisel lebte – er starb 1495 in französischem Gewahrsam –, engte aber zunächst seinen politischen Spielraum ein. Während der unterlegene Thronbewerber Cem auf die von seinem Vater privilegierte militärische Klasse gesetzt hatte, machte Bâyezîd II. die von Mehmed betriebene Konfiskation des Stiftungsbesitzes rückgängig. Schon aus diesem Grund galt er in Kreisen der *ulemâ* und Bruderschaften als »Wiederhersteller des islamischen Rechts und der Tradition«. Der erste Feldzug Bâyezîds II. in die Moldau (1484) brachte ihn in den Besitz von Kilija und Akkerman / Cetatea Alba, wobei ihn der Tatarenchan Mengli Giray unterstützte. Damit war eine wichtige Landbrücke zur Krim hergestellt. Unter Bâyezîd II. stießen 1483 zum letzten Mal türkische Reiter bis Kärnten vor. Einfälle in die benachbarte Krain wurden aber noch 1494 registriert. Der Osmanensultan führte auch einen längeren, eher lustlosen Krieg gegen den Mamluken Kaitbay (1485–1491). Wie unter seinem Vorgänger war der

Pufferstaat der Zulkadir im anatolisch-syrischen Grenzraum der eigentliche Zankapfel. Größere Ambitionen am Nil hatte der Osmane nicht, auch die Schutzherrschaft über die Heiligen Stätten des Hedschas (auf die der Akkoyunlu Uzun Hasan erpicht war) bildete offensichtlich kein Ziel. 1510 kam es angesichts der portugiesischen Aktivitäten (1506 Bau eines Forts auf der Insel Sokotra, 1507 erstmalige Einnahme von Ormuz/Hormus durch Alfonso de Albuquerque) zu einer intensiven logistischen und militärischen Zusammenarbeit zwischen İstanbul und Kairo. Ein osmanischer Kapitän berichtete laut einer portugiesischen Geheimdienstquelle aus Suez: »Ich bin hierher geschickt worden, um das notwendige Baumaterial bereitzustellen, um Schiffe zu bauen, für die Vernichtung der Franken, die in der Gegend von Indien aufgetaucht sind.«

Bâyezîd II. war der erste Osmane, der eine Flotte im westlichen Mittelmeer operieren ließ. 1486 entsandte er seinen Admiral Kemâl Re'is zur Unterstützung der andalusischen Muslime. 1492 öffnete er osmanische Städte für eine größere Zahl von der iberischen Halbinsel vertriebener Juden. Nach einem fast vierjährigen Krieg schloss er 1503 einen Friedensvertrag mit Venedig, der mit Modon und Koron die »beiden Augen« der Serenissima auf der Peloponnes sowie Lepanto, Navarino und Durazzo/Durrës (Albanien) auslieferte. 1511/1512 wurde der so genannte Şahkulu-Aufstand in Anatolien von Anhängern des charismatischen Schah Ismâîl ausgelöst. Vor diesem Hintergrund zwang Prinz Selîm seinen Vater zum Rücktritt. Kurz danach starb Bâyezîd II. im thrakischen Dimotika.

Das Wirtschaftsleben: Agrarregime, Handel, Staatshaushalt

Wie in allen Staaten des Vorderen Orients galt der Herrscher als Eigentümer des Landes außerhalb der dörflichen und städtischen Gemarkungen. Er hatte ein Konfiskationsrecht auf erobertes Land. Unter Murâd I. gibt es erste Spuren für als *timar* bezeichnete Militärpfründen im Raum Ankara und Kütahya. Die Register der Verwaltung beziehen sich häufig auf ältere, verloren gegangene Unterlagen. Nicht selten wurden Steuerarten aus vorosmanischer Zeit beibehalten. Der Timar-Inhaber (*sipâhî*) erhielt in der Regel die Hälfte seines Einkommens in Bargeld, was zur Folge hatte, dass die Bauern einen entsprechenden Anteil ihrer Ernte oft zu ungünstigen Bedingungen vermarkten mussten. Das hat zweifelsohne die Ausbreitung der Geldwirtschaft begünstigt, zumal die *sipâhî* auf ihren häufigen Feldzügen einen entsprechenden Finanzbedarf hatten. Der Timar-Inhaber darf nicht mit einem europäischen Feudalherrn gleichgesetzt werden, obwohl er in vielen Fällen Fronarbeit verlangen durfte und Abgaben für landflüchtige Bauern erhob. Prinzipiell wurden nämlich die Beziehungen zwischen dem Inhaber der Pfründe und den Bauern durch sultanische Gesetze geregelt.

Als Gegenleistung für seine Pfründe musste der *sipâhî* mit einer bestimmten Anzahl von Knechten jedem Gestellungsbefehl folgen. Über den einfachen *sipâhî* standen Offiziere (*zâim*) und Militärgouverneure (*sancakbeğ*) mit entsprechend größeren Pfründen. Die Steuerverhältnisse eines Gerichtsbezirks im Kernland der Osmanen gegen Ende des 15. Jahrhunderts sollen das System illustrieren: Der *sancakbeğ* bezog aus dem Kreis Domaniç jährlich 21182 *akçe*, für *zâims* waren 29568 ausgewiesen, an Stiftungen flossen 50750. Der Kreis bestand aus etwa 50 Dörfern und anderen fiskalischen Einheiten. Ein größeres Dorf hatte etwa 10 Vollbauernstellen und mehrere halbe

Einheiten und brachte seinem Eigentümer etwa 2000 *akçe*.

Die rasante Ausbreitung von Stiftungsland wurde von Mehmed II. als Bedrohung des Timar-Systems erkannt und teilweise rückgängig gemacht. 1478 ließ er alle Rechtstitel auf Privatgrund und Stiftungsland (angeblich 20 000 Dörfer und Güter!) überprüfen. Man hat diese Maßnahme mit der Konfiszierung von Kirchen- und Adelsbesitz durch absolutistische Monarchen in Europa verglichen (Halil İnalcık). Die Opfer dieser unter Bâyezîd II. teilweise (?) wieder aufgehobenen Maßnahmen waren unter anderem Derwische, Nutznießer die wachsende Kaste der Militärs.

Die Münzprägungen der westanatolischen Fürstentümer zeigen, dass es schon Ende des 14. Jahrhunderts eine von den Osmanen dominierte »Währungsunion« mit Saruhan und Karası gab. Während wir aber wenig über die Binnenwirtschaft in frühosmanischer Zeit wissen, haben sich die Archive Genuas als Fundgrube für die Kenntnis des Außenhandels erwiesen. Im 14. Jahrhundert exportierte die Turchia vor allem Rohstoffe aus küstennahen Gebieten: Getreide und Baumwolle, Bauholz und Wachs, Felle und Häute. Zudem hatte Kleinasien in Foça bis zur Entdeckung der Alaunlager in Tolfa/Italien im Jahr 1462 ein Monopol auf diesen für die Textilindustrie unentbehrlichen Rohstoff. Höherwertig waren auch zahlreiche Gewürze als Transitgüter aus Arabien und Indien (Ingwer, Weihrauch, Nelken, Indigo, Henna, Safran, Sesam und Pfeffer). Genuesen und Venezianer hatten eine große Nachfrage nach Pferden. Der Sklavenhandel nach Europa spielte keine geringe Rolle. Die Türken importierten Luxusgüter wie Textilien und Glas.

Seide war im 13. Jahrhundert neben Gewürzen das wichtigste Fernhandelsprodukt. Der Bedarf von Städten wie Lucca, Bologna, Genua, Florenz oder Venedig war unersättlich. Während China bis 1257 *der* Rohseidenlieferant für Europa war, trat ab Ende des 13. Jahrhunderts Iran an seine Stelle. Genuesische Händler deckten sich entweder direkt in Täbris ein oder weiter nordwestlich in Azov oder den osmanischen Städten. Genua verfügte über eigene Ausfuhrhäfen wie Ayos Theologos / Aya Soluk und Palatia/Balat an der Ägäis und ließ sich durch Handelsagenten in Bursa, Edirne, Gelibolu und Samsun vertreten. Das nahe Chios war eine wichtige Drehscheibe für den Handel zwischen dem anatolischen Festland und Italien. Der genuesische Kaufmann war kein außenstehender Faktor, der sich damit begnügte, zu kaufen und wieder zu gehen. Er stand seit der Wende zum 14. Jahrhundert wie andere lateinische Kaufleute als Steuerpächter im osmanischen Staatsdienst. Es wurde sogar die Auffassung geäußert, dass die osmanische Fähigkeit, dieses genuesische *know how* zu nutzen, zu dem Erfolg des »embryonalen Reiches« beigetragen habe. Da die Osmanen im Gegensatz zu den schwächeren Fürstentümern Menteşe und Aydın die Bedingungen diktieren konnten, seien sie dynamischer und erfolgreicher gewesen.

Die Genuesen hatten kein Monopol im internationalen Handel. Neben Venezianern findet man früh florentinische Kaufleute in Bursa und Pera. Dasselbe gilt für jüdische Tuchhändler. Als Bâyezîd II. im Jahr 1492 die osmanischen Städte für aus Spanien vertriebene Juden öffnete, bildete sich in Valona (heute Vlorë/Albanien) die nach İstanbul und Saloniki größte jüdische Kaufmannskolonie. Die Republik Dubrovnik vermittelte ab 1413 einen beachtlichen Teil des Ost-West-Handels. Auch nachdem die ersten Schiffsladungen mit indischen Gewürzen in Lissabon eintrafen (1501), kam der Binnenhandel nicht zum Erliegen. Nicht nur für die Osmanen, sondern auch für Venedig waren die alten Handelswege über den Iran nach Indien von großer Bedeutung.

Um den Abfluss von Edelmetall für Importgüter zu verlangsamen, aber vor allem um die Besoldung des wachsenden Heeres in Krieg und Frieden zu ermöglichen, bemühte man sich nachdrücklich um die Gewinnung und Erschließung von Silber- und Goldminen. Die erste Kampagne Mehmeds II. nach der Eroberung von Konstantinopel war auf die Kontrolle der Silberbergwerke in Serbien (Novobrdo) gerichtet.

Ende des 15. Jahrhunderts waren die rumelischen Provinzen für die Einnahmen des Staates schon erheblich wichtiger geworden als Anatolien. Rund zwei Drittel der Steuern und Abgaben kamen aus Europa. Eine Haupteinnahmequelle war die Kopfsteuer der Nichtmuslime (*cizye*). In der Praxis wurde diese kanonische Steuer kollektiv eingezogen, was auch zu kollektiver Haftung führte, wenn die Zahl der Steuerpflichtigen nicht den Registern entsprach. Im Laufe der Jahrhunderte kam es zu überzogenen Anhebungen dieser Steuer. Die Entfremdung der christlichen Bevölkerung von dem osmanischen System bzw. der massenhafte Übertritt zum Islam in verschiedenen Teilen des Balkans in späteren Jahrhunderten wird damit in Zusammenhang gebracht. Zahlreiche Wirtschaftsbetriebe wie Bergwerke und Münzen wurden von Nichtmuslimen gepachtet, die alle notwendigen Investitionen bereitstellten. Die Tribute christlicher Staaten bildeten von Anfang an einen wichtigen Posten im osmanischen Budget.

Ein besonderes Imperium

(1512–1596)

Von Christoph K. Neumann

Epochenüberblick

Der Sieg gegen die schiitischen Safawiden im Iran (1514), die Eroberung Syriens (1516) und Ägyptens (1517) erweiterten das Osmanische Reich territorial beträchtlich. Es beherrschte nun den gesamten östlichen Mittelmeerraum (die Johanniter wurden 1522 von Rhodos vertrieben) und kontrollierte die heiligen Stätten des Islams sowie die Pilgerwege. Militärische Erfolge kennzeichnen auch den Rest des Jahrhunderts, obwohl nach der Einnahme Zentralungarns und Zyperns größere Zugewinne ausblieben.

Die Herrschaft der Sultane Selîm I. (1512–1520) und Süleymân I., des Prächtigen (1520–1566), ja noch die Phase bis zur Ermordung des langjährigen Großwesirs Sokollu Mehmed Pascha 1579 erlebte aber auch die Etablierung eines imperialen Systems, das den islamischen Charakter osmanischer Herrschaft genauso sehr berücksichtigte wie die Erfordernisse eines frühneuzeitlichen Großreichs. Die militärischen Operationen des Reiches können zu einem guten Teil mit der Notwendigkeit, seine wirtschaftlichen Grundlagen zu sichern, erklärt werden. Eine Ideologie der Welteroberung spielte höchstens eine sekundäre Rolle.

Wichtige staatliche Anliegen waren die Stabilisierung zentraler Herrschaft, die Versorgung von Hauptstadt und Heer und die Sicherung der Handelswege. Die Grundlage der Wirtschaft war agrarisch. Das osmanische Bodensystem beruhte im Allgemeinen auf freier Bauernarbeit, die vom Staat in zwei verschiedenen Weisen besteuert wurde: Während in den von İstanbul weiter entfernten Gegenden, zu denen auch Ägypten zählte, Steuerpachten für Barzahlungen an die Staatskasse sorgten, wurden in den größten Teilen des Balkans, Anatoliens und Syriens vor allem die Mitglieder des Reiterheeres mit Pfründen versorgt. Die Rechtsprechung lag allerdings nicht beim Pfründeninhaber, dem *sipâhî,* sondern bei islamischen Rechtsgelehrten, *ulemâ,* die immer stärker zentralstaatlich kontrolliert wurden.

Die gleiche Tendenz zur Zentralisierung sprach sich im Ausbau des stehenden, mit barer Münze besoldeten Heeres, vor allem der Janitscharen, und der Bürokratie aus. Sie wurde durch die sich weiter durchsetzende Monetarisierung der Wirtschaft ermöglicht. Diejenigen Kreise, die durch diese Transformation am meisten verloren, waren jene türkischen Reiter, die einst das Rückgrat des aufsteigenden osmanischen Staates gebildet hatten. Die vor allem in der ersten Jahrhunderthälfte häufigen Aufstände in Anatolien hatten ihren Hintergrund in dieser Entmachtung der türkischen Stämme. Sie wurden, wie die Aufstände Şâhkulus 1511 und der Scheich Celâls 1519, von den schiitischen Safawiden politisch ausgenutzt.

Besonders seit der Zeit Süleymâns des Prächtigen bemühte sich das Reich, eine imperiale Präsenz zu schaffen, die durch Bauten, Stiftungen, die Verwaltung und sunnitische Orden auch in der Alltagskultur unmittelbar erfahrbar war. Der Sultan erhob den Anspruch, seinen Untertanen Gerechtigkeit zu garantieren – und Voraussetzung dafür war ein Bild des Reiches, in dem verschiedene soziale Gruppen koexistierten. In der osmanischen Kultur sind integrative Kräfte, die interkommunitären Austausch erlaubten, ebenso erkennbar wie solche, die die Autonomie der einzelnen Gruppen stärkten.

In der Rückschau erschien osmanischen wie nichtosmanischen Beobachtern das 16. Jahrhundert, und besonders die Zeit bis zum Tode des Großwesirs Sokollu Mehmed Pascha 1579, als ein Goldenes Zeitalter, in dem das Reich den Gipfel seiner Macht erreicht und seine Eigenarten am reinsten entwickelt hatte: eine »klassische« Zeit. Andererseits gab es erhebliche gesellschaftliche Konflikte und Brüche. Akzeptiert man sie als integralen Bestandteil der osmanischen Geschichte, war das 16. Jahrhundert weniger eine Periode des stabilen Gleichgewichtszustandes als eine von Wachstum und dynamischem Wandel.

Dabei war die osmanische Gesellschaft mit ähnlichen Problemen konfrontiert wie die anderer zeitgenössischer Reiche, denn die frühe Neuzeit schuf Bedingungen, die weltweite Bedeutung hatten: Monetarisierung, Feuerwaffen, maritimer Überseehandel etwa wirkten sich auf alle Gesellschaften Eurasiens aus. Durch ihre einzigartige kulturelle Formation gelangen den Osmanen zum Teil sehr spezifische Antworten auf diese Probleme, die die Kontinuität osmanischer Herrschaft zu sichern halfen. Der multikonfessionelle Charakter der osmanischen Gesellschaft und die Formation seiner Eliten gehören hierher. In ihrer Entwicklung aber einen Moment höchster kultureller Entfaltung und politischer Macht zu suchen, wird dem stets dynamischen Charakter der Geschichte nicht gerecht.

1512–1520	Selîm I.
1514	Osmanischer Sieg über die Safawiden bei Çaldıran, Verfolgung der anatolischen *kızılbaş*.
1516	Eroberung Syriens.
1517	Einnahme Ägyptens, Zerstörung des Mamluken-Reichs.
1520–1566	Süleymân der Prächtige, Kânûnî (»der Gesetzgeber«).
1521	Eroberung Belgrads.
1522	Eroberung von Rhodos.

1526	Schlacht bei Mohács; Ende des unabhängigen ungarischen Königreichs.
1529	Erste osmanische Belagerung Wiens.
1536	Erster osmanisch-französischer Handelsvertrag.
1538	Seeschlacht bei Prevesa, osmanischer Sieg über venezianische Flotte.
1541	Eroberung Budas, Annexion Mittelungarns.
1545–1574	Ebû 's-Suûd Scheichülislam.
1550–1557	Bau der Süleymânîye-Moschee in İstanbul.
1552	Vergebliche osmanische Belagerung von Ormuz/Hormus.
1555	Friede von Amasya mit den Safawiden.
1556	Errichtung des serbisch-orthodoxen Patriachats von İpek/Peja.
1565–1579	Sokollu Mehmed Pascha Großwesir.
1566–1574	Selîm II.
1571	Seeschlacht bei Lepanto, osmanische Niederlage gegen venezianisch-habsburgisch-päpstliche Koalitionsflotte.
1571	Einnahme Zyperns.
1572–1577	Bau der Selîmîye-Moschee in Edirne.
1574–1595	Murâd III.
1578–1590	Osmanisch-safawidischer Krieg.
1586	Senkung des Silbergehaltes des *akçe.*
1589	Beğlerbeği-Aufstand der Janitscharen gegen Soldzahlung in abgewerteter Währung.
1593–1606	»Langer« osmanisch-habsburgischer Krieg.

Die Expansion nach Osten und das neue Bild des Sultanats

1499 etablierte Ismâîl, der charismatische Führer der Bruderschaft der Safawiden, seine Herrschaft in der aserbaidschanischen Stadt Ardebil. Schon zwei Jahre später konnte er mit Unterstützung vor allem militanter turkmenischer

Anhänger des Ordens, also (halb-)nomadischer Türken, den Thron des persischen Schahs in Täbris besteigen. Die safawidische Herrschaft sollte den Iran zu einem schiitischen Land machen. Doch Ismâîls treueste Anhänger, die wegen ihrer roten Kopfbedeckung *kızılbaş* (»Rotköpfe«) genannten Turkmenen, lebten genauso wie in Persien in Aserbaidschan, Ost- und Zentralanatolien. Damit war Ismâîl eine wirkliche Bedrohung für das Osmanische Reich: gerade die türkischen Halbnomaden Anatoliens waren ja durch die Transformation des Staates zum zentral organisierten sunnitischen Großreich an den Rand der Gesellschaft gedrängt worden, deren militärische Elite sie einst gewesen waren.

Bâyezîd II. scheint versucht zu haben, eine offene Konfrontation mit den Safawiden zu vermeiden, eine Politik, die offenbar besonders unter den Janitscharen (und vermutlich auch orthodoxen Rechtsgelehrten) auf Widerstand stieß. Sie war spätestens dann gescheitert, als die *kızılbaş* Anatoliens auf staatliche Unterdrückungsmaßnahmen mit Widerstand reagierten. 1511 kam es zu dem blutigen (und blutig unterdrückten) Aufstand Şahkulus, des »Sklaven des Schahs«, in der Gegend um Antalya.

An dieser Stelle zeigte sich einmal mehr, dass die Regelung aus Mehmeds II. Gesetzbuch, nach der ein Sultan »um der Ordnung der Welt willen« seine Brüder töten durfte, die osmanische Herrschaft letztlich destabilisierte. Denn die Rivalität zwischen den Prinzen brach ihretwegen schon aus, während Bâyezîd noch lebte: Jeder der drei Brüder Ahmed, Korkud und Selîm versuchte einen Statthalterposten zu bekommen, der so nah wie möglich an İstanbul lag, um sich im Falle des Falles Thron, Schatz und Zentralarmee vor den anderen sichern zu können. Die Rivalität zwischen den Prinzen und der Konflikt um die Politik gegen die Safawiden verschränkten sich nun. Selîm, der sich als Führer der militant sunnitischen Politik profilierte, gelang es nach einer über drei Jahre langen, zum

Teil militärisch und blutig geführten Auseinandersetzung, seinen Vater 1512 zur Abdankung zu zwingen und seine Brüder auszuschalten. Bâyezîd verstarb passend bereits auf dem Weg zu dem ihm angewiesenen Alterssitz. Der Bürgerkrieg schien zur normalen Form der osmanischen Thronfolge zu werden.

Selîms Bild in der Erinnerung ist das eines militärisch sehr fähigen und gebildeten, vor allem aber eines außerordentlich harten und aggressiven Herrschers. Man nennt ihn bis heute in der Türkei mit dem Beinamen »Yavuz« (»der Grimme«). Tatsächlich dürfte sich kaum rekonstruieren lassen, was für ein Mensch Selîm I. »wirklich« gewesen ist.

Selîm begann seine Herrschaft mit der systematischen Verfolgung der aus Sicht des sunnitischen Sultans häretischen Turkmenen, den Anhängern und potentiellen Anhängern Schah Ismâîls. Quellen reden von 40000 Opfern. Sicher ist, dass als Folge der osmanischen Politik gegen die *kızılbaş* im 16. Jahrhundert diese sich in entlegene ländliche Regionen Anatoliens zurückzogen. Es entwickelte sich im Geheimen das später so genannte anatolische Alevitentum, eine synkretistische Form des schiitischen Islams, die keine Möglichkeit erhielt, eine städtische Elite und einen gelehrten theologischen Diskurs auszubilden. Heute beträgt der Anteil der Aleviten an der Bevölkerung der Türkei etwa 20 Prozent, sie gehören zu den Kreisen, die den säkularen Charakter des Staates am eifrigsten vertreten. Schon das zeigt, wie weit sich die iranische Schia und das anatolische Alevitentum auseinander entwickelt haben.

Der Unterdrückung der anatolischen *kızılbaş* folgte der erste von vielen osmanisch-safawidischen Kriegen. In einem äußerst aufreibenden Kriegszug, der die Janitscharen an den Rand der Meuterei brachte, gelang es Selîm 1514, Ostanatolien für die Osmanen zu sichern und tief nach Aserbaidschan einzudringen. Gewöhnlich wird die

Schlacht von Çaldıran, in der die Osmanen die Safawiden schlugen, als türkischer Sieg über die Perser betrachtet. Das ist jedoch eigentlich falsch, auch wenn sich aus den jeweiligen Reichen später jeweils nationale Traditionen entwickelten. Die Truppen der safawidischen Seite bestanden vor allem aus türkstämmigen Kavalleristen, der Kern des osmanischen Heeres waren die Pfortentruppen, also Soldaten nichtmuslimischer Herkunft. Und während Selîm I. seine Gedichte meist auf Persisch verfasste, dichtete Schah Ismâîl in recht schmuckloser türkischer Sprache – manche seiner Werke spielen bis heute in der alevitischen Tradition eine wichtige Rolle. Tatsächlich war der osmanische Sieg vermutlich überlegener Militärtechnologie zu verdanken: Die Osmanen verwendeten mehr und bessere Kanonen und Gewehre. Dass es sich nicht um eine ethnische Auseinandersetzung handelte, zeigte sich nach der osmanischen Einnahme von Täbris: Tausende von Künstlern, Handwerkern und Gelehrten wurden nach İstanbul verschleppt. Die osmanische Kultur des 16. Jahrhunderts war eine Synthese, die von diesen Kulturträgern entschieden profitierte.

Noch wichtiger als die osmanischen Erfolge in Persien war die Zerschlagung und Annexion des Mamlukenreiches, der zweiten muslimischen Großmacht des Mittelmeerraums. In nur zwei Jahren, 1516 und 1517, zerstörten die Osmanen dieses Großreich, dessen militärische und administrative Elite aus Haushalten von Militärsklaven bestand. Die Führung des Landes kaufte sich ihren Nachwuchs im wahrsten Sinne des Wortes ein: junge Männer aus den turkmenischen Steppen nördlich des Kaspischen und des Schwarzen Meeres oder aus dem Kaukasus wurden nach Ägypten verkauft, traten dort in Militärhaushalte ein, deren Oberhäuptern sie dienten. Wer Karriere machte, konnte es so bis zum Sultan in Kairo bringen.

Die Osmanen schlugen, übrigens mithilfe einiger unzufriedener mamlukischer Statthalter und Vasallen, das mamlukische Heer 1516 beim syrischen Mardsch Dabiq, was ihnen die Kontrolle über Syrien sicherte. Dann entschloss sich die osmanische Führung, in einem hochriskanten Landfeldzug über die Sinai-Halbinsel nach Ägypten zu marschieren und Kairo anzugreifen. Das Unternehmen, das von seinem Entwurf her den Zügen solcher Eroberergestalten wie Alexander von Makedonien oder Napoleon Bonaparte ähnelt, gelang, mit dauerhaften Folgen für den gesamten Nahen Osten.

Die Osmanen waren nun auch eine arabische Großmacht. Syrien und Ägypten bildeten nach Anatolien und Rumelien, dem europäischen Territorium des Reiches, das dritte Drittel der osmanischen Besitztümer. Es unterschied sich in manchem grundlegend von den anderen Teilen. Während sonst Kadis auf Türkisch amtierten, taten sie es hier weiter auf Arabisch. Die linguistische Trennung und die Tatsache, dass große Teile der Bevölkerung nicht der in Anatolien dominanten hanafitischen, sondern der schafiitischen Rechtsschule angehörten, trennte die städtischen Eliten nachhaltig. Dazu kam, dass die Osmanen Ägypten (und später den Irak) nicht in Militärpfründe aufteilten. Zoll- und Steuereinnahmen wurden in der Provinz gesammelt und nach Abzug der Ausgaben der Überschuss nach İstanbul geschickt: Angesichts der weiten Entfernung ein praktischer Weg, aber auch ein Beitrag dazu, dass die Integration dieser Provinzen mit dem Rest des Reiches unvollkommen blieb.

Tatsächlich gibt es in den letzten beiden Jahrzehnten eine Debatte darüber, inwiefern die osmanische Eroberung Ägyptens überhaupt einen Bruch in der Kontinuität mamlukischer Geschichte bedeutete. Die so genannten »Mamlukisten« betonen die Kontinuität der von den Großgrundbesitzern Ägyptens geführten, nach wie vor auch militärisch aktiven Haushalte zu denen der vorosmanischen Mamluken, die »Osmanisten« stellen Verbindungen zum gesamtosmanischen Kontext her.

Das Osmanische Reich war aber durch die Eroberung des Mamlukenreiches nicht nur arabischer geworden, sondern auch islamischer. Das lag nicht nur daran, dass im Mamlukenreich weitaus mehr Muslime als Christen und Juden lebten. Mit der Eroberung Syriens und Ägyptens kontrollierten die Osmanen auch die Pilgerwege nach Mekka und Medina, den Städten des Hadsch. Die mehr oder weniger indirekte Herrschaft der Osmanen über den Hedschas war kostspielig, aber prestigeträchtig. Von nun an spielte die islamische Reputation für das Sultanat eine noch weiter gesteigerte Rolle. Und der Islam musste noch mehr der internationale Islam der Gelehrten sein, der wenig mit dem türkischen Volksglauben auf dem Balkan und in Anatolien zu tun hatte. Schließlich standen auch die Zentren der arabisch-islamischen Gelehrsamkeit auf ehemals mamlukischem Boden: Kairo, Damaskus, Aleppo.

Das war viel entscheidender als die Tatsache, dass ein nomineller Kalif, ein Abkömmling der mittelalterlichen Abbasidendynastie, in Kairo 1517 Teil der osmanischen Beute war. Systematisch haben die Osmanen den Kalifentitel erst seit dem 18. Jahrhundert verwendet (es wird darauf zurückzukommen sein), sporadisch hatten sie ihn ja schon seit der Zeit Murâds II. (s. S. 87) benutzt. Zu einer formellen Übertragung des Titels auf Selîm I. ist es offenbar nie gekommen. Dass Rechtsgelehrte wie Ebû 's-Suûd (s. S. 152) einen juristischen Anspruch der Osmanen auf das Kalifat formulierten, bedeutet nicht, dass der Titel diplomatisch oder in den Beziehungen zu den osmanischen Untertanen eine wichtige Rolle spielte.

Durch die Hinzufügung der arabischen Territorien war das Osmanische Reich allerdings auch mediterraner geworden. Die osmanische Flotte wurde systematisch ausgebaut. 1519 unterstellte sich der Korsar Barbaros Hayreddîn, dem die Eroberung Algiers geglückt war, dem Sultan. Zwar dauerte es mit einigem Hin und Her noch bis zur Jahrhundertmitte, bis die Eroberung Nordafrikas abgeschlossen war, doch verstärkte sich die osmanische Flotte durch Hayreddîn entscheidend. Drei Jahre später, 1522, gelang es den Osmanen, die Johanniterritter von Rhodos zu vertreiben. Damit war das östliche Mittelmeer zwar noch nicht ganz ein osmanisches Binnenmeer, denn Chios wurde erst 1566, Zypern 1570 und Kreta als Letztes 1669 dem Reich einverleibt. Aber die für Handel und politische Kontrolle entscheidende Seeverbindung zwischen Ägypten und İstanbul war damit gesichert.

Schließlich machte diese Eroberung das Osmanische Reich sehr viel reicher, als es je gewesen war. Das wirtschaftliche Potential Ägyptens, das schon die Kornkammer des Römischen Reiches gewesen war, aber auch seine Bedeutung im Welthandel dürfen nicht vergessen werden, wenn man nach den Gründen für die Erfolge von Selîms Nachfolger, Süleymân Kânûnî (»dem Gesetzgeber«), fragt, der im Westen als »der Prächtige« bekannt wurde.

Die Herrschaft Süleymâns des Prächtigen

Die Osmanen selbst haben in der Rückschau die Regierungszeit Süleymâns idealisiert, und sogar zu seiner eigenen Regierungszeit hat er sich als der »Salomo seiner Zeit« (*Süleymân-i zamân*) feiern lassen. Bei genauerem Hinsehen kontrastiert aber der Anspruch auf eine gerechte Weltherrschaft, wie er von Süleymân vertreten wurde, mit recht irdischen und schwerwiegenden politischen Problemen.

Das kann nicht die Leistung der Osmanen schmälern. Süleymân rundete das Reich in zahlreichen und langen Kriegen vor allem gegen Habsburg und Venedig im Westen und gegen die Safawiden im Osten ab. Nach der bereits erwähnten Eroberung von Rhodos und der Liquidation des südostanatolischen *beğlik* Dûlgadır (nur das Haus Ramadân behielt noch bis 1608 eine gewisse Autonomie) ist vor allem Ungarn zu erwähnen (s. S. 212). 1526 schlugen die Osmanen in der Schlacht bei Mohács das ungarische Heer vernichtend. Der Westteil des Landes wurde von den Habsburgern kassiert, während Süleymân im Osten Johann Zápolya als tributpflichtigen König installierte. Nach dem Tode dieses Königs versuchten die Habsburger, auch diesen Teil Ungarns zu erobern, worauf die Osmanen 1541 den zentralen Landesteil um Budapest zur ordentlichen Provinz machten und die Dynastie Zápolya als Vasallen in Siebenbürgen (Transsilvanien, türk.: Erdel) installierten.

Derartige Vasallenstaaten legten sich fast wie ein Kranz um das europäische Territorium. Zu nennen sind neben Ungarn noch die Fürstentümer der Moldau und der Walachei, das Chanat der Krim und verschiedene Fürstentümer im Kaukasus und in Ostanatolien sowie Stämme im nordafrikanischen Hinterland. Auch die Heiligen Stätten auf der Arabischen Halbinsel waren ein Bereich indirekter osmanischer Herrschaft. Den Jemen dagegen verwalteten die Osmanen direkt, bis sie 1638 die Provinz für mehr als zwei Jahrhunderte aufgeben mussten.

Zu den militärischen und politischen Erfolgen Süleymâns zählt der nach langen Kriegen erreichte Frieden von Amasya, der 1555 mit den Safawiden geschlossen wurde. Er legte die Grenze zwischen den beiden Reichen so fest, wie sie bis heute im groben Verlauf auf der Karte erkennbar ist: das Gebiet des heute turksprachigen Aserbaidschan wurde safawidisch (und ist deswegen bis heute schiitisch), Mesopotamien mit seiner alten schiitischen Bevölkerung gehörte in den osmanischen Bereich.

Schließlich sind die maritimen Erfolge unter Süleymân erwähnenswert. 1534 war Barbaros Hayreddîn Großadmiral geworden. 1538 schlug die osmanische Flotte die Venedigs bei Prevesa und kontrollierte bis 1571, als die

Das Osmanische Reich und seine Vasallenstaaten zur Zeit Süleymâns des Prächtigen

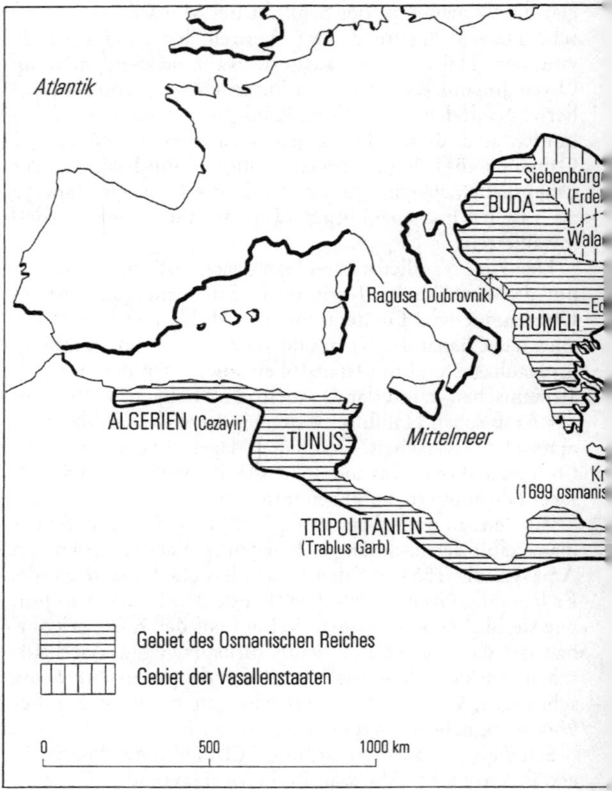

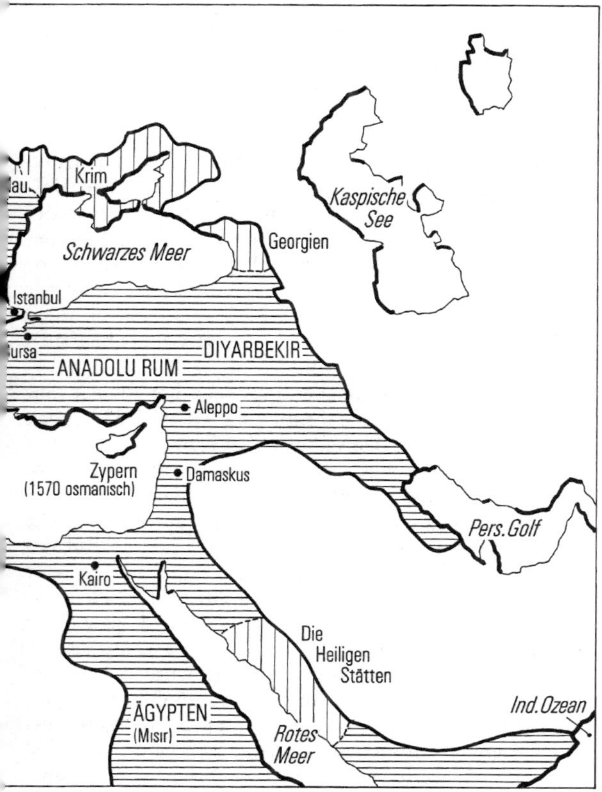

Krim
Schwarzes Meer
Georgien
Kaspische See
Istanbul
Bursa
DIYARBEKIR
ANADOLU RUM
Aleppo
Zypern
(1570 osmanisch)
Damaskus
Pers. Golf
Kairo
Die Heiligen Stätten
Ind. Ozean
ÄGYPTEN
(Mısır)
Rotes Meer

Flotte einer christlichen Liga die der Osmanen bei Navpaktos/Lepanto vernichtete, das östliche Mittelmeer unangefochten. 1543 unternahm Barbaros eine Flottenexpedition, in deren Rahmen die osmanische Flotte zusammen mit den Franzosen Nizza – vergeblich – belagerte und in Toulon überwinterte.

Der osmanisch-venezianische Krieg von 1538 bis 1540 ist auch ein Beispiel dafür, dass die osmanisch-europäischen Beziehungen nicht ausschließlich aus Krieg und Eroberungen bestanden. Er endete nämlich nicht nur damit, dass Venedig Festungen auf der Peloponnes und in Dalmatien verlor, sondern auch damit, dass die Osmanen der Republik Handelsprivilegien einräumten, wie sie 1536 bereits Frankreich erhalten hatte. Handel war ebenso eine Realität wie Krieg, und die Osmanen unterhielten mit der von ihnen geschützten Republik Ragusa/Dubrovnik sogar einen christlichen Außenposten, der ausschließlich dem internationalen Handel diente.

Neben Erfolgen gab es allerdings auch Fehlschläge. Süleymân gelang weder die Eroberung Wiens (1529) noch Maltas (1565). Auch der Versuch, den Russen die Chanate Kasan und Astrachan abzunehmen, scheiterte. Noch wichtiger war, dass wiederholt schwere Aufstände und sogar Bürgerkrieg herrschten. 1527 revoltierte der messianische Bektaşî-Führer Şâh Kalender in Anatolien, während das Zentralheer in Ungarn kämpfte.

In den 1550er Jahren ergab sich ein schon bekanntes Problem: Seine Söhne Mustafâ und Bâyezîd versuchten Süleymân so zu verdrängen, wie das Selîm I. mit seinem Vater Bâyezîd II. gelungen war. Beide wurden beseitigt, Prinz Bâyezîd erst nach offenem Krieg. 1555 kam es noch zum Aufstand des so genannten »Falschen« (*düzme*) Mustafâ, der vorgab, Sohn des Sultans zu sein. Süleymâns Zeit ist eher zu Unrecht als Ära inneren Friedens in Erinnerung geblieben.

Sozioökonomische Grundlagen des Osmanischen Reiches

Geographie und Demographie

Wenn schon nicht eine Zeit des Friedens, so war die mittlere Hälfte des 16. Jahrhunderts doch sicher eine der Expansion, gerade was die Wirtschaft und die Bevölkerung anging. Diese beiden Aspekte hingen, jedenfalls über längere Zeit, direkt miteinander zusammen, denn das Osmanische Reich war vor allem ein Agrarland, in dem landwirtschaftliche Arbeitskraft und das, was dem heutigen Bruttosozialprodukt entspräche, miteinander korrelierten: Denn produktivitätssteigernde technische Innovationen, etwa neue Bewässerungstechniken oder die Einführung neuer Pflanzen spielten im 16. Jahrhundert kaum eine Rolle (der Anbau von Mais, Kartoffeln und anderen Früchten amerikanischen Ursprungs verbreitete sich frühestens seit dem 18. Jahrhundert, nur der von Tabak schon seit dem 17. Jahrhundert). Erst gegen Ende des 16. Jahrhunderts, so lautet jedenfalls eine These, habe das demographische Wachstum zu einer Krise geführt, weil zu dem Zeitpunkt keine ungenutzten guten Agrarflächen mehr zur Verfügung gestanden hätten.

Hier spielt die Geographie eine wesentliche Rolle: Große Teile der osmanischen Region zeichnen sich durch ein ausgesprochen kontinentales, trockenes Klima aus. Der Anteil nur schwer zu erschließender Bergregionen an der Gesamtfläche ist höher als in vielen anderen europäischen Ländern. In den Küstenregionen führte hingegen gerade die Versumpfung der Ebenen zu Malaria und Siedlungsverlust. Schließlich: Auch wenn Donau, Euphrat, Tigris und Nil osmanische Flüsse waren, hatten große Landesteile eher wenig Wasser und waren aus Mangel an schiffbaren Flüssen nur schwer zu erschließen.

Um 1600, so eine Schätzung, hatte das Osmanische Reich eine Bevölkerungsdichte von 16 Personen pro Quadratkilometer in Südosteuropa und acht in Anatolien erreicht. Das ist nicht nur nach heutigen Begriffen recht wenig (die heutige Türkei hat eine Bevölkerungsdichte von 86 Personen auf den Quadratkilometer), sondern auch im damaligen europäischen Vergleich: Italiens Durchschnittswert etwa betrug 37, der der hochurbanisierten Niederlande gar 43 Personen. Relativ hoch war aber auch der Anteil der Stadtbevölkerung im Osmanischen Reich, nicht zuletzt als Folge der geringen Bevölkerungsdichte. In Anatolien waren etwa 10 Prozent der Einwohner Städter, in Syrien gar doppelt so viele.

All diese Zahlen sind schwierig zu überprüfen. Flächendeckende Geburts- und Sterberegister oder Volkszählungen kannte das Reich nicht. Die demographischen Hauptquellen sind Steuerregister, so genannte *tahrir defterleri,* die etwa alle dreißig Jahre zusammengestellt wurden. Dabei handelt es sich um eine ausgesprochen problematische Quellengattung, nicht nur weil keine Steuerdokumentation wirklich vollständig ist. Teile der Bevölkerung wurden, wie viele nomadisch lebende Stämme, nur pauschal als Gruppe veranschlagt, andere als steuerbefreit gar nicht oder unvollständig aufgeführt: so die *ulemâ,* alle nichtmuslimischen Geistlichen, Soldaten, kurz jeder, der nicht den Status eines Untertanen (s. S. 138) hatte. Auch Dörfer auf Stiftungsland verschwinden oft aus den Registern. In Ostanatolien, Ägypten, im Magreb und in anderen Randgebieten wurden solche Listen gar nicht erst angelegt, weil das Steuersystem dort ganz anders war. Am entscheidendsten jedoch: Nur die Haushaltsvorstände wurden aufgeführt, Frauen, Kinder und, wo es sie gab, Bedienstete nicht. Leider ist aber nicht gut bekannt, wie groß der durchschnittliche Haushalt war. Die folgende Tabelle enthält deshalb nur die Zahl der steuerlich erfassten Haushalte, keine Personenzahlen.

Zahl der steuerpflichtigen Haushalte in ausgewählten Großprovinzen des Osmanischen Reiches, 16. Jahrhundert

Provinz		Muslime	%	Christen	%	Juden	Summe	%
Anadolu (Westanatolien)	1520–1535	465 665	100	8511	100	271	474 447	100
	1570–1580	651 714	140	20 264	138	534	672 512	142
Karaman (südl. Zentralanatolien)	1520–1535	143 517	100	3127	100	0	146 644	100
	1570–1580	254 569	177	13 448	330	11	268 028	183
Zülkadriye (Südostanatolien)	1520–1535	66 850	100	2631	100	0	69 481	100
	1570–1580	108 865	163	4163	158	0	113 028	163
Rûm (nördl. Zentralanatolien)	1520–1535	124 730	100	57 308	100	0	182 038	100
	1570–1580	230 556	185	76 323	133	0	306 879	169
Diyarbekir (nördl. Mesopotamien)	1520–1535	70 858		11 938			82 796	
Arab (Syrien)	1520–1535	113 358		914			114 272	
Haleb/Aleppo	1570–1590	128 657		3386		233	132 276	
Şam/Damaskus	1570–1590	90 433		7867		2068	100 186	
Bagdad	1570–1590	63 998		4035		603	68 636	
Rumeli (östl. Balkan ohne İstanbul)	1520–1535	116 772		51 662			168 434	

Nach: Ömer L. Barkan, »Research on Ottoman Fiscal Surveys«, in: *Studies in the Economic History of the Middle East*, hrsg. von M. A. Cook, London [u. a.] 1970, S. 169–171, und *Osmanlı İmparatorluğu'nun ve Türkiye'nin Nüfusu, 1500–1927*, hrsg. von Cem Behar, Ankara, 1996, S. 4.

Besonders problematisch ist der Fall İstanbuls. Sicher ist nur, dass die osmanische Hauptstadt eine der größten Städte Europas war, vielleicht sogar die größte. Steuerregister wurden nach dem 15. Jahrhundert in der Stadt nicht mehr angelegt. Lange haben sich Historiker auf die Schätzungen beeindruckter europäischer Reisender verlassen und angenommen, dass İstanbul schon im 16. Jahrhundert eine halbe Million Einwohner erreicht hat. Neuere Schätzungen, die auf der Bebauungsdichte eines zentralen Stadtviertels (Stéphane Yerasimos) oder dem Getreideverbrauch (Zafer Toprak) beruhen, nehmen für das 16. Jahrhundert eine Bevölkerung von 150 000 – 200 000 Menschen an, die in den darauf folgenden Jahrhunderten allmählich anstieg – trotz (relativ erfolgloser) Bemühungen der Regierung, den Zuzug zu begrenzen, und (zu oft dramatischen Verlusten führender) Seuchenausbrüche. 1844, bei der ersten Volkszählung moderner Art, wurden 214 000 männliche Einwohner gezählt, was einer Bevölkerung von 350 000 bis 400 000 Köpfen entspricht.

Land und sein Besitz

Der eigentliche Zweck der Steuerregister war jedoch, der osmanischen Finanzverwaltung einen Überblick über die Ertragskraft verschiedener Steuerquellen zu geben. In einem Agrarland wie dem Osmanischen Reich waren die wichtigsten dieser Quellen selbstverständlich Abgaben aus landwirtschaftlicher Produktion.

In der Regel war das agrarisch bebaute Land *mîrî*, d. h. *de facto* Staatsland, wobei das als persönlich aufgefasste Verfügungsrecht des Sultans sich auf den Anspruch auf Abgaben und die Möglichkeit der Übereignung erstreckte. Die Bauern auf dem Land hatten jedoch das Recht, dort zu leben, und die Verpflichtung, es zu bebauen – Letztere war durch eine Geldzahlung ablösbar.

Staatsland wurde oft in Fromme Stiftungen (*vakf*, Pl. *evkâf*) überführt, die entweder der Sultan selbst, Angehörige der Dynastie oder hohe Würdenträger gründeten. Juristisch war eine Stiftung Eigentum Gottes. Die Steuereinnahmen aus Stiftungsland wurde für den Stiftungszweck, etwa den Unterhalt einer Moschee, von Hochschulen, Medresen, Derwischkonventen oder Wasserleitungen verwendet. Für die Landbevölkerung war es im Allgemeinen ein Vorteil, auf Stiftungsland zu leben: Der besondere Schutz, den der islamische Herrscher Frommen Stiftungen bieten musste, bedeutete, dass Stiftungsdörfer von Sondersteuern und Verwaltungseingriffen weitgehend verschont blieben.

Privatland (*mülk*) war die Regel nur für Grundstücke in Städten und Gärten der Umgebung. Auf landwirtschaftlichen Flächen war es die Ausnahme. Wo es Privatland aus vorosmanischer Zeit gab, wie gerade in Ostanatolien und Syrien, etablierten die Osmanen das so genannte *mâlikâne-dîvânî* System, das im Grunde auf eine Doppelbesteuerung durch den Staat und den Eigentümer hinauslief. Anders als Stiftungsland, das kaum noch veräußert werden konnte, konnte *mülk* legal konfisziert werden. Deswegen war der langfristige Trend, dass es immer mehr Stiftungs- und immer weniger Privatland gab. Es gibt Hinweise darauf, dass das 16. Jahrhundert die Zeit ist, in denen diese Formen des Landbesitzes die relativ geringste Rolle spielten.

Die Verwaltung des Staatslandes war eine der hauptsächlichen Aufgaben des osmanischen Staates. Im 16. Jahrhundert war das System der Militärpfründen gut ausgebildet und weitgehend vereinheitlicht. Seine Grundzüge waren auf dem Balkan, in Anatolien und Syrien dieselben. Die Effizienz dieses Pfründensystems entschied über die Höhe der Einnahmen und die Schlagkraft des Militärs.

Die osmanische Verwaltung kannte drei Formen von Pfründen: *hâss*, *zeâmet* und *timâr*. *Hâss*-Land bestand aus

Struktur der osmanischen Provinzverwaltung
16. Jahrhundert

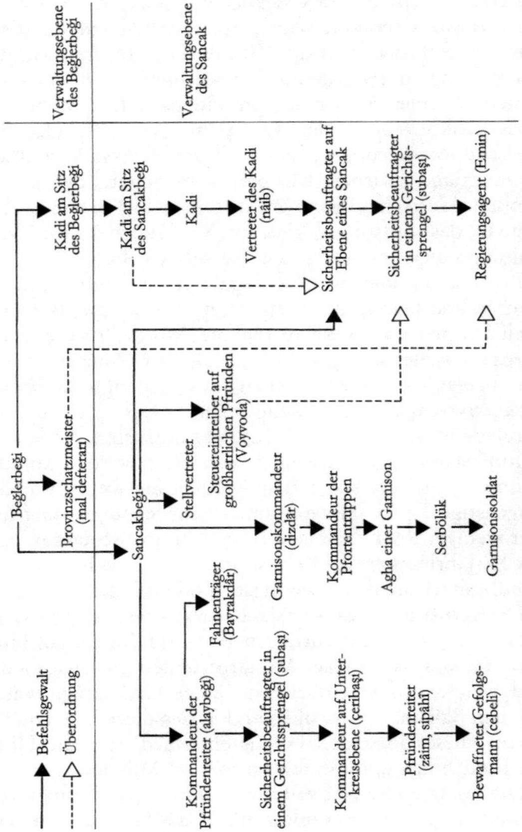

Landstücken und anderen Steuerquellen, die jährliche Einnahmen von mehr als 100000 *akçe* (zu Süleymâns des Prächtigen Zeit 73 kg Silber) erbrachten. Solche Einnahmequellen standen dem Sultan, seinen Wesiren und Provinzgouverneuren zur Verfügung.

Einnahmequellen dieser Größenordnung konnten selbstverständlich nicht persönlich verwaltet werden. Neben der Bestellung fest besoldeter Beamter (*emîn*), die sich in der Regel als ineffizient erwies, setzte sich die Steuerpacht (*iltizâm*) durch: Die Nutzung eines *hâss* oder Teilen davon wurde versteigert. Das System hatte den Vorteil, dass der Inhaber der Steuerquelle optimalen Ertrag erzielte und sich überdies nicht mit womöglich in Naturalien abgelieferten Abgaben in entfernten Provinzen abgeben musste. Der Nachteil war, dass der Pächter von den Steuerpflichtigen seinerseits ein Höchstmaß an Leistungen zu erhalten versuchte. Die Gefahr der Zerstörung der Steuerquelle durch Übersteuerung war offensichtlich, und die osmanische Verwaltung versuchte sie durch verschiedene Kontrollmechanismen zu bannen.

Wichtiger waren die mittleren und kleineren Pfründe: *zeâmet* und *timar.* Ein *zeâmet* wurde im Allgemeinen Offizieren der Kavallerie verliehen, aber auch ein Leiter der Finanzverwaltung (*defterdar*) in der Provinz hielt eine solche Pfründe. Ihr Wert betrug zwischen 20000 und 100000 *akçe.*

Am zahlreichsten waren die kleinen Pfründe, die bereits (S. 100) beschriebenen *timâr,* die von den Kavalleristen (*sipâhî*) gehalten wurden. Das zeigt die nachfolgende Tabelle deutlich, die auch belegt, wie groß der Anteil der Steuern war, die die Zentralverwaltung nicht selbst eintrieb, sondern ihren Provinzreitern überließ.

Verteilung der Bodensteuereinnahmen und Zahl der Pfründe nach der Abrechnung des großherrlichen Schatzamtes für das Finanzjahr 1527/1528

Region	Steuereinnahmen insgesamt (in *akçe*)	Einnahmen aus *hâss* des Sultans (in %)	Einnahmen aus *mülk* Stiftungsland (in %)	Einnahmen aus *hâss*, *zeâmet* und *timar* von Militärangehörigen (in %)	Zahl dieser Pfründen
Rumelien	198 206 192	48	6	46	17 288
Anatolien	129 624 973	26	17	56	16 468
Diyarbekir	22 778 513	31	6	63	1071
Syrien	51 859 274	48	14	38	2694
Ägypten	135 460 054	86	14	0	0
Summen	537 929 006	51	12	37	36 521

Nach: Ömer Lütfi Barkan, [Artikel] »Timar«, in: *İslâm Ansiklopedisi*, Istanbul 1949–84, Bd. 12.1, S. 288.

Unter der Oberfläche eines hoch entwickelten bürokratischen Mechanismus, der die Verleihung und Verwaltung dieser Pfründe regelte, lassen sich innergesellschaftliche Konfliktlinien erkennen. Dem Staat ging es um die Schaffung einer Militärklasse, deren Mitglieder nicht mehr im Stammeszusammenhang standen oder einen Rückhalt im Land hatten, was sie dem Zentralstaat gegenüber autonom gemacht hätte. Ein wesentlicher Grundsatz war, dass ein *sipâhî* jederzeit von einer Pfründe auf die nächste versetzt werden konnte. Das Timar-System diente auch der Transformation des türkischen Reiterheeres in eine Truppe aus professionellen Kavalleristen verschiedenen Ursprungs, die keinen sozialen Rückhalt in der Gegend hatten, in der sie stationiert waren. Mit fast umgekehrtem Ziel versuchten viele Provinzgouverneure, ihre eigenen Gefolgsleute als Timarioten unterzubringen.

Für den Timarioten ging es darum, nicht nur eine möglichst ertragreiche Pfründe zu erhalten, sondern auch um die dauernde Versorgung von Söhnen. Die Kavalleristen zeigten die Tendenz, eine durch Erblichkeit definierte gesellschaftliche Klasse zu werden. Tatsächlich war einer der Hauptkonfliktstoffe die Frage, wer alles Timariot werden durfte: Nur Söhne von Timarioten und ehemalige Angehörige der Pfortentruppen? Oder auch Angehörige der Hilfstruppen, die sich ausgezeichnet hatten, und andere Staatsdiener? Denn mit der Abnahme der militärischen Bedeutung der Kavallerie gegen Ende des 16. Jahrhunderts (s. S. 160) versuchten immer häufiger Nicht-Soldaten, eine Pfründe zu ergattern. Und natürlich versuchten Pfründeninhaber immer wieder, aus ihrer Pfründe Landeigentum zu machen, indem sie Rechte an ihr kauften und verkauften, bis der Unterschied zwischen Besitz und Eigentum am Land verwischt war.

Trotz oder vielleicht gerade wegen solcher Veränderungen hat sich das Timar-System als außerordentlich widerstandsfähig erwiesen. Die Timare mochten immer kleiner und wertloser, ihre Besitzer militärisch immer unbedeutender werden: In Resten überlebte das System bis in das 19. Jahrhundert.

Städte, Binnenhandel und Handwerk

Osmanische Städte haben seit je die Aufmerksamkeit der Forschung auf sich gezogen. Zwar kannte das Osmanische Reich kein eigenes Stadtrecht, trotzdem ist der Unterschied zwischen städtischen und ländlichen Siedlungen recht klar zu fassen: Eine Stadt war eine Siedlung, in der es einen regulären Markt und eine Moschee gab, in der auch die Freitagspredigt gehalten wurde (*câmi'*, im Gegensatz zum Bethaus *mescid*), und in der ein Kadi residierte.

Der letzte Aspekt führt nicht nur ein Element zentralstaatlicher Verwaltung ein, er ordnet auch das Verhältnis der Stadt zu ihrem Umland. Denn Grenzen und Fläche des Kadiamtsbezirks wurden durch zwei Dinge bestimmt: Zum einen durfte auch das entfernteste Dorf des Sprengels nicht länger als eine Tagesreise vom Zentrum entfernt sein, denn das war die Entfernung, die ein Bauer verpflichtet war, seine Naturalabgabe an den *sipâhî* zu transportieren. Zum anderen musste der Gerichtssprengel seine Stadt ernähren, dass heißt, die Bauern des Umlandes mussten genug landwirtschaftlichen Überschuss produzieren, um die Stadtbewohner zu versorgen. Allerdings waren viele Städte von einem Kranz aus Gärten und intensiv bewirtschafteten Flächen umgeben, auf denen Stadtbewohner selbst zu ihrer Versorgung beitrugen.

Wie Suraiya Faroqhi am Beispiel von Akşehir gezeigt hat, bedeutete das, dass es für Städte ohne ausreichend fruchtbares Hinterland echte Grenzen des Wachstums gab. Wenn es in der Nähe keinen Grund für Überschuss produzierende Bauern mehr gab, blieb der zuwachsenden Bevölkerung eigentlich nur die Auswanderung.

Trotzdem bildete sich im 16. Jahrhundert das allgemeine Bevölkerungswachstum auch als Städtewachstum ab. Die Zahl der Städte wuchs, aber noch wichtiger war die Zunahme ihrer Größe. Wieder beruhend auf den Steuerregistern kann das hier an einigen Beispielen gezeigt werden, wobei die Ungenauigkeit dieser Zahlen für städtische Siedlungen deswegen besonders hoch ist, weil hier besonders viele steuerbefreite Menschen (Soldaten, *ulemâ*, christlicher Klerus, Sklaven und andere) lebten, die nur sehr unzureichend erfasst wurden.

Zahl der in Steuerregistern erfassten erwachsenen Männer in ausgewählten osmanischen Städten, 16. Jahrhundert

	1520–1535	1540–1550	1550–1568	1570–1585
Bursa	8003			12 892
Sofia	1291			1638
Eğridir	549		709	
Manisa	1340			1987
Edremid	268			556
Trabzon	1454		3282	
Mardin	3371	3781		
Jerusalem		2923	2815	
Plowdiw	987			1226

Quellen: Fikret Yılmaz, *XVI. Yüzyılda Edremit Kazası*, [masch. Diss.] Izmir 1995, S. 121; Amy Singer, *Palestinian Peasants and Ottoman Officials*, Cambridge [u. a.] 1994, S. 31; Feridun M. Emecen, *XVI. Asırda Manisa Kazâsı*, Ankara 1989, S. 48–50; Heath W. Lowry, *Trabzon Şehrinin İslâmlaşma ve Türkleşmesi, 1461–1583*, Istanbul 1981, S. 174; Zeki Arıkan, *XV–XVI. Yüzyıllarda Hamit Sancağı*, Izmir 1988, S. 51; *Hüdavendigâr Livası Tahrir Defterleri I*, hrsg. von Ömer Lütfi Barkan, Enver Meriçli, Ankara, 1988, S. 9; Nejat Göyünç, *XVI. Yüzyılda Mardin Sancağı*, 2. Aufl., Ankara 1991, S. 83–86; Nikolai Todorov, *The Balkan City, 1400–1900*, Seattle/London 1983, S. 67.

Versorgung war auch das erste Ziel bei den Eingriffen des Staates in die handwerkliche Produktion. Das Osmanische Reich hatte in vielen Gegenden Zünfte (mit einem italienischstämmigen Wort *lonca* oder mit einem arabischstämmigen *esnâf* benannt) sozusagen ererbt, Handwerkerorganisationen, die nicht nur Ausbildung, Qualität und Marktzugang regelten, sondern ihren Mitgliedern und ihren Familien auch Solidarität, soziale Sicherheit und einen geistigen Hintergrund boten: Zünfte hatten meist einen Schutzpatron und waren oft mit einem Derwischorden verbunden. Neben religiös einheitlichen Handwerkszweigen gab es allerdings auch gar nicht selten solche, in denen Christen und Muslime kooperierten (und sich oft auf einen Schutzheiligen einigten, der dem Schatz gemeinsamer Überlieferung entstammte).

Die Osmanen versuchten nun in einem langen Prozess, über dessen Einzelheiten noch nicht genug bekannt ist und der regional sicher sehr unterschiedlich verlief, diese Zünfte in Agenturen der Versorgungswirtschaft und der sozialen Kontrolle zu verwandeln. Die Zünfte erhielten das Monopol auf die Ausübung bestimmter Handwerke, waren weiter für Qualitätskontrolle, Ausbildung und Verhalten ihrer Mitglieder verantwortlich, wurden aber unter die Aufsicht des Kadis gestellt. Langsam wurde der *kethüdâ*, der für die Kontakte mit der Verwaltung zuständig war, wichtiger als der *şeyh*, der geistige Führer einer Zunft. Staatlich festgelegte Preise (*narh*), verbilligte Ablieferungen an den Staat und gemeinsam zu entrichtende Abgaben prägten das Leben der Handwerksorganisationen, die andererseits staatlicherseits vor Konkurrenz von außen geschützt wurden: Die Bewohner eines Gerichtssprengels sollten versorgt werden, aber die Handwerker auch von ihrem Berufe leben können. Zunächst mussten sie für den lokalen Markt produzieren, dann für den Staat. Erst dann kam der Handel mit Orten in größerer Entfernung, wobei natürlich regional spezifische Güter vor allem für den gehobenen Bedarf, etwa Textilien aus Angorawolle oder Seide aus Bursa, und natürlich Bergbauprodukte wichtige Ausnahmen waren.

Trotzdem ist deutlich, dass lokaler Handel innerhalb der einzelnen Gerichtssprengel sehr viel wichtiger war als regionaler oder gar Fernhandel, ob nun innerhalb des Reiches oder international. Nur für eine Stadt gilt das nicht: für die Metropole İstanbul mit ihren Schwesterstädten Galâta, Üsküdâr und Eyyûb. Denn die Versorgung dieser Siedlung war mit den landwirtschaftlichen Produkten der nächsten Umgebung nicht zu leisten. Dazu kamen die Waren, die für den Hof, das zentrale Heer, also vor allem für die in der Hauptstadt stationierten Janitscharen, für die großherrliche Werft, die Kanonengießerei und andere staatliche Betriebe in der Stadt benötigt wurden. Versorgungsmängel wuchsen sich in İstanbul schneller als an anderen Orten zu politischen Krisen aus: Wenn das Volk kein Brot oder die Janitscharen kein Fleisch zu essen hatten, kam es leicht zu Unruhen, die die Position des Großwesirs und sogar den Thron des Sultans gefährden konnten. Dementsprechend groß waren die Anstrengungen, die für sie unternommen wurden.

Fernhandel

İstanbul war deswegen nicht nur das politische und geistige Zentrum des Reiches, auch viele der Handelsströme flossen hier zusammen. Kairo und Aleppo waren allerdings Handelsplätze vergleichbarer Dimension. Die wichtigsten Versorgungs- und Militärgüter wurden in einem staatlich organisierten Handel nach İstanbul gebracht, und künstlich niedrig gehaltene Preise trafen die Erzeuger und Händler wie eine zusätzliche Steuer: staatliche Aufkäufer mussten mit Unterstützung der Provinzverwaltung für die

Ablieferung sorgen. So kam Getreide aus Thrakien und Thessalien, aber auch von der Krim, Fleisch lief noch auf seinen eigenen Beinen den langen Weg von den anatolischen und thrakischen Weiden in die Hauptstadt, Pferde kamen zum Teil sogar aus der Dobrudscha. Reglementiert wurde auch der Handel zum Beispiel mit Olivenöl, das seit dem 16. Jahrhundert in der westanatolischen Landwirtschaft immer wichtiger wurde, aber auch aus Lesbos und später aus Kreta kam. Es wurde weniger als Nahrungsmittel, sondern vor allem als Lampenöl und zur Herstellung von Seife benutzt.

Kaffee, der sich in der Mitte des 16. Jahrhunderts in İstanbul durchsetzte, kam über Ägypten, das außerdem, wie Gebiete im heutigen Bulgarien und Mittelanatolien, Reis lieferte. Der Handel mit diesen Waren wurde aber im Allgemeinen den Kaufleuten überlassen; die osmanische Verwaltung beschränkte sich darauf, den Verkaufspreis auf dem Markt zu regulieren. Auch Textilien, die wichtigste Warengruppe des Fernhandels, wurden normalerweise auf diese Weise nach İstanbul gebracht.

Die »Kommandowirtschaft« des Provisionismus, wie die heutige Wissenschaft die auf Versorgung abzielende Ökonomie nennt, war unter frühmodernen Bedingungen sicher nicht mit größter Strenge durchsetzbar. Das osmanische Wegenetz diente nicht nur dem Aufmarsch des Heeres und der staatlichen Kontrolle. Neben dem Seehandel war der geordnete Karawanenhandel staatliches Anliegen, und die osmanische Verwaltung bemühte sich aktiv um die Sicherheit der Fernhändler. Passwächter, meistens die Bewohner strategisch günstig gelegener Dörfer, schützten heikle Wegabschnitte und wurden dafür von Steuern befreit. Auf dem Balkan gab es daneben aber auch besoldete christliche Landwehren (*martolos,* in Nordgriechenland *armatol*). Das System von Karawansereien, das in Anatolien schon seit seldschukischer Zeit bestand, wurde ausgebaut und durch Zustiftungen gezielt subventioniert. Eine der wenigen bedeutenderen osmanischen Stadtgründungen (eine andere, weit wichtigere ist zum Beispiel das bosnische Sarajewo) ist das zentralanatolische Karapınar auf dem Weg von Konya nach Südosten in den Taurus. Es handelt sich um eine Stiftung Selîms II., der 1560 noch als Prinz einen großen Moscheekomplex mit Karawanserei errichten und Handwerker ansiedeln ließ. Durch diese Siedlung wurde ein Abschnitt des Handels- und Pilgerwegs von İstanbul nach Syrien, der durch weitgehend öde Steppe führte, gesichert.

Für das Osmanische Reich war der Karawanenhandel auch deswegen so schützenswert, weil seit Vasco da Gamas Umrundung des Kaps der Guten Hoffnung der Indien- und Südostasienhandel Europas nicht mehr notwendig durch das östliche Mittelmeer führte. Lange hat man angenommen, dass dies zu einem Niedergang des mediterranen Handels führte, vor allem, als osmanische Versuche, die Portugiesen aus dem Persisch-Arabischen Golf zu vertreiben, in kostspieligen Niederlagen endeten (1552 in Ormuz/Hormus). Heute weiß man, dass der internationale Gewürzhandel auf den alten Routen über Aleppo oder das Rote Meer sich wieder erholte, auch wenn er die nordeuropäischen Märkte kaum noch erreichte. Mehr noch, als im 17. Jahrhundert niederländische, britische und französische Manufakturen die Seidenspinnerei aufnahmen, gab es einen neuen Markt für iranische Rohseide und osmanische aus Bursa.

Fernhandel war auch deswegen Objekt staatlicher Fürsorge, weil er Einnahmen brachte. Das Reich war in Zollgebiete eingeteilt, und Güter mussten vor ihrer Vermarktung erst im Zentrum des jeweiligen Gebietes verzollt werden. Einen Unterschied zwischen Binnen- und Außenzoll gab es insofern nur, als oft unterschiedliche Zollsätze erhoben wurden: ein muslimischer Händler zahlte weniger als ein nichtmuslimischer Osmane, und der weniger als ein Ausländer. Zölle wurden dabei meist in bar nach dem Wert erhoben und Einfuhren weniger stark belastet als Ausfuhren. Versorgungs- oder kriegswichtige Waren durften ohnehin nicht außer Landes verkauft werden: Das Prinzip des Provisionismus ist auch hier klar sichtbar. Seit dem ersten, nie ratifizierten Vertrag zwischen Frankreich und dem Osmanischen Reich von 1536 änderte sich das Außenzollregime des Reiches allmählich. Europäische Kaufleute wurden ihren osmanischen Konkurrenten gegenüber oft privilegiert. Diese osmanisch-europäischen Verträge, die so genannten Kapitulationen, beruhten nicht auf Gegenseitigkeit, sondern hatten die Form von Privilegien, die der Sultan gewährte. In der Regel erteilten die Osmanen solche Privilegien gegen nichtmerkantile Vorteile, etwa Tributzahlungen oder Militärhilfe. Da das Prinzip der Gegenseitigkeit in diesen Verträgen keine Rolle spielte, erhielten osmanische Kaufleute im Ausland keine Vorteile, die denen ihrer europäischen Konkurrenten im Osmanischen Reich entsprochen hätten. Langfristig führte dieses Ungleichgewicht zu echten Belastungen der osmanischen Wirtschaft – in späteren Kapiteln wird darauf zurückzukommen sein.

So ernst man die osmanische Handelspolitik auch nehmen muss, so deutlich ist doch, dass unter frühmodernen Bedingungen eine staatliche Kontrolle des Wirtschaftsgeschehens systematisch kaum durchsetzbar war. Möglicherweise verdankt die osmanische Wirtschaft viel von ihrer Dynamik gerade den Mechanismen, die in den Finanzunterlagen der Zentralverwaltung kaum, in der Rhetorik von Beschwerden und Sultansbefehlen, in Reiseberichten und Privatabrechnungen dafür recht häufig vorkommen: Schmuggel, Umgehung von Preiskontrollen und illegale Kreditgeschäfte.

Geld

Die osmanische Wirtschaft war agrarisch geprägt. Trotzdem war die Monetarisierung schon in der Mitte des 16. Jahrhunderts so weit fortgeschritten, dass auch viele Bauern ihre Abgaben nicht mehr in Naturalien, sondern mit Geld begleichen mussten. Dabei handelte es sich meist um die Silbermünze *akçe* (»Weißling«), die zur Zeit Mehmeds des Eroberers etwa 1 g wog. Das *akçe* war so viel wie die offizielle Währung des Reiches, denn die Finanzverwaltung rechnete in ihr ab. Daneben wurden aber in den Münzstätten Ostanatoliens und Mesopotamiens große Silbermünzen geschlagen, die *şâhî* genannt wurden und den vorosmanischen Standards entsprachen. Und in Ägypten prägte man anstelle des *akçe* das *para* von 1,5 g. Am buntesten ging es in Syrien zu, wo alle drei Silbermünzen geprägt wurden.

Neben Silber kursierte im Reich aber auch kupfernes Kleingeld, dessen Prägung vom Staat an Privatunternehmer verpachtet wurde, und für größere Transaktionen Gold. Hier galt, wie überall im Mittelmeerraum, zunächst einmal der Standard des venezianischen Dukaten, der über Jahrhunderte in gleicher Schwere und gleichem Feingehalt geprägt wurde. Mehmed II. ließ 1477 erstmals eigene Goldmünzen prägen, die *sultânî* genannt wurden und schon von ihrem Namen her imperialen Anspruch markierten. Auch sie richteten sich am Dukaten aus und waren sogar noch etwas schwerer geprägt als er, um ihre Akzeptanz sicherzustellen.

Edelmetallwährungen bieten viele Vorteile, etwa Haltbarkeit und die relativ sichere Austauschbarkeit von Münzen verschiedener Provenienz. Unter normalen Umständen entspricht dabei der Wert der Münze dem Marktwert seines Metalles oder liegt ein wenig höher, denn in die Münze ist Arbeit investiert worden, die andererseits eine gewisse Wertgarantie, etwa Akzeptanz durch staatliche

Stellen, bietet. Das Osmanische Reich versorgte mit einem weiten Netz von Prägestätten, deren Zahl gegen Ende des 16. Jahrhunderts bis an die 40 stieg, den Markt mit Geld. Das Reich unterstützte systematisch die Monetarisierung der Wirtschaft. Kompliziert wird es, wenn der relative Wert der Edelmetalle sich verändert, etwa Silber relativ zu Gold an Wert verliert, oder wenn der nominale Wert einer Münze von seinem Metallwert stark abweicht.

Gerade das erste geschah während des 16. Jahrhunderts in einem von Wirtschaftshistorikern viel diskutierten Prozess, den man die »Preisrevolution« nennt und der die Wirtschaften der ganzen Welt betraf. Im Osmanischen Reich zeigte sich die Preisrevolution seit der zweiten Hälfte des 16. Jahrhunderts erstens an einem Kursverlust des Silbers gegenüber Gold, zweitens an einem allgemeinen Preisanstieg, der allerdings für landwirtschaftliche Produkte weit stärker war als für handwerkliche Erzeugnisse oder Löhne, und drittens an Außenhandelsbedingungen, die osmanische Rohstoffe und Nahrungsmittel nach Europa, osmanische Metalle dagegen vermehrt nach Indien und in den Iran fließen ließen. Nach der Hypothese Ömer Lutfi Barkans führte der Import von südamerikanischem Silber nach Europa dort zu einem allgemeinen Preisanstieg (oder, besser, zu einem Verfall des Marktwertes von Silber). Diese Inflation betraf in einem zweiten Schritt auch das Osmanische Reich, als dessen Produkte, etwa Getreide, Fleisch und Leder sowie Rohseide, auf dem europäischen Markt hohe Silberpreise erzielten. Daraufhin stiegen auch die Preise im Inland, und das osmanische Handwerk litt, weil sich seine Gewinnmargen dramatisch verkleinerten.

Neue Forschungen Şevket Pamuks betonen die Bedeutung weiterer Momente. Diese Preisveränderungen trafen auf eine Gesellschaft, deren Bevölkerung wuchs und zunehmend städtischer wurde. Mit vermehrter Arbeitsteilung in der Wirtschaft zirkulierte das Geld immer schneller, denn anstelle von Sach- oder Arbeitsleistungen wurde immer häufiger Barzahlung verlangt. Zugleich führten Veränderungen im Militärwesen (s. S. 156) zu einem größeren Bedarf des Staates und seiner Würdenträger an Bargeld. Vergessen darf man auch nicht, dass seit der Mitte des 16. Jahrhunderts Kriege nicht mehr ganz selbstverständlich mit Sieg und Beute endeten, sondern meist mehr Geld kosteten als einbrachten. Höhere Preise, schnellere Geldzirkulation und der Bedarf an einer insgesamt größeren Geldmenge bedingten sich also gegenseitig.

Unter diesen Umständen musste dem Osmanischen Reich daran liegen, die Menge an Geld in der Gesellschaft zu erhöhen. Allerdings gelang es weder, die osmanischen Minen hinreichend produktiv zu machen, noch den Abfluss von Edelmetall in den Iran und weiter nach Indien zu verhindern. Die Folge war, unter anderem, dass die Staatsfinanzen in eine Dauerkrise gerieten. Unter diesen Umständen griff der Fiskus 1586 radikal zu einer Maßnahme, die schon angesprochen wurde: es wurden neue *akçe* eingefügt, die nur noch 0,38 g wogen.

Solche Münzverschlechterungen waren für das Reich nichts Neues. Schon Mehmed II. hatte das *akçe* mehrmals verkleinert. Am Ende seiner Herrschaft wog die Münze nur noch 0,75 g statt 1 g. Da der Staat seine Zahlungen, vor allem Sold und Lieferungen, in der leichteren Münze leistete, ließen sich auf diese Weise schnell erhebliche Gewinne machen, bevor auch auf der Einnahmeseite die leichteren Münzen den Effekt wieder zunichte machten. Die Leidtragenden waren vor allem die Bezieher fester nomineller Einkommen, etwa Staatsbeamte und Soldaten.

Das zeigte sich auch 1586. Die Reaktion der Janitscharen kam etwas verzögert, erst mit dem Ende der Kampfhandlungen eines Krieges gegen den Irak: als die militärischen Erfolge nicht mit Bezahlung in vollgewichtigem Geld belohnt wurden, rebellierten sie 1589 und erzwangen die Hinrichtung des Gouverneurs von Rumelien, Doğancı

Mehmed Pascha, sowie des Leiters der Finanzverwaltung, *defterdâr* Mahmûd Efendi. In gewisser Weise beendete dieser Aufstand die Zeit, in der das osmanische Sultanat die Kontrolle über seine Währung hatte; sie wurde nunmehr offen zum Objekt sozialer Auseinandersetzung.

Die Bewohner des Reiches

In osmanischer Sicht waren die Untertanen des Reiches in zwei Gruppen einzuteilen: Die Untertanen (*reâyâ,* wörtl. »Herde«), die, gleich ob sie Muslime waren oder nicht, keine aktive Teilhabe an der politischen Macht hatten, aber einen Anspruch auf Schutz. Ihnen gegenüber standen die *askerî.* Sie übten entweder religiöse Funktionen aus oder galten – wie indirekt auch immer – als Mitglieder des sultanischen Haushaltes. Diener der Religion wie des Sultans waren gleichermaßen mit der Aufrechterhaltung der öffentlichen Ordnung betraut. Im Gegenzug waren *askerî* von allen Steuern befreit – ein Grund, warum viele *reâyâ* sich bemühten, den *askerî*-Status zu erhalten.

Untertanen

Bauern, Nomaden, unkontrollierte Landbevölkerung

Die absolute Mehrheit der Bewohner des Osmanischen Reiches lebte als Produzent von Agrarerzeugnissen auf dem Lande. Und gerade über diese Landbevölkerung ist relativ am wenigsten bekannt. Osmanische Bauern haben nur ganz ausnahmsweise schriftliche Zeugnisse hinterlassen. Die Archäologie des osmanischen Dorfes steckt zudem noch in den Kinderschuhen. Deswegen weiß man über die osmanische Landbevölkerung vor allem, wie sie Steuern zahlte, denn dafür interessierte sich die Akten führende Regierung am meisten.

Nicht nur lebte die Mehrheit der Bevölkerung von der Landwirtschaft, auch der Staat bezog den größten Teil seiner Einnahmen aus dem von ihr erwirtschafteten Überschuss – von Bauern bezahlte Steuern waren wichtiger als von Händlern erbrachte Zölle oder von Soldaten erkämpfte Kriegsbeute. Damit hing die Existenz des Staates vom regelmäßigen Zugriff auf Teile des in der Landwirtschaft erwirtschafteten Überschusses ab – ein Zugriff, der nicht durch Sklavenwirtschaft, sondern durch militärische und politische Machtausübung über wirtschaftlich autonome Bauernhaushalte erreicht wurde. Man hat lange darüber diskutiert, ob das Osmanische Reich eine Feudalgesellschaft gewesen sei. Gewiss unterscheidet sich die beschriebene Pfründenwirtschaft gründlich von dem Verhältnis eines mittelalterlichen oder frühneuzeitlichen europäischen Königs zu seinen Vasallen. Andererseits versteht man die osmanische Geschichte leichter, wenn man dem Vorschlag des Historiographen Halil Berktay folgt und die politische Kontrolle über die die gesamte Wirtschaft tragenden Bauernhaushalte als im weiten Sinne feudal auffasst. Auf diese Weise ergeben sich Vergleichsmöglichkeiten zwischen dem Osmanischen Reich und anderen frühneuzeitlichen Gesellschaften.

Die große Mehrheit der osmanischen Landbewohner waren sesshafte Bauern. Nomaden waren also eine Minderheit, wobei der Begriff des »Nomaden« eine Vielzahl ganz unterschiedlicher Lebensformen zusammenfasst. Auch gibt es fließende Übergänge zwischen Sesshaftigkeit und Nomadismus. In Anatolien etwa setzte sich als vorwiegende Form des Nomadismus die »Transhumanz« durch, der Wechsel einer nomadischen Gruppe zwischen einer im Tal gelegenen Winterweide und einer Sommerweide auf den Bergen – wobei die beiden auch hunderte von Kilometern voneinander entfernt sein können. Gruppen, die diesen so genannten »Halbnomadismus« betrieben, bebauten oft auch Felder, besonders auf der meist fruchtbareren Winterweide. Auf diese Weise konnten Winterweiden zu Dörfern werden – ein Prozess, der in Zeiten von Missernten oder politischer Unsicherheit oft auch umkehrbar war.

Seitdem das Reich sich als Imperium etabliert hatte, dessen militärische Macht nicht mehr vor allem auf der Reiterei türkischer Stämme beruhte, wurden Nomaden, unabhängig von ihrem religiösen oder ethnischen Hintergrund, zunehmend als ein Risiko und ein Ärgernis empfunden: Sie waren bewaffnet, sie bildeten geschlossene Subgesellschaften, die sich nur kollektiv besteuern ließen, und ihre Herden verhinderten die Ausweitung von Acker- und Feldbau.

Demgegenüber galten Bauern als lenkbar und passiv. Dieses osmanische Idealbild, das gut mit Vorurteilen moderner Historiker gegen unterwürfige und träge Orientalen harmonierte, ist in den letzten Jahren weitgehend revidiert worden. Osmanische Bauern wussten ihre Rechte zu verteidigen: Sie konnten zum Kadi gehen, wo europäische Bauern oft nur ihren Feudalherren als Richter hatten, sie ließen sich durch Sprecher gegenüber Amtsträgern und Steuereinnehmern vertreten, und sie drohten mit Landflucht, falls zu viel Druck auf sie ausgeübt wurde. Das war eine wirksame Drohung, denn ein verlassenes Dorf erbrachte keine Steuern mehr. Außerdem bedrohte Landflucht die Legitimität des Sultans, der von sich behauptete, seine Länder mit ihren Bewohnern zu schützen – es wird darauf zurückzukommen sein. Schließlich gab es noch die Möglichkeit, sein Land unter Leistung einer Abschlagszahlung zu verlassen.

So gibt es im Osmanischen Reich keine Bauernkriege

wie im Mitteleuropa des 16. Jahrhunderts. Aber möglicherweise hatte das weniger mit einem Mangel an Mobilität und sozialem Zusammenhalt zu tun und mehr mit einem Umfeld, in dem es für einen einzelnen Bauern, seine Familie oder doch sein Dorf größere Möglichkeiten des Widerstands und der Anpassung gab.

Schlussendlich waren die osmanischen Bauern frei. Sie waren zwar nicht Eigentümer des Landes, auf dem und von dem sie lebten, aber sie hatten Besitz an ihm und konnten nicht vertrieben werden. Auf dem Land lagen Rechte und Pflichten, die sich die verschiedenen beteiligten Akteure teilten: der Eigentümer (der Sultan oder eine Stiftung), der Bauer und seine Familie, eventuell der Inhaber eines Militärlehens, eine Dorfgemeinschaft oder vorosmanische Besitzer.

Fast überall sind Kontinuitäten zu erkennen, die zum Teil bis in die römische Zeit zurückgehen. Der führende Wirtschaftshistoriker Halil İnalcık spricht vom *çift-hâne*-System als Grundlage der osmanischen Wirtschaft, dem bäuerlichen Haushalt (*hâne*), der auf das von einem Paar Ochsen (*çift*) zu bestellende Land bezogen war, im Allgemeinen sechs bis fünfzehn Hektar. Hinter dem osmanischen *çift* steht das römische *iugum* (»Joch« Ochsen). Dieser Familienbetrieb war mit einer Steuer belegt, deren Höhe sich nach der Leistungsfähigkeit des Haushaltes richtete und also für Witwen oder unverheiratete Bauern deutlich ermäßigt wurde. Christen zahlten die höhere *ispence*. Außerdem waren sie der *cizye* unterworfen, einer islamischen Kopfsteuer, die als Gegenleistung für den Schutz durch den muslimischen Herrscher aufgefasst wurde. Wirtschaftlich noch wichtiger war der Zehnte, eine durch das islamische Recht vermittelte römische Steuer (*öşr*), die meist in Naturalien gezahlt wurde und von 10 Prozent bis zu 50 Prozent der Ernte betragen konnte.

Es zeichnet das osmanische System aus, dass trotz vielfacher Belastungen (zu denen eine große Zahl lokal erhobener Abgaben zählt, die hier nicht erwähnt wurden) die Bauern weder dem Pfründeninhaber noch einem anderen Würdenträger direkt unterstellt wurden. Das bedeutete auch, dass Frondienste (bis auf die Lieferung des Zehnten auf den nächsten Markt) die Ausnahme blieben, die mit der Befreiung von anderen Abgaben einherging. Dabei handelte es sich vor allem um Dienste wie die Bewachung von Bergpässen oder Arbeit in Salinen oder Minen. Das osmanische System zielte also darauf, die Bauern möglichst weitgehend dem Zugriff vermittelnder Instanzen zu entziehen.

Trotzdem dürfte aus dem Gesagten deutlich werden, dass für den bäuerlichen Betrieb Wachstum nicht im Vordergrund stehen konnte. Die Arbeitskraft des Paars Ochsen begrenzte die Fläche, die ein Bauer bewirtschaften konnte, und arbeitsintensive Früchte anzubauen war wegen des Steuerdrucks nicht interessant. Der Übergang von der Subsistenzwirtschaft zur kommerziellen Landwirtschaft war im *çift-hâne*-System nicht zu bewältigen. Dies mag mit einer der Gründe dafür gewesen sein, warum die osmanische Landwirtschaft auch in Gegenden, wo andere Produkte gut gediehen, vorwiegend auf Weizen und Gerste beruhte. Den arbeitsintensiven Reisanbau, den es auf dem Balkan und in Anatolien gab, organisierte der Staat vorwiegend durch Pächter, die Landarbeiter beschäftigten, die am Ertrag beteiligt wurden.

Kein Kapitel über die Landbevölkerung sollte geschrieben werden, ohne die Menschen zu erwähnen, die an den Rändern der osmanischen Gesellschaft lebten. Es handelt sich um diejenigen, die weder als sesshafte Bauern noch als Teil einer stabilen Stammesgemeinschaft lebten. Zu diesen Menschen gehörten nicht nur Roma, die eine eigene Rechtsstellung besaßen und zwischenzeitlich sogar als Gruppe zum Militärdienst herangezogen wurden. In nicht industrialisierten Gesellschaften bietet das Land eher als die Stadt jenen Menschen Möglichkeiten zu überleben, die über wenig Eigentum und keinen gesicherten Status verfügen. Über diesen Teil der osmanischen Gesellschaft ist wenig bekannt, weil er in Steuerakten und Verwaltungsvorgängen kaum eine Rolle spielt. Wenn überhaupt, dann begegnet er in Berichten über bettelnde Derwische, als Freiwillige im Heer, ab und an als Tagelöhner. Auch der Blick auf die Existenz dieser Bevölkerungsgruppen, die in frühmodernen Gesellschaften oft sehr zahlreich waren, verhindert, das osmanische Landleben idyllischer darzustellen, als es vermutlich war.

Handwerker und Händler

Lange hat die Forschung von der »orientalischen« Stadt gesprochen, einem auf Max Weber zurückgehenden Begriff. Weber stellte einen Gegensatz zwischen der Stadt des Okzidents und der des Orients fest, der darauf beruhe, dass sich nur im Abendlande städtische Autonomie, städtische Gebietskörperschaft und Stadtbürgertum herausbildeten. Im Orient habe es so etwas höchstens in Ansätzen gegeben, und deswegen könne man eigentlich außerhalb Europas gar nicht von wirklichen Städten sprechen. Damit war die nahöstliche Stadt als eine mangelhafte soziale Form definiert.

Orientalisten, Architekturhistoriker und Stadtgeographen haben in der Folge die Weber'sche Typologie ausgebaut. Dabei stand im Vordergrund, dass islamische Städte öffentlichen Raum und Stadtöffentlichkeit nur in geringem Ausmaß kannten. Die Konstruktion von Häusern zielte vor allem auf Schutz vor Einblick von außen, die Organisation der Stadtviertel (*mahalle*) schuf einen Raum, der mit der Gesamtstadt kaum etwas zu tun hatte, und selbst die Gotteshäuser richteten sich nur an einzelne Gruppen. Öffentlichkeit sei damit im Wesentlichen auf den Basar beschränkt gewesen, die Stadt von außen, den zentralstaatlich ernannten Kadi, einen Gouverneur und seine Garnison, verwaltet worden.

In den letzten Jahren ist dieses Bild immer stärker kritisiert worden. Heutige Historiker osmanischer Städte kommen weitgehend ohne Erklärungsmuster aus, die auf lange orientalische Traditionen oder durch den Islam geformte, tief verwurzelte Mentalitäten rekurrieren, um dann festzustellen, dass osmanische Städte eigentlich gar keine Städte gewesen sind. Allerdings hat es sich als schwierig herausgestellt, einen anders definierten spezifischen Typus der osmanischen Stadt zu entwickeln. Die Vielfalt in dem großen Reich erschwert einmal mehr die Entwicklung geschlossener Konzepte.

Einige Strukturen lassen sich aber doch feststellen. In heutiger Sicht stellt sich die osmanische Stadt am ehesten als ein komplexes Geflecht räumlicher und sozialer Beziehungen dar, nicht als ein Behältnis voneinander getrennter sozialer Gruppen. Für den Einzelnen bedeutete das, in eine mehr oder weniger große Zahl von »Netzwerken« eingebunden zu sein, die die Rahmenbedingungen seines Lebens bestimmten: Familie, Stadtviertel, Gemeinde, Derwischorden, Handwerkergilde, schließlich Verbindungen, die über den eigenen Stadtbereich hinausführten und zum Beispiel durch Handelsbeziehungen oder eine Pilgerfahrt hergestellt worden waren. Nicht jeder war in jede Sorte von Netzwerk integriert, aber in der osmanischen Stadt dürfte es unmöglich gewesen sein, außerhalb solcher Bindungen zu leben.

Fikret Yılmaz' neuere Forschungen zur *mahalle,* die er am Beispiel der Kleinstadt Edremit in Westanatolien durchführte, haben gezeigt, dass das Stadtviertel nicht nur dem Schutz einer nachbarschaftlichen Privatsphäre diente, innerhalb derer sich besonders Frauen relativ frei bewegen konnten. Zugleich fungierten die Stadtviertel als Institutionen der gegenseitigen Überwachung und der Durchsetzung sozialer Normen – und das stand sicherlich mit dem

Prinzip der gegenseitigen Haftung im Zusammenhang. Die Bewohner einer *mahalle* konnten unter gewissen Umständen kollektiv für Vergehen haftbar gemacht werden, die einer von ihnen begangen hatte. Darüber hinaus entrichteten sie gewisse Abgaben gemeinsam: Es ist belegt, dass Personen, die sich solchen moralischen, sexuellen oder finanziellen Normen nicht unterwarfen oder unterwerfen konnten, aus der *mahalle* vertrieben wurden.

Die Rolle, die der Staat dabei spielte, sollte weder überschätzt noch übersehen werden. Einerseits sicherte es den Bestand und den Einfluss der Stadtviertel, dass der Staat Forderungen stellen und im Zweifelsfall auch durchsetzen konnte. Andererseits verzichtete er auf direkte Überwachung und Intervention. Außerdem war es durchaus nahe liegend, das Leben in kleinen sozialen Gruppen zu organisieren, und ein Stadtviertel beherbergte im Allgemeinen etwa ein, höchstens einige Dutzend Haushalte. Gerade in multikonfessionellen, auch sozial disparaten Städten bot die *mahalle* schließlich Raum für Lebensformen einer bestimmten Gruppe – auch wenn es daneben sehr heterogen zusammengesetzte Viertel gab.

Ähnliche Gleichgewichte und Konfliktlagen lassen sich in anderen Netzwerken beobachten. Das Handwerk war etwa in den schon kurz erwähnten Zünften organisiert, die Regeln für das Arbeitsleben, Qualitätskontrollen und Verkaufspreise festlegten. Für die Zunftmitglieder und ihre Familienangehörigen bedeutete das Zunftleben Schutz und Begrenzung. Die Vertreter der Zunft achteten darauf, dass ihr Monopol in der Stadt gewahrt blieb und keine Konkurrenz unter ihren Mitgliedern entstand. Wieder war der staatliche Einfluss ein eher indirekter. Beispiel Preiskontrolle: Für wichtige Waren und auch Dienstleistungen wurden in den einzelnen Kadiamtsbezirken Preise festgesetzt. Bei der Festsetzung dieses Höchstpreises, des so genannten *narh*, wirkten die betroffenen Zünfte allerdings mit. Insofern handelt es sich um einen regulierten und stabilisierten Marktpreis, der darauf abzielte, Wettbewerb und Versorgungsmängel zu verhindern. Dass die Interessen der Produzenten dabei berücksichtigt wurden, sieht man auch daran, dass bei staatlichen Einkäufen in der Regel deutlich niedrigere Preise gezahlt wurden.

Die Osmanen kannten keinen Statusunterschied zwischen Handwerkern und Händlern – die meisten Handwerker verkauften ihre Produkte selbst. Konsequenterweise waren auch ansässige Händler in Zünften organisiert. Das Leben eines Händlers unterschied sich dennoch oft ganz deutlich von dem eines Handwerkers (soweit bekannt ist, gab es nichts, was der frühmodernen Wanderschaft mitteleuropäischer Handwerksgesellen entsprochen hätte): Händler waren, jedenfalls zeitweilig, Reisende. Zu dem Basarviertel einer osmanischen Stadt gehörten neben Ladengassen und der Bauform des »geschlossenen Basars« (*bedesten*) vor allem für Geschäfte mit diebstahlsgefährdeten Waren der *han,* der meist mit »Karawanserei« übersetzt wird. Es handelte sich bei diesen Gebäuden aber nicht nur um Aufenthaltsorte für kurzfristig durchreisende Händler. Oft verfügten Hane über Werkstätten, Depots und einen geräumigen Innenhof. Sie wurden quasi zur Schleuse zwischen der Stadt und der Außenwelt, in der Waren und Nachrichten getauscht wurden. Auswärtige lebten hier oft längere Zeit, und auch ortsansässige Handwerker benutzten Teile dieser Gebäude als Produktionsstätten.

Hane waren im Wesentlichen eine männliche Welt. Soweit bekannt, waren auch die meisten Zuwanderer in die Stadt junge Männer, die meist über körperlich harte Tätigkeiten wie die des Lastträgers oder Ruderers versuchten, in der Stadt Fuß zu fassen. Diese Männer waren in den größten Städten des Reiches recht zahlreich und lebten dort außerhalb des sozialen Zusammenhangs der *mahalle* in Unterkünften, die ebenfalls meist in der Nähe des Marktes bei diesen Hanen zu finden waren.

Religiöse Gruppen

Die religiöse Zugehörigkeit war für jeden Bewohner des osmanischen Reiches eine wichtige Komponente seines Lebens. Die Einteilung in Muslime, Christen und Juden, wie sie etwa die Tabelle zur Zahl der Steuerhaushalte vornimmt (s. S. 121), spiegelt dabei die Lebensrealität kaum angemessen wider. Das gilt auch für die Muslime, bei denen der Bezug auf eine gesamtislamische Glaubensgemeinschaft, die *umma*, lebendig war. Dieser Bezug fiel mit dem auf das Osmanische Reich zusammen, denn der außerosmanische Islam wurde entweder als häretisch denunziert, wie vor allem die Schia im Iran, oder spielte in der Vorstellungswelt und im Alltagsleben kaum eine Rolle – das gilt sogar für das Indien des Mogulreiches. Diese Koinzidenz steht im Zusammenhang mit den Tendenzen im frühmodernen Osmanischen Reich, den Islam als eine staatlich reglementierte Religion neu zu fassen.

Das tatsächliche religiöse Leben gerade des zu keiner Elite gehörenden muslimischen Untertans war trotzdem weit mehr von kleinräumigen und partikularen Gemeinschaften geprägt. Der osmanische Islam war weitgehend einer der Derwischorden. Wenigstens von Städtern, daneben aber auch von zahlreichen Landbewohnern kann man annehmen, dass sie sich zu einem solchen Orden zugehörig fühlten und eine gewisse Initiation erhalten hatten. Auch weibliche Ordensmitglieder sind reichlich belegt. Der Derwischkonvent, die *tekye* oder *zâvîye,* in der der Scheich mit seiner Familie und vielleicht einigen Jüngern wohnte, bildete einen wesentlichen Bezugspunkt auch für alle die Anhänger des Ordens, die nicht dort lebten. Konvente bedeutender Scheichs wuchsen oft zu beeindruckenden Baukomplexen an, die auch soziale Funktionen übernahmen.

Derwischorden (s. schon S. 61) boten dabei eine unglaubliche Vielfalt an Lehren, gottesdienstlichen Praktiken und Formen sozialen Zusammenlebens. Dieser Reichtum kann hier nur ausschnittsweise angedeutet werden. Die *Mevlevîye,* der im 13. Jahrhundert entstandene und auf Mevlânâ Celâl ad-Dîn-i Rûmî zurückgehende Orden der berühmten »Tanzenden Derwische«, entwickelte sich in osmanischer Zeit zu einer elitären Gemeinschaft, in der Musik und persische Dichtung Teil der Religionsausübung waren. Am anderen Ende der sozialen Leiter standen die *Kalender* genannten Betteldeiwische, die den Weg zu Gott unter Verzicht auf Besitz, Respektabilität und gelehrten Diskurs suchten. Die erfolgreichsten osmanischen Orden waren allerdings die sich in zahlreiche Untergruppen verästelnden Orden der *Nakşbendîye* und der *Halvetîye.* Beide waren sunnitisch in ihrer Ausrichtung und erlaubten ihren Jüngern, ein Erwerbs- und Familienleben zu führen. Charakteristisch für ihre Anpassungsfähigkeit ist auch, dass sie sich jeweils der einheimischen Umgangssprache bedienten und außerhalb des Osmanischen Reiches ebenfalls aktiv waren.

Die Frage, inwiefern welcher Orden noch als sunnitisch und rechtgläubig betrachtet werden konnte, hat osmanische Theologen und westliche Orientalisten intensiv beschäftigt. Gottesdienstliche Musik, wie sie auch die *Halvetî* kannten, oder pantheistische Spekulationen in Nachfolge des mittelalterlichen Mystikers Ibn al-Arabî etwa waren immer umstritten. In der Praxis wurden auch heterodoxe Praktiken geduldet, solange sie fernab der Öffentlichkeit ausgeübt wurden. Die *Kızılbaş* des 16. Jahrhunderts überlebten so in abgelegenen ländlichen Gebieten in Gemeinschaften, die seit dem 20. Jahrhundert »Aleviten« genannt werden. Die synkretistischen Drusen des libanesischen Gebirges oder die kurdischsprachigen Yezîdî (»Jesiden«) profitierten von der gleichen, auf räumlicher Distanz beruhenden Toleranz.

Unverzeihlich war es eher, wenn Mitglieder der Eliten sich ketzerisch betätigten. Eine Ausnahme waren die

Janitscharen, die zweifellos zu der Elite des Reiches gehörten und sich dennoch zur offen heterodoxen Bruderschaft der *Bektaşîye* bekannten. Die *Bektaşî*-Derwische sind ein gutes Beispiel dafür, dass nach dem Ende der blutigen *Kızılbaş*-Verfolgung im Allgemeinen versucht wurde, auch religiöse Strömungen zu integrieren, die nicht als orthodox gelten konnten. Eine Ausnahme waren allerdings die vor allem in Bosnien aktiven *Melâmîye*-Derwische, deren Führer nicht nur pantheistische Überzeugungen vertraten, sondern messianische Züge trugen. Einer von ihnen, Hamza Bâlî, wurde 1561 oder 1572/1573 nach İstanbul verbracht, dort aufgrund eines *fetvâ* Ebû 's-Suûd Efendis verurteilt und hingerichtet. Anhänger in Bosnien wurden noch während der nächsten Jahrzehnte verfolgt und zum Teil exekutiert.

Bei dem Prozess gegen Hamza Bâlî scheint Nûreddînzâde Muslih üd-Dîn, ein Scheich der *Halvetîye*, eine wichtige Rolle gespielt zu haben. Gerade auf dem Balkan wurde diese Gruppe ausgesprochen gefördert. Schaut man sich, wie die *Halvetîye*-Expertin Nathalie Clayer das tut, die Viten und Schriften balkanischer Mystiker genauer an, ist allerdings auch zu beobachten, dass es Wege gab, beides zu vereinbaren und sowohl *Melâmî*-Derwisch als auch osmanischer *âlim* zu sein. Die Trennlinie zwischen sunnitischer Orthodoxie und pantheistischer Häresie ist nicht immer klar zu ziehen.

Es war schon die Rede von der steuerlichen Benachteiligung der Christen und Juden. Auch sonst waren sie in rechtlicher Hinsicht Muslimen gegenüber diskriminiert. Solche Diskriminierung fand auch in Kleidervorschriften, Bauauflagen oder dem Verbot, neue Gotteshäuser zu errichten, ihren Ausdruck. Dennoch war die Rolle von Christen und Juden im osmanischen Staat eine der bemerkenswertesten Besonderheiten des Reiches. Sie kontrastiert nicht nur mit der konfessionell gebundenen Politik der zeitgenössischen europäischen Staaten, sondern auch mit der anderer islamischer Reiche, die Christen und Juden im Prinzip, wie die Osmanen das taten, den diskriminierten Status eines »Schutzbefohlenen« (*zimmî*) zugestanden. Denn gleich nach der Eroberung İstanbuls 1453 setzte Mehmed II. einen griechischen Patriarchen, fünf Jahre später einen armenischen ein. Damit integrierte er die beiden bevölkerungsreichsten Kirchen des Reiches in sein Verwaltungssystem, sie wurden Teil des Staatsapparates. 1556 wurde das serbisch-orthodoxe Patriarchat mit Sitz in İpek (Peja im Kosovo) wiedergegründet. Der erste Patriarch, Makarije Sokolović, war übrigens ein Verwandter des Großwesirs Sokollu Mehmed Pascha (1505–1579), der durch die Zwangsrekrutierung der Knabenlese (s. S. 158) an den osmanischen Hof gekommen war. Andere christliche Gruppen, etwa die südostanatolischen Nestorianer, die monophysitischen ägyptischen Kopten und syrischen Jakobiten oder die mit der katholischen Kirche unierten Maroniten des Libanon wurden nicht ganz so fest eingebunden. Das galt auch bis in das 19. Jahrhundert für die Juden. Dennoch erhielten alle diese Gemeinschaften im Rahmen der Arbeitsteilung, die der Staat vorsah, Aufgaben, die auf eine Teilhabe an der Macht hinausliefen. Nichtmuslime waren im Osmanischen Reich kein Randphänomen.

Eliten

Lokale und kommunale Eliten

Die osmanische Dynastie bemühte sich systematisch darum, keine erbliche Aristokratie entstehen zu lassen, deren Angehörige ihr zur Konkurrenz hätten werden können. Auf lokaler Ebene allerdings kam es nicht so sehr darauf an. Deswegen konnte sich in den Städten und Städtchen oft eine soziale Führungsschicht halten oder bilden, die ihren Einfluss von Generation zu Generation behielt. Einen ausgesprochenen Rechtsanspruch auf den Status eines *askerî* hatten allerdings nur die Nachkommen des Propheten, die den Titel *seyyid* oder *şerîf* trugen. Diese Familien bildeten oft einen wesentlichen Teil der lokalen Rechtsgelehrten, die in den Provinzen über die Kontrolle Frommer Stiftungen Zugang zu Ämtern an Moscheen und Medresen hatten. Und wenn ein Kadi aus İstanbul für eine kurze Amtszeit in eine Stadt entsandt wurde, die er nicht kannte (und deren Einwohner unter Umständen Sprachen gebrauchten, die er nicht verstand), dann war er auf die Kooperation von Hilfsrichtern (*nâib*) angewiesen, die wieder aus solchen lokalen Gelehrtendynastien stammten. In ähnlicher Weise ging auch das Amt eines Derwischscheichs an einem Konvent oft vom Vater auf den Sohn über. Anzunehmen ist auch, dass ähnliche Muster zu Klerikerfamilien bei den Orthodoxen und Armeniern geführt haben (zumindest der niedere Klerus ist bei diesen Gemeinschaften nicht zum Zölibat verpflichtet).

Die Rechtsgelehrten

Unter der Herrschaft Süleymâns wurde vollendet, was (s. S. 88) schon begonnen hatte: die zentrale Regulierung der *ulemâ*-Laufbahnen in einer Weise, dass der Stand der Rechtsgelehrten ein ausführendes Organ staatlicher Praxis, nicht mehr ein Gegengewicht zu militärischer Machtausübung war.

Durch Gründung von Medresen im Rahmen sultanischer Stiftungen (s. S. 123 und 170), die zu absolvieren Bedingung einer erfolgreichen Karriere als *âlim* wurde, mehr aber noch durch das staatlich zentralisierte Prüfungs- und Ernennungssystem sicherte sich das Osmanische Reich, dass zumindest seine mittel- und höherrangigen Kadis sich absolut loyal verhielten. Noch der unbedeutendste Posten eines Kadis oder *müderris* in der Provinz wurde in einem Verfahren besetzt, das eine Überprüfung durch die hochrangigsten *ulemâ* in İstanbul und eine Ernennung durch den Sultan umfasste. Damit war die *ilmîye* zu einer Klasse von Staatsbediensteten geworden. Die Folge: Über Jahrhunderte hinweg hat diese am besten ausgebildete Schicht des Reiches zwar viele ausgezeichnete Rechts- und Gottesgelehrte, aber kaum wichtige oppositionelle Figuren hervorgebracht – ein geradezu unglaublicher Erfolg imperialer Politik.

Dieser Erfolg war allerdings nicht nur eine Sache der Organisation. Das Recht des Islams ist ja keine kodifizierte Sammlung von Gesetzen. Es entsteht vielmehr im gelehrten Diskurs der Fachleute, die es in Kommentierung und Kritik autoritativer Texte und unter ständigem Rekurs auf den Koran und die prophetischen Überlieferungen weiterentwickeln. Wie ein Kadi sich konkret zwischen verschiedenen Rechtsauffassungen entschied, war prinzipiell ihm selbst überlassen. In Zweifelsfällen konnten allerdings er selbst oder eine der Prozessparteien ein Rechtsgutachten einholen. Ein solches *fetvâ* besteht aus einer juristischen (oder auch theologischen) Frage und der Antwort, die ein *muftî* darauf gibt. Im hanafitischen Islam ist ein solches Gutachten immer anonymisiert, d. h., dass der mit einem solchen Gutachten konfrontierte Kadi noch überprüfen muss, ob die in der Frage skizzierte Situation tatsächlich dem ihm vorliegenden Streitfall entspricht.

Muftî zu sein, war in der islamischen Tradition nur selten ein institutionalisiertes Amt gewesen. Die osmanische Entwicklung, die unter Süleymân eine Klimax erreichte, führte zu etwas ganz anderem. Der *muftî* von İstanbul wurde zu einem hochbezahlten Staatsamt, dessen Inhaber den Titel Scheichülislam trug. Unter Süleymân bekleideten zwei der wichtigsten Gelehrten dieser Zeit dieses Amt. Erst Kemâlpaşazâde (1526–1534), nach ihm Ebû 's-Suûd

Mehmed (1545–1574). Gutachten eines Scheichülislam wurden zu bindenden Rechtsvorschriften. Vor allem Ebu 's-Suûds Tätigkeit als Gutachter und Verfasser von Vorschriften zu ganz verschiedenen Themen sollte das Reich bis zu seinem Ende prägen. Dass Süleymân im Türkischen *Kânûnî* (der »Gesetzgeber«) genannt wird, hat er den Arbeiten Ebû 's-Suûds und des Bürokraten Koca Nişâncı Celâlzâde Mustafâ (im Amt als nişâncı 1534–1557, 1566–1567) zu verdanken.

Dabei hatten beide Männer ähnliche Aufgaben: Koca Nişâncı war für die Steuervorschriften zuständig und bemühte sich, die regionalen Gegebenheiten und vorosmanischen Traditionen der einzelnen Provinzen in einen gesamtosmanischen Rahmen zu überführen, ohne freilich eine völlige Vereinheitlichung anzustreben. Ebû 's-Suûd musste das islamische Recht den Bedingungen des frühmodernen Reiches anpassen. Wie pragmatisch er dabei vorging, zeigt das Beispiel des Zinsverbotes. 1546 brach ein heftiger Streit darüber aus, ob es erlaubt sei, dass Fromme Stiftungen gegen Zins Kredite vergaben, wo doch der Koran genau das verbiete. Ebu 's-Suûds *fetvâ* legitimierte die Praxis: Das sei zulässig, weil durch die Stiftungen auf diese Weise viel Gutes getan würde, das sonst nicht geschehen könne.

Der Haushalt des Sultans und das Personal des Zentralstaats

Angehörige der Elite, die nicht zu den *ulemâ* gehörten, hatten in der Regel nicht nur den Status eines *askerî*, sondern auch den eines *kul*. Ein *kul* war einerseits der Sklave des Sultans und Angehöriger seines Haushaltes, ganz ähnlich wie ein Mamluke anderer islamischer Staaten. Nach islamischem Recht jedoch wurde er als ein freier Mann betrachtet, mit der einen, allerdings sehr wichtigen Ausnahme, dass ein *kul* dem Sultan gegenüber formal keine Rechte beanspruchen konnte. Deswegen hat es, soweit wir wissen, in der osmanischen Geschichte niemals einen Prozess gegeben, in dem sich Herrscher und *kul* als Gegner gegenüberstanden. Der Sultan hatte sogar Rechte seinem *kul* gegenüber, die größer waren als die eines gewöhnlichen Sklavenhalters über seinen Sklaven: Der Sultan konnte seinen *kul* zum Beispiel straflos töten lassen – in Reminiszenz an Opferpraktiken aus Zentralasien wurden *kul,* weil sie dem Herrscher gehörten, hingerichtet, ohne Blut zu vergießen, also durch das Erdrosseln mit der berühmten »seidenen Schnur«.

Andererseits bedeutete es, zum sultanischen Haushalt zu gehören, wenn man *kul* war. Das galt nicht nur für die nach Schätzungen 5000 Personen, die zur Zeit Süleymâns im Topkapı-Palast lebten, sondern auch für die so genannten Pfortentruppen, also die Janitscharen, die Palastreiterei und die Artillerie des Zentralheeres. Süleymâns Regierung bemühte sich darüber hinaus intensiv darum, den Timarioten den Status eines *kul* zu verleihen. Zu einem immer größeren Teil wurden Janitscharen, die lange Jahre Dienst geleistet hatten, mit einer Pfründe belehnt. Damit verließen sie zwar das Korps, aber sie blieben weiter *kul.* Der Anteil der Pfründenreiter mit einem Ursprung in türkischen Stämmen oder sogar vorosmanischen Aristokratien wurde so immer geringer, auch wenn Söhne eines solchen *sipâhî* Anspruch auf eine eigene Pfründe hatten.

Schließlich hatten all jene *kul*-Status, die als Mitglied des sultanischen Haushalts zu höheren Würden kamen. So waren auch alle Großwesire des 16. Jahrhunderts *kul.* Diese obersten Ränge der *kul* wurden häufig mit einer Prinzessin aus der Dynastie verheiratet. Damit verdoppelte sich die Bindung an den Sultan; zu der des *kul* kam die des (untergeordneten) Verwandten.

Das ganze System hatte den Zweck, eine Klasse von zuverlässigen Staatsdienern zu schaffen, die nicht, wie etwa der europäische Adel, über eine vom Sultan unabhängige Machtbasis verfügten. Die Osmanen variierten damit das Modell der »Militärsklaven«, das in der römischen Kaiserzeit und in verschiedenen islamischen Mamlukenreichen so erfolgreich gewesen war. Es gab jedoch Besonderheiten: die *kul* teilten ihre Herkunft nicht mit dem Herrscher und konnten deshalb nicht legitim an seiner Auswahl mitwirken, und es gab (wie bei den Pfründenreitern) fließende Übergänge zu Nicht-*kul*.

Erfolgreich war das osmanische System insofern, als es nicht zur Bildung einer in Landbesitz verankerten, militärisch mächtigen Aristokratie im Reiche kam. Gemessen an seiner eigenen Norm, der totalen Verfügungsgewalt des Herrschers über seine *kul*, konnte es nur scheitern. Jeder einzelne *kul* mochte dem Sultan gegenüber ausgeliefert sein; und das galt bis zum Großwesir, wie sich 1536 zeigte, als der langjährige Vertraute Süleymâns, İbrâhîm Pascha, plötzlich ohne Prozess hingerichtet wurde. Insgesamt aber war der Sultan auf seine Diener angewiesen. Hinter der Rhetorik eines Verhältnisses zwischen Sklaven und Herrn, wie es für politische osmanische Texte üblich ist, steht deswegen oft ein implizites Verhandeln um Ansprüche und Gehorsam.

Die Stabilität des osmanischen Zentralstaates verdankt sich sicher auch der Geschicklichkeit, mit der die *askerî*-Elite in Gruppen aufgesplittert war, die zum Teil unterschiedliche Interessen hatten, aber alle vom Sultan abhängig waren. Das Gleichgewicht zwischen *ulemâ* und *kul*, die »Auslagerung« von Verwaltungskompetenzen in die Provinzen oder die Selbstverwaltung der Nicht-Muslime, aber auch Rivalitäten unter verschiedenen Gruppen der *kul* gehören hierhin. Die Kavallerie des Zentralheeres und die Janitscharen etwa waren sich geradezu legendär spinnefeind. Scharf wurde auf die Trennung der Karrierepfade geachtet: Wer Soldat war, hatte nichts in der Finanzverwaltung zu suchen, und die zentrale Bürokratie wurde von den Geschäften der *ulemâ* säuberlich getrennt. Der Wechsel von einem Zweig der Reichsverwaltung in einen anderen wurde sehr ungern gesehen. Dieser arbeitsteilige Aufbau des Staatsapparates passte andererseits gut in die auf Gruppentrennung basierende osmanische Sozialstruktur.

Das Osmanische Reich – Eine Kriegsmaschine?

In den Augen der Osmanen selbst und auch in denen zeitgenössischer europäischer Gegner und Beobachter war das Osmanische Reich zuerst und vor allem eine Angst einflößende militärische Maschinerie. Heutige Forschungen betonen dagegen, dass die Osmanen ihren Gegnern nicht so sehr deswegen überlegen waren, weil sie ein größeres Heer oder – je nach Gesichtspunkt – fanatischere bzw. tapferere Soldaten hatten. Die (durchaus sehr relative) Überlegenheit, so etwa der Historiker Rhoads Murphey, beruhte eher auf der osmanischen Fähigkeit, die begrenzten Resourcen frühmoderner Staaten verhältnismäßig effizient einzusetzen: Osmanische Truppen waren besser ernährt, besser mit Waffen versorgt und zufriedener als die meisten ihrer Gegner, weil ihr Sold regelmäßiger gezahlt wurde.

Die militärtechnisch wichtigste Veränderung des 16. Jahrhunderts war sicherlich die Verbreitung von Handfeuerwaffen. Musketen und Gewehre waren zwar den türkischen Bogen als Waffe nicht überlegen, aber sie waren billiger herzustellen und einfacher zu gebrauchen. Mit der Einführung der Muskete begann im osmanischen Heer der Aufstieg der Infanterie als der entscheidenden Waffengattung der frühen Neuzeit.

Militärische und administrative Laufbahnen in der Mitte des 17. Jahrhunderts

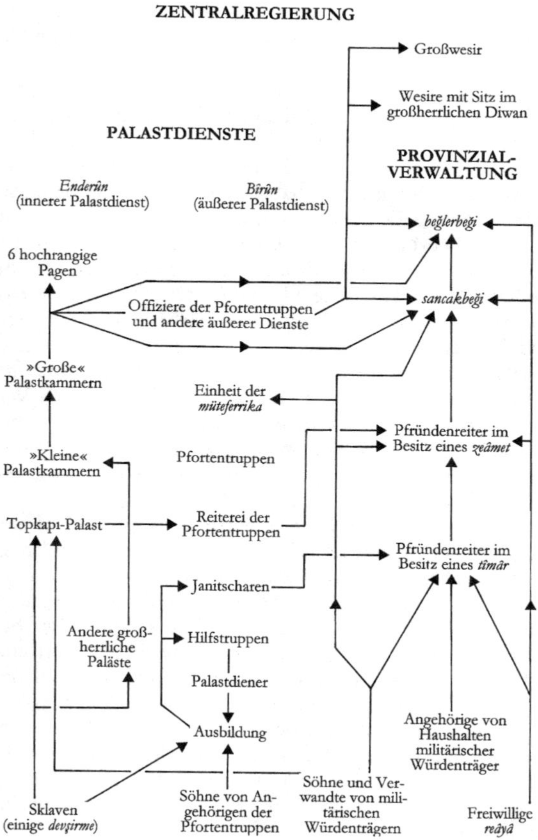

Im osmanischen Fall spielten deswegen seit der Mitte des 16. Jahrhunderts die Janitscharen die entscheidende Rolle auf dem Schlachtfeld. Aus diesem Grund wuchs diese Truppe an, und ihre Ausbildung, Disziplinierung und Bezahlung wurde zu einer vordringlichen Aufgabe des Staates. Noch im 15. Jahrhundert waren viele Janitscharen einfach gekaufte Sklaven oder zum Islam konvertierte Kriegsgefangene gewesen. Das 16. Jahrhundert aber war die Glanzzeit der schon vorher bekannten »Knabenlese« (*devşirme*). Sie hat in der Historiographie lange einen besonders schlechten Ruf gehabt, einerseits, weil es dem islamischen Recht keineswegs entspricht, halbwüchsige Söhne freier nichtmuslimischer Untertanen zu versklaven, um sie als Soldaten oder im Palast zu verwenden, andererseits, weil die nationalistische Geschichtsschreibung in vielen Balkanländern sie als Blutzoll beschrieben hat, der Dörfer und Landstriche entvölkerte. Das Letzte ist nachgewiesenermaßen falsch; die Zahl der Zwangsrekrutierten reichte dazu nicht aus. Und während es einerseits natürlich Versuche gab, Kinder vor dem Einzug in den sultanischen Dienst zu bewahren, bemühten sich andere, ihren Söhnen die einmalige Karrierechance, die in der Knabenlese lag, zu verschaffen.

Die ausgehobenen Jungen wurden muslimischen und turkophonen Bauern zur Erziehung übergeben und nach einigen Jahren der Akkulturation in das Ausbildungskorps der *acemî oğlanları* bzw. in die Palastschule aufgenommen. Erst nach Jahren der militärischen Hilfsarbeit als *acemî oğlanı* erfolgte die Aufnahme in das Janitscharenkorps. Damit war diese Einheit tatsächlich sozial und kulturell vom Rest der Gesellschaft abgehoben, was sich unter anderem in der schon angesprochenen Bindung an den synkretistischen Orden der *Bektaşîye* ausdrückte. Janitscharen hatten im Leben keinen anderen Halt als die Bindung an den Sultan und ihr Korps, den »Herd« der Janitscharen.

Staatlicherseits wurde versucht, diese soziale Isolation, etwa durch ein Heiratsverbot, zu verstärken. Schon zur Zeit Selîms I. ist allerdings in einer Gesetzeskodifikation ganz selbstverständlich von Eheschließungen mit Janitscharen die Rede. Den »Herd« der Janitscharen vom Rest der Gesellschaft zu trennen wurde noch schwieriger, als ihre militärische Bedeutung und ihre Zahl wuchs. Sie waren einfach zu einflussreich und zu viele geworden. Kaum verwunderlich, dass sie, eine große und selbstbewusste Bruderschaft, aus ihrer militärischen Macht politisch und wirtschaftlich Kapital zu schlagen versuchten.

Truppenstärken des stehenden osmanischen Heeres

	1527	1574	1597
Janitscharen	7886	13 599	35 000
acemî oğlanları	3553	1795	10 000
Pfortenreiterei	3288	5975	17 000
Artillerie	2162	2124	?

Nach: Rhoads Murphey, *Ottoman Warfare, 1500–1700*, London 1999, S. 45.

Zwei Gesichtspunkte machten es schwierig, dieses System aufrechtzuerhalten. Zum einen ging es um die Kosten. Das stehende Heer wurde in bar besoldet – und Bareinnahmen des Staates beschränkten sich im Wesentlichen auf Einkünfte aus fernen Provinzen, etwa Ägypten, Zöllen sowie Steuerpachten. Gegen Ende des Jahrhunderts, als das ohnehin langsame Wachstum der frühmodernen Wirtschaft offenbar zu einem Ende gekommen war, begann ein Verteilungskampf um die Zuteilung von steuerpflichtigem

Land: sollte es zur Steuerpacht versteigert oder wieder einem Pfründenreiter zugewiesen werden?

Das zweite Problem war, dass die Klasse der *kul* zwar die Ausbildung einer erblichen Aristokratie verhinderte, aber andererseits muslimischen Untertanen die Möglichkeit nahm, den Status eines *reâyâ* zu verlassen und ein steuerprivilegierter *askerî* zu werden. Die Ränge der *sipâhî* wurden vor allem mit *sipâhî*-Söhnen und mit Janitscharen aufgefüllt, für ehrgeizige türkische Freiwillige blieb da wenig Platz. Zugleich generierten die Janitscharen aber eine soziale Gruppe, die eigentlich gar nicht vorgesehen war: ihre eigenen Söhne, die *kuloğulları*. Seit der zweiten Hälfte des 16. Jahrhunderts waren sie eine der Hauptquellen der Janitscharenrekrutierung. In Algerien, Tunesien und Tripolitanien, Provinzen, die von İstanbul aus kaum direkt zu kontrollieren waren, entwickelten sich die Garnisonen erblicher Janitscharen zu einer eigenen lokalen Führungsklasse. Am Ende des 16. Jahrhunderts war somit ein Prozess zu einem Ende gekommen, in dem das Osmanische Reich seine alte militärische Schicht türkischer Reiterfamilien gegen die einer Bruderschaft von Janitscharen eingetauscht hatte, die ihren Status ebenfalls vererben konnten.

Die *sipâhî*, die mit einer Pfründe belehnten Reiter, waren also vom Aufstieg der frühmodernen Infanterie gleich doppelt negativ betroffen. Trotzdem nahm ihre Truppenstärke nicht ab: Die Zahl der *sipâhî* nahm sogar leicht zu, doch das Truppenpotential blieb mit etwa 100 000 Reitern gleich groß, weil die Größe der Pfründe sank und damit weniger Hilfstruppen gestellt wurden. Es versteht sich, dass diese Truppe niemals in voller Stärke ins Feld zog: immer waren große Teile mit Diensten in Grenzfestungen und mit der Aufrechterhaltung der inneren Sicherheit befasst.

Diejenigen Truppenteile, die während des 16. Jahrhunderts am deutlichsten an Gewicht einbüßten, waren die alten leichten Kampfeinheiten der Osmanen, zum Beispiel die *yaya* und die *akıncı*. Leichte Reiterei wurde seit Ende des 16. Jahrhunderts vor allem von den Chanen der Krimtataren als Hilfstruppen den Osmanen zur Verfügung gestellt.

Osmanisches Militär als Teil eines interkontinentalen Gleichgewichts

In den letzten Jahren der Herrschaft Süleymâns und während der Regierung seines Sohnes Selîm II. und seines Enkels Murâd III. war die rapide Expansion des Reiches zu einem Ende gekommen. Das heißt nicht, dass die Osmanen keine Erfolge gehabt hätten: 1570 eroberten sie Zypern und Tunis, 1577 unterwarfen sie Georgien, 1596 nahmen sie Erlau (Eğri) ein. Osmanische Truppen kämpften lange Kriege gegen die Safawiden (1578–1590) und die Habsburger (1593–1606). Die osmanische Flotte, die immer noch vorwiegend aus den mediterranen Galeeren und nicht aus hochseetüchtigen Galeonen bestand, operierte nicht nur in den osmanischen »Binnengewässern« des Schwarzen Meeres und des östlichen Mittelmeeres gegen Korsaren. Auch nach der Niederlage von Lepanto 1571 blieben die Osmanen eine Seemacht. Der Vergleich mit Spanien, dessen maritime Stellung sich von der Zerstörung der Armada 1588 vor England nie recht erholen sollte, ist erhellend: Die Osmanen hatten die natürlichen Ressourcen, die Truppen, die Schiffsbaukapazitäten und das Geld, den vollständigen Verlust einer Flotte auszugleichen. Ihre Stellung verdankte sich auch auf See nicht technischer Überlegenheit oder größerer Kampfbegeisterung, sondern der Fähigkeit, das Potential eines Imperiums effizienter einzusetzen, als das die meisten anderen zeitgenössischen Staaten taten.

Trotzdem ist gerade die Flottenpolitik der Osmanen ein

Beispiel dafür, dass trotz aller Rhetorik der Weltherrschaft seit der Mitte des 16. Jahrhunderts osmanische Staatspolitik auf vorsichtige Sicherung und noch vorsichtigeren Ausbau des Besitzstandes ausgerichtet war.

Die Osmanen betrieben im Persisch-Arabischen Golf und im Roten Meer Flottenpolitik und schickten 1569/1570 sogar eine Hilfsflotte nach Sumatra, die dort dem Sultan von Acen gegen die Portugiesen beistehen sollte. 1555 wurden Statthalter in Ostarabien und in Abessinien eingesetzt, und auch in Teilen des Jemen behaupteten sich die Osmanen. Die Geschichtsschreibung ist sich heute einig, dass diese aufwändigen und langfristig nicht besonders erfolgreichen militärischen Operationen ihrem Wesen nach defensiv waren und der Sicherung des Seiden-, Gewürz- und Kupferhandels gegen Safawiden, Portugiesen und später Holländer dienen sollten – ähnlich wie im Mittelmeer, das für die Versorgung der Hauptstadt natürlich besondere Bedeutung trug.

Dass das Osmanische Reich unter den technischen und infrastrukturellen Bedingungen seiner Zeit kaum weiter expandieren konnte, ohne seinen organisatorischen (und vermutlich in der Folge politischen) Zusammenhalt zu gefährden, zeigen Untersuchungen zur Kriegsführung des 17. Jahrhunderts, die sich auf die zweite Hälfte des 16. übertragen lassen. Das osmanische Heer konnte – wie alle frühmodernen Heere und Flotten des Raumes – aus klimatischen Gründen im Wesentlichen nur in den sechs Monaten zwischen Mai und Oktober operieren. Von Edirne nach Esztergom in Ungarn waren es aber bereits über 50 Marschtage; mit den notwendigen Rasttagen brauchte das Heer bis an die Grenze über drei Monate. Nach Bagdad waren es sogar 120 Marschtage, an der Ostfront konnte also kein Feldzug mehr innerhalb eines Jahres begonnen und beendet werden.

Deswegen suchten die Osmanen, auch über Tausende von Kilometern und tiefe weltanschauliche Gräben hinweg, nach Koalitionen und Partnern, die ihren Interessen entsprachen und ihre militärischen Operationen absicherten. So entstanden osmanisch-französische, osmanisch-usbekische und venezianisch-safawidische Bündnisse. Die Osmanen waren Großmacht in einer Welt, die weit über die Küsten des Mittelmeeres hinausreichte.

Gnade und Gerechtigkeit

Es gibt eine intensive wissenschaftliche Debatte darüber, ob der frühe osmanische Staat als eine Gesellschaft verstanden werden sollte, die auf den Idealen und der Praxis des islamischen Glaubenskampfes, des *gazâ,* beruhte. Sicher ist: Seit spätestens den Eroberungen Selîms I. beruhte die Legitimität des Staates vor allem auf der Person des Sultans, nicht mehr auf der Dynastie oder der die *gazâ*-Tradition ausmachenden Synthese aus türkischen Stammesbräuchen, Glaubenskampf und volksislamischer Mystik.

Veränderungen in der Rolle von Sultan und Hof

Die Rolle des Sultans war so wichtig, dass die Osmanen des 16. Jahrhunderts in ihrer politischen Literatur kein Wort für »Staat« kannten. In der Person des Herrschers vereinigten sich Züge römisch-byzantinischer imperialer Tradition, des islamischen Führers der Gemeinde und des türkischen Chans. Der für ihn am häufigsten verwendete Titel, *pâdişâh,* stammt aus dem Persischen, wie die osmanische Hofkultur überhaupt viele iranische und zentralasiatische Züge trug.

Um die osmanische Herrschaftsform wenigstens nach

ihrer Intention und ihrem Selbstbild zu beschreiben, hat sich die Verwendung des von Max Weber entwickelten Begriffs des »Patrimonialismus« als sinnvoll erwiesen: Der osmanische Sultan als nur durch Brauch und Tradition beschränkter Herrscher mit sonst absolutem Gehorsamsanspruch, die Rechte der Untertanen durch ihre Beziehung zu ihm definiert. Aus osmanischer Sicht war das ganze Land im Grunde eine sich in wachsenden Kreisen fortsetzende und abschwächende Form des großherrlichen Haushaltes. Je näher einer dem Sultan stand, etwa dadurch, dass er sein persönlicher Diener im Palast war, desto mehr Teilhabe an der Macht hatte er, desto ausgelieferter aber war er dem Herrscher auch.

Dabei hatte der osmanische Sultan die Aufgabe, für Gerechtigkeit zu sorgen – sein Anteil an der Aufrechterhaltung der Ordnung der Welt. Der Gegenbegriff zu Gerechtigkeit, *adâlet,* war *zulm,* die Unterdrückung oder Entrechtung. Situationen von *zulm* erschütterten die Legitimität des Sultans, und deswegen war die Sicherung von Gerechtigkeit mehr als nur Lippenbekenntnis.

Außerdem wirkte den Willkürtendenzen der osmanischen Ideologie entgegen, dass der osmanische Staat immer bürokratischer geordnet wurde. Die Finanzverwaltung und die Kanzlei des großherrlichen Diwans entwickelten komplexe und geregelte Verwaltungsabläufe, die viele *ad hoc*-Entscheidungen überflüssig und schwerer durchsetzbar machten. Diese Entwicklung hatte schon im 15. Jahrhundert eingesetzt; sie sollte recht ungebrochen bis in das 18. Jahrhundert weitergehen. Je mehr Tagesgeschäfte ohne direkte Beteiligung des Sultans erledigt wurden, desto entrückter und überhöhter wurde er dargestellt.

Zugleich wurden die persönlichen Eigenschaften des Sultans immer unwichtiger. In der Zeit nach Süleymân dem Prächtigen ermöglichte es gerade die Überhöhung des Sultans dem Staatsapparat, Sultane zu überstehen, die debil oder als kleine Kinder auf den Thron gekommen waren. Schon Süleymâns einziger überlebender Sohn und Nachfolger, Selîm II. (1566–1574), offenbar ein Alkoholiker, überließ die Staatsgeschäfte weitgehend dem Großwesir Sokollu Mehmed Pascha, der von 1565 bis 1579 ohne Unterbrechung dieses Amt innehatte. Von nun an sollte die »Hohe Pforte« (*bâb-i âlî*) für das administrative Alltagsgeschäft wichtiger werden als das »Haus der Glückseligkeit«, obwohl es immer wieder Sultane von großem politischem Gewicht gab. Die Überhöhung des Sultans hatte noch eine weitere Folge: Die Ermordung von Prinzen bei der Thronbesteigung eines Sultans wurde nach 1595 aufgegeben. Von nun an lebten osmanische Prinzen weitgehend isoliert im »Goldenen Käfig«, einem isolierten Teil des Palastes, bis sie entweder den Thron bestiegen oder eines natürlichen Todes starben.

Stiftungen und Wohlfahrt

Symbolisch noch wesentlicher als der Palast waren Stiftungen Ausdruck osmanischer Herrschaftsauffassung. Zugleich handelte es sich bei ihnen um ökonomische und politische Investitionen. Dabei sind neben den von Sultanen persönlich eingerichteten Stiftungen die ihrer Mütter, Söhne und Töchter sowie hoher Würdenträger zu betrachten, die sich zum Zwecke der Stiftung Einnahmen aus Steuerquellen übereignen ließen.

Damit ist ein anderer Aspekt staatlicher Stiftungstätigkeit angesprochen: Mit Stiftungen wurden Arbeitsplätze geschaffen und Einnahmen zugewiesen; und so konnten Stadtviertel, ja ausnahmsweise ganze Städte gegründet werden. Der frühmoderne osmanische Staat entwickelte selbstverständlich nie ein flächendeckendes Bildungs- und Sozialsystem. Aber durch Stiftungen der Dynastie und der

Würdenträger wurden an zahlreichen Orten von Wichtigkeit entsprechende Einrichtungen geschaffen. Da staatliche Stiftungen seit dem 16. Jahrhundert zugleich nur noch solche Einrichtungen unterstützten, deren Träger und Ziele mit den Bestimmungen des hanefitischen Rechts in Übereinstimmung standen, trugen sie erheblich zu dem sunnitischen Charakter osmanischer Herrschaft bei.

Zugleich entwickelte der Staat Kontrollmechanismen, die auch Stiftungen unter Aufsicht stellten, mit denen weder Dynastie noch politische Spitze etwas zu tun hatten. Parallel zur Verwandlung der *ulemâ* in Staatsangestellte begann man mit der Erfassung und Überprüfung der privaten und vorosmanischen Stiftungen, die auf diese Weise Teil des osmanischen Staatsapparates wurden. Andererseits wurde die Erhaltung von Stiftungen zu einem Anliegen, das beim großherrlichen Diwan jederzeit einklagbar wurde.

Rechtsprechung, Diwane, Inspektionen

Dieser großherrliche Diwan (*dîvân-ı hümâyûn*) war primär nicht ein politisches Beratungs- und Entscheidungsorgan, wie man lange gerne geglaubt hat, sondern fungierte als eine ständige Kommission zur Lösung von Rechtsfragen aller Art, also sowohl solchen, die in den Bereich des islamischen Heiligen Rechts fielen, wie solchen, die den des sultanischen *kânûn* angingen. Damit bildete sich im Osmanischen Reich heraus, was eigentlich im islamischen Recht nicht vorgesehen ist: ein Berufungs- und Kassationsgericht.

Die politischen Funktionen des Diwans, etwa bei dem Empfang von Gesandten, sind in demselben Zusammenhange zu verstehen. Der Gesandte wurde einfach als ein Bittsteller betrachtet, der sich an den Sultan wandte – ein Recht, das auch jeder osmanische Untertan hatte.

Der großherrliche Diwan ging sogar noch weiter. Wenn sich Klagen über die Verwaltung und Rechtsprechung in einer Gegend zu häufen begannen, entsandte er Kommissionen, die dort die Missstände beseitigen sollten und die Amtsführung der Militärverwaltung, aber auch der *ulemâ* überprüften. Diesen Kommissionen gehörte neben Militärangehörigen auch immer ein Kadi an, der die notwendigen Prozesse leitete. Ein anderes, vor allem seit dem Ende des 16. Jahrhunderts häufig angewandtes Mittel, Missstände in der Verwaltung und Rechtsprechung zu unterbinden, war, Runderlasse herauszugeben, in denen sie ausdrücklich untersagt wurden.

Auf diese Weise überwog die Aufgabe und Kompetenz des Sultans, für Gerechtigkeit zu sorgen, die Prärogative des Kadis, endgültige Entscheidungen zu treffen. Die gleiche Tendenz der Zentralisierung drückt sich ja in der Verwandlung der *ulemâ* in von İstanbul aus kontrollierte und in Gehaltsklassen eingeteilte Staatsdiener aus. Auch wenn im Prinzip die Priorität der Scheriat gewahrt blieb, unternahmen die Osmanen in der täglichen Rechts- und Verwaltungspraxis keinen Versuch, eine Trennung zwischen Bestimmungen zu machen, die auf das hanefitische *fikh* zurückgingen, und solchen, deren Quelle sultanische Intervention war. Dadurch, dass der Sultan islamisch legitimiert war und Kadis in beiden Feldern mitwirkten, wurden Scheriat und *kânûn* zu einer Einheit aus zwei zusammengehörigen Elementen. Die sich etablierende osmanische Rechtstradition entschied auch, welche Bestimmung im Falle eines Widerspruchs galt; und unbeschadet aller Prinzipien war das oft das *kânûn*.

Was war osmanische Kultur?

Nachhaltige Prägung hat der östliche Mittelmeerraum durch die osmanische Kultur erfahren. Der stark ausgeprägten sozialen Arbeitsteilung der osmanischen Gesellschaft entsprechend, hat es dabei niemals ein einheitliches, alle Schichten und Regionen des Reiches umfassendes Kulturleben gegeben. Mit der Integration verschiedenster sozialer Gruppen in den gesellschaftlichen Gesamtverband entstanden aber so zahlreiche Querverbindungen und Bezüge, dass von einer osmanischen Kultur gesprochen werden kann. Seit dem Aufkommen des Nationalismus wurde und wird häufig versucht, einzelne Strata dieser Kultur zu isolieren, um sie dann entweder für das jeweilige Staatsvolk in Anspruch zu nehmen oder dafür verantwortlich zu machen, dass dieses Volk sich unter der osmanischen Herrschaft nicht frei entfalten konnte. Solche Versuche werden der vielfältigen und widersprüchlichen, aber in ihrem gegenseitigen Bezug spezifisch osmanischen Kultur nicht gerecht.

Problematisch ist auch der Versuch, eine Zweiteilung zwischen Hochkultur und Volkskultur vorzunehmen, wobei die erste meist als elitär, schriftlich und auf Bildung beruhend, die zweite als jedermann zugänglich, mündlich und traditionell begriffen wird. Inzwischen besteht eigentlich Klarheit, dass es kaum Phänomene gibt, die sich unter einen dieser Begriffe wirklich fassen lassen.

Imperiale Kultur

Trotz dieser Feststellung bleibt es sinnvoll, eine Unterscheidung zwischen kulturellen Phänomen zu machen, die in direktem Zusammenhang mit osmanischer Staatlichkeit standen, und solchen, die das nicht taten. Dieses erste Stratum, das hier imperiale Kultur genannt werden soll, umfasste dabei nicht nur direkt in sultanischem Auftrag oder mit Geld aus dem Staatsschatz finanzierte Aktivitäten und Werke, sondern auch all solche, deren Urheber sich durch kulturelle Produktion als Mitglied der staatlichen Elite zeigen wollten – die also etwa durch ein kunstvolles Gedicht ihre Bindung an einen Würdenträger zum Ausdruck brachten und damit die Hoffnung auf eine Belohnung verbanden.

Bauten und imperialer Stil

Es ist schon auf die Rolle der Stiftungen in der Repräsentation und Verwirklichung osmanischer Herrschaft hingewiesen worden. Bauten waren dabei der am weitesten zugängliche, am direktesten beeindruckende Ausdruck staatlicher Macht und Benevolenz. Osmanische Baukunst des 16. Jahrhunderts fand dabei zu einem Stil, der bei aller Variation in den einzelnen Plänen und unterschiedlicher Umsetzung durch Baumeister in der Provinz spezifisch osmanisch war und deswegen heute gerne als »Reichsstil« bezeichnet wird. Die von einer bleigedeckten Zentralkuppel dominierte, innen helle Moschee mit vorgesetzter Arkade und schlankem Minarett (bei sultanischen Bauten mehreren Minaretten) etwa ist etwas typisch Osmanisches. Die Präsenz solcher Bauten an wichtigen Punkten ostmediterraner Städte ist als Symbol osmanischer Aneignung zu lesen. Der Rang des Stifters spiegelte sich in der Ausstattung der Stiftung: Ob etwa eine Moschee von einem Sultan oder einem Wesir gestiftet wurde, lässt sich schon an der Architektur ablesen. Bei aller Unterschiedlichkeit des individuellen Entwurfs und der Ausführung durch lokale Handwerker zeichnet solche osmanische Bauten ein gemeinsamer Stil aus.

Wo, wie zum Beispiel in Mekka und Jerusalem, schon aus Gründen der Pietät ein Übertrumpfen der bestehenden Bauten durch osmanische Stiftungen nicht in Frage kam, präsentierten sich die Osmanen auf andere Weise. In Mekka wurden im Namen Selîms II. neue Wasserleitungen erbaut (und später von Ahmed I., 1603–1617, der Großen Moschee ein siebtes Minarett angefügt), in Jerusalem ließ Süleymân der Prächtige eine Stadtmauer und Hürrem Sultan, seine Frau, in unmittelbarer Nähe des Felsendoms eine öffentliche Küche einrichten, von der täglich hunderte von Menschen Nahrung bezogen.

Eine entscheidende Rolle bei der Umsetzung von sultanischer, höfischer oder durch hohe Würdenträger finanzierter Stiftungsarchitektur spielte das Amt des obersten Hofarchitekten. Zentral ernannte Stadtarchitekten in der Provinz unterstützten diesen Amtsträger.

Der berühmteste dieser Architekten ist Mi'mâr Sinân (etwa 1497–1588), der – durch die *devşirme* in das Janitscharenkorps gekommen – dort einige Festungs- und Brückenbauprojekte verwirklicht hatte, bevor er 1538 Reichsarchitekt wurde. Die Liste seiner Werke umfasst neben Bauten, die er von der Planung bis zur Fertigstellung selbst überwachte, auch solche, die er nur entwarf, umbaute oder umbauen ließ.

Bauten Sinâns nach Typen

Bautentyp	Zahl Sinânscher Bauten	heute gut erhalten
Freitagsmoschee	107	64
Gebetshaus (*mescid*)	52	7
Mausoleum	45	32
Medrese	74	35
Dâr ül-kurrâ (»Haus der Koranlesung«)	8	4

Bautentyp	Zahl Sinânscher Bauten	heute gut erhalten
Schule	6	5
Derwischkonvent	6	2
Krankenhaus	3	3
Öffentliche Küche	22	7
Han, Karawanserei	31	11
Palast	38	2
Pavillon	5	1
Lagerhaus	8	2
Bad	56	13
Brücke	9	9
Aquädukt, Wasserbecken	7	7
Insgesamt	477	204

Nach: Aptullah Kuran, *Mimar Sinan*, Istanbul 1986, S. 22–23.

Ein Blick auf die Verteilung der Bauten Sinâns zeigt auch, welchen Städten besondere Bedeutung beigemessen wurde: İstanbul überragt bei weitem mit 336 Bauten, an zweiter Stelle steht Edirne mit 10. Es folgen Diyarbekir mit 8, Mekka mit 6, Bagdad und İzmit mit 5. Sinân hat aber auch unter anderem in Aleppo, Jerusalem, Sarajevo und Van gewirkt. Die Liste beweist, wie wichtig die Gestaltung İstanbuls für die imperiale Kultur auch im 16. Jahrhundert war. In zweiter Reihe sind Orte vertreten, die als Festungen oder Wegstationen neu entwickelt wurden (zu diesen Kategorien gehören außerdem die meisten der hier nicht aufgelisteten Orte mit einem oder zwei Bauten Sinâns), sowie urbane Zentren, denen ein osmanischer Stempel aufgedrückt wurde. Bemerkenswert ist aber darüber hinaus die Abwesenheit von so wichtigen Zentren wie Kairo oder Bursa.

Der Baukomplex der Süleymânîye-Moschee in İstanbul

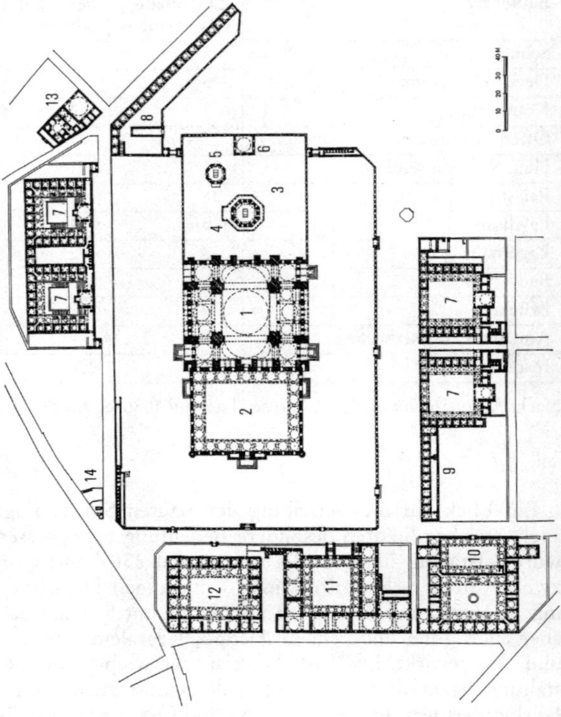

1 Moschee
2 Moscheehof
3 Friedhof
4 Mausoleum Süleymâns
5 Mausoleum Hürrem Sultâns
6 *muvakkithâne* (Raum des Astrologen)
7 vier Medresen
8 *dâr ül-hadîs* (Schule zum Studium der Überlieferungen des Propheten)
9 Medizinische Medrese
10 Medrese für Seelenkrankheiten
11 *imâret* (öffentliche Küche)
12 Karawanserai
13 Bad
14 Grab Mi'mâr Sinâns

Größte Bedeutung hatten Moscheekomplexe mit oft zahlreichen Nebenbauten (*küllîye*), die in sultanischem Auftrag errichtet wurden. Sinân war für drei von ihnen verantwortlich: in İstanbul für die Komplexe der Şehzâde- (1544–1552) und der Süleymânîye-Moscheen (1550–1557), in Edirne für den der Selîmîye (1572–1577), auch nach seinem eigenen Urteil sein Meisterwerk. Doğan Kuban sieht in der Selîmîye, deren Kuppel die der Hagia Sophia an Durchmesser übertraf, den Höhepunkt einer Synthese aus mediterranen und islamischen Bautraditionen, lehnt aber ab, osmanische Bauten dieser Zeit mit theologischen oder philosophischen Bedeutungen aufzuladen.

Dagegen liegen für zwei Großbauten Sinâns auch ikonologische Deutungen vor, neben der für den Großadmiral Kılıç Alî Pascha errichteten Moschee (1580–1581), einer Variation auf die Hagia Sophia, vor allem für die Süleymânîye. In dieser größten *küllîye* des Reiches ließ Süleyman seine Herrschaft verherrlichen. Gülrü Necipoğlu-Kafadar hat gezeigt, dass die Süleymânîye symbolisch das Paradies, gleichzeitig aber auch den salomonischen Tempel darstellte, zum dritten aber ausdrücklich die sunnitische Ausrichtung des Staates betonte. Durch den Bezug auf den Herrscher war damit der Islam für das Reich vollständig in Anspruch genommen. Zu dem Komplex der Moschee gehören unter anderem vier Medresen und ein dem Studium der Überlieferungen des Propheten gewidmetes *dâr ül-hadîs.* Diese Unterrichtsstätten bildeten von nun an den Gipfel der osmanischen *ulemâ*-Ausbildung. Sinân selbst ließ sich auf dem Gelände des Komplexes beisetzen.

Sinâns Stil wurde von seinen Mitarbeitern und Nachfolgern in reicher Variation fortgesetzt. Was diese Bauten verbindet, sind aber nicht nur architektonische Strukturen. Zum osmanischen Reichsstil gehörten dekorative Elemente auf Bauten, Kleidungsstücken, Bucheinbänden oder Metallgegenständen, die in verschiedenen Qualitätsstufen weite Verbreitung fanden. Neben einem reichen, aber erstaunlich geschlossenen Kanon von Ornamenten spielte die Kalligraphie dabei eine wichtige Rolle. In Grab-, Brunnen- und Bauinschriften auch jedem Passanten sichtbar, in Präsentationshandschriften nur dem Auge weniger, war Kalligraphie ein wesentliches verbindendes Element osmanischer Ästhetik. Ahmed Karahisârî (1469–1556) und Hasan Çelebi (gest. 1594) waren die wichtigsten Künstler der Zeit. Osmanische Kalligraphen setzten sich von der persischen Tradition dadurch ab, dass sie eine besondere Vorliebe für die gerundeteren Schriftstile *neshî* und *sülüs* hatten, die sie dem fließenden *ta'lîk* vorzogen. Auch die Kanzleischriften *dîvânî* und *siyâkat* wurden weiterentwickelt.

A Zweiter Hof
B Dritter Hof
C Haremsbereich
D Innerer Palastgarten

1 Mittleres Tor
2 Brunnen des Scharfrichters
3 Küchenhof und Küchen
4 Stallhof und Ställe
5 Moschee bei den Ställen
6 Kaserne der Betressten Hellebardiere
7 Verbindung von Harem und Zweitem Hof
8 Tagungsraum des Großherrlichen Diwan
9 Kanzlei des Großherrlichen Diwan
10 Archiv des Großherrlichen Diwan
11 Turm der Gerechtigkeit
12 Schatzhaus
13 Drittes Tor (Tor der Glückseligkeit)
14 Verbindung von Harem und Drittem Hof
15 Audienzhalle
16 Moschee
17 Bücherei Ahmeds III.
18 Bad (später Kammer der Mehter-Abteilung)
19, 20, 21, 22 sultanische Schatzkammern
23, 24, 25 Pagen
26 Audienhalle
27 Thronraum
28 Privatgarten des Sultans
29 Turm des Obersten Leibarztes
30 Beschneidungsraum
31 Eriwaner Lustschloss
32 Bagdader Lustschloss
33 Terrasse mit
34 Wasserbecken
35 Garten
36 Schlafraum Murâds III.
37 Großherrliche Halle
38 Hof der Sultansmutter
39 Hof der Konkubinen
40 Unterkunft der Schwarzen Eunuchen

Innerer Bereich des Topkapı-Palastes
Anfang des 18. Jahrhunderts

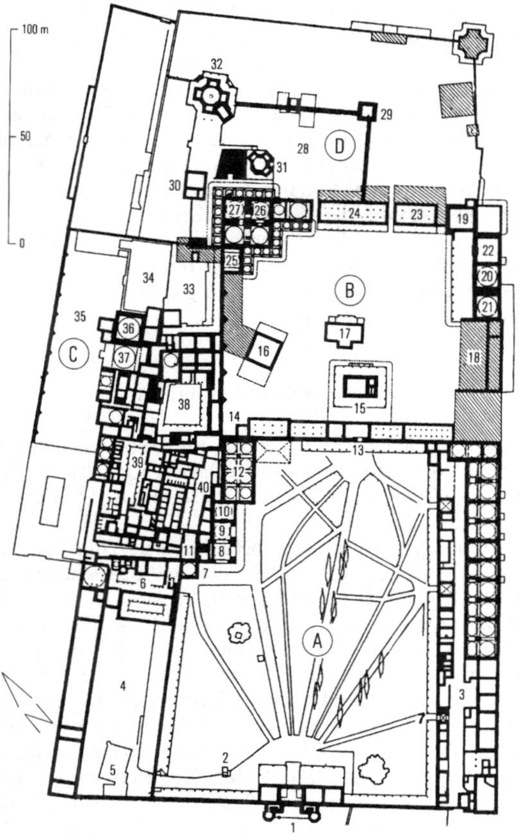

Von großer Bedeutung ist die osmanische Keramikkunst, deren Zentrum im 16. Jahrhundert vor allem İznik war. Keramik wurde in erster Linie als Bauschmuck und als Tischgeschirr verwendet. Zu den Kunden der Manufakturen in İznik gehörten neben dem Hof, Stiftungen und osmanischen Würdenträgern auch Europäer – so kam es zur Herstellung von osmanischen Keramiktellern mit europäischen Wappen. Andererseits stellte man in İznik auch Keramik her, die chinesisches Porzellan nachahmte. Heute noch beherbergt der Topkapı-Palast eine der reichsten Sammlungen chinesischen Porzellans auf der Welt. Die Keramik der Zeit ist weißgrundig und unter einer feinen Lasur in Blautönen bemalt, zu denen ab Mitte des Jahrhunderts erst Violett, dann Tomatenrot treten. An Bauten wurden Fayencen gerne zu großen Kachelverkleidungen zusammengestellt.

Zeremoniell und Hofkultur

Luxusgegenstände wie Fayencen aus İznik wurden vorwiegend vom Hofe verwendet. Dasselbe gilt für Waffen, Textilien, Kalligraphien und Handschriften, Pferde oder Zelte bester Qualität.

Forschungen Gülrü Necipoğlu-Kafadars zum Topkapı-Palast haben genau nachgezeichnet, wie dieses ursprünglich durchaus auch als militärische Anlage gedachte Verwaltungszentrum im Laufe des 15. und 16. Jahrhunderts immer mehr zum symbolischen Ausdruck osmanischer Macht wurde. Schon unter Mehmed II. hatte ein Prozess begonnen, in dem der Herrscher immer entzogener, unzugänglicher und überhöhter wurde. Süleymân der Prächtige war für über ein halbes Jahrhundert der letzte Sultan, der regelmäßig an Feldzügen teilnahm. Zugleich war er derjenige, der den großherrlichen Harem aus dem Alten in den Topkapı-Palast überführte, der so zum Gehäuse für den nur noch augenblicksweise auf dem Weg zum Freitagsgebet und an Feiertagen sichtbaren Sultan wurde. Der Literat und Bürokrat Mustafâ Âlî verglich den Sultan treffend mit der in der Muschel verborgenen Perle. Der Palast, das »Haus der Glückseligkeit« (*dâr üs-saâdet*), beeindruckte den Besucher nicht nur durch Ausbreitung und sichtbare Pracht, sondern auch durch die absolute Unzugänglichkeit gerade seiner prächtigsten und wichtigsten Teile, in denen der Sultan selbst lebte. Die Person des Sultans umgab Schweigen, das seine Würde erhöhte – inmitten der Geschäftigkeit eines Palastes, in dem bis zu 5000 Menschen lebten, ein wirkungsvoller Kontrast.

Prachtentfaltung hatte dabei spezifische symbolische und ideologische Funktionen. Der Austausch von Geschenken, das Bekleiden mit Ehrenkleidern oder das Widmen von Gedichten vergegenständlichten den Rang der Beteiligten und bekräftigten den Anspruch der Osmanen, legitime, gerechte und glückliche Herrschaft auszuüben. Beteiligung größerer Schichten wurde bei Festen erreicht, besonders bei Beschneidungsfesten von Prinzen, Hochzeiten von Prinzessinnen, der Rückkehr eines siegreichen Heeres oder religiösen Festen. Volksspeisungen, Festbeleuchtungen und Vorführungen sollten die sultanische Gnade abbilden, und Festumzüge der Gilden (die im Falle einiger Beschneidungsfeiern mit Vorführungen sich über Wochen hinzogen) spiegelten das Selbstverständnis des osmanischen Staates. Der Eifer, mit dem bis zum Ende des 16. Jahrhunderts dieses Selbstbild verbreitet wurde, ist sicher mit dafür verantwortlich, dass in der Rückschau die Zeit Süleymâns des Prächtigen als ein »Goldenes Zeitalter« der Wohlfahrt und der Stabilität erscheint.

Diese Orientierung hatte auch inhaltlich Auswirkungen auf die imperiale Kultur. Unter Süleymân wurde das Amt des *şehnâmegû* geschaffen, eines Dichterchronisten, der in Versen den Herrscher preisen sollte. Dies geschah zunächst auf Persisch, unter Süleymâns Nachfolgern auch auf Türkisch. Die Werke wurden dann in einer Prachtkopie dem Sultan vorgelegt, die in der Illustratorenwerkstatt des Palastes mit Miniaturen ausgestattet worden war. Die osmanischen Miniaturisten der Zeit, deren berühmtester Nakkâş Osmân war, entwickelten einen Stil, der sowohl der legendären Thematik persischer Heldenepen wie der überhöhenden Darstellung des Osmanischen Reiches angemessen war.

Osmanische Literaturen

Eine schematische Trennung zwischen einer auf den Hof zentrierten Diwan-, einer vermittelnden mystischen und einer populären Volksliteratur wird der osmanischen Praxis nicht gerecht, die eine sichere Zuordnung von Autoren oder Texten zu solchen Kategorien nicht erlaubt. Bis heute ist noch nie versucht worden, die osmanische Literaturgeschichte in ihrer ganzen Komplexität zu schreiben, wobei neben türkischen etwa auch arabische, persische, griechische, armenische, spaniolische, hebräische, kirmankurdische und serbische Texte zu berücksichtigen wären. Berührungen zwischen diesen Literaturen gibt es ebenso sehr wie solche zwischen Literaturen der verschiedenen Gesellschaftsschichten. Der Zusammenhang zwischen armenischer Lyrik und der *âşık*-Dichtung von Volkssängern türkischer und persischer Sprache etwa ist gut belegt.

Gemeinsam war all diesen Literaturen, dass der Buchdruck keine oder kaum eine Rolle spielte, obwohl schon 1493 die erste (hebräische) Druckerpresse in İstanbul aktiv war und bis zum Ende des 17. Jahrhunderts einige Hundert hebräische Titel in İstanbul und Saloniki erschienen. Vergleichbare Aktivitäten christlicher Konfessionen führten ebenfalls zu keiner Explosion publizistischer Aktivität, wie sie in Mittel- und Westeuropa die Entwicklung charakterisiert.

Eine weitere Gemeinsamkeit liegt im nicht-säkularen Charakter all dieser Literaturen, in denen auch nicht ausdrücklich religiöse Themen religiöse Konnotationen aufweisen – auch wenn die wachsende Bedeutung dieser nicht ausdrücklich religiösen Literatur deutlich ist. Parallel entwickelte sich die osmanische Kunstprosa (*sec'*) weiter, die gerade für neue Genres oft bevorzugt wurde. Nun wurden auch auf Türkisch Genres gepflegt wie das des biographischen (manchmal auch biobibliographischen) Lexikons (*tezkire*) mit Lebensbeschreibungen etwa von *ulemâ* oder Dichtern – im letzteren Fall dienen solche Werke auch als Florilegium. Seit Taşköprüzâde Ahmeds arabischem, aber bald auch ins Türkische übersetztem *aş-Şakâ'ik an-Nu'mâniyya* (wörtl. »Mohnanemonen«) von 1558 ist dabei der Horizont der Autoren fast durchwegs ein rein osmanischer.

Als weitere Genres, die im 16. Jahrhundert stark vertreten sind, müssen die Lexikographie und die politisch-moralische Literatur erwähnt werden. Wörterbücher waren für jeden literaten Türken unabdingbar, weil er, auch um türkische Verse oder Kunstprosa zu schreiben, über gute Kenntnisse des Persischen und Arabischen verfügen musste. Das *Ahter-i Kebîr* Ahterî Mustafâs (1545) und Vânkulı Mehmeds (gest. 1592) *Vânkulı Lügâtı* sollten bis ins 19. Jahrhundert die arabisch-türkischen Standard-Lexika bleiben, das Letztere wurde 1729 als erstes türkisches Buch überhaupt gedruckt.

In der politischen Literatur sind vor allem die Werke des Bürokraten, Dichters, Historikers und Gesellschaftskritikers Mustafâ Âlî (1541–1600) und das *Ahlâk-i Alâî* (1564) Kınalızâde Alîs zu nennen. Mustafâ Âlî, ein Meister der osmanischen Kunstprosa, trat dabei als Polemiker hervor, während es Kınalızâde um die systematische Zusammenfassung politischer, ökonomischer und moralischer Regeln ging. Ein politischer Ratgeber ist das *Âsâfnâme* Lutfî Paschas, das dieser nach seiner Absetzung vom Amt des Großwesirs 1541 verfasste.

Trotz der Einführung neuer Prosagenres blieb Lyrik die schriftlich wie mündlich bedeutendste Form schöner Literatur. Alle osmanischen Sultane des Jahrhunderts waren auch Poeten, die Werke in der hochanspruchsvollen quantitierenden Metrik (*arûz*) vorlegten. Die Volksdichtung beruhte weiter auf silbenzählenden Formen (*hece*); aber zahlreiche Autoren beherrschten und benutzten beide Formen. Das lyrische Universum der Osmanen umfasste Sprachbilder und Themen, die beiden Formen der Lyrik gemeinsam waren: Liebe zu Gott, dem spirituellen Meister, dem oder der Geliebten, Propheten-, Sultans- und Protektorenlob, islamische Heilsgeschichte und nahöstliche Legenden als Deutungsmuster der zeitgenössischen Umwelt (hier gab es ein reiches Potential für Kritik und Polemik), Rausch des Weines, des Opiums, der spirituellen und der sexuellen Ekstase. Was vor allem die Kunstliteratur dem 19. und 20. Jahrhundert verdächtig gemacht hat, ist die Vielschichtigkeit jeder Zeile, die eine eindeutige Aussage, ob es nun gerade um Verzückung vor einem Engel Gottes oder einem jungen Tänzer geht, unsinnig macht. Diese Vielbödigkeit der *dîvân*-Dichtung erweist sich in Zeiten postmoderner Literaturkritik allerdings wieder als attraktiv.

Für muslimische Dichter war es ein Ziel, auf Arabisch, Persisch und Türkisch Werke vorgelegt zu haben. Allerdings ist es nur wenigen gelungen, in den »drei Sprachen« so ausgeglichen hervorragend wie der Bagdader Dichter Fuzûlî (gest. 1556) zu produzieren, dass die Entscheidung, welcher Literatur er vorwiegend zuzurechnen ist, kaum gefällt werden kann. Auf Türkisch gehören zu seinen berühmtesten Werken eine Fassung des Liebesepos *Leylâ ve Mecnûn* und das Martyriologium *Hadîkat üş-Şuarâ*.

Der berühmteste osmanische Dichter der Zeit ist aber wohl Bâkî (1526–1600), ein Rechtsgelehrter und Freund Âlîs, dessen *Dîvân* ein vielfach memorierter osmanischer Standardtext wurde.

Der überwiegende Teil der Literaturproduktion stand in direktem Zusammenhange mit religiöser Praxis, vor allem der mystischen Gotteserfahrung, die als unmittelbar literaturwürdig angesehen wurde. Die Dichtung der Derwischkonvente macht den größten Teil der schriftlich erhaltenen Literaturproduktion der Zeit aus.

Wissenschaften

Auch gelehrte Literatur der Zeit war meist religiöser Natur. Es gehört zu den erstaunlichsten Forschungsdesideraten, dass die osmanische Theologie und Jurisprudenz des 16. Jahrhunderts noch nie eingehender inhaltlich untersucht worden ist. Schon der Scheichülislam Kemâlpaşazâde (s. S. 90) hatte einen Großteil der an osmanischen Medresen unterrichteten Texte einer Kritik unterzogen. Im 16. Jahrhundert wurden einige der wichtigsten Texte erneuert. So wurde İbrâhîm al-Halabîs (gest. 1549) *Multaqâ al-Abhûr*, eine Sammlung von über 17 000 Problemen des islamischen Rechts, zu einem Standardwerk, das seine Bedeutung bis in das 19. Jahrhundert behielt. Der schon mehrfach erwähnte Ebû 's-Suûd verfasste 1566 einen Korankommentar (*tefsîr*), der, vor allem seiner stilistischen Eleganz wegen gepriesen, weite Verbreitung fand.

Wie diese beiden wurden die meisten islamischen gelehrten Werke auf Arabisch verfasst. Theologie in anderen Sprachen betraf entweder die islamische Mystik oder nichtislamische gelehrte Literatur. Der 1488 in Spanien geborene und 1575 im palästinensischen Safad verstorbene Josef ben Efraim Karo verfasste auf Hebräisch den *Schulchan Aruch* (1565), ein talmudisches Standardwerk von weltweiter Bedeutung, aus dem Auszüge auf Spaniolisch schon wenige Jahre später in Saloniki gedruckt wurden. Auch der große Kabbalist Itzak ben Schlomo Luria (1534–1572) war Untertan des Sultans.

Ähnlich wie die jüdische Literatur stand auch die griechische in einem Zusammenhang, der über das Osmanische Reich hinausgriff, unter anderem dadurch, dass Venedig zum Zentrum griechischer Buchdrucke wurde. Der *Thesauros* des Damaskinos Studitis (gest. 1577), eine Predigtsammlung, wurde zu einem der populärsten griechischen Werke der Zeit, fand aber auch bald in der slawischen Übersetzung des Bischofs von Prilep, Grigorije, Verbreitung.

Schon diese wenigen Beispiele sollten ausreichen, um zu zeigen, dass im 15. und 16. Jahrhundert die traditionellen Wissenschaftssprachen in allen religiösen Gemeinschaften des Reiches ihren Rang bewahrt hatten, aber durch Übersetzungen ein rascher Aufstieg der gesprochenen Sprachen wie Türkisch, Spaniolisch und Serbisch zu Bildungssprachen eingesetzt hatte, wobei das Türkische sicherlich als Vorreiter zu betrachten ist.

Nichtreligiöse Wissenschaften spielten eine kleinere Rolle. Vor allem die Medizin hatte aber unmittelbare Bedeutung für das tägliche Leben. Die Schulen und Hospitäler an sultanischen Stiftungen, die sich auf die über mittelalterliche Traditionen vermittelte Galensche Medizin spezialisierten, boten nur für einen kleinen Teil der Bevölkerung ausreichende Kapazität. Das galt auch nach Gründung einer auf Isolation beschränkten Leprastation in Üsküdar durch Selîm I. und von Krankenhäusern als Teil der Stiftungen Süleymâns und seiner Lieblingsfrau Hasekî Hürrem.

Die Rolle nichtmuslimischer Mediziner und der Volks- und Naturmedizin, die weder von religiösen und magischen Praktiken noch von der osmanischen »Schulmedizin« klar getrennt war, kann gar nicht überschätzt werden. Tatsächlich scheint es sich bei der Medizin um eines der Felder zu handeln, auf dem interkommunitärer Austausch im Osmanischen Reich am größten war.

Nichtmedizinische Gebiete der Naturwissenschaften

standen in den Medresen nur ganz am Rand, technisches Wissen hatte in ihnen so gut wie gar keinen Platz. Zu einem Teil scheint das Unterrichtswesen im Palast und in den Korps des stehenden Militärs einen Ausgleich geboten zu haben. Wasserleitungen und Brücken, zum Beispiel die berühmte Brücke von Mostar, beruhen ja auf dem gleichen Wissen, das die Kuppelkonstruktionen der großen Moscheen ermöglicht. Direkt von Sultan Murad III. (1574–1595) wurde auch das kurzlebige Observatorium Takî üd-Dîns gefördert, das 1578 nach einem Seuchenausbruch abgerissen wurde. Takî üd-Dîn legte auch trigonometrische Arbeiten von Bedeutung vor. Der sonst vor allem als Geograph schreibende Seydî Alî Reîs (gest. 1562), der die osmanische Flotte im Persisch-Arabischen Golf befehligt hatte, legte astrologische und astronomische (die beiden Wissensgebiete waren nicht getrennt) Berechnungen vor.

In regem Austausch mit europäischen Entdeckungen stand die osmanische Marinekartographie. Die erste erhaltene Karte, die Amerika zeigt, stammt vom Großadmiral Pîrî Reîs (1468–1554), der sie 1513 Selîm I. widmete. Berühmt ist sein *Kitâb-ı Bahrîye,* eine Beschreibung der mediterranen Küsten (zwei Fassungen, 1521 und 1526). Osmanische Seekarten der Zeit entsprechen in Technik und Projektion weitgehend den Portolanen der katalanischen und italienischen Kartographen.

In der Geographie stand neben der Fortführung mittelalterlicher Annahmen ein wachsendes Interesse an Werken, die auf Beobachtung beruhten. Der Mathematiker, Historiker und Kunstfechter Matrâkçı Nasûh (gest. 1564) illustrierte seine Darstellung des mesopotamischen Feldzuges von 1533–1536 mit Miniaturen, die als Karten mit Stadtpanoramen verstanden werden können.

Das Individuum in der osmanischen Kultur

Die osmanische Gesellschaft bestand aus Individuen, aber sie kannte Individualismus nur ansatzweise. Der osmanische Mensch definierte sich, soweit das aus Zeugnissen zu überprüfen ist, vorwiegend als ein soziales und religiöses Wesen. Zugehörigkeit zu einer Familie, einer religiösen Gemeinschaft, einer mystischen Bruderschaft, einer Zunft, einem Stamm oder einer Dorfgemeinschaft bildeten den Rahmen, der das menschliche Leben mit Sinn erfüllte. In einer Kultur, die jedem einen Platz zuwies, waren Grenzüberschreitungen und Grenzgänge etwas, das häufiger vorkommen musste, als eigentlich vorgesehen war. Mi'mâr Sinân, einer der Osmanen, die eine Autobiographie verfassten, berichtet über seine Ernennung zum Hofarchitekten, die zugleich das Ende seiner Janitscharenlaufbahn war:

> [Der Großwesir] Lutfî Pascha beschloss »Hofarchitekt soll der Offizier Sinân sein, er beherrscht dieses Geschäft«. Da rief diesen Armen der Janitscharen-Aga und sagte: »Seine Exzellenz der Großwesir haben beschlossen, dich zum Architekt zu machen. Ist es dir recht? Sonst sinne auf Abhilfe!« Diesen Armen hat zwar der Gedanke mit Trauer erfüllt, mich von meinem Wege [der Janitscharen] zu entfernen, aber dann habe ich doch angenommen, weil ich bedacht habe, dass ich viele Moscheen erbauen und in dieser Welt wie im Jenseits Verdienst erwerben kann.

Der Schmerz, den Sinân durch seine soziale Entwurzelung erfuhr, kann er durch eine Neupositionierung in seiner Lebenswelt überwinden, ohne auf die Veränderung einer individuellen Identität eingehen zu müssen.

In ähnlicher Weise erfüllte es osmanische Künstler oder Wissenschaftler nicht so sehr mit Stolz, etwas Neues geschaffen zu haben, als eine bestimmte Fähigkeit in höchstem Maße zu beherrschen. Der Gedanke eines Menschheitsfortschritts war dem Osmanischen Reich des 16. Jahrhunderts fremd. So schreibt der stets kritische Mustafâ Âlî über die Dichter seiner Zeit:

> Die große Schande der osmanischen Dichter ist, dass sie sich keinem Orden anschließen und keinem Meister folgen, der sie zur Seligkeit führt. Sie wenden sich auch auf dem Wege zur Bildung an keinen Meister, sondern sind ganz eingenommen von ihrem eigenen Wissen. Die großen persischen Dichter waren da ganz anders. Es war ausgemacht, dass sie sich am Anfang ihrer Wünsche und ihrer Ausbildung an einen Meister wandten und nach Abschluss ihrer Bildung einem vollkommenen spirituellen Führer die Hand küssten. So war es unausweichlich, dass sie in jeder Weise die Seligkeit erreichten, die besten ihrer Sorte zu werden.

Der Konservativismus osmanischen Denkens kann aber nicht überdecken, dass die Kultur der frühmodernen osmanischen Gesellschaft die von ihr selbst gesetzten normativen Rahmen immer wieder sprengte, um den Bedürfnissen einer sich sehr rapide verändernden Zeit zu entsprechen. In der heutigen Sicht erscheint das osmanische 16. Jahrhundert weniger als perfektes goldenes Zeitalter der Stabilität, sondern mehr als eine Periode dynamischen Wandels.

Der frühmoderne Staat und seine Gesellschaft

(1596–1703)

Von Christoph K. Neumann

Epochenüberblick

Das Osmanische Reich des 17. Jahrhunderts war eine fest etablierte, militärisch potente Großmacht, die erhebliche Krisenfestigkeit bewies. Letzteres war nötig, denn das 17. Jahrhundert wurde in der osmanischen Gesellschaft als eine Zeit häufiger Krisen erlebt – übrigens ähnlich wie in großen Teilen Zentral- und Westeuropas. Die osmanischen Antworten auf die Fragen der Zeit unterschieden sich zum Teil wesentlich von denen in anderen Ländern und sind mitverantwortlich für die Sonderentwicklung, die das östliche Mittelmeer in der Neuzeit genommen hat.

Eine erste und das staatliche wie soziale Gefüge gründlich erschütternde Krise waren die so genannten Celâlî-Aufstände, die das ländliche Anatolien seit Ende des 16. Jahrhunderts heimsuchten. Mehrere Aufstandswellen folgten in der Zeit bis zur Jahrhundertmitte.

An der Wurzel der Celâlî-Rebellionen lag ein Konflikt, der auch für andere Transformationen des Reiches (mit-)verantwortlich sein sollte: der zwischen Untertanen (*reâyâ*) und steuerbefreiten Angehörigen der Eliten (*askerî*). Dieser Gegensatz wurde dadurch verschärft, dass militärische Operationen zu weniger Beute führten und für das Osmanische Reich die Bedingungen internationalen Handels sich verschlechtert hatten. Die Entdeckung der Seewege nach Amerika und Indien hatten den Handel durch das Mittelmeer für Teile Europas uninteressant gemacht. Wohl noch wichtiger war, dass der Zufluss südamerikanischen Silbers das osmanische *akçe* (ähnlich wie viele andere europäische Silberwährungen) entwertete.

Im militärischen Bereich war eine entscheidende Veränderung, dass die Bedeutung der Handfeuerwaffen immer mehr zunahm. Die Bedeutung der Pfründenreiterei nahm dadurch ab, was erhebliche Auswirkungen auf die Zusammensetzung der Eliten hatte. Mächtige Würdenträger bauten Haushalte auf, zu denen Söldner in großer Zahl gehörten und die durch persönlich-politische Netzwerke abgesichert wurden.

In ähnlicher Weise bildeten sich auch regional operierende Netzwerke, in Ägypten und dem Irak zum Beispiel osmanische Versionen von Mamluken-Haushalten, in denen Militärsklaven eine entscheidende Rolle spielten. Im Laufe des Jahrhunderts lernte die osmanische Zentralverwaltung, solche Machtstrukturen in das imperiale System zu integrieren, also solche regionale Eliten zu kooptieren.

Eine Belastung für das Reich waren die Kriege, die meistens länger dauerten als die im 16. Jahrhundert. Diese wurden zu einer ausgesprochen schweren finanziellen Belastung. Einige Jahrzehnte lang verlor die osmanische Verwaltung völlig die Kontrolle über die Währung. Ihr Bedarf an Bargeld und eine in der zweiten Jahrhunderthälfte notorische fiskalische Krise förderten die weitere Ausbreitung von Steuerpachten, die zunehmend die Stelle von Pfründen einnahmen.

Das Scheitern der Belagerung Wiens 1683, der Verlust von Ofen/Buda 1686 und mehr noch die verheerenden Niederlagen der Osmanen in den Feldschlachten von Mohács, Slankamen und Senta in den Jahren danach ließen den letzten langen Krieg des Jahrhunderts mit einer schweren osmanischen Niederlage enden, die Mehmed IV. den Thron kostete. Der Friede von Karlowitz 1699 bedeutete nicht, dass die Osmanen militärisch nicht mehr ernst zu nehmen waren. Allerdings markierte er das Ende der relativen osmanischen Überlegenheit im Landkrieg gegenüber den konkurrierenden Territorialmächten Habsburg, Polen und Russland.

Am Ende des 17. Jahrhunderts glich das Osmanische Reich in vielem eher den anderen frühneuzeitlichen Imperien als dem Reich des 16. Jahrhunderts. Gerade die Krisen und die darauf entwickelten Antworten (regional operierende Haushalte imperialer Eliten, Aufstieg des mit einer Handfeuerwaffe ausgestatteten, gegen Sold dienenden Infanteristen, Kommerzialisierung der Landwirtschaft) sind solche »normalen« Erscheinungen. Zugleich war das Osmanische Reich, weitgehend abgeschnitten von den transozeanischen Handelsrouten, multikonfessionell und weitgehend frei von der medialen Revolution, die die Implementation des Buchdrucks mit sich brachte, eine Welt für sich, deren Austausch mit der Außenwelt geringeres Gewicht hatte als die innerosmanische Dynamik.

1596	Anfang der Celâlî-Aufstände in Anatolien.
1601	Tod des Celâlî-Anführers Karayazıcı.
1603–1612	Osmanisch-safawidischer Krieg, safawidische Territorialgewinne im Kaukasus.
1603–1610	»Große Flucht« in Anatolien, 1607–1609 Aufstand des Celâlî-Führers Kalenderoğlu Mehmed.
1603–1617	Ahmed I.
1606	Frieden von Zsitvatorok mit Habsburg auf der Grundlage der Gleichwertigkeit beider Mächte.
1606–1607	Aufstand Cânbulâdzâde Alîs, Gouverneurs von Aleppo.
1613–1635	Aufstände des drusischen Emirs Maanoğlu Fahreddîn, dessen Hinrichtung eine Zentralisierung der osmanischen Herrschaft in Syrien einleitet.
1617–1618	Mustafâ I.
1618–1622	Osmân II., Versuch einer Staatsreform.

1620–1621	Osmanisch-polnischer Krieg.
1622	Putsch gegen Osmân II., der Sultan wird umgebracht.
1622–1623	Mustafâ I. (zum zweiten Mal).
1623–1640	Murâd IV.
1623–1628	Aufstand Abâzâ Mehmed Paschas.
1623–1639	Osmanisch-safawidischer Krieg, endet im Frieden von Kasr-ı Şîrîn ohne territoriale Veränderungen, nachdem 1623–1638 Bagdad in safawidischer Hand war.
1624–1637	Kosackenangriffe auf die Schwarzmeerküste, 1637 erobern sie Asow und halten es bis 1640.
1632	Murâd IV. beginnt seine Herrschaft persönlich auszuüben.
1633	Um den Prediger Kâdî-Zâde Mehmed Efendi sammelt sich eine fundamentalistische Bewegung in İstanbul.
1635	Hinrichtung des Dichters Nef'î wegen eines Spottgedichtes auf den Großwesir Bayrâm Pascha.
1640–1648	İbrâhîm »der Verrückte«.
1640–1684	Reisetätigkeit Evliyâ Çelebis.
1645–1670	Krieg gegen Venedig, endet mit der osmanischen Eroberung Kretas.
1648	Der Polyhistor Kâtib Çelebi (1609–1657) beginnt mit der Arbeit an seiner Kosmographie *Cihânnümâ*.
1648–1687	Mehmed IV.
1651	Hinrichtung Kösem Sultans, der einflussreichen Mutter Murâds IV. sowie İbrâhîms und Großmutter Mehmeds IV., beendet die Zeit des größten Einflusses der Janitscharen auf die osmanische Politik.
1656–1661	Köprülü Mehmed Pascha, der erste der Großwesire aus der Familie Köprülü, leitet die Konzentration der politischen Macht in den Händen des Großwesirs und seines Haushaltes ein.
1658–1659	Letzter großer Celâlî-Aufstand unter Abâzâ Kara Hasan Pascha.
1661–1676	Köprülüzâde Fâzıl Ahmed Pascha Großwesir.
1663–1664	Osmanisch-habsburgischer Krieg, osmanische Eroberung Nové Zamkys und Niederlage bei Szentgotthárd.
1669	Die Eroberung von Iraklion (Candia/Hanya) schließt die osmanische Eroberung Kretas ab.

1672	Krieg gegen Polen, Eroberungen in der Westukraine und Podolien.
1676–1683	Kara Mustafâ Pascha Großwesir.
1683–1699	Osmanisch-habsburgischer Krieg.
1683	Zweite osmanische Belagerung Wiens, nach schwerer Niederlage gegen Entsatztruppen am Kahlen Berge aufgehoben.
1686	Habsburgische Einnahme Budas/Ofens.
1687	Mehmed IV. wird nach der Niederlage in der Schlacht bei Mohács abgesetzt.
1689–1691	Köprülüzâde Fâzıl Mustafâ Pascha Großwesir.
1687–1691	Süleymân II.
1691–1695	Ahmed II.
1695-1703	Mustafâ II.
1695	Einführung von auf Lebenszeit versteigerten Steuerpachten (*mâlikâne*).
1695	Asow fällt an die Russen (erst 1700 in Friedensvertrag bestätigt).
1699	Frieden von Karlowitz; nach Niederlagen in den Schlachten von Slankamen 1691 und Senta 1697 büßen die Osmanen Ungarn, große Teile Dalmatiens, Podolien und die Peloponnes ein.
1703	Aufstand führt zur Absetzung Mustafâs II. und Hinrichtung seines Scheichülislams Feyzullâh.

Die Celâlî-Aufstände

Schon seit den 1570er Jahren war es vor allem in Anatolien zu vereinzelten Aufständen von so genannten *suhte*s gekommen, Studenten an Medresen, die keine Aussicht auf eine Karriere in der osmanischen Gelehrtenschaft zu erwarten hatten und denen so der Zugang zum privilegierten, steuerbefreiten Status der *askerî* versperrt war. Diese

Rebellionen nahmen in den 1590er Jahren zu und vereinten sich mit dem ersten großen Celâlî-Aufstand von 1596 unter einem gewissen Karayazıcı.

Die Aufständischen

Diese so genannten Celâlî-Aufstände erschütterten Anatolien über fast siebzig Jahre; der letzte war der Âbâza Hasan Paschas 1658/1659 (s. S. 210). Von Zeit zu Zeit kam es, wie unter Âbâza Hasan oder Karayazıcı, zur Bildung größerer Rebellenarmeen, die Städte belagern und einnehmen konnten und dem osmanischen Heer in offener Feldschlacht entgegentraten.

Nachhaltigerer Schaden wurde wohl durch die mehr oder weniger ständige Präsenz marodierender Banden verursacht. Die von ihnen ausgehende Gewalt machte die bäuerliche Existenz und die landwirtschaftliche Produktion unsicher. In einer Art Domino-Effekt schlossen sich Bauern, deren Existenz durch Rebellen zerstört worden war, solchen Gruppen selbst an. Mit dem Verlust von Bauernstellen in einem Dorf erhöhte sich der Steuerdruck auf die verbliebenen Einwohner, denen dann oft keine andere Wahl blieb, als ihren Hof aufzugeben.

Die massenhafte Landflucht der Bauern, die während der so genannten »Großen Flucht« von 1603 bis 1608 ihren Höhepunkt erlebte, veränderte die Siedlungsstruktur Anatoliens nachhaltig. Gerade in den fruchtbaren, aber Angriffen leichter ausgesetzten Ebenen gingen Siedlungen verloren, und Nomaden oder Halbnomaden benutzten diese Wüstungen oft bis an das Ende des 19. Jahrhunderts als Weideland.

Neben Medresestudenten und landlosen Bauern waren vor allem Soldaten unter den Aufständischen zu finden. Sie stellten die meisten der Führer. Dabei war der Übergang zwischen einem Bauern, einem Mitglied einer Dorfwehr (der *il erleri*), einem bewaffneten Rebellen und einem Freiwilligen in der gegen die Aufständischen operierenden Armee oft fließend.

Damit ist auch schon eine der wichtigsten Voraussetzungen für die Celâlî-Aufstände angesprochen: die Verbreitung von Handfeuerwaffen. Sie waren den türkischen Kompositbogen technisch anfangs keineswegs überlegen; ihre Reichweite war kürzer, ihre Zielgenauigkeit kleiner, ihre Schusshäufigkeit geringer. Sie setzten sich in erster Linie deswegen durch, weil sie billiger und vor allem einfacher zu handhaben waren – ähnlich wie das gleichzeitig in England geschah, wo der Langbogen die bessere Waffe war, aber erhebliche Übung erforderte. Gewehre verwischten den Unterschied zwischen dem professionellen Krieger und dem *ad hoc* Bewaffneten. Militärisch entscheidend war nicht mehr der gut ausgebildete und teure Panzerreiter, sondern die leichter bewaffnete Infanterie.

Die Pfründen der Timarioten, deren Bedeutung für die Kriegsführung entsprechend abgenommen hatte, wurden immer weiter verkleinert, immer häufiger an Männer etwa aus der Verwaltung vergeben, von denen kein Militärdienst erwartet wurde, oder den Großpfründen eines *sancakbeği* oder *beğlerbeği* zugeschlagen. Diese benötigten solche zusätzlichen Einkommensquellen, um wachsende Haushalte, so genannte »Tore« (*kapu*), zu unterhalten, deren Angehörige sich allmählich zu mit Handfeuerwaffen ausgerüsteten kleinen Privatarmeen entwickelten.

Für deren Mitglieder, die so genannten *sekbân* oder *levendât*, bot eine solche Anstellung eine Chance, den Status eines *askerî* zu erreichen, aber zugleich das Risiko, außer Dienst gestellt zu werden, wenn der sie protegierende *beğ* abgelöst oder auch nur in eine andere Provinz versetzt wurde. Zu einem guten Teil bestanden die Celâlî auch aus solchen entlassenen Gefolgsleuten, und umgekehrt hatten Gefolgsleute eines Gouverneurs oft auch eine Vergangenheit als Celâlî. Für ein osmanisches Dorf wird es kaum einen Unterschied bedeutet haben, ob es von einer marodierenden Bande ausgeplündert wurde oder die Einquartierung einer Gruppe *levendât* zu ertragen hatte.

Einige der angebotenen Erklärungen in der ausgesprochen lebhaften Debatte um diese Aufstände laufen darauf hinaus, dass die Produktivität der Landwirtschaft in Anatolien abnahm und deswegen schon kleinere Krisen regional zu einer Schädigung der dörflichen Struktur führten. Zu den Faktoren, die zu dieser Abnahme an Produktivität geführt haben mögen, gehört das Bevölkerungswachstum des 16. Jahrhunderts, das die Bauern gezwungen haben soll, auch weniger fruchtbare Stücke Land unter den Pflug zu nehmen, und eine so genannte »kleine Eiszeit«, die sich möglicherweise negativ auf die Ernten auswirkte.

Wichtiger war aber wohl der gesellschaftliche Konflikt, den das Reich seit der Mitte des 16. Jahrhunderts dauernd erlebte: den zwischen steuerbefreiten *askerî* mit Teilhabe an staatlicher Macht und steuerpflichtigen *reâyâ*. Dass diese Konfliktlinie gerade in diesem Zeitraum und vor allem in Anatolien ausbrach, hatte sicherlich spezifische Gründe. Wirtschaftlich war es durch das 16. Jahrhundert in Europa zu einer »Preisrevolution« gekommen, verursacht dadurch, dass südamerikanisches Silber in großen Mengen auf den Markt kam. Bei etwa stabiler Wirtschaftsleistung führte das zum Wertverfall des Silbers und über die Jahre zu einem allgemeinen Anstieg der Preise. Das Osmanische Reich wurde davon vor allem seit den letzten Jahrzehnten des 16. Jahrhunderts etwas verzögert betroffen.

Dass diese Veränderung in der Preisstruktur sich nicht zugunsten der Produzenten auswirkte, lag daran, dass in dieser Situation, in der die regulären, oft als *akçe*-Betrag festgeschriebenen Staatseinnahmen nicht mehr ausreichten, die *askerî* ihre soziale Position zur Erhebung von Sonderabgaben missbrauchten. Es gibt zahlreiche Texte, in denen die sultanische Verwaltung solche Ausbeutung verbietet. Allerdings erklären diese Texte nicht, wie die *askerî* ohne solche Praktiken die vom Staat erwarteten Aufgaben hätten erfüllen sollen. Vielmehr erhob die Finanzverwaltung selbst neue Steuern, die so genannten *avarız,* die *ad hoc* festgelegt und eingetrieben wurden, aber sich bald verfestigten (s. S. 225).

Das waren die Umstände, unter denen es für viele *reâyâ* immer dringlicher wurde, sich der legalen und illegalen Besteuerung zu entziehen, und zwar am besten dadurch, selbst in den Stand der *askerî* aufzusteigen. Ziel der Celâlî-Rebellionen war also nicht, das Osmanische Reich zu zerstören oder »an Haupt und Gliedern« zu verändern, sondern die Integration in den Stand der *askerî.* Das trennt sie ganz entschieden zum Beispiel von den europäischen Bauernkriegen.

Bemerkenswert ist, dass diese Form von Rebellionen sich fast ganz auf die muslimische Bevölkerung Anatoliens beschränkte. Für christliche Untertanen war die Integration in den *askerî*-Stand vermutlich nicht vorstellbar. In der arabischen Welt führten die gleichen Schwierigkeiten zu ganz anderen politischen Projekten und der Herausbildung neuer Eliten. Und auf dem Balkan, wo die muslimische Bevölkerung eine Minderheit bildete, waren die Bedingungen für Aufstände dieser Art jedenfalls in solcher Größenordnung nicht gegeben.

Die osmanische Reaktion

Die Bezeichnung »Celâlî« war, nach allem, was wir darüber wissen, keine Selbstbezeichnung der Rebellen, sondern eine Bezeichnung, die von der osmanischen Verwaltung auch mit einem ideologischen Hintergrund eingeführt worden war. 1519 hatte tatsächlich ein gewisser

Scheich Celâl in der Region um die mittelanatolische, damals als Handels- und Handwerkszentrum sehr wichtige Stadt Tokat einen Aufstand angeführt. Einerseits stand dieser Aufstand in Zusammenhang mit den Bewegungen der *kızılbaş* (s. S. 110), andererseits behauptete Scheich Celâl, der *mahdî* zu sein: Der gerechte Herrscher, der die Herrschaft nach den Regeln Gottes vor dem Jüngsten Gericht wiederherstellt – ein Anspruch, der auch von den *kızılbaş* nicht anerkannt wurde.

Dadurch, dass die osmanische Verwaltung alle anatolischen Rebellen als »Celâlî« bezeichnete, diffamierte sie sie als Häretiker. Das war gerade Anfang des 17. Jahrhunderts ausgesprochen nützlich, denn da koinzidierten die anatolischen Rebellionen einerseits mit einem safawidisch-osmanischen Krieg, andererseits mit den Aktivitäten Cânbulâdoğlu Alî Paschas, dem Führer einer drusisch-kurdischen Dynastie mit Sitz in Kilis. Die von der Familie Cânbulâdoğlu (die bis heute als Familie der Djoumblat in der drusischen Gemeinschaft des Libanon eine herausragende Rolle spielt) aufgestellten Truppen waren für die Osmanen im Kampf gegen Safawiden wie Celâlî ausgesprochen wertvoll, eine Situation, die Alî Pascha nutzte, um in Nordsyrien eine persönliche Herrschaft aufzubauen. Als er begann, einen unabhängigen Staat zu organisieren, war er für eine Weile der Hauptfeind der Osmanen. Der Großwesir Kuyucu Murâd Pascha mobilisierte ein Heer, dass die 30 000 Schützen Cânbulâdoğlu Alîs in einer Feldschlacht vernichtete.

Es ist charakteristisch, dass Cânbulâdoğlu Alî nach seiner Niederlage nicht hingerichtet, sondern zum *beğlerbeği* von Temeschwar ernannt wurde. Ähnlich hatte Kuyucu Murâd Pascha dem Celâlî-Führer Kalenderoğlu Mehmed das Amt eines *sancakbeği* von Ankara verleihen lassen, als er den Kampf gegen Cânbulâdoğlu Alî aufnahm. Trotzdem ist dieser Großwesir für seine grausame und konsequente Verfolgung der Aufständischen berühmt geworden. Vor allem nach dem Ende der »Großen Landflucht« ging die osmanische Zentralverwaltung nur in exemplarischen Ausnahmefällen mit größtmöglicher Härte gegen Rebellen vor; die Regel waren Lösungen, die ein Verhandlungselement enthielten – unter strikter Wahrung einer Rhetorik, die den absoluten Machtanspruch des Sultans betonte.

Experimente im osmanischen Staatswesen

Repräsentieren und Entscheiden

Die osmanischen Sultane des 17. Jahrhunderts haben (mit zwei kurzfristigen Ausnahmen, auf die einzugehen sein wird) nicht mehr so direkt das politische und militärische Geschehen geleitet wie die des 15. und 16. Jahrhunderts. Einige (Mustafâ I., İbrâhîm und möglicherweise Süleymân II.) waren psychisch zu einer Regierungstätigkeit bestenfalls eingeschränkt befähigt, andere kamen in extrem jungen Jahren auf den Thron (Ahmed I., Osmân II., Murâd IV., Mehmed IV.). Seit der Thronbesteigung Ahmeds I. 1603 wurden osmanische Prinzen nicht mehr umgebracht, um den absoluten Machtanspruch des Throninhabers zu sichern; andererseits hielt man sie unter Aufsicht in einem Hofleben, das ihnen oft nur begrenzte Möglichkeiten bot, sich zu bilden, und das in mehreren Fällen einer Dauerinhaftierung gleichkam. Trotzdem würde es zu weit führen, die osmanischen Sultane des 17. Jahrhunderts als symbolische Herrscher zu bezeichnen. In diesem Zusammenhang ist daran zu erinnern, dass der gerne als »schwacher« und passiver Herrscher charakterisierte Mehmed IV. für die osmanischen Niederlagen im Krieg gegen Habsburg verantwortlich gemacht und abgesetzt wurde.

Der Rückzug der Sultane in den Palast hatte aber die Folge, dass die Palastorganisation sich klarer von der des Heeres trennte und zum Teil besonderes Gewicht gewann. Höfe und Höflinge haben in der Geschichtsschreibung konventionell keinen guten Ruf, und die sexuellen Konnotationen des Begriffes »Harem« haben die Diffamierung des osmanischen Hoflebens vollends erleichtert. Schließlich muss eine gewisse misogyne Tendenz konventioneller Geschichtsschreibung in Rechnung gestellt werden, die sich zu Negativbegriffen wie »Weiberherrschaft« (»kadınlar saltanatı«, Ahmet Refik Altınay im frühen 20. Jahrhundert) geführt hat. Stattdessen wäre es wohl richtiger, die Zeit von der Mitte des 16. Jahrhunderts bis zu der des 17. Jahrhunderts mit Leslie P. Peirce als »Zeitalter der Sultansmütter« zu bezeichnen. Dadurch, dass die Prinzen nicht mehr in die Provinz geschickt wurden, gab es nur noch einen sultanischen Haushalt, in dem die Sultansmutter als älteste Blutsverwandte des Herrschers natürlich eine besonders prominente Stellung innehatte – umso mehr, wenn Sultane sehr jung den Thron bestiegen.

Schon Mehmeds III. Mutter Sâfîye Sultan (nachgestellt bezeichnet der Titel »Sultân« im Osmanischen weibliche Angehörige der Dynastie sowie männliche, in diesem Fall dann religiöse Autoritäten) hatte ihren Einfluss nach dem Tode Murâds III. behalten. Die wichtigste Sultansmutter war aber zweifellos Kösem Mâhpeyker Sultan. Sie war als Favoritin (*hasekî*) Ahmeds I., Mutter Murâds IV. sowie İbrâhîms und Großmutter Mehmeds IV. bis zu ihrer Ermordung 1656 eine zentrale Figur des Osmanischen Reichs. Unter den erstaunlich vielen bemerkenswerten Frauen der osmanischen Dynastie ist sie wohl die mit dem größten Einfluss gewesen; und es ist zu beachten, dass spätere Historiker meist zu einem sehr viel negativeren Urteil kamen als die zeitgenössische Bevölkerung, bei der sie außerordentlich beliebt gewesen zu sein scheint.

Das mag seinen Grund darin gehabt haben, dass Kösem

sich im Wesentlichen auf die Janitscharen stützte, die in İstanbul eine besonders wichtige Rolle spielten. In der Hauptstadt lebten die meisten der Janitscharen. Die strenge Kasernierung und soziale Isolation, die das Leben in diesem Elitekorps ausgezeichnet hatten, lockerten sich immer weiter, je mehr der Sultan ein stehendes Heer unterhielt. Die etwa 300 Männer, die im Jahr durch die »Knabenlese« in das Korps kamen (s. S. 158), reichten zur Auffüllung der Ränge nicht mehr aus, und oft wurden nun Söhne von Janitscharen quasi automatisch selbst Mitglieder des Korps (in der unten stehenden Tabelle weist die zahlenmäßige Abnahme der *acemî oğlanları* auch darauf hin, dass unter anderem die Ausbildungszeit abnahm).

Truppenstärken des stehenden osmanischen Heeres

	1597	1609	1670
Janitscharen	35 000	37 627	39 470
acemî oğlanları	10 000	9406	8742
Pfortenreiterei	17 000	20 869	14 070
Artillerie	?	7966	8014

Nach: Rhoads Murphey, *Ottoman Warfare, 1500–1700*, London 1999, S. 45. Die Zahlen spiegeln die Stärke der in İstanbul stationierten Truppen wider. Vgl. die Tabelle auf S. 159.

Die finanzielle Belastung des Staates durch das stehende Heer nahm dramatische Ausmaße an. In der Folge kam es zu Unregelmäßigkeiten in der Lohnzahlung und einer Abnahme des realen Wertes des Soldes, trotz der Risiken, die damit verbunden sind, das Einkommen gerade der am besten bewaffneten Gruppe im Staat zu vermindern. Vielen Janitscharen blieb gar nichts anderes übrig, als in einem Gewerbe Geld zu verdienen. Während die Zentralverwaltung verhältnismäßig energisch versuchte zu verhindern, dass Janitscharen sich als Steuerpächter betätigten oder Timare okkupierten, war sie weniger fähig oder willens, etwas dagegen zu tun, dass Janitscharen Teil der städtischen Gesellschaften wurden, in denen sie lebten. Sie heirateten einheimische Frauen und bildeten eine eigene Gesellschaftsschicht. Vor allem niedrige Ränge nahmen zugleich ein Handwerk auf. Für die Handwerkerschaft einer Stadt bedeutete das zwar einerseits Konkurrenz, andererseits waren Zünfte vermutlich häufig froh, Janitscharen als Mitglieder zu haben, die sie vor Übergriffen anderer Militärangehöriger schützten.

In einigen entlegenen Provinzen, wobei das berühmteste Beispiel Algier ist, etablierte sich die Janitscharengarnison als eine eigenständige politische Kraft. Die algerischen Janitscharenkorps rekrutierten ihre neuen Mitglieder selbstständig in Anatolien. Diese Militäreinheit teilte sich die Macht mit den Kapitänen und Eignern der Kaperschiffe, den Stämmen des Hinterlandes und einheimischen *ulemâ.* Die *kuloğlu,* Söhne von Janitscharen und einheimischen Frauen, wurden in das Korps nicht aufgenommen und bildeten eine eigene soziale Gruppe ohne Zugang zu Macht und Einfluss.

Die Regel aber war, dass die Janitscharen Teil der lokalen Gesellschaft wurden und dass Janitscharensöhne einen Platz im Korps erhielten. Die Knabenlese wurde zwar erst spät aufgegeben, war aber nicht mehr die wichtigste Methode der Rekrutierung. Das war auch in İstanbul so, der Stadt mit der bei weitem größten Janitscharenpräsenz. Diese Militärs mit besten Verbindungen zur Bevölkerung der Hauptstadt repräsentierten zugleich zentralistische Interessen. Nur Steuergeld, das in die Hauptstadt floss, konnte für ihren Sold ausgegeben werden.

Kösems stabile Allianz mit den Janitscharen kann so als Teil einer rationalen Politik verstanden werden, die darauf

»Der Oberste der Gartenwache Mehmed Ağa […] bewegte seine Majestät den Sultan dazu, in Weinhäusern und Schenken, in denen *boza* [ein leicht angegorenes Getränk aus Hirse] verkauft wurde, Razzien durchzuführen. Sie warfen ergriffene Janitscharen und Pfortenreiter ins Meer, verurteilten die meisten zivilen Stadtbewohner zu Dienst auf den Steintransportschiffen und verhängten gegen viele Strafen, die im Heiligen Recht nicht vorgesehen sind. Deswegen verlor die Klasse der *kul* die Achtung, die sie unter den Stadtbewohnern genoss.«

Dieses letzte Zitat belegt den Zusammenhang zwischen Janitscharen und der hauptstädtischen Bevölkerung. Die Opposition der *kul* gegen Osmân II. mündete in einen Aufstand. Dieser führte erst zur Hinrichtung des Großwesirs und der engsten Berater des Sultans, dann zu dessen Absetzung und Inhaftierung in der İstanbuler Zitadelle Yedikule, schließlich auch zu seiner Erdrosselung. Diese erste Hinrichtung eines osmanischen Sultans erschütterte die Legitimitätsgrundlage des Reiches schwer. Der tote Osmân II. war schnell weit populärer als der lebende, und Dâvud Pascha, der seine Hinrichtung organisiert hatte, wurde als Übeltäter und Sultansmörder gezeichnet – 23 Tage später wurde auch er, an gleicher Stelle wie Osmân II., erdrosselt.

Âbâza (»Abchase«) Mehmed Pascha, ehemals ein Gefolgsmann Cânbulâdoğlus, fand in Anatolien rasch Unterstützung für einen Aufstand, der darauf zielte, Rache an den Janitscharen für den Mord an Osmân II. zu nehmen. Dieser Aufstand führte indirekt zu einer erneuten Absetzung Mustafâs I. und der Inthronisierung Murâds IV., des jüngeren Bruders Osmâns II. Ähnlich wie im Falle Cânbulâdoğlus wurde auch Âbâza Mehmed Pascha nach mehreren Niederlagen begnadigt, als *beğlerbeği* in eine balkanische Provinz geschickt und dort erst 1634 hingerichtet.

Wie tief der Gegensatz zwischen Janitscharen und provinziellen Kräften, zwischen Hauptstadt und Anatolien reichte, zeigt sich auch daran, dass ein Scheich des Ordens der *Bayramîye*, der ihn unterstützt und nach dem Ende des Aufstandes einen Platz in der Umgebung Murâds IV. gefunden hatte, später wegen anti-janitscharischer Umtriebe hingerichtet wurde.

Die Herrschaft Murâds IV. erlebte eine Reihe solcher Exekutionen von Scheichen und *ulemâ*, ja sogar einem Scheichülislam. 1632 hatte sich der junge Sultan nach einem Janitscharenaufstand entschlossen, Herrschaft direkt auszuüben, direkter vielleicht als je seit Selîms I. Zeit.

Zumindest in İstanbul scheint auch ein gewisses Krisenbewusstsein geherrscht zu haben, wie sich an einer Denkschrift ablesen lässt, die Koçî Beğ, ein Höfling, 1631 dem Sultan vorlegte und in der er Probleme im politischen System analysierte. Koçî Beğs Lösungsvorschläge waren im Wesentlichen konservativ und richteten sich an der Vorstellung aus, die Regierungszeit Süleymâns des Prächtigen habe eine Art Goldenes Zeitalter konstituiert, dessen Regierungsmethode wieder hergestellt werden müsse. Heute weiß man, dass es sich dabei teils um ein etabliertes Argumentationsmodell, teils um Wunschdenken handelte (und Koçî Beğ schrieb differenziert genug, um auch ein Kapitel über nach seiner Ansicht folgenschwere Fehler Süleymâns in seine Denkschrift aufzunehmen). Koçî Beğ beschrieb 1631 die Situation wie folgt:

> So muss ich wiederholen, dass seit langen Jahren Feldzüge geführt werden, dass dabei der Staatsschatz der Muslime verloren und vergeudet wird, und die Untertanen unterdrückt und vernichtet werden. Das islamische Heer ist ohne Hilfe und Macht, nichts wird erreicht, und nichts wird beendet. Ich sehe, welche Fehler gemacht werden, und mir blutet das Herz. Es gibt so viel Unterdrückung und Übertretung, dass unser heiliger Großherr am Tag des Gerichts dafür zur Verantwortung gezogen werden wird. Was nützt

es da, dass er davon nichts weiß, wenn er dann verantwortlich ist? Muss man da keine Abhilfe schaffen? Im letzten Jahr schlug ein Blitz ganz in die Nähe des Sultans ein, die Mauer der gesegneten Kaaba brach zusammen, weiters haben sich die großherrlichen *kul*, die Geschöpfe seines Brotes und seiner Gnaden, die für ihn stets Kopf und Kragen wagten, vom Teufel auf die Seite des Bösen ziehen lassen und zahlreiche Lästerlichkeiten begonnen. Der glorreiche und erhabene Gott möge diesen Erhabenen Staat bis zum Jüngsten Tag währen und dauern lassen! Es sind seit einiger Zeit keine Prinzen, die frischen Zweige und jungen Rosen des Stammbaums des erhabenen Sultanats, mehr geboren worden, und die es gab, haben mit Gottes Willen nicht lange gelebt. All dies sind göttliche Warnungen an meinen Großherrn! Der glorreiche und erhabene Gott warnt den seiner Diener, den er liebt. Nicht jeder erhält die Gnade göttlicher Warnung. Darauf muss man merken und sich mahnen lassen!

Die Situation, in der die verschiedenen politischen Eliten sich weitgehend gegenseitig neutralisierten und ein gegen die Safawiden sowie Maanoğlu Fahreddîn geführter Krieg keine positiven Ergebnisse hatte, nutzte Murâd IV., um sultanische Autorität auszuüben. In der Konsequenz bedeutete das eine Schreckensherrschaft. Zwei Ziele scheinen besonders im Vordergrund gestanden zu haben, die für die rückwärts gerichtete Reformpolitik des 17. Jahrhunderts charakteristisch waren: Erstens die verschiedenen Bevölkerungsgruppen, vor allem aber die der Eliten möglichst strikt voneinander zu trennen – »teile und herrsche«. Das andere bestand in der militärischen Sicherung der Provinzen und der Grenzen. Murâds IV. Herrschaft kann als Reihe von Willkürakten beschrieben werden – auch Koçî Beğ wurde 1633 erst zum Tode verurteilt und dann unmittelbar vor seiner Hinrichtung begnadigt. Schlimmer erging es Nef'î, einem der berühmtesten Dichter der Zeit. Er wurde Opfer seiner spitzen Zunge. Der in der Nähe des Sultans einschlagende Blitz, von dem im Zitat aus Koçî Beğs Abhandlung die Rede war, soll gerade dann niedergegangen sein, als Murâd IV. die »Pfeile des Schicksals« (»Sihâm-ı Kazâ«) las, eine Sammlung von Spott- und Schimpfgedichten Nef'îs. Dieser musste darauf geloben, nie wieder lästerliche Werke zu verfassen. Als er fünf Jahre später ein satirisches Gedicht auf den Großwesir Bayram Pascha vortrug, wurde er erdrosselt und seine Leiche ins Meer geworfen.

Hinter all dem steht auch die Bemühung, sultanische Legitimität gerade dadurch herzustellen, dass Macht unvorhersehbar ausgeübt wurde (einer anderen Überlieferung zufolge soll zum Beispiel Nef'î das Gedicht, das ihn den Hals kostete, auf Wunsch Murâds IV. verfasst haben).

Die Zeit der Köprülü-Wesire

Auch nach dem Tod Murâds IV. kam zuerst mit İbrâhîm (1640–1648) ein wenig tauglicher und sehr labiler Mann, dann mit Mehmed IV. (1648–1687) wieder ein Kind auf den Thron. Die anderthalb Jahrzehnte nach Murâds IV. Tod haben in der Historiographie einen ausgesprochen schlechten Ruf, wobei seit Ende des 19. Jahrhunderts İbrâhîm, dem man den Beinamen »der Verrückte« gab, und seine Mutter Kösem als Hauptverantwortliche ausgemacht wurden.

Tatsächlich gab es ein erhebliches Maß an politischer Instabilität. Beide, İbrâhîm 1648 und Kösem 1651, fanden ein gewaltsames Ende, ebenso wie vier der fünf Großwesire İbrâhîms (der fünfte hatte das Amt nur fünf Tage inne und wurde abgesetzt, bevor er in İstanbul das Amtssiegel übernehmen konnte). Konservativen Osmanen waren Gestalten wie der Wunderheiler Cinci Hôca, der versprach, İbrâhîms psychische Labilität zu beheben und zu seinem Vertrauten wurde, ganz besonders zuwider: Der Cinci Hôca, der eine formale Ausbildung als Rechtsgelehrter abgebrochen hatte, brachte es bis zum Heeresrichter von Anatolien. Dass er durch Ämterverkauf in kurzer Zeit sehr reich wurde, wurde ihm im Nachhinein besonders übel genommen – aber Teile des Establishments hatten ihn auch akzeptiert, so die berühmte *ulemâ*-Familie der Karaçelebizâde, die eine Tochter an ihn verheiratete.

Dennoch ist nicht zu übersehen, dass es zu keinem Zusammenbruch der staatlichen Ordnung kam. Dass die Zeit in der Rückschau als so dunkel erscheint, liegt auch daran, dass viele spätere Geschichtsschreiber mit einer Familie verbunden waren, die die osmanische Geschichte seit 1656 bis tief in das 18. Jahrhundert entscheidend mitgeprägt hat und daran interessiert war, die unmittelbar vorhergehende Zeit in möglichst düsteren Farben erinnert zu sehen: die Köprülü.

Ihrem Einfluss nach ist sie in der osmanischen Geschichte nur mit den Çandarlıs des 14. und 15. Jahrhunderts zu vergleichen. Bei einem solchen Vergleich werden aber auch die Unterschiede deutlich. Die Köprülü waren keine ursprünglich mit den Osmanen konkurrierende, dann in das entstehende Imperium integrierte Dynastie mit eigener Legitimation und vorosmanischem regionalen sowie tribalen Rückhalt. Sie waren der bei weitem erfolgreichste der großen politischen Haushalte des Reiches, die sich seit Ende des 16. Jahrhunderts als neue Zentren sozialer Macht etablierten.

Der erste Köprülü, der Großwesir wurde, war Mehmed Pascha, damals schon ein alter Mann, der 1656 das Amt nur annahm, als man ihm geschworen hatte, dass seine Handlungsfähigkeit nicht eingeschränkt würde. Nach seinem Tod folgte ihm 1661 sein Sohn Fâzıl Ahmed Pascha, nach dessen Tod 1676 sein Schwiegersohn Kara Mustafa Pascha. Die Niederlage vor Wien schwächte den politischen Einfluss des Haushaltes. Dennoch blieb er mächtig genug, um immer wieder Großwesire zu stellen: Siyavuş Pascha, einen weiteren Schwiegersohn Mehmed Paschas (1687–1688), Fâzıl Mustafâ (1689-1691), seinen jüngeren Sohn, seinen Neffen Amûcazâde Hüseyin Pascha (1697–1702), und Nu'mân Pascha (1710), Sohn Fâzıl Mustafâs. Auch in späteren Generationen gab es noch Wesire aus der Familie, deren bislang letzter berühmter Spross der Historiker und Politiker Mehmet Fuat Köprülü (1890–1966, s. S. 417) war.

Die Köprülü sind von der Geschichtsschreibung als harte Realpolitiker eingeschätzt worden, ihre Politik wird gerne als »Restauration« gesehen. Auch der Begriff »Konsolidierung« wird oft verwendet. Damit geben moderne Historiker auch wieder, was osmanische Zeitgenossen über diese Zeit dachten. Der bedeutende Polyhistor Kâtib Çelebi (1609–1658) verfasste einige Jahre vor dem Amtsantritt Köprülü Mehmed Paschas eine politische Schrift, die sich fast wie das Programm dieses Mannes liest. Staaten, so argumentiert Kâtib Çelebi in dem *Düstûr ül-Amel fî Islâh il-Halel* (»Praktische Anleitung zur Besserung der Übel«), seien wie menschliche Organismen: Sie blühten auf, würden erwachsen und alterten dann, wobei dem Verhältnis zwischen den vier Körpersäften, wie sie die antike und islamische Medizin kannte, besondere Bedeutung zukomme. Im Alter überwiege das Phlegma, der Schleim, dem das Militär entspreche. Dieses Übergewicht habe unausweichlich Nachteile: so führe es zu einer starken Belastung des Staatsschatzes und also zur Ausbeutung der Bauernschaft, leicht auch zu sozialer Unruhe und einer Erschütterung des Staatswesens. Nach Kâtib Çelebi bestand aber kein Grund zur Mutlosigkeit: eine starke Hand, die die nötigen Finanzreformen durchführe und die Pfortentruppen wieder discipliniere, würde den osmanischen Staat zwar nicht zu einem jugendlichen Gemeinwesen machen können, ihm aber ein langes und gesundes Alter bescheren.

Um all das bemühten sich die Köprülü – und das ist, was heute gerne als »Restauration« begriffen wird. Allerdings bestand das Reich nach dem Ende ihrer politischen Dominanz noch gut zwei Jahrhunderte weiter. Das ist länger, als das gesündeste Alter währen kann. Die Zeit der Köprülü ist nicht nur eine der Restauration: in ihr wurde zugleich eine neue Synthese erreicht, die das Land bis tief in das 19. Jahrhundert hinein prägen sollte.

Aufstände und Feldzüge

Am Anfang der Amtszeit Köprülü Mehmed Paschas stehen seine erfolgreichen Versuche, militärische Teilerfolge zur Sicherung seiner Macht und Disziplinierung der Truppen zu nutzen. Als es ihm gelang, die Dardanellen, die von der venezianischen Flotte blockiert worden waren, zu öffnen und die Insel Bozcaada wieder einzunehmen, wurden nicht nur besonders tapfere Soldaten belohnt, sondern zahlreiche Offiziere und Besatzungen, die versagt hatten, grausam bestraft.

Köprülü Mehmed stand mehrmals kurz vor der Absetzung; und hätte er nicht immer wieder einfach Glück gehabt (der Sieg an den Dardanellen verdankte sich zum Beispiel einem so nicht planbaren Volltreffer in das Pulvermagazin des venezianischen Flaggschiffs), wäre sie auch kaum abzuwenden gewesen. Der entscheidende Durchbruch gelang der Politik der Köprülü mit der Niederschlagung des letzten großen Celâlî-Aufstandes, des von Âbâza Hasan Pascha, von 1658 bis 1659. Diese Erhebung zeigt auch, wie viel sich seit dem Beginn der Celâlî-Rebellionen Ende des 16. Jahrhunderts geändert hatte.

Âbâza Hasan teilte mit seinem Landsmann Âbâza Mehmed, der nach der Ermordung Osmâns II. einen Aufstand führte (s. o. S. 203), dass auch er sich im Wesentlichen auf provinzielle Truppen stützte. Anders als 1623 aber hatten 1658 viele Aufständische ohne Zweifel Anspruch auf den Status eines *askerî* – mehr als 5000 gehörten zum Korps der Janitscharen, andere waren Timarioten. Und ihr Anführer, Âbâza Hasan, verfügte über beste Verbindungen in İstanbul, hatte einige Jahre früher schon einmal die Berufung eines neuen Großwesirs durchgesetzt. Die klaren Trennungslinien zwischen *askerî* und *reâyâ,* zwischen Provinz und Hauptstadt waren verwischt. Deswegen hatte die Auseinandersetzung zwischen Regierung und Aufständischen den Charakter regulärer Feldzüge, in denen sich organisierte Söldnertruppen begegneten.

Âbâza Hasan wurde mit seinen Vertrauten Anfang 1659 in Aleppo in eine Falle gelockt und umgebracht – wieder ist der Kontrast zu der Behandlung, die sein Landsmann eine Generation früher erfahren hatte, mehr als deutlich. Mit dem Ende dieses Aufstandes kehrte nicht Ruhe in die anatolischen Provinzen ein – Banden von Räubern oder unkontrollierten Soldaten (oft nicht klar zu unterscheiden) blieben eine ernste Gefahr für die Sicherheit von Bauern und Händlern. Zwischen den Rollen von Bandit und Soldat konnten Einzelne, auch viele Einzelne, immer wieder wechseln – und dies galt zugleich für die europäischen Provinzen des Reiches. Ein Beispiel: Am *serhadd,* dem Grenzgebiet im Westen, dessen Verwaltung das Vorbild der österreichischen Militärgrenze war, wurden christliche Schutztruppen beschäftigt. Diese so genannten *martolos* wurden aus den gleichen Männern rekrutiert, die als »Haiducken« durch Überfälle die Gegend unsicher machten. Diese Zusammenhänge wurden durch die Köprülü-Politik nicht gesprengt. Aber nach 1659 kam es nie wieder zu einem anatolienweiten Aufstand, dessen Betreiber in ihrer Gesamtheit die Integration in den militärischen und staatlichen Apparat des Reiches angestrebt hätten.

Die zweite Hälfte des 17. Jahrhunderts war militärisch und außenpolitisch vor allem durch Auseinandersetzungen im Norden, Westen und Südwesten des Reiches geprägt. Im Südwesten wurde der sich lange hinziehende Krieg mit Venedig unter Köprülü Mehmed Paschas Sohn und Nachfolger Fâzıl Ahmed (Großwesir 1661–1676) durch die Eroberung von Iraklion (Candia/Hanya) abgeschlossen (1669). Kreta sollte die letzte dauerhafte Eroberung des Reiches sein. Anders als im 16. Jahrhundert wurde sie nicht in relativ kleine, als Pfründen verteilte Landstücke aufgeteilt. Die Einnahmen aus dem Land wurden von hochrangigen Würdenträgern beansprucht. Das hat einen Prozess beschleunigt, in dem Kreta ein wichtiger Produzent von Olivenöl für den ganzen osmanischen Markt wurde. Allmählich wurde die Insel Heimat auch von zahlreichen turkophonen Muslimen. Zugleich hatte die Eroberung sie orthodoxer gemacht, als sie es gewesen war, denn die Herrschaft der katholischen Venezianer war der griechischen Kirche gegenüber restriktiver als die der Osmanen.

An der Nordgrenze ging es vor allem um das Verhältnis des Reiches zu den Krimtataren, den Kosaken an der Don, um Siebenbürgen, die Moldau und die Walachei. Dabei waren potentielle Gegner, die auf diese Gemeinwesen Einfluss ausüben wollten, außer dem Habsburgerreich auch Polen und erstmals Russland. Den Osmanen gelang die Niederwerfung des Fürsten von Siebenbürgen, Georg II. Rákóczi, der versuchte, König von Polen zu werden. Später, 1672, stellten sich die Osmanen in einem Konflikt zwischen den Kosaken und Polen auf die Seite der Kosaken und gewannen Podolien sowie die Westukraine.

Die Unterwerfung Siebenbürgens (und Annektierung der Region Oradea oder auch, dt., Großwardein) führte unausweichlich zum Konflikt mit dem Habsburgerreich, das ja seinerseits die Kontrolle ganz Ungarns anstrebte. Der seit dem Frieden von Zsitvatorok 1606 anhaltende Friede endete. Die Osmanen eroberten 1663 Nové Zamky gut 100 km östlich von Wien, wurden aber von der österreichischen Armee unter Montecuccoli bei Szentgotthárd geschlagen.

Trotzdem gelang es den osmanischen Diplomaten, Nové Zamky beim Friedensschluss zu halten. Die Zeit der beiden ersten Köprülü-Großwesire Mehmed und Fâzıl Ahmed war also eine der außenpolitischen Erfolge. Das Osmanische Reich bewährte sich dabei als eine europäische Großmacht. Seit der Mitte des 17. Jahrhunderts orientierte sich das Reich in seinen Außenbeziehungen fast ausschließlich an Europa; seine Süd- und Ostgrenzen waren zweitrangig geworden.

An der erfolgreichen Außenpolitik änderte sich auch unter dem dritten Großwesir aus der Familie nichts, Kara Mustafâ aus Merzifon, einem Schützling und Schwiegersohn Mehmed Köprülüs. Ein Konflikt mit Russland und Polen um die Kosaken wurde militärisch und diplomatisch gelöst (an diesem Feldzug nahm Mehmed IV. persönlich teil). Dass in der späteren Geschichtsschreibung die Verbindung Kara Mustafâs mit den Köprülüs heruntergespielt wurde, lag aber daran, dass der Name dieses Großwesirs mit einer militärischen Katastrophe verbunden ist, die folgenreich sein sollte: der vergeblichen Belagerung Wiens 1683.

Wieder ging es eigentlich um Ungarn. Die so genannte »Magnatenverschwörung«, die zum »Kuruzzenaufstand« unter Emre Thököly führte, gab den Osmanen eine gute Gelegenheit zum Angriff. Zwei Monate lang, vom 13. Juli bis zum 11. September 1683, belagerte das osmanische Heer die Stadt. Wahrscheinlich wäre Wien bald eingenommen worden, hätte nicht ein Entsatzheer, zu dem außer habsburgischen Truppen die deutscher Fürsten und vor allem ein Kontingent unter Führung des polnischen Königs Jan III. Sobieski gehörte, die osmanische Armee vernichtend geschlagen.

Diese Schlacht am Kahlenberg hatte politisch und militärisch tief greifende Folgen. Kara Mustafâ wurde von Mehmed IV., der die Chance sah, die mächtig gewordenen Köprülüs zurückzudrängen, für die Niederlage verantwortlich gemacht und hingerichtet. In den folgenden zwanzig Jahren lösten politische Krisen im Machtkampf in İstanbul einander ab. Mehmed IV. und sein Sohn Mustafâ II. (1695–1703) bezahlten mit ihrem Thron für den Versuch, als Sultan wieder persönlich zu regieren. Mehmeds Brüder Süleymân II. (1687–1691) und Ahmed II. (1691–1695) waren Wachs in den Händen der jeweiligen Großwesire, meist Angehörigen und Klienten der Köprülü-Familie. Auch andere Familien, darunter die Nachfahren des Großwesirs Sokollu Mehmed (1565–1679), gewannen an politischem Einfluss. Demgegenüber protestierten die Janitscharen dagegen, dass ihre Macht weiter beschnitten wurde. Sie wurden von der Bevölkerung der Hauptstadt unterstützt, denn auch diese litt unter dem hohen Steuerdruck.

Die Niederlage bei Wien war nicht nur eine militärische (und, wie jede Schlacht, menschliche), sondern auch eine finanzielle Katastrophe. Unter den Bedingungen barocker Kriegführung waren Feldzüge ohnehin teuer, der Verlust einer großen Armee war fast unbezahlbar.

Dazu kam, dass sich eine Heilige Allianz aus den Habsburgern, Polen, Venedig und verschiedenen deutschen Fürsten bildete, die nun die Osmanen angriff. Innerhalb weniger Jahre gingen Ungarn, die Peloponnes und dann auch Serbien verloren, als Russland der Allianz beitrat und die Krim attackierte.

Das Osmanische Reich erwies sich jedoch als überlebensfähig. Unter dem Großwesir Fâzıl Mustafâ, einem weiteren Sohn Köprülü Mehmeds, wurden Serbien und Siebenbürgen zurückerobert, wo Thököly als Fürst eingesetzt wurde. Fâzıl Mustafâ fiel 1691 in der Schlacht bei Slankamen. Doch Niederlagen wie diese oder 1697 in der Schlacht von Senta gegen ein Habsburgerheer unter Prinz Eugen von Savoyen führten nicht dazu, dass das Reich überrannt wurde. Im Frieden von Karlowitz / Sremski Karlovci 1699 verlor zwar das Osmanische Reich den größten Teil Ungarns an die Habsburger, Podolien und die Westukraine an Polen und den Peloponnes an Venedig, hielt sich aber als europäische Großmacht. Das wurde auch dadurch nicht verändert, dass 1700 Russland den Schwarzmeerhafen Asow und das Recht, Handel auf dem Schwarzen Meer zu treiben, erhielt.

Der lange Krieg hatte gezeigt, dass das osmanische Heer seine Überlegenheit verloren hatte. Habsburgische Militärtheoretiker wie die Grafen Montecuccoli und Marsigli, die selbst Truppen gegen die Osmanen befehligt hatten, waren sich einig, dass Tapferkeit und Motivation der Soldaten, ihre Logistik und dadurch ihre Versorgung immer noch vorbildlich waren. Auch waffentechnisch wurde keine westeuropäische Überlegenheit konstatiert. Was osmanische Truppen nicht hinreichend beherrschten, war die organisierte Truppenbewegung, das koordinierte Dauerfeuer und die Abstimmung zwischen verschiedenen Truppenteilen – alles Fertigkeiten, die zunächst mit der Schulung von Offizieren zusammenhingen.

Der Friede von Karlowitz war ähnlich wie die Niederlage von Wien Auslöser schwerer Krisen, die noch durch die Flucht der muslimischen Bevölkerung der verlorenen Gebiete auf osmanisches Territorium verschärft wurde. In İstanbul und in Edirne, wo Mustafâ II. bevorzugt residierte, kam es zu einem Aufstand, als der Sultan mit Hilfe seines Mentors, des Scheichülislams Seyyid Feyzullâh Efendi, versuchte, die Macht der einflussreichen Haushalte einzuschränken.

Dieser Scheichülislam war zur politischen Schlüsselfigur des Reiches geworden. Er verfolgte den Plan, einen eigenen

Haushalt zu etablieren, der ihm als dem Haupt der *ilmîye* dauerhaft einen Grad von Einfluss gesichert hätte, der stärker als der des Großwesirs gewesen wäre. Durch Verheiratung seiner zahlreichen Töchter und Söhne unter anderem in die Familie der Köprülü und der ihnen verbundenen *ulemâ* versuchte er seinen Haushalt dynastisch abzusichern. In gewisser Weise kann man sagen, dass das Osmanische Reich einem theokratischen Regime nie näher war.

Feyzullâh und sein Sohn Fethullâh mussten für ihren Ehrgeiz bitter bezahlen: Nackt auf ein räudiges Lastpferd gefesselt, wurden sie durch Edirne geführt, von den Aufständischen gefoltert, geköpft, ihre Leichen geschändet. Mustafâ II. wurde abgesetzt und inhaftiert. Das 17. Jahrhundert endete grausam und blutig.

Die Neue Synthese: Haushalte und regionale Eliten

Der Aufstand von 1703 kann als Bestätigung der Herrschaftsstruktur verstanden werden, wie sie sich mit dem Ende der Celâlî-Aufstände herausgebildet hatte. In vielerlei Hinsicht war das Osmanische Reich »normaler« geworden, wenn »normal« als Ähnlichkeit mit europäischen Ländern verstanden werden kann. Das zentral gelenkte, direkt dem Sultan unterstehende, hierarchisch gegliederte Reich war schon im 16. Jahrhundert zu einem Teil Fiktion gewesen. Was sich im 17. Jahrhundert herausbildete, die Konzentration von Macht in politischen Haushalten, die regional und sozial unterschiedlich operierten und nicht mehr unmittelbar als Teil des sultanischen Patrimoniums angesehen werden können, bildete den wichtigsten Zug in der neuen osmanischen Ordnung, die bis in das 19. Jahrhundert hinein verbindlich bleiben sollte.

Patron und Klient: Haushalte

Der entscheidende soziale Mechanismus war der des Verhältnisses von Patron und Klient: Schutz gegen Gefolgschaft, eine persönliche Bindung, die zu gegenseitiger Hilfeleistung führte. Die Osmanen verwendeten für das Verhältnis zwischen Patron und Klient die Bezeichnung *intisâb*, mit Anklängen an familiäre Zugehörigkeit und die eines Derwischs zu seinem Scheich. *Intisâb*-Verhältnisse konnten oft lebenslang dauern, waren aber nicht notwendig exklusiv und konnten sich vervielfältigen: Der Klient eines Paschas hatte oft ganz selbstverständlich eigene Klienten. Und die Bindung eines Menschen an seinen Lehrer trat vielleicht zurück, hörte aber nicht auf, wenn er sich in den Schutz eines Würdenträgers begab.

Diese Patronatsverhältnisse überlagerten sich mit den Institutionen des Reiches. Die Bindung durch ein *intisâb* war oft bestimmender als die Anforderungen eines Amtes. Dazu kommt, dass Ämter, die Einnahmen mit sich brachten, nicht primär als definierte Tätigkeit mit Pflichten verstanden wurden, sondern als Versorgungsstellen – keine osmanische Eigenheit übrigens. Dieses Verständnis lässt sich am Wort *vazîfe* ablesen, das heute »Pflicht« bedeutet, bis in das 19. Jahrhundert aber vor allem für »Gehalt« verwendet wurde.

Besondere Bedeutung gewannen diese *intisâb*-Verhältnisse für die hohen Würdenträger des Reiches. Provinzgouverneure und Wesire stützten sich immer mehr auf eigene bewaffnete Männer, protegierten aber auch Schriftsteller und Künstler, die eine Laufbahn in der Bürokratie verfolgten, oder Rechtsgelehrte, die als Kadis Karriere machten, und bauten ein Netzwerk auf, das auch Steuerpächter, Kaufleute und eventuell führende Mitglieder nichtmuslimischer Gemeinschaften umfasste. Viele von diesen Leuten waren wenigstens zeitweilig von dem Würdenträger abhängig, gehörten zu seinem Haushalt – die Osmanen verwendeten den Begriff *kapu* »Tor«. Für den Haushalt des Sultans bürgerte sich die Bezeichnung »Pforte des Heils«, für den des Großwesirs »Hohe Pforte« ein. Symbolisch bildete jedes *kapu* diese Zentralhaushalte im Kleinen ab. Je größer das Netzwerk eines *kapu* war, je besser verbunden mit dem Palast in İstanbul, desto effektiver konnte der Würdenträger seine eigene politische Stellung stärken – und wiederum seinen Söhnen, Schwägern und Schützlingen zu einer Karriere verhelfen.

Damit lösten die *kapu* auch ein Problem, das am Ende des 16. Jahrhunderts als besonders dringlich empfunden worden war: sie boten Muslimen die Chance, sozial aufzusteigen, über ein *intisâb* Mitglied der *askerî*-Klasse zu werden.

Im Laufe des 17. Jahrhunderts verfestigten sich die *kapu*. Was anfangs das *ad hoc* angeheuerte Gefolge eines Paschas gewesen war, der für die Aufrechterhaltung der Ordnung in einer Provinz sorgen sollte, entwickelte sich oftmals zu einer sozialen Formation, die sich über Generationen erhalten konnte. Sicher waren die Köprülüs besonders erfolgreich, was Einfluss und Überlebensfähigkeit ihrer *kapu* anging. Der Historiker Rifa'at A. Abou-el-Haj hat allerdings mehr als vierzig politische Haushalte gezählt, deren Angehörige es zwischen 1683 und 1703 zumindest zum *beğlerbeği* einer Großprovinz gebracht hatten. Damit sind die meisten regional, auf der Ebene eines *sancak* oder darunter, operierenden *kapu* gar nicht erfasst. Es war dieses Netzwerk von Netzwerken, nicht die Macht der Köprülü allein, die den Versuch Mustafâs II., wieder zentral durch den Palast zu herrschen, zunichte machte.

Mamluken

Das Entstehen der Haushalte von Würdenträgern, auf provinzieller Ebene oft tief verwurzelt in regionalen Machtstrukturen, aber mit dem Zentralstaat durch Amtsbeziehungen verbunden, führte zur Ausbildung einer Herrschaftsstruktur, die der gleichzeitiger europäischer Staaten verhältnismäßig ähnlich war. Diese Feststellung behält auch dann ihre Gültigkeit, wenn man die wichtigen Unterschiede einräumen muss, die beispielsweise auf dem Gebiet des Rechts bestanden: Das osmanische Recht räumte den *kapu* nie ähnliche Privilegien ein, wie sie die europäische Aristokratie genoss.

Eine Entwicklung scheint allerdings sehr gegen diese Sicht auf das Osmanische Reich als frühmodernen Staat zu sprechen: In Ägypten und im Irak bemächtigten sich wieder Mamluken der regionalen Kontrolle (die politischen Haushalte Syriens sahen denen in Anatolien und auf dem Balkan ähnlicher). Mamluken als eine vorosmanische Institution von Militärsklaven passen nicht in das Bild des Osmanischen Staates als einer typisch frühmodernen Erscheinung.

Erst in den letzten Jahren haben Forschungen wie die Ehud Toledanos und Jane Hathaways zu einer neuen Sichtweise gefunden. Bei genauerem Hinsehen entpuppt sich allerdings die klare Trennung in zentralstaatlich kontrollierte *ocak* der Janitscharengarnisonen und regional operierende Mamluken als Fiktion. Zu Mamluken-Haushalten gehörten sehr wohl auch Mitglieder, die keine (ehemaligen) Sklaven waren, und Sklaven zum Beispiel fanden Eingang auch in die *ocak*. Bündnisse gab es untereinander und mit Gruppierungen der anderen Seite. Von den beiden größten Kairener Mamluken-Haushalten ist zum Beispiel bekannt, dass die Fikârî eher mit den Janitscharen, die Kâsimî eher mit den Stadtsoldaten der *azab* kooperierten.

Tatsächlich erfüllten die Mamluken-Haushalte, deren Führung jeweils aus einer Familie bestand, ganz ähnliche Funktionen wie ein *kapu* in Anatolien oder auf dem Balkan. Dass Militärsklaven eine Rolle spielten und führende Mamluken beanspruchten, von der Oberschicht der vorosmanischen Zeit abzustammen, ist eine wichtige ägyptische Besonderheit, die von der Anpassungsfähigkeit des osmanischen Systems zeugt, nicht von seiner Auflösung. Heute spricht man davon, dass die »Regionalisierung der Vertreter der Zentralmacht« von der »Osmanisierung der regionalen Machthaber« begleitet worden sei.

Die Stellung der *ulemâ*

Unter den Bedingungen der Krisen im 17. Jahrhundert hatten es die Rechtsgelehrten besonders schwer, ihre Stellung unter den Eliten zu halten. Denn die besondere Position der *ulemâ* war ja gerade dadurch legitimiert, dass sie vorbildlich sein mussten, über den Dingen standen und sich in die Intrigen der Politik nicht einmischten.

In Zeiten der Krise aber ließ sich gerade das nicht vermeiden. Und das umso mehr, als der schon angesprochene (S. 151) Druck der vielen Medrese-Absolventen auf die wenigen Stellen notwendig zu nur mühsam kaschierten Konflikten innerhalb des Standes führte. Da die Zahl der Stellen nicht wesentlich erhöht wurde, wurden die Amtszeiten immer kürzer gehalten und lange Wartezeiten zwischen Amtsperioden zur Regel. Schon zur Zeit Murâds III. waren für hohe *ulemâ* Versorgungsstellen, so genannte *arpalık* (wörtl. »Gerstengelder«), geschaffen worden. Dies waren Sinekuren, oft auf Lebenszeit, Kadiämter minderer Bedeutung, deren Einnahmen der Inhaber zur Versorgung bekam. Die Rechtsprechung in dem entsprechenden Gebiet wurde in der Regel von einem weitaus schlechter bezahlten Stellvertreter erledigt, den der Inhaber der Sinekure selbst auswählte.

Durch diese und ähnliche Einrichtungen vertiefte sich die Kluft zwischen den etablierten, selbst in Zeiten der Entlassung noch versorgten hohen Würdenträgern und den Habenichtsen des Systems weiter. Eigentlich erstaunlich, dass es unter diesen Umständen zwar zur Bildung von Familien kam, die über viele Generationen Rechtsgelehrte hervorbrachten, aber kaum zur Bildung von politischen Haushalten der *ilmîye*. Ein *kapu* aufzubauen, war für *ulemâ* schon deswegen schwieriger, weil ihre Haupteinnahmequellen Gehaltszahlungen aus Stiftungen oder der Staatskasse waren: beide waren leichter durch die sultanische Bürokratie zu kontrollieren.

Versuche, sich Zugriff auf andere Einnahmequellen, etwa Steuerpachten, zu verschaffen, mussten mit harten Reaktionen der öffentlichen Meinung rechnen – unter Umständen sogar unter Beteiligung anderer Rechtsgelehrter im Namen einer Standesethik (*gayret*), die im Zweifelsfall außerordentlich militant werden konnte. Einen Günstling Sultan İbrâhîms namens Mulakkab Muslih üd-Dîn hackten 1648 nach dessen Sturz Kollegen aus dem Stande der Gottesgelehrten in Stücke – unter den Augen des sie billigenden Scheichülislams.

Dass die Immunität der Rechtsgelehrten unter den Umständen der Krise gefährdet war, zeigt sich daran, dass das 17. Jahrhundert die drei einzigen Hinrichtungen von Scheichülislams in der ganzen osmanischen Geschichte erlebte. Diejenige Ahîzâde Hüseyins 1634 wurde noch allgemein als Gewaltakt Murâds IV. verstanden. Anders stand es um die beiden anderen Fälle. Wie 1703 der politisch extrem einflussreiche Scheichülislam Feyzullâh Efendi zu Tode kam, wurde schon erwähnt (s. S. 215). Mes'ûd Efendi, ein Scheichülislam aus der berühmten Familie der Hôcazâde, wurde 1656 hingerichtet, als er ähnlich entschieden wie Feyzullâh versuchte, die Politik des Reiches zu bestimmen.

Was die Bildung politischer Haushalte weiter behinderte, war, dass der Zugang zu den höheren *ulemâ*-Stellen nicht vollständig von den Rechtsgelehrten selbst kontrolliert oder gar erblich gemacht wurde – trotz der Tendenz, Söhnen wichtiger Würdenträger schon im Kindesalter Amtsränge zu verleihen. Immer wieder konnten Mitglieder anderer Eliten des Reiches in die Ränge der *ulemâ* eindringen.

Wirtschaft

Staatsfinanzen

Durch das 17. Jahrhundert hatte der osmanische Staatsschatz (oder besser: hatten die osmanischen Staatsschätze) mit einem Doppelproblem zu kämpfen: das Volumen des Budgets wuchs an, und es gab ein Defizit.

Verantwortlich für dieses Doppelproblem waren gleich eine Reihe von Faktoren: Seit dem Ende des 16. Jahrhunderts verfiel der Wert des Silbers zusehends; die Bedeutung und Zahl zentral besoldeter Truppen, vor allem der Janitscharen-Infanterie, wuchs, wie überhaupt die Kosten frühmoderner Kriegsführung; und die Versorgung der Hauptstadt İstanbul wurde mit ihrem Wachstum immer aufwändiger.

Dem Defizit versuchte man durch vier Mittel zu begegnen: Entwertung der Währung, die Umwandlung von Natural- in Barabgaben, die Schaffung neuer Abgaben und die Umwidmung von Pfründen von Staatsbediensteten in direkt der Zentralverwaltung zufließende Einnahmen. Ein anderer Weg war, Palastbedienstete und Finanzsekretäre mit Timariotenstellen zu belehnen, doch wurde dies immer als Missbrauch verstanden – diese Praxis verminderte die Zahl der Kavalleristen und verwischte die Grenze zwischen Militärs und Nichtmilitärs, wodurch auch echte Timarioten einen Vorwand bekamen, nicht ins Feld zu ziehen.

Geld

Die Entwertung der Währung war, wie sich 1589 gezeigt hatte (s. S. 137), auch politisch eine riskante Angelegenheit. Einerseits handelte es sich um einen schleichenden Prozess, der durch den Verfall des Silberpreises hervorgerufen wurde, andererseits griff die osmanische Regierung immer wieder zum Mittel der Münzverschlechterung, um Zahlungskrisen zu überwinden.

Das silberne *akçe* und das goldene *sultânî* im 17. Jahrhundert

Jahr	Gewicht des *akçe* (g)	Gewicht des *sultânî* (g)	Kurs *akçe*/*sultânî*	Kurs ag/au
1584	0,68	3,517	65–70	11,8
1586	0,38	3,517	120	11,7
1596	?	[3,517]	220–230	
1600	0,32	3,517	125	10,3
1618	0,31	3,517	150	11,8
1622	?	3,517	200–230	
1623	?	3,517	230–300	
1624	?	[3,517]	360–460	
1624	0,31	[3,517]	140	11,1
1628	?	3,517	210	
1634	?	[3,517]	250	
1640	?	3,517	300	
1641	0,31	3,517	140	14,7

Jahr	Gewicht des *akçe* (g)	Gewicht des *sultânî* (g)	Kurs *akçe/ sultânî*	Kurs ag/au
1659	0,26	3,490	210	14,1
1669	0,23	3,490	270	16,0
1689	0,23	3,490	270	16,0

Nach: Şevket Pamuk, *Osmanlı İmparatorluğu'nda Paranın Tarihi*, Istanbul 1999, S. 150.

Die Tabelle zeigt deutlich die Währungskrisen, die während der Thronwechsel von 1622, 1623 und 1640 auftraten, als für die Janitscharen rasch hohe Barsummen aufgebracht werden mussten. Zugleich spiegelt sie den allmählichen Verfall des Silberwertes wider.

Weil Silber nicht mehr so viel wert war, wurde seine Förderung in vielen osmanischen Minen eingestellt – sie war nicht mehr lukrativ; Silber kam nun vor allem aus Südamerika. Weil das *akçe* als Drittelgramm-Münze kein besonders praktisches Zahlungsmittel war, allgemein kein Vertrauen in seine Stabilität mehr bestand und die Prägekosten relativ zum Wert des Geldstückes inzwischen erheblich waren, brachte kaum jemand noch Silber oder fremde Münzen zum Umprägen. Auch das Prägen von Kupfermünzen lohnte sich kaum noch. So verschwand langsam das osmanische Geld vom Markt, diente nur noch als rechnerische Basis für Transaktionen, die mit ausländischen Münzen, oft dem recht schweren *Groschen* oder *grosso*, bewältigt wurden. Mitte des Jahrhunderts wurden in einigen europäischen Staaten wie Holland sogar Münzen mit einem geringeren Silbergehalt nur für den Gebrauch im Osmanischen Reich und Indien geprägt, weil dort die Märkte so dringend Geld benötigten, dass sie diese Stücke zu ihrem relativ hohen Nominalwert akzeptierten.

Es ist charakteristisch, dass eine politische Krise den Anlass für die nötige Währungsreform bot. Bei der

Thronbesteigung Süleymâns II. 1687 benötigte man dringlich Geld für die obligatorische Zahlung an die Truppen. Da mitten im Krieg nicht hinreichend Silber vorhanden war, schlug man relativ schwere Kupfermünzen. Der Markt akzeptierte diese Währung, und 1689 begann man wieder mit der Herstellung von osmanischen Silbermünzen: dem schweren *kurûş* (das Wort kommt von »Groschen«) und dem leichteren *para* (dem »Stück« – im heutigen Türkisch das Wort für »Geld« überhaupt). Bald wurden auch Teile und Vielfache dieser Einheiten produziert. Dafür verwendete man eine Prägemaschine aus Frankreich, die schon 1686 von einem Renegaten in der staatlichen Münze installiert worden war und die zum ersten Mal auch Randprägungen möglich machte. Das *akçe* wurde nur noch aus zeremoniellen Gründen, etwa bei Thronbesteigungen, geschlagen, diente aber weiter als Recheneinheit: 1 *para* entsprach 3, 1 *kurûş* 120 *akçe*.

Haushalt und Steuern

Die jährlichen Abrechnungen, die die zentrale Finanzverwaltung zu den Schatzeinnahmen und -ausgaben des Reiches anfertigte, zeigen ganz deutlich, wie sehr die Staatsfinanzen von politischer Stabilität und militärischen Erfolgen abhängig waren, aber auch, dass die Transformation des Reiches das Volumen zentralstaatlicher Zahlungen erhöht hat.

Eine Zurückschraubung des Ausgabenvolumens war nur eingeschränkt möglich. Konsequenterweise wurde nach neuen Einnahmequellen gesucht, und zwar nach solchen, die direkte Geldzahlungen erbrachten – schließlich musste der zentrale Staatsschatz Soldzahlungen für die Janitscharen bereitstellen. Die Situation war in den Provinzen nicht anders, denn dort mussten die Gouverneure die *sekbân*-Truppen ihrer Haushalte ebenfalls entlohnen.

In gewisser Weise war es hilfreich, dass die Münzverschlechterung eine ganze Reihe älterer Abgaben, die nominell stabil blieben, unwichtig gemacht hatten. Das ermöglichte die Einführung neuer Steuern, deren Höhe dann flexibel gehandhabt werden konnte. Es gehörte zur osmanischen politischen Kultur, dass dabei betont wurde, dass es die Abgaben schon seit unvordenklichen Zeiten gegeben hatte. So ging es mit den Steuern, die mit einem Sammelbegriff *avarız* genannt wurden: Ursprünglich Sondersteuern in Notzeiten, verwandelten sie sich Anfang des 17. Jahrhunderts in regelmäßige Steuern, für die eigene Register geführt wurden. Zusammen mit der *cizye*, der von Nichtmuslimen zu errichtenden Kopfsteuer, deren Erhebung mehrmals reformiert wurde, waren die *avarız* eine der wichtigsten zentralstaatlichen Einnahmequellen des 17. Jahrhunderts.

Auf der Ebene der Provinz erhoben Gouverneure »gebrauchsrechtliche Steuerforderungen« (*tekâlîf-i örfîye*), die oft auch »Steuerforderungen ohne Rechtsgrundlage« (*tekâlîf-i şâkka*) genannt wurden. Dazu kamen »Kriegshilfen« (*imdâd-ı seferîye*), seit Ende des Jahrhunderts in Friedenszeiten von »Friedenshilfen« (*imdâd-ı hazerîye*) ergänzt. Da es neben diesen Zahlungen noch – ganz ähnlich wie im frühneuzeitlichen Europa – eine Vielzahl regional in Definition und Höhe stark schwankender Abgaben gab und andererseits verschiedenste Ansprüche auf Immunitäten und Abschläge, ist es nicht ganz leicht, den Steuerdruck auf die Bevölkerung zu messen. Überdies war die rechtliche Situation nur ein Aspekt des osmanischen Steuerwesens.

Es wurden vorwiegend zwei Eintreibungsverfahren angewandt, die es schon vorher gegeben hatte, die aber jetzt das Pfründensystem der Timarioten in den Hintergrund drängten (ohne zu seiner Abschaffung zu führen): die Steuerpacht (*iltizâm*) und die regionale oder lokale Pauschalzahlung (*maktû'*). Beide sorgten für relativ zuverlässige Bargeldeinnahmen. Die Steuerpacht entsprach der sozialen Dynamik der Zeit außerordentlich gut. Die Schlüsselposition nahm der Steuerpächter (*mültezim*) ein. Er lieferte nicht nur den Ertrag der Steuerquelle bei dem entsprechenden Schatzamt ab, sondern trieb auch die Einnahmen ein und versuchte dabei, einen Gewinn zu machen. Oft, und gerade bei großen Pachten, verkaufte er eine Teilpacht an interessierte Kreise. Nicht selten verfolgten Pächter und Unterpächter ihre finanziellen Interessen mit erheblicher Rücksichtslosigkeit und schlachteten so die Gans, die goldene Eier legen sollte: Ein wegen des Steuerdrucks von seinen Bauern verlassenes Dorf ist keine Einnahmequelle mehr. Diese Gefahr wurde noch dadurch verstärkt, dass die Zentralverwaltung Steuerpachten nur auf ein bis drei Jahre vergab, um zu verhindern, dass ein *mültezim* regional zu mächtig wurde – und genau das konnte für ihn das Schlachten der Gans geradezu attraktiv machen. Dass dabei recht komplexe rechtliche Fragen der Steuerbemessung nur von sekundärer Bedeutung waren, versteht sich.

Andererseits ist festzustellen, dass viele Steuerpachten, wiewohl alle paar Jahre regelmäßig versteigert, immer zu demselben Preis abgegeben wurden. Wenn schon nicht auf der Ebene des Pächters, so doch auf der des Unterpächters setzten sich Netzwerke durch, die für eine Stabilität bei Erhebung und Eintreibung sorgten. Es ist klar, dass diese Netzwerke mit den regional oder lokal wirkenden politischen Haushalten zusammenarbeiteten: Es handelte sich bei diesem Pachtwesen also um die finanzielle Dimension der oben als »Regionalisierung der Vertreter der Zentralmacht« und »Osmanisierung der regionalen Machthaber« angesprochenen Dynamik.

1695, bald nach der Einführung der neuen Währung, erkannte die Zentralverwaltung auch diese neue Lage insofern an, als sie Steuerpachten auf Lebenszeit (*mâlikâne*) vergab, wobei der Pächter bei Antritt der Pacht eine sehr hohe Anfangssumme, danach relativ geringe jährliche Erträge abzuliefern hatte. Die Erwartung war, dass Steuerpächter langfristiges Interesse an ihrer Einnahmequelle entwickeln und eventuell sogar in ihre Verbesserung investieren würden. Das letzte geschah kaum, weil der lebenslange Steuerpächter lieber für ihn kurzfristig lukrativere Unterpachten vergab. Die hohe Einstandszahlung jedoch verwies solche Investoren auf den zentralen İstanbuler Kapitalmarkt und führte dazu, dass nur Personen mit Verbindungen und Einfluss in der Hauptstadt an solche Steuerquellen kamen: ein gewisses Element der Zentralisierung.

Die Pauschalzahlungen (*maktû'*) wurden regional unter Aufsicht des Kadis und unter Leitung der lokalen Eliten erhoben. Bei diesem System wurde der Steuerpächter durch das Kollektiv der lokalen Eliten ersetzt. Es garantierte dem Staat eine Summe, mit der alle verschiedenen örtlichen Einnahmen abgegolten waren. Das Ganze hatte den Nachteil, dass der Staat Erhöhungen auch dann kaum durchsetzen konnte, wenn sie gerechtfertigt gewesen wären, und dass örtliche Konflikte zu Benachteiligungen einzelner Gruppen führten. Wenn diese dann dem Steuerdruck etwa durch Abwanderung entflohen, wuchs die Belastung für die Zurückgebliebenen und eine zerstörerische Spiralwirkung setzte ein.

In solchen Lagen bot auch das System der Pauschalzahlungen lokalen oder regionalen Eliten Möglichkeiten, die denen der Steuerpachten ähnlich waren: Kontrolle über staatliche Einnahmequellen gewinnen, lokale Abhängigkeiten ausbauen, einen politischen Haushalt aufbauen. Die Entwicklung des osmanischen Finanzwesens und die Entstehung der *kapu* hängen eng zusammen.

Handel

Handel beruht auf der Verfügbarkeit von Routen, auf denen Waren transportiert und ausgetauscht werden können, ohne dass alternative Strecken viel schneller, sicherer oder billiger wären. Die osmanischen Handelsrouten hatten deswegen im 17. Jahrhundert keine einfache Zeit. Den Karawanenwegen war durch die Entdeckung des Seewegs von Europa nach Indien Konkurrenz entstanden; der Aufstieg des englischen und holländischen Fernhandels hatte das östliche Mittelmeer weniger wichtig werden lassen, als es das zu den Zeiten venezianischer und genuesischer Dominanz gewesen war; und schließlich bedeuteten die häufigen Aufstände auch, dass Händler weniger sicher waren bzw. sich häufiger freikaufen mussten – es wird auch für sie nicht immer leicht gewesen sein zu entscheiden, ob sie da an einen Banditen etwas zahlten oder an Männer des lokalen Gouverneurs.

Es ist bemerkenswert, dass die osmanischen Netzwerke in dieser Situation noch so gut funktionierten. Tatsächlich scheint sektorial der Handel im Vergleich mit dem 16. Jahrhundert sogar deutlich gewachsen zu sein. Zu einem Teil ist das auf internationalen Handel zurückzuführen: Das Osmanische Reich entwickelte sich zu einem Transitland für den Handel mit iranischer Seide, von dem Aleppo (das allerdings Ende des 17. Jahrhunderts in eine lang anhaltende Krise rutschte), Bursa (wo auch aus dieser Seide osmanische Stoffe gewoben wurden) und vor allem İzmir profitierten.

Diese Stadt, zu römischer Zeit Smyrna genannt und ein wichtiger kleinasiatischer Hafen, war unter osmanischer Herrschaft nie bedeutend gewesen. Erst seit Anfang des 17. Jahrhunderts änderte sich das, und bald sollte die Stadt als Handelsplatz die wohlhabende Insel Chios hinter sich lassen. Daniel Goffman erklärt den Aufstieg der Stadt damit, dass die durch die Celâlî-Aufstände von zentraler

Aufsicht weitgehend befreiten lokalen Produzenten und Händler neue Abnehmer für ihre Waren fanden: die holländischen und die seit 1581 in der *Levant Company* organisierten englischen Händler. Zunächst wurden vorwiegend lokale Produkte (Trockenfrüchte, Olivenöl, Baumwolle und Wolle) gegen Wollstoffe gehandelt. Schon in relativ kurzer Zeit war aber İzmir mit dem Netzwerk verknüpft, das iranische Seide vermarktete – dabei handelte es sich oft um armenische Kaufleute, die mit ihren Glaubensbrüdern im safawidischen Neu-Dschulfa (bei Isfahan) verbunden waren. Das Hinterland produzierte zum Teil für den Weltmarkt. Dass Sesam in Westanatolien als wichtige Fettpflanze vom Olivenbaum verdrängt wurde, hat nicht nur mit veränderten Konsumgewohnheiten zu tun (diese Entwicklung lässt sich bis in das 16. Jahrhundert zurückverfolgen), sondern auch mit den Absatzchancen für anatolischen Tabak in Europa. Wo der angebaut wurde, konnte kein Sesam mehr gepflanzt werden. İzmir verwandelte sich von der rein muslimisch-türkischen Kleinstadt des 16. Jahrhunderts in ein kosmopolitisches Handelszentrum. 1669 war die Hälfte der ständigen Bevölkerung İzmirs nicht-muslimisch: Griechisch-orthodox, jüdisch (oft aus dem nahen Manisa zugewanderte Weber) und armenisch. Im Laufe des 17. Jahrhunderts bemühten sich zunehmend auch in der Handelskammer von Marseille zusammengefasste französische Kaufleute um Zugang zum osmanischen Markt.

Trotzdem war im 17. Jahrhundert das Osmanische Reich weder ein vom Handel mit Europa abhängiges Land, von dessen Märkten westliche Waren einheimische Produkte verdrängten, noch war der Handel in die Hände der Netzwerke armenischer oder orthodoxer Kaufleute geraten, so effizient diese auch operierten. Zu einem guten Teil blieb osmanischer Handel innerosmanischer Warenverkehr (und dort wieder überwiegend einer über verhältnismäßig kurze Entfernungen). Sogar die politisch nur relativ locker mit dem Zentrum verbundenen nordafrikanischen *ocak* von Tripolitanien, Tunis und Algier wickelten ein bis zwei Drittel ihres Handels mit dem östlichen Mittelmeer ab – verglichen mit einem Vierzehntel bis Sechstel, den der Handel mit dem näheren christlichen Europa ausmachte (der große Rest war innermaghrebinischer Handel).

Auch muslimische Kaufleute verloren ihre Marktposition nicht so schnell, wie früher gerne angenommen wurde. Gerade der wichtige Handel Kairos (Kaffee und Textilien) blieb eine vorwiegend muslimische Angelegenheit. Auch der staatlich kontrollierte (und deswegen für die Beteiligten zum Teil ruinöse) Handel zur Versorgung İstanbuls wurde oft über muslimische Kaufleute abgewickelt. Die staatliche Struktur des Reiches war stark genug, um Kapitalbildung in großem Ausmaß direkt mit politischem Einfluss zu verbinden. Es gab im Osmanischen Reich kaum reiche Kaufherren, die am Rande des politischen Systems operieren konnten.

Osmanische Kultur im 17. Jahrhundert

Alltagsleben

Die osmanische Kultur verstand sich weitgehend als eine der Stadt. Über das Leben in osmanischen Städten des 17. Jahrhunderts aber wissen wir weit mehr als über das hundert Jahre früher. Zu verdanken haben wir das zu einem guten Teil einfach der besseren Überlieferung von zum Beispiel Kadiamtsprotokollen, mit ihren vielen notariellen Eintragungen, Erb- und alltäglichen Streitfällen eine der Hauptquellen für den osmanischen Alltag (und diese Dokumentation ist für die spätere Zeit noch dichter). Ähnliches gilt auch für Reise- und Gesandtschaftsberichte, durch die ein wachsendes europäisches Lesepublikum seine Neugier und – in noch größerer Detailverliebtheit – die zeitgenössischen frühmodernen Staaten ihr Informationsbedürfnis befriedigte.

Unverzichtbar als Quelle sind auch die Erinnerungen und Erzählungen Evliyâ Çelebis (1611 – 1684 oder 1685), der in zehn Bänden Beschreibungen seiner Reisen durch den größten Teil des Osmanischen Reichs, aber auch in Nachbarländer hinterlassen hat. Evliyâ hatte nach einer Karriere als Höfling im Gefolge verschiedener Würdenträger und mit den Einnahmen aus einer Sinekure Gelegenheit, ausführlich zu reisen – etwas, das er auch auf eigene Faust und zum Vergnügen tat.

Evliyâs Werk ist nicht nur eine detaillierte Beschreibung dessen, was er sah, sondern auch ein autobiographischer Erlebnisbericht, eine Sammlung von glaubhaften und unglaublichen Geschichten zu den Gegenden, die er sah, und eine Fundgrube von Bemerkungen zum Alltagsleben seiner Zeit. Von Evliyâ erfahren wir, wie die Fischhändler in Trabzon ihre Ware ausriefen, welche Schutzpatrone für eine jede der zahllosen İstanbuler Zünfte zuständig war, wie man in Ägypten Schlangen zur medizinischen Zwecken einfing und kochte oder wie man auf Messen entlang der Pilgerroute nach Mekka Handel trieb.

Die von Evliyâ beschriebenen Städter (wenn es nicht gerade um seine Kriegserlebnisse geht, kommen Bauern und Landbewohner so gut wie gar nicht bei ihm vor) sind selbstbewusste Menschen, die die ihnen von der Umwelt gebotenen Lebenschancen im Allgemeinen gut zu nutzen wissen. Im Vordergrund steht lokales Wissen; aber zugleich sind die Leute in eine Ordnung eingefügt, deren religiöser Bezugsrahmen mit dem politischen des Reiches zusammenfällt.

Evliyâ wird seine eigene Perspektive, die ja die eines Sunniten aus dem Umkreis des sultanischen Haushalts war, oft auch Leuten unterschoben haben, über die er berichtete. Dazu gehört auch die oft sarkastische und herablassende Behandlung, die er Christen oder ihm marginal erscheinenden Gruppen zuteil werden lässt – häufig (und mit gutem Erfolg) um der komischen Wirkung wegen. Es ist sicherlich zulässig zu fragen, wie osmanisch sich ein Kopte aus Kairo gefühlt hat, der von Evliyâ gewohnheitsmäßig als »schmutzig« tituliert wird.

Andererseits ist das osmanische Universum, das Evliyâ beschreibt, in seiner Überlegenheit wohlgefügt und unerschüttert. Dieses Selbstbewusstsein wurde in öffentlichen Festen bezeugt, die in der osmanischen Kultur eine zunehmend wichtige Rolle gespielt zu haben scheinen. Schon im letzten Kapitel sind die großen Feierlichkeiten anlässlich von Prinzenbeschneidungen und Prinzessinnenhochzeiten erwähnt worden. Anlässe für Paraden gab es viele; und auch wenn der Sultan nur noch ausnahmsweise an Feldzügen teilnahm, gab es noch hinreichend Gelegenheiten für ein *royal progress* – und sei es der Umzug vom Topkapı Palast in ein sommerliches Jagdquartier. Sultân İbrâhîms Heirat wurde mit großem Umzug begangen. Mehmed IV., dessen Vorliebe für Edirne reichlich Gelegenheit zu sultanischen Aufbrüchen und Ankünften schuf, unternahm 1659 mit seiner Mutter sogar eine zeremoniöse Reise nach Bursa und Edirne, in Reverenz für die alten Hauptstädte. Auch in zeremoniellen Zusammenhängen gewannen die Sultansmütter (*vâlide*) durch das Jahrhundert an Bedeutung, und es ist kein Zufall, dass der größte Moscheebau İstanbuls der Zeit, die Yeni Vâlide Câmii, eine Stiftung von Sultansmüttern ist.

Die Zunftumzüge, die große Teile der Bevölkerung einer Stadt mobilisierten, oder der förmliche Aufbruch bzw. Durchzug der jährlichen Pilgerkarawane nach Mekka boten weiteren Anlass für die Gesellschaft einer Stadt, sich selbst darzustellen und zu feiern. Solche Feiern fielen in İstanbul oder Edirne, wenn der Sultan gerade dort residierte, besonders prächtig aus. Aber sie wurden auch in

Provinzstädten begangen, und wenn man etwa den ausführlichen Schilderungen glauben kann, die Evliyâ von den Feierlichkeiten gibt, die in Kairo jedes Jahr anlässlich des Nildurchstichs begangen wurden, dann spielte dabei die Gemeinschaft der jeweiligen Stadt oder Gegend eine größere Rolle als ein gesamtosmanischer Bezug. Und natürlich gab es auch Feste, die den Behörden oder den Angehörigen suspekt waren, weil sie als erotisch oder religiös anstößig empfunden wurden.

Religiöse Bewegungen

Angesichts der Rolle, die Religion in der osmanischen Gesellschaft spielte, kann es nicht verwundern, dass eine von Krisen geschüttelte Zeit wie das 17. Jahrhundert zahlreiche und tief greifende religiöse Bewegungen hervorbrachte. Viele von ihnen hatten nur lokale oder regionale Bedeutung; und weil die höheren Ränge der *ilmîye* aus den erläuterten Verhältnissen heraus weitgehend den Vorgaben des 16. Jahrhunderts verpflichtet blieben, standen Veränderern oder Oppositionellen nur wenige Kommunikationskanäle zur Verfügung, die sich über das gesamte osmanische Territorium erstreckt hätten – gerade weil auch die Druckerpresse nicht zur Verfügung stand.

Deswegen ist das Wissen um solche Bewegungen wie die der *Melâmî* (s. S. 149) auch äußerst beschränkt. Wie dieses Netzwerk von Pantheisten, das sich jeweils um einen »Pol« (*kutb*), die Verkörperung Gottes und der prophetischen Mission, bildete, im 17. Jahrhundert wirklich funktionierte, ist weitgehend unklar, weil Führer und Anhänger sehr erfolgreich ihre Überzeugungen verschwiegen (die so genannte *takıyye* praktizierten). Trotzdem wurde noch im 17. Jahrhundert einer ihrer *kutb* hingerichtet: der hochbetagte Südci Beşîr Ağa wurde 1662 oder 1663 erwürgt. Es ist bemerkenswert, dass die Anschuldigungen gegen ihn sich nicht auf die Lehre der *Melâmî* konzentrierten, sondern auf Kontakte mit den ebenfalls als häretisch betrachteten *hurûfî*, die ihre Deutung des Universums auf aus Buchstabenkombinationen abgeleitete Zahlenwerte stützten.

Die *takıyye* der *Melâmî* war derart erfolgreich, dass ihr *kutb* Paşmakcızâde Seyyid Alî Anfang des 18. Jahrhunderts Scheichülislam und sein Nachfolger Şehîd Alî (s. S. 248) sogar Großwesir werden konnten – ein Marsch durch die Institutionen, der damit erkauft wurde, dass die Überzeugungen dieser Männer keine erkennbare Wirkung auf ihre Amtsführung hatten.

Noch weniger wissen wir über atheistische Strömungen, die der englische Diplomat Paul Rycaut (1628–1700) als weit verbreitet bezeichnet hat. Auch hier führte offenes Bekenntnis zum sicheren Tode, wie im Falle des Expredigers und Kaufmanns Lârî Mehmed, der 1665 hingerichtet wurde.

Weitaus besser ist die Überlieferung zu einer radikal sunnitischen Bewegung, die Mitte des 17. Jahrhunderts sehr zahlreiche Anhänger in İstanbul fand: die der Kâdizâdeliler. Ihren Namen hat diese Strömung, die in mancher Hinsicht mit den gleichzeitigen englischen Puritanern vergleichbar ist, von einem 1635 verstorbenen Prediger an der Fâtih-Moschee, später der Hagia Sophia. Was dieser Kâdizâde Mehmed Efendi und nach ihm Prediger wie Üstüvânî Mehmed vertraten, war theologisch nicht neu: schon der einflussreiche Birgevî Mehmed Efendi (gest. 1573) hatte unter Berufung auf den *âlim* Ibn Taymiyya (1263–1328) einen großen Teil der mystischen Praktiken, Wallfahrten zu Heiligengräbern oder Gebete an Gedächtnistagen für unerlaubt erklärt. Letztlich ging es um die »Wiederherstellung« einer Glaubenspraxis, die so rein war wie zu Zeiten des Propheten Muhammad (deswegen waren die Kâdizâdeliler sogar gegen zahlreiche Formen des Prophetenlobs).

Die Kâdizâdeliler zeichnete zum einen ihr Rigorismus aus, der sie zum Beispiel nach einem Verbot von Kaffee und Tabak rufen ließ. Zum anderen verbanden sie den theologischen Disput mit direkt politischem Aktivismus. Es ist ein Paradox, dass sie dabei den öffentlichen Raum nutzten, den der zeitweilig mit ihnen liebäugelnde Murâd IV. einzuschränken suchte, indem er – ganz ihren Forderungen entsprechend – Kaffeehäuser schließen und Tabak verbieten ließ. Immer wieder kam es zur explosiven Verbindung zwischen Einfluss am Hof, theologischer Forderung und populärer Empörung. Die entlud sich gelegentlich in der Stürmung von Derwischkonventen, auch der der durchaus staatstragenden *Halvetîye,* die aber gottesdienstliche Rituale mit tanzartigen Elementen praktizierte.

Die Grenze wurde immer dann erreicht, wenn die Kadîzâdeliler so einflussreich wurden, dass sie legitimer erschienen als die Regierung selbst. Köprülü Mehmed Pascha sorgte für die Verbannung der Führer der Bewegung, als diese die venezianische Blockade der Dardanellen 1656 als eine Gottestrafe für eine mit dem Islam unvereinbare Staatsordnung zu verstehen begannen und die Niederreißung aller Derwischkonvente sowie der »überflüssigen« Minarette der von Sultanen gestifteten Moscheen verlangten: eines reiche aus, mehr sei unislamische »Neuerung«.

Die Gegner der Kâdizâdeliler-Führer konnten sich dabei auf eine Stellungnahme des schon erwähnten Kâtib Çelebi (s. S. 208) stützen, der in einer viel gelesenen und kopierten Schrift zur Mäßigung aufrief. Dabei ist wichtig, dass er einleitend einen Bereich absteckte, der sich religionsrechtlicher Regelung entzog, nämlich den der rationalen Wissenschaften sowie ihrer Ergebnisse. Zu denen zählte er die Verschiedenheit menschlicher Gemeinschaften, und deswegen seien unterschiedliche Überzeugungen und Praktiken zu tolerieren. Erst daran schloss er eine Diskussion der wichtigsten Streitfragen an, die die Kâdizâdeliler aufgeworfen hatten, wobei es ihm mehr darauf ankam, die Aspekte hervorzuheben, bei denen man beiden Seiten Recht geben musste. Ein *fetvâ* des amtierenden Scheichülislam billigte diese Schrift ausdrücklich als einen Beitrag zu Ausgleich und Rechtleitung der Gläubigen.

Die Episode zeigt, wie der osmanische Islam funktionierte. In dem von Kâtib Çelebi aufgespannten Rahmen hatten selbstverständlich auch die Kâdizâdeliler ihren Platz. Schon drei Jahre später sollte einer ihrer wichtigsten Köpfe, Vânî Mehmed, zum Kreise Köprülüzâde Fâzıl Ahmeds gehören. Vânî Mehmed brachte es bis zum Erzieher des Sultans und des Thronfolgers, und unter seinem Einfluss gab es auch erneute Versuche, die rituellen Tänze (*semâ'*) der *Mevlevî*- und *Halvetî*-Derwische zu unterbinden oder Weinschenken abzureißen. Die Grenzen dessen, was erlaubt war, wurden also immer wieder neu ausgehandelt (und auf Dauer überlebten *semââ'* und Weinhandel), aber dass es einen relativ weiten Rahmen erlaubter Praxis gab, blieb seit dem Ende der Kâdizâdeliler-Bewegung im Wesentlichen unbestritten.

Ganz gewiss innerhalb dieses Rahmens blieb der Orden der *Celvetîye,* der durch das 17. Jahrhundert und bis in das 18. hinein an Bedeutung gewann. Der Gründer des Ordens, Azîz Mahmûd Hüdâyî (1541–1628), und seine bedeutendsten Vertreter wie der berühmte İsmâîl Hakkı Brûsevî (1653–1725) vertraten zwar kompromisslos eine pantheistische Lehre, die als erzhäretisch galt. Allerdings verstanden es die großen *Celvetî*-Scheiche, gute Verbindungen aufzubauen. Noch heute ist im İstanbuler Stadtteil Üsküdar zu erkennen, wie viele einflussreiche und wohlhabende Anhänger Hüdâyî gefunden hatte, die die Konvente seines Ordens großzügig ausstatteten und ganz Üsküdar in eine von der *Celvetîye* dominierte Siedlung verwandelten. Das Netzwerk der Konvente erstreckte sich über große, vor allem turkophone Teile des Reiches.

Dieser Erfolg wurde sicher auch dadurch möglich, dass die *Celvetîye* die einleuchtende Ansicht vertrat, dass ein Verständnis der allumfassenden Existenz Gottes nicht leicht zu erreichen und also nur den Eingeweihten zugänglich sei. Ordensangehörige niedrigeren Initiationsgrades waren deswegen angehalten, sich strikt an die Regeln der Scheriats zu halten. Damit ging von der *Celvetîye* keine Bedrohung des öffentlichen Lebens mehr aus.

Das Eingreifen der osmanischen Regierung gegen Häretiker nichtmuslimischen Ursprungs zeigt, dass die Einbindung des religiösen Lebens in ein stabiles System etablierter Praktiken und Konfessionen nicht oder doch nicht nur eine Sache des Glaubens war. Das beste Beispiel dafür ist der Fall Sabetai Sevis (auch Sabbatai Zwi, 1626–1676), eines jüdischen Mystikers, der sich 1648 seinen Anhängern gegenüber als Messias offenbart hatte. Auf ausführlichen Reisen zu den wichtigsten Zentren jüdischen Lebens im Osmanischen Reich sammelte er eine umfangreiche Gemeinde: In İzmir, seiner Heimatstadt, Kairo, Alexandria, Jerusalem und Saloniki, bald aber auch außerhalb des Reiches entstanden Gruppen von Menschen, die ihm folgten. Die etablierten Rabbiner bekämpften diese Strömung meist nach Kräften. Als Sabetai aber 1665 seinen Anspruch, der Messias zu sein, offen erklärte, nahm ihn die osmanische Regierung in Haft. Bei einer Vernehmung in Edirne durch den Scheichülislam vor die Wahl gestellt, ein Wunder zu tätigen oder den Islam anzunehmen, trat Sabetai zum Glauben über. Als Azîz Mehmed, wie er von nun an hieß, leitete er aber weiter seine Gemeinde, deren synkretistische Lehre zukünftig im Geheimen lebte. Seine *dönme* oder *avdetî* (beides bedeutet »Apostat«) genannten Anhänger brachten es fertig, unter einer oberflächlich muslimischen Glaubenspraxis als eine eigene Glaubensgemeinschaft zu überleben. Mitglieder der vor allem in Saloniki stark vertretenen *dönme* spielten etwa bei der jungtürkischen Revolution von 1908 eine wichtige Rolle.

Literatur und Musik

Ein Beispiel für die Bandbreite islamischer Praxis im Osmanischen Reich ist auch, dass ein Dichter, der besonders für seine erotischen Werke und Lobpreisungen des Weines geschätzt wurde, über zwanzig Jahre lang als Scheichülislam amtierte. Yahyâ (1552–1644) gilt neben Nef'î, der auch ihn gnadenlos verspottete, zu den bedeutendsten Dichtern der ersten Hälfte des 17. Jahrhunderts.

Şeyh ül-İslâm Yahyâs Gedichte zeichnen sich durch einen verhältnismäßig klaren, einfachen Stil aus. Seit Nef'î setzte sich in der osmanischen Dichtung mehr und mehr eine andere Dichtungsweise durch: der »indische Stil«, *sebk-i Hindî*, der seinen Namen aus persischen Vorbildern zog, die am Hof der indischen Mogule gewirkt hatten. Der indische Stil ist eine hermetische Dichtung. Die Kenntnis des Persischen war unerlässlich, um diese Gedichte zu verstehen, und gerne produzierten die osmanischen Dichter des indischen Stils auch persische Wortverbindungen, die es so im Persischen gar nicht gab.

Die Produktion osmanischer Hochliteratur scheint im 17. Jahrhundert eine gewisse Verbreiterung ihrer sozialen und geographischen Basis erfahren zu haben. Die beiden größten Meister osmanischer Kunstprosa (*sec'*) der Zeit, Veysî (1561–1628) und Nergisî (gest. 1635), wirkten als Kadis in südosteuropäischen Städten fern des Palastlebens. Veysî zog ein Leben in Skopje einer glänzenderen Karriere vor und verwandte all seine stilistische Kunst darauf, immer wieder zum Kadi dieser Stadt ernannt zu werden – immerhin siebenmal erhielt er den Posten. Als Nergisî nach seiner langen Laufbahn als Provinzkadi dann doch zum Reichsgeschichtsschreiber ernannt worden war, starb er auf seinem ersten Feldzug in Gebze, dreieinhalb Tagesmärsche von İstanbul, nachdem er vom Pferd gefallen war.

Auch der allgemein als größter Autor seiner Zeit geltende Nâbî (1642–1712), der eine lange Laufbahn im Gefolge eines Wesirs hinter sich gebracht hatte, ließ sich nach dessen Tod in Aleppo nieder und kehrte erst Jahrzehnte später nach İstanbul zurück, als der mit ihm befreundete lokale Gouverneur zum Großwesir ernannt wurde und ihn mitnahm.

Nergisî, Veysî und Nâbî teilen neben ihrer Verwurzelung in der Provinz noch eine weitere Eigenschaft: Sie waren auch als politische Autoren tätig. Die etablierten Genres des Fürstenspiegels und der moralischen Darlegung wurden eine besonders beliebte Literaturgattung. Politische Ratgeber zu verfassen, in denen untersucht wurde, wie ein Idealzustand wiedergewonnen werden konnte, den man zumeist in der Zeit Süleymâns des Prächtigen zu finden glaubte, war ein Mittel, Krisenbewusstsein und Kritik zum Ausdruck zu bringen.

Von Kâtib Çelebis politischer Programmschrift »Praktische Anleitung zur Besserung der Übel«, die neben der dem jungen Murâd IV. als Ratgeber vorgelegten *Risâle* Koçî Beğs von 1631 als eines der bedeutendsten Werke der osmanischen politischen Literatur des 17. Jahrhunderts gilt, war bereits die Rede. Noch berühmter ist Kâtib Çelebi durch seine geographischen, historischen und bibliographischen Werke geworden, die das osmanische Wissen enzyklopädisch, aber unter kritischer Durchdringung zusammenfassten. Dabei verwendete der Gelehrte das Arabische und Türkische mit gleicher Selbstverständlichkeit.

In der Atmosphäre, die İstanbul im 17. Jahrhundert bot, war es für einen Gelehrten wie Kâtib Çelebi möglich und erlaubt, auch zu osmanischen und nichtosmanischen Nichtmuslimen Kontakt zu halten. Kâtib Çelebi übersetzte mit Hilfe eines französischstämmigen Apostaten namens Mehmed İhlâsî gleich eine ganze Reihe von europäischen Werken und integrierte sie kommentierend in seine eigenen Bücher.

Was diesen selbstbewussten, aber auch selbstverständlichen Umgang mit westlichem Wissen angeht, war Kâtib

Çelebi eine Ausnahme, aber kein Einzelfall. Das İstanbul des 17. Jahrhunderts war eine Stadt, in der ein relativ intensiver Austausch zwischen interessierten Europäern wie dem bereits erwähnten Paul Rycaut, dem französischen Botschafter Antoine Galland (1646–1715), dem ersten Übersetzer der Märchen aus 1001 Nacht, oder dem italienischen Offizier Luigi Fernando Marsigli (1658–1730) und Osmanen wie Kâtib Çelebi oder dem ihm als Polyhistor fast ebenbürtigen Hezârfenn (»Tausendkunst«) Hüseyin (gest. 1691) stattfinden konnte. Der unter seinem Titel als »Hofastrologe« (Müneccimbaşı) bekannte Mevlevî-Derwisch Ahmed Dede (1631–1702) verfasste auf Arabisch nicht nur Werke zu Astronomie, Logik, Medizin, Musik und theologischen Fragen, sondern auch eine monumentale Weltgeschichte, die seine Bedeutung als Polyhistor der Kâtib Çelebis oder Hüseyin Hezârfenns vergleichbar macht.

In diese intellektuelle Atmosphäre gehören auch Personen wie Alî Ufkî (gest. etwa 1675), ein als Wojciech Bobowski in Lemberg geborener Pole, der es, in osmanische Gefangenschaft geraten, in İstanbul zum Hofmusiker und Staatsdolmetscher brachte. Zu seinen Werken gehören nicht nur die ersten Notationen osmanischer Musik, die erhalten sind, sondern auch von ihm auf Lateinisch als Albertus Bobovius verfasste Werke über das Osmanische Reich und eine osmanische Bibelübersetzung, die bis heute die Grundlage des türkischen Bibeltextes bildet.

Der kulturelle Kontakt mit der Außenwelt, der sich auch in Texten wie den Erinnerungen des Heeresübersetzers Osmân Ağa an seine Gefangenschaft in Österreich oder Evliyâ Çelebis Beschreibung Wiens niedergeschlagen hat, war während des 17. Jahrhunderts sicher intensiver als in der Zeit vorher. Aus muslimischer Sicht stand aber die eigene (religiöse und kulturelle) Überlegenheit dabei kaum in Frage. Etwas anders mag die Situation unter den nichtmuslimischen Eliten gewesen sein.

Unter den Juden des Reichs ist eine zeitgenössische Rezeption Baruch de Spinozas (1632–1677) nicht belegt. Allerdings kam es zum Austausch zwischen aschkenasischen und sephardischen Autoren. Dabei spielte der Buchdruck eine wichtige Rolle. Die Zahl gedruckter Titel und auch die Auflagen blieben zwar verhältnismäßig klein. Immerhin aber wurden im 17. Jahrhundert in İstanbul auch aschkenasische Autoren gedruckt; und Bücher wurden zwischen Venedig, Amsterdam und der Hauptstadt des Osmanischen Reiches gehandelt, den drei wichtigsten Zentren hebräischen Buchdrucks.

Venedig war auch für orthodoxe und armenische Christen ein bedeutendes kulturelles Zentrum. Hier standen mehrere armenische Druckereien, eine davon von einem Seidenhändler gegründet. Der erste armenische Bibeldruck allerdings wurde 1668 in Amsterdam abgeschlossen. Das armenische und das griechisch-orthodoxe Geistesleben des 17. Jahrhunderts standen zu einem guten Teil unter dem Eindruck der Gegenreformation, die vor allem von den Orthodoxen als eine Bedrohung ihres Glaubens betrachtet wurde. Aus orthodoxer Sicht war auch die so genannte kretische Renaissance (noch unter venezianischer Administration) zumindest in Teilen bedrohlich. Der Patriarch Kyrillos Loukaris (1572–1638) machte sich zahlreiche calvinistische Positionen zu Eigen. Gegen den Einfluss italienischer Universitäten revitalisierte er die Akademie des Patriarchats und berief den Neo-Aristoteliker Theophilos Korydalleas (1570–1646) als deren Leiter. Er hatte in Padua studiert, seinen Platz allerdings unter den Gegnern Galileos gehabt. In Venedig wurde pro- wie anti-katholische griechische Literatur gedruckt. Der populärste griechische Autor war aber der Mönch Agapios Landos vom Athos, der vor allem volkssprachliche Erbauungsliteratur verfasste.

Das kurze 18. Jahrhundert

(1703–1768)

Von Christoph K. Neumann

Epochenüberblick

Konventionelle Geschichtsschreibung hat das Osmanische Reich im 18. Jahrhundert im Allgemeinen als einen Staat und eine Gesellschaft im Niedergang verstanden. In den letzten Jahren wurde dagegen vermehrt argumentiert, dass das 18. Jahrhundert zunächst eine Zeit der Prosperität war, gekennzeichnet von Wirtschafts- und Bevölkerungswachstum. Parallel zu dieser Neubewertung hat die osmanische Kultur des 18. Jahrhunderts eine Neueinschätzung erfahren, die ihre Vielschichtigkeit zu würdigen versucht, anstatt sie als Zeichen einer Dekadenz zu betrachten.

Der die Ära kennzeichnende Aufstieg der Notablen (*a'yân*), die in den Provinzen eine Mittlerstellung zwischen der Zentralverwaltung und den Untertanen einnahmen, brachte zwar einen gewissen Grad der Dezentralisierung mit sich, bedeutete aber keineswegs einen Zusammenbruch der gesellschaftlichen und staatlichen Ordnung. Dass sich die politischen Haushalte so sehr verfestigen konnten, verdankt sich der geschickten Nutzung der Möglichkeiten, die die Etablierung der lebenslänglichen Steuerpacht (*mâlikâne*) mit sich brachte: die Einrichtung von Gutsherrschaften (*çiftlik*) oder, alternativ, der Aufbau dauerhafter Netze von Abhängigkeiten.

Auch in anderen Bereichen der Gesellschaft ist eine Tendenz zur Verfestigung von Eliten zu beobachten, die in der durch die Dynamiken des 17. Jahrhunderts geschaffenen Sozialordnung besondere Funktionen wahrnahmen. Das gilt einmal für die großen Familien der *ilmîye,* dann ist aber auch das Jahrhundert oft zu Recht als das Zeitalter der »Schreiber« oder »Bürokraten« bezeichnet worden, denn diese gewannen in der Staatsverwaltung gegenüber Militärs oder *ulemâ* deutlich an Gewicht. Zweifellos ist das 18. Jahrhundert auch die Zeit der Phanarioten, einer sich auf byzantinische Wurzeln berufenden orthodoxen Aristokratie. Diese großen Familien hatten Schlüsselpositionen im europäisch-osmanischen Kontakt inne, die sie zu oligopolisieren und in einen im Wesentlichen nur ihnen selbst zugänglichen *cursus honorum* zu verwandeln verstanden.

In vergleichbarer Weise kam es zu einem neuen Gleichgewicht zwischen lokalen Kräften und osmanischer Zentralverwaltung in anderen Provinzen. In Kairo oder Bagdad wurde dabei ein höherer Grad an Autonomie erreicht als etwa in Damaskus oder İzmir. Die Grenze zwischen »lokalen« Eliten und Vertretern des »zentralen« Reiches ist durchaus nicht immer klar.

Von Verfestigung ist im Falle der Janitscharen und Handwerker zu sprechen, zwei gerade in der Hauptstadt eng zusammenhängender sozialer Gruppen. Die Fixierung von Rechten und Ansprüchen ging dabei mit ihrer Monetarisierung einher: Aus einer Zunftmitgliedschaft wurde so die handelbare Lizenz, ein Handwerk zu betreiben (*gedik*), aus dem Lohnschein des Janitscharen ein ebenfalls verkäufliches Rentenpapier.

Dass es zu diesen Entwicklungen kommen konnte, lag auch an dem Versuch der staatlichen Verwaltung, den Markt zu kontrollieren, um einen guten Versorgungsgrad zu garantieren. Dieser »Provisionismus« war mit einem »Fiskalismus« gekoppelt, der Tendenz, Marktaktivitäten so zu steuern, dass möglichst hohe Staatseinnahmen aus ihnen gezogen werden konnten. Beide Prinzipien trugen dazu bei, dass die osmanische Wirtschaft gegenüber denen konkurrierender europäischer Länder in Nachteil geriet.

Der intensive kommerzielle Kontakt mit Europäern und die Erkenntnis, militärisch in die Defensive geraten zu sein, führte bei Teilen der Elite zu einem verstärkten Interesse an Aspekten west- und mitteleuropäischer Kultur. Zum Teil handelt es sich dabei um die Neugier von Angehörigen der osmanischen Elite mit einem aristokratischen Habitus, die ihr Gegenstück in der gleichzeitigen »Türkenmode« an europäischen Höfen fand. Andererseits entwickelte sich in der osmanischen Kultur unter Teilen der gebildeten Schichten die Vorstellung, dass das Reich nur dann wieder seine alte Überlegenheit gewinnen könne, wenn es neue Konzept und Artefakte entwickle bzw. von Europäern zu übernehmen bereit sei.

Militärisch beruhte die Macht des Reiches wegen der Transformation der sultanischen Pfortentruppen zu einer privilegierten städtischen Mittelschicht unter Waffen zunehmend auf den Gefolgen der hohen Würdenträger. Die europäische Entwicklung hin zu Truppen, die durch Exerzieren zu koordinierter Bewegung auf dem Schlachtfeld in der Lage waren, wurde von den Osmanen kaum nachvollzogen. Unter Führung des Comte de Bonneval wurde jedoch eine Artillerie aufgestellt, die der zeitgenössischer europäischer Mächte entsprach.

So war das Osmanische Reich des 18. Jahrhunderts ähnlich wie Polen ein Land, das an europäischen Entwicklungen teilhatte. In manchem wirkt es wie eine südosteuropäische Variante der absolutistischen Verwaltungsstaaten, die soziokulturell von einer in sich reich gegliederten Aristokratie dominiert wurden, wirtschaftlich aber nach wie vor agrarisch geprägt waren.

Das Osmanische Reich war in militärische Konflikte an drei Fronten verwickelt: Da waren zunächst die alten Auseinandersetzungen mit Venedig und den Habsburgern im Westen und dem Iran im Osten, wo die Auflösung der safawidischen Herrschaft Möglichkeiten, aber auch Gefahren für die Osmanen zu bergen schien. Von immer größerer Bedeutung war die Auseinandersetzung mit dem Zarenreich im Norden. Diese verband sich im Donaugebiet mit der zwischen den Osmanen und dem Habsburgerreich, im Kaukasusgebiet mit dem iranisch-osmanischen Konflikt.

1703–1730	Ahmed III.
1703–1711	Antihabsburgische Rebellion in Ungarn unter Führung von Franz II. Rákóczi.
1709–1713	Karl XII. von Schweden in osmanischem Asyl.
1711	Schlacht an der Pruth, Wiedereinnahme Asows.
1714–1718	Krieg mit Venedig, 1715 Rückeroberung der Peloponnes.
1716–1718	Krieg mit Habsburg, 1717 Belgrad verloren.
1718	Friede von Passarowitz.
1718–1730	Dâmâd İbrâhîm Pascha Großwesir, Höhepunkt der »Tulpenzeit«.
1723–1727	Einmarsch in den Westiran als Reaktion auf die afghanische Invasion dort und das Ende der zentralen Herrschaft durch die safawidische Dynastie.
1721	Gesandtschaftsreise Yiğirmisekiz Mehmed Çelebis nach Frankreich.
1729	*Vânkulu Lügatı*, das erste auf osmanischem Boden auf Türkisch gedruckte Buch.
1730	Rebellion Pâtrôna Halîls, Absetzung Ahmeds III.
1730–1736	Auseinandersetzung und Krieg im Iran mit Nâdir (Schah von Iran ab 1736).
1730–1754	Mahmûd I.
1736–1739	Krieg mit Russland und Habsburg
1739	Friede von Belgrad, osmanische Rückgewinnung von Belgrad, Serbien, Orşova und der Kleinen Walachei, Verlust Asows.
1740	Frankreich wird Schutzmacht der Katholiken im Osmanischen Reich.

1743–1746	Krieg mit dem Iran unter Nâdir Schah.
1744–1765	Muhammad B. Saûd herrscht über große Teile der Arabischen Halbinsel.
1754–1757	Osmân III.
1755	Fertigstellung der Moschee Nûr-u Osmânîye.
1757–1763	Râgıb Pascha Großwesir.
1757–1774	Mustafâ III.
1757	Pilgerweg nach Mekka abgeschnitten.
1760–1773	Kairo unter Dominanz des Kâzdâgliyya-Beğs Bulût-Kapan Alî al-Kabîr.
1761	Osmanisch-preußischer Handelsvertrag.
1766	Erdbeben mit Zentrum im östlichen Marmarameer zerstört Teile İstanbuls.

Außenpolitik und Kriege

Das Osmanische Reich war nach dem Frieden von Karlowitz Teil eines europäischen Machtgefüges, zu dessen Hauptproblemen Stellung und Zukunft des polnischen Königreichs gehörten. Im Grunde waren spätestens seit Osmâns II. Feldzug die Osmanen an Polen intensiv interessiert, aber in den letzten Jahrzehnten des 17. Jahrhunderts hatte sich die Lage dadurch geändert, dass Russland als konkurrierende Großmacht auftrat. In dieser Situation ist verständlich, dass das Osmanische Reich dem schwedischen König und Autokraten Karl XII. (1697–1718) Asyl gewährte, als dieser mit seinem Angriffszug im Großen Nordischen Krieg gescheitert und nach einer vernichtenden Niederlage im nicht besonders nordischen, sondern auf der Breite Prags liegenden ukrainischen Poltawa sich auf osmanisches Territorium flüchtete.

Karls Hoffnung, durch ein osmanisch-schwedisches Bündnis die Landkarte Osteuropas kräftig zu Schwedens

Gunsten verändern zu können, verwirklichte sich jedoch nicht – und das, obwohl die Osmanen erst Asow wieder einnehmen konnten und dann das Heer des Zaren Peter I. am Prut vollständig schlugen. Es hat in der Geschichtsschreibung zahlreiche Spekulationen darüber gegeben, warum dieser Sieg nicht gründlicher ausgenutzt wurde – und es gehört zum Weltbild barocker wie romantischer Hofchronistik, Vermutungen anzustellen, dass wohl nur sexuelle Gefälligkeiten der Zarin den Großwesir friedlich gestimmt haben können. Tatsächlich hatten die Osmanen aber ihre Kriegsziele mit der Wiedereroberung Asows erreicht und gar kein Interesse an einer kostspieligen Eroberung weitab liegender, kaum zu kontrollierender Gebiete nördlich des Schwarzen Meeres. Stattdessen war ihnen an einer Stärkung des dortigen Ringes von Tataren- und Kosakenherrschaften gelegen. Karl XII. blieb nur, sich in einem berühmt gewordenen, tollkühnen Ritt von Bender nach Stralsund durchzuschlagen.

Vor allem aber hatte den Osmanen der Krieg gezeigt, dass die orthodoxe Aristokratie der Donaufürstentümer für ideologische und politische Angebote aus Russland durchaus empfänglich war. Dimitri Kantemir (1673–1723, s. S. 269), Hospodar der Moldau, lief nämlich zum Zaren über. Von nun an wurden die Hospodaren nicht mehr von den einheimischen Bojaren gewählt und dem Sultan bestätigt, sondern direkt durch den Sultan ernannt. Und der traf seine Auswahl unter den führenden Orthodoxen der Hauptstadt, die sich im Staatsdienst bereits bewährt hatten, den Phanarioten (s. S. 256–258).

Nach dem Sieg am Prut nutzte der neue Großwesir Alî Pascha die erste Gelegenheit, gegen die Resultate des Vertrages von Karlowitz vorzugehen. Nach Klärung aller Streitfragen mit Russland erklärten die Osmanen Venedig den Krieg. Tatsächlich gelang es ihnen recht mühelos, die Peloponnes wiederzugewinnen, sogar die nach den Maximen Vaubanscher Fortifikationskunst ausgebaute Burg

Palamidi über der wichtigen argolischen Hafenstadt Nafplion/Nauplia. Die Peloponnes wurde als »neue« Eroberung behandelt, was bedeutete, dass Rechte aus der Zeit vor der venezianischen Eroberung jedenfalls zum Teil verloren gingen und keine Militärpfründen mehr eingerichtet wurden. Die muslimische Bevölkerung blieb gerade auf dem Lande dünn, während in den beiden Hauptorten Tripolis und Nafplion die bisherigen Einwohner, so sie nicht geflohen waren, versklavt wurden. Die neuen Bewohner dieser Städte waren jedenfalls zunächst fast ausschließlich Muslime; und diese wichtigsten Zentren der Provinz wurden durch starke Garnisonen dominiert. Von einer Wiederherstellung alter Verhältnisse kann also nur eingeschränkt die Rede sein.

Eine Wende kam in den Krieg, als 1716 die Habsburger auf Seiten Venedigs in die Kampfhandlungen eingriffen. In der Schlacht bei Petrovaradin/Peterwardein schlug ein habsburgisches Heer unter Eugen von Savoyen das der Osmanen vernichtend. Der Großwesir Alî Pascha fiel und wurde in der Geschichtsschreibung als »der Märtyrer« (»Şehîd«) bekannt.

Zwei Jahre später mussten die Osmanen im Frieden von Požarevac/Passarowitz erhebliche Gebiete abtreten: Das Banat um Temeschwar/Timişoara, den Westteil der Walachei, Belgrad und die nördliche Hälfte Serbiens. Dem Osmanischen Reich blieb die Peloponnes, aber Venedig behielt die dalmatinische Küste, und Dubrovnik/Ragusa gewann völlige Unabhängigkeit.

Wenig später griffen die Osmanen im Iran an. Dort zerfiel die safawidische Zentralmacht zusehends. Die Osmanen einigten sich mit den Russen auf eine Aufteilung des Kaukasus. Auch im Süden eroberten sie einige Gebiete, etwa die wichtige Stadt Hamadan. Auf all diese Gewinne mussten sie aber verzichten, als Nâdirkuli Beğ, zunächst noch als Feldherr des safawidischen Schahs Tahmâsp II., dann als Regent und schließlich nach 1736 als Nâdir

Schah, Widerstand organisierte. Schon im Sommer 1730 hatte er Hamadan wieder eingenommen. 1736 wurde ein osmanisch-iranischer Friedensvertrag ausgehandelt, der im Wesentlichen den Zustand vor dem Krieg wiederherstellen sollte, aber nie ratifiziert wurde, weil Nâdir Schah auch verlangte, die Rechtslehre (*fikh*) der Schiiten als fünfte, »dscha'farîtische« Rechtsschule von den Sunniten anerkennen zu lassen.

Von 1737 bis 1739 kämpften die osmanischen Armeen wieder in Südosteuropa; und es gelang, sowohl einen russischen Angriff auf die Krim zurückzuschlagen als auch einen habsburgischen Einmarsch in die Moldau und Walachei. 1739 erhielt das Osmanische Reich im Frieden von Belgrad die zwei Jahrzehnte vorher verlorenen Gebiete zurück. Asow, so lange zwischen Russen und Osmanen umstritten, wurde geschleift.

Nâdir Schah griff dann in Mesopotamien, später das ostanatolische Kars an, hatte aber keinen dauerhaften Erfolg. Der 1746 geschlossene Frieden stellte die alten Grenzen wieder her. Von einer Anerkennung der Ca'farî-Rechtsschule war keine Rede mehr.

Letztlich hatten die langen, blutigen und kostspieligen Kriege zwischen 1710 und 1746 territorial keine nennenswerten Veränderungen gebracht. Ökonomisch und politisch dagegen waren sie mit hohen Kosten verbunden. Die osmanische Führung hat nach 1747 systematisch vermieden, Kriege zu führen. Das Reich war eine etablierte, gefestigte Großmacht, und territoriale Gewinne waren kaum zu erwarten. Es folgte eine Zeit des Friedens, so lang, wie sie das Reich noch nie erlebt hatte. Sie dauerte von 1746 bis 1768.

Der Charakter internationaler Politik des 18. Jahrhunderts und die Osmanen

Es ist kein Zufall, dass diese lange Friedenszeit in das 18. Jahrhundert fiel. In diesem Jahrhundert bildete sich ein europäisches Staatensystem heraus, das durch Rüstung und Diplomatie ein Kräftegleichgewicht anstrebte. Auch, dass es immer teurer wurde, Kriege zu führen, half mit, sie für einige Zeit zu verhindern. Zentral geleitete Heere erwiesen sich operationell den aus Kontingenten verschiedener Feudalherren zusammengesetzten überlegen. Zentrale Organisation erforderte zentrale Finanzierung und beides trug zur Herausbildung von Staaten bei, die der Historiker und Politikwissenschaftler Charles Tilly »nationale Staaten« nennt (im Gegensatz zu den ethnisch, linguistisch und symbolisch verhältnismäßig homogenen »Nationalstaaten«). Diese Form politischer Organisation zeichnet sich durch direkte, zentrale und zunehmend territorial einheitliche, rationalisierte Herrschaft aus. Es ist deutlich, wie die von der politischen Philosophie der Aufklärung entwickelten Konzepte ungeteilter Souveranität sich mit diesen Entwicklungen decken.

Die Osmanen waren an diesen Entwicklungen eingeschränkt beteiligt, aber mit ihren Folgen uneingeschränkt konfrontiert. Dass das 18. Jahrhundert konventionell als eine Zeit der »Dezentralisierung« betrachtet wird, hat weniger mit der osmanischen Dynamik als mit der europäischen Entwicklung zu tun. Einerseits nahmen sich die europäischen Regierungen des Absolutismus den »Despotismus«, wie sie es nannten, der Osmanen zum Vorbild, wenn es um die – angebliche – Uneingeschränktheit souveräner Macht des Regenten ging, andererseits übertrafen sie die osmanische Staatsordnung, was das Ausmaß zentral ausgeübter Macht anging: der Grad der von der Regierung ausgeübten Kontrolle nahm im Osmanischen

Reich nicht wesentlich ab, aber in den europäischen Territorialstaaten deutlich zu.

Einer der wichtigsten Faktoren, die dazu beitrugen, war die Schaffung neuer Eliten, die nicht mehr, wie die europäische Hocharistokratie, international, sondern auf den sie schaffenden Staat bezogen waren. Nur mit Hilfe dieser Schicht des Amtsadels und der Handelskapitalisten gelang es den Monarchien des 18. Jahrhunderts, überseeische Kolonien zu erobern und zu kontrollieren, eine relativ geschlossene Wirtschaftszone im gesamten Territorium des Staates zu etablieren und durch Zollmauern zu schützen sowie große, stehende Heere und aufwändige Kriegsflotten zu unterhalten.

Dies waren die europäischen Staaten, mit denen das Osmanische Reich konfrontiert war. Nach wie vor teilte es mit ihnen sozioökonomisch mehr als mit den Ländern an seiner Ostgrenze, den Safawiden und ihren Nachfolgern oder den kaukasischen Staatsbildungen. Auch militärisch unterschied es sich auf den ersten Blick gar nicht so erheblich von seinen europäischen Zeitgenossen, denn ein großes stehendes, mehr oder weniger regelmäßig besoldetes Heer unterhielt es in den Pfortentruppen seit eh und je. Allerdings war das Offizierskorps sozial von den Truppen weniger getrennt und vor allem weniger systematisch ausgebildet als in Europa.

Auf diplomatischem Gebiet unterschied sich die osmanische Praxis deutlicher von der seiner Zeitgenossen. Das Osmanische Reich hatte keinen Platz in der völkerrechtlichen Ordnung, die nach dem Westfälischen Frieden von 1648 entstanden war; und es etablierte auch keine fest residierenden Botschaften im Ausland. Trotzdem existierte eine funktionierende Praxis diplomatischen Verkehrs. Die osmanischen Unterhändler waren in aller Regel erfolgreiche Vertreter der Interessen ihres Sultans. Insofern war das Reich Teil eines Systems internationaler Politik, in dem die Staaten einander prinzipiell das Existenzrecht nicht absprachen, sich durch Allianzen und Pakte schützten und Kriege schon aus Kostengründen in Dauer und Umfang begrenzten. Wesentlich war allerdings, dass die Kenntnis des jeweils anderen im Osmanischen Reich weitaus geringer war als umgekehrt.

Eliten der Hauptstadt

Entstehung einer *ulemâ*-Aristokratie

Seit Madeline Zilfi hat sich in der Forschung für die Oberschicht der osmanischen *ilmîye* der Begriff der »Aristokratie« durchgesetzt – ausgerechnet für die Elite einer gesellschaftlichen Gruppe also, die grundsätzlich besonders strikter zentraler Kontrolle unterworfen war und die Stellung des Einzelnen in ihrer Hierarchie meritorischen Prinzipien zu unterwerfen vorgab. Schon im 17. Jahrhundert aber hatte sich ja die Kluft zwischen den Spitzen-*ulemâ* und dem Rest des Standes dramatisch vertieft. Auf der einen Seite hatte die Zahl von Lehranstalten und ihrer Absolventen zugenommen; allein in der Hauptstadt waren 150 Medresen seit dem Ende des 16. Jahrhunderts dazugekommen. Auf der anderen Seite waren einflussreiche Gelehrtenfamilien entstanden, die bei der Vergabe von Posten bevorzugt wurden. Allerdings hatte das Ende der Scheichülislâme Hôcazâde Mes'ûd und vor allem Seyyid Feyzullâh auch aufgezeigt, dass es höchst riskant war, mehr politische und wirtschaftliche Macht für die *ilmîye* anzustreben.

Gegen Feyzullâh hatten auch zahlreiche andere hochrangige *ulemâ* opponiert – unter anderem deswegen, weil er so viele hohe Posten an Familienmitglieder und Schützlinge vergab. Noch unter Ahmed III., der nach dem Sturz

Feyzullâhs auf den Thron gekommen war, wurden Regelungen erlassen, die den Stand der *ilmîye* anderen Schichten gegenüber sozial abschlossen und zur Verfestigung ihrer Oberschicht führten, andererseits aber deren Einfluss auf *ilmîye*-bezogene Bereiche beschränkte.

Die Lehrer an den Lehreinrichtungen der *ilmîye* vergaben seit jeher keine Diplome, die den Abschluss einer Ausbildung feststellten, sondern nur solche, die bestätigten, dass der Student Kenntnisse in einem Wissensgebiet erworben hatte. Der formelle Abschluss eines Studiums, das *mülâzemet*, wurde auf Antrag eines Würdenträgers ausgestellt – ein Privileg, das in die Logik einer von *intisâb*-Verhältnissen geprägten Gesellschaft passt. Der Absolvent musste sich dann mindestens sieben Jahre in minderen *ilmîye*-Stellungen oder auf Vertreterposten bewähren, bevor er zu der großen Prüfung zugelassen wurde, die allein den Zugang zu einer höheren *ulemâ*-Laufbahn ermöglichte: dem *rüûs*.

Ahmed III. beschränkte nun das Recht, Absolventen zu nominieren, auf hohe İstanbuler *ulemâ* und nahm es damit nicht nur Wesiren und andere Würdenträgern, sondern auch den Professoren der großen Medresen in Bursa und Edirne ab. Das Recht, Kandidaten auf eine höhere *ilmîye*-Laufbahn zu benennen, lag damit bei einem sehr kleinen Personenkreis. Damit verbunden wurde die Kontrolle der von hohen *ulemâ* abstammenden Absolventen formell aufgehoben – so mancher machte seine Söhne zu einem der so genannten »Gelehrten aus der Wiege« (*beşik ulemâsı*), die schon im Säuglingsalter den Abschluss ihres Studiums bescheinigt bekamen.

Vor allem seit der Mitte des 18. Jahrhunderts, seit der Herrschaft Osmâns III. (1754–1757), erteilten die Sultane immer häufiger auch das so wichtige *rüûs*-Zertifikat ohne Prüfung an Kandidaten ihrer Gunst – meist wieder Söhnen aus etablierten *ulemâ*-Familien, daneben auch solchen anderer Würdenträger, deren nachgestellter Namenstitel das *efendi* der Rechtsgelehrten mit dem *beğ* der anderen hohen *askerî* zum *beğefendi* kombinierte.

Während des 18. Jahrhunderts lassen sich elf Familien hoher *ulemâ* identifizieren, die, oft untereinander durch Heiraten verbunden, die gesamte Hierarchie dominierten. Die drei wichtigsten, die Familie des hingerichteten Seyyid Feyzullâh, die Familie Ebû-İshâk und die Familie Dürrî, stellten allein zwölf der 29 Scheichülislame, die zwischen 1703 und 1839 amtierten. Noch deutlicher wird die Dominanz der großen Familien, wenn man sich den familiären Hintergrund der 237 höchstrangigen *ulemâ* vor Augen hält: 112 von ihnen waren direkte Nachkommen hoher *ulemâ*, 41 Söhne von Wesiren bzw. hohen Militärs, 11 stammten aus dem Palast. Bei den übrigen 58 ist die Herkunft unbekannt oder aus unteren Schichten.

Die *ilmîye* des 18. Jahrhunderts war so von einer kleinen, aristokratischen Schicht dominiert, der es gelungen war, einige Privilegien (wie das der Zulassung eines *mülâzemet* ohne Prüfung) rechtlich fixieren zu lassen, die sich aber auch permanent sultanischer Gunst erfreute. Dabei war diese Schicht in ihrem Wirkungskreis ebenfalls vor allem ein İstanbuler Phänomen. Auch in den größten Provinzstädten lagen Rechtspflege und -lehre weitgehend in der Hand einheimischer, lokal einflussreicher Familien. Für Damaskus etwa ist untersucht, wie diese Familien die lokalen Hilfsrichter- und Gerichtsschreiberstellen beherrschten, vor allem aber das Amt des regionalen Mufti – und mit diesem Netzwerk waren sie von nachhaltigerem Einfluss als der aus İstanbul entsandte Kadi mit einem Hintergrund in der *ilmîye*-Aristokratie, der das lokale Arabisch nicht oder kaum verstand und nur kurz blieb. Noch stärker galt das natürlich für die Angehörigen der schafiitischen und der hanbalitischen Rechtsschule, die ebenfalls in Damaskus lebten, ihren eigenen Kadi besaßen und mit den Karrierewegen der hauptstädtischen Hanefiten kaum etwas zu tun hatten.

Angehörigen der *ilmîye*-Aristokratie hat man immer wieder, und oft zu Recht, Ignoranz und Unwissenheit vorgeworfen. Andererseits war das 18. Jahrhundert eine Zeit ohne bedeutenden innermuslimischen Disput, der wie die Forderungen der Kâdizâdeliler im vorausgehenden Jahrhundert das geistige Leben der Zeit dominiert hätte. Insofern leistete die *ilmîye* der Hauptstadt nichts anderes als die Verwaltung einer etablierten Religion. Auch neu entstehende mystische Bewegungen und Gruppen wie die der Anhänger des schon 1694 verstorbenen, großen spekulativen Mystikers Niyâzî Mısrî oder etwa die sunnitische *cerrâhîye* des Halvetî-Scheichs Nûr ed-Dîn Mehmed Cerrâhî (gest. nach 1721) stellten keine Bedrohung dieses etablierten Islams dar.

Zu einer ähnlichen Entwicklung kam es allerdings am Rande des Reiches, auf der Arabischen Halbinsel, wo die puritanischen Lehren Muhammad ibn Abd al-Wahhâbs (1703–1792) zahlreiche Anhänger fanden. Die Wahhâbiten gewannen bald eine dominante Stellung in der Hanbaliyya, einer der vier orthodoxen Rechtsschulen des Islams. Ähnlich wie die Kâdizâdeliler gingen sie gegen alle Aspekte des Glaubenslebens vor, von denen sie glaubten, dass sie keine Grundlage in prophetischer Praxis hatten. Am heftigsten wandten sie sich gegen alle Formen der Toten- und Heiligenverehrung. Politisch führte die Familie Ibn Saûd, die zur Stammesgruppe der Anaza gehörte, die Wahhâbiten. Seit Mitte des Jahrhunderts etablierten sie einen Staat auf der Arabischen Halbinsel mit Zentrum in der Region Nedschd.

Phanarioten

Eine Aristokratie, die in mancher Hinsicht der der *ulemâ* ähnelte, entwickelte sich in einer anderen osmanischen Teilgesellschaft, der der Griechisch-Orthodoxen. Diese

Schicht machte allerdings Anspruch auf ältere Abstammung als die großen Familien der *ilmîye* (sofern diese keine *seyyid,* Abkömmlinge des Propheten, waren): die griechisch-orthodoxe Aristokratie bezog sich auf byzantinischen Adel.

Diese Familien, die in der Umgebung der Patriarchatskirche Hagios Georgios siedelten und nach dem dortigen Stadtteil Phanarioten (türk. *Fenerliler*) genannt wurden, waren ökonomisch meist als Kaufleute aktiv. Ihre Söhne wurden häufig nicht an der Akademie des Patriarchats, sondern an italienischen, später auch französischen Hochschulen erzogen. Ihre Verbindungen nach Europa und ihre Sprachkenntnisse machten die Phanarioten zu einer Schicht, die mit Aufgaben in der osmanischen Außenpolitik betraut werden konnten. Wichtige Übersetzerposten, allen voran der am großherrlichen Diwan, wurden mit ihnen besetzt.

Der Durchbruch aber kam 1711, als İskerletzâde Nîkôla Mâvrôkôrdatos (Nikolaos Skarlatos Maurokordatos) anstelle des zu den Russen übergelaufenen Dimitri Kantemir zum Hospodar der Moldau ernannt wurde. Von nun an bis zum Griechischen Unabhängigkeitskrieg 1821 wurden diese Hospodarstellen nur noch mit Männern besetzt, die zuvor als Übersetzer des Großherrlichen Diwans gewirkt hatten – ausnahmlos Griechen, meist Angehörige einer der neun großen Phanarioten-Familien. Dominierend waren die Familien Maurokordatos und Ghika, deren Mitglieder 89 der in Frage kommenden 191 Amtsjahre lang diese Posten besetzten. Wissen und Netzwerke der Phanarioten waren einer der wichtigsten Kanäle, durch die die osmanische Regierung Nachricht von der europäischen Politik erhielt.

Den Phanarioten gelang es im Allgemeinen gut, mit den Rumänisch sprechenden Adligen der Donaufürstentümer, den Bojaren, zu koexistieren. Dabei bedienten sie sich ihres wachsenden Einflusses in der Kirchenorganisation, den sie sich in Zeiten der Krise durch finanzielle Leistungen erarbeitet hatten. Die orthodoxe Hierarchie wurde von ihnen immer abhängiger.

Dem Einfluss der zentralistisch denkenden Phanarioten dürfte es auch zum guten Teil zuzuschreiben sein, dass 1776 die orthodoxen Patriarchate von İpek/Peja und Ohrid wieder aufgelöst und dem in İstanbul zugeschlagen wurden. Trotzdem konnten die Phanarioten nicht verhindern, dass sich in Südosteuropa neue christliche Eliten bildeten, die mit ihnen wenig zu tun hatten, wohl aber mit der Schicht von Dorfvorstehern, die seit jeher dem Staat gegenüber die Interessen ihrer Gemeinschaft vertreten hatten, aber unter den Bedingungen pauschaler Steuererhebung immer größeren Einfluss gewannen.

Gesandtschaften und der Aufstieg der *kalemîye*

Der von einigen Forschern als »säkular« empfundene Charakter des 18. Jahrhunderts lässt sich auch an dem Aufstieg der Bürokratie der Zentralverwaltung, der *kalemîye,* festmachen. Die »Männer des Rohrstiftes« (*ehl-i kalem* oder *kalemîye*) waren eine verhältnismäßig kleine Gruppe: obwohl ihre Zahl im 18. Jahrhundert stets gewachsen war, arbeiteten am Ende des 18. Jahrhunderts nur 155 besoldete Schreiber in den Büros des großherrlichen Diwans und 714 in den zentralen Finanzbüros. Insgesamt wird die Zahl der professionellen Beamten in İstanbul Ende des 18. Jahrhunderts auf 1000 bis 1500 geschätzt. Provinzverwaltungen waren weit kleiner (und der Übergang zwischen dem Sekretär in dem Haushalt eines Würdenträgers in der Provinz und einem bestellten Beamten oft fließend), so dass man nur schwer abschätzen kann, wie viele Leute dort arbeiteten. Insgesamt dürften weit weniger als 5000 Schreiber das ganze Reich verwaltet haben.

Umso erstaunlicher ist es, wie einflussreich diese Gruppe von Menschen war, deren Karrierepfad traditionell mit dem im 18. Jahrhundert zur prestigeträchtigen, aber einflusslosen Sinekure herabgekommenen Amt des *nişâncı* endete. Von größerem Gewicht war das Amt des obersten Rechnungsführers (*baş defterdâr*) und das des Kanzleivorstehers am großherrlichen Diwan. Diese Männer waren auch die ranghöchsten osmanischen Würdenträger, die direkten Kontakt mit ausländischen Diplomaten hatten. Der erste dieser *reîs ül-küttâb,* der es zum Großwesir brachte, war Râmî Mehmed, der mit der Verhandlungsführung beim Friedensschluss in Karlowitz 1699 beauftragt gewesen und dafür zum Wesir gemacht worden war. Sein Großwesirat einige Jahre später verlief nicht unbedingt glücklich, weil er in die Ereignisse um den Tod von Scheichülislâm Feyzullâh und die Absetzung von Sultan Mustafâ verwickelt wurde.

Trotzdem: Der Präzedenzfall, den Râmî Mehmeds Karriere gesetzt hatte, ermöglichte auch anderen Männern mit bürokratischem Hintergrund den Aufstieg in höchste Ämter. Gleich eine Reihe von ihnen brachte es bis zum Großwesir, darunter so bedeutende wie Nevşehirli Dâmâd İbrâhîm (1718–1730), Bâhir Mustafâ (1752–1755, 1756–1757 und 1763–1765), der auch als Dichter berühmte Râgıb Mehmed (1757–1763) und Halîl Hâmid (1782–1785).

Der Aufstieg der *kalemîye* hing mit dem Wandel in der Staatsverwaltung zusammen. Seit dem 17. Jahrhundert hatten sich Steuerpacht und Pauschalzahlungen immer weiter durchgesetzt, und die Rekrutierung von Truppen oblag mehr und mehr politischen Haushalten. All das bedeutete, dass die Zentralverwaltung keinen direkten Zugriff auf wichtige staatliche Abläufe mehr hatte. Sie reagierte auf diese Entwicklung, die in der Geschichtsschreibung als »Dezentralisierung« verstanden wird, mit dem Versuch, nachträglich besser und detaillierter zu kontrollieren, was geschah. Vieles von dem Schriftverkehr, der so angefertigt wurde, mag die Realität nur unvollkommen abbilden: aber die Bedeutung der Bürokratie im osmanischen Staatsleben nahm durch ihn zweifellos zu. In einigen Bereichen standen ihre Mitglieder sogar in direkter Konkurrenz zu den *ulemâ.* Das Amt des Reichsgeschichtsschreibers etwa wurde einmal mit einem Schreiber, dann wieder mit einem Rechtsgelehrten besetzt.

Vor allem aber wurden die Bürokraten mit der Zentralverwaltung, und an ihrer Spitze der *reîs ül-küttâb,* mit der Führung der außenpolitischen Geschäfte betraut. Das galt nicht nur für die ständigen Kontakte mit den Botschaftern der anderen Staaten, sondern auch für die Gesandtschaftsreisen in das Ausland. Traditionell wurde diese Aufgabe von Angehörigen der Palasttruppen ausgeübt. Seit 1703 aber wurden Gesandtschaften immer häufiger von Bürokraten geführt oder waren so zusammengesetzt, dass Angehörige der *kalemîye* Schlüsselpositionen einnahmen.

Diese Gesandtschaftsreisen waren die einzigen Gelegenheiten, bei denen hochrangige muslimische Würdenträger sich für einige, manchmal auch längere Zeit im Ausland aufhielten. Durch die Schlüsselstellungen, die diese Gesandten nach ihrer Rückkehr oft einnahmen (eine Anzahl von ihnen brachte es bis zum Großwesir), aber auch durch ihre manchmal detaillierten Berichte, die sie nach der Rückkehr vorlegten, waren Gesandtschaftsreisen eine der wichtigsten Informationsquellen, über die die muslimische Elite verfügte, wenn es um Europa ging. Umgekehrt ging von osmanischen Botschaftern an europäischen Höfen jeweils ein erheblicher Impuls für die durch den Barock hindurch latente Türkenmode (*turquerie*) aus.

Kulturkontakte

Wenn man so will, war die erste Hälfte des 18. Jahrhunderts eine Zeit, in der sich der kulturelle Austausch zwischen Europa und den Osmanen normalisierte; eine Zeit auch, in der die jeweiligen Oberschichten sich von der anderen Seite nicht existentiell bedroht sahen und – bei aller Fremdheit und religiöser Geringschätzung – doch eine gewisse Hochachtung empfanden. Die als »türkisch« empfundene Mode, Kaffee zu trinken und Tabak zu rauchen, türkische Hoffeste und die Aufnahme osmanischer Instrumente in europäische Orchester gehören alle zu dieser relativ entspannten Haltung den Osmanen gegenüber. Ähnliche, ebenso selektive Rezeptionen lassen sich auch auf osmanischer Seite feststellen.

Die Tulpenzeit, der Buchdruck und das osmanische Hofleben

Höfisches Leben und Repräsentationskultur

Es gehört zu dieser barocken Welt, dass der osmanische Hof zum Zentrum einer Elitekultur wurde. Seit Anfang des 20. Jahrhunderts spricht man auf Anregung des Dichters Yahyâ Kemâl (Beyatlı) konventionell von der »Tulpenzeit« und bezeichnet damit gewöhnlich die Herrschaft Ahmeds III. sowie seines Großwesirs und Schwiegersohns İbrâhîm Pascha aus dem kappadokischen Mûşkara. Dessen Amtszeit (1718–1730) steht für eine Periode heiterer Eleganz, für Feste, das Anlegen von Palästen und prächtigen Gärten, für intellektuelle Offenheit und vor allem ein immenses Interesse an Tulpenzucht, aber auch für Verschwendung, soziale Ungerechtigkeit und Dekadenz. Der blutige Aufstand des albanischen Janitscharen Pâtrôna Halîl, der 1730 zur Absetzung Ahmeds III. und Hinrichtung des Großwesirs und seiner Vertrauten führte, erscheint in dieser Darstellung als Konsequenz einer unsittlichen Regierungsweise weniger Individuen an der Spitze des Staates. Von der Tulpenzeit bleibt in diesen Darstellungen wenig mehr als das von İbrâhîm Pascha zur Stadt Nevşehir (»Neustadt«) ausgebaute Mûşkara; denn die so prächtigen Sommerpaläste Ahmeds III., allen voran das berühmte Sa'dâbâd (»Freudenland«) wurden von den Aufständischen eingerissen und niedergebrannt.

Tatsächlich erscheint heute in der Forschung die Hofkultur Ahmeds III. nicht als besonders außergewöhnlich. Seine Nachfolger führten oder inszenierten kein Hofleben, das sich grundsätzlich von dem seinen unterschieden hätte (schon Mahmûd I. ließ Sa'dâbâd wieder aufbauen). Was Tülay Artan als demonstrativen Konsum bezeichnet hat, diente der Darstellung des Herrschers als Quelle von Reichtum und seiner Folge, der Freigebigkeit, an der auch das Volk teilhaben durfte, dem in genau bemessenem Maße erlaubt wurde, zuzuschauen oder sogar, etwa bei Speisungen, teilzuhaben. Gerade diese Teilhabe führte dann dazu, dass die Grenzen von Privatem und Öffentlichem neu gezogen wurde. Neben dem Sultan wurden in wachsendem Maß auch seine Familienangehörigen an dieser Repräsentation beteiligt. Weil den im Goldenen Käfig eingeschlossenen Prinzen keine Möglichkeit zur Teilhabe an der politischen Macht gegeben wurde, übernahmen Prinzessinnen zunehmend entsprechende Aufgaben – wobei sie persönlich nicht sichtbar wurden, aber eigene Paläste zugewiesen und immer höhere Einnahmen zugeteilt bekamen (und Teile des Ertrages sichtbar verbrauchten); über die Ehen, die zwischen ihnen und Würdenträgern geschlossen wurden, gewannen sie zunehmend an Einfluss.

Augenfälligen Ausdruck fand die Repräsentationskultur

auch in der Architektur. Das 18. Jahrhundert ist das große Jahrhundert İstanbuler Wasserarchitektur. Direkt an den Ufern des Goldenen Horns und des südlichen, noch mit Ruderbooten zu erreichenden Bosporus begann man hölzerne Lustschlösschen zu erbauen, die für die Stadt so charakteristischen *yalı* (der älteste erhaltene Holzbau dieser Art ist das *yalı* Amûcazâde Hüseyin Paschas, eines Neffen Köprülü Mehmeds, aus dem Jahr 1699). Auch die Entdeckung der Ausflugsplätze an den so genannten »Süßen Wassern Asiens« bzw. »Europas« und die Ausstattung solcher Paläste wie Sa'dâbâd mit Wasserspielen hängen mit dieser Repräsentationskultur zusammen. Das Interesse an Wasserspielen soll von den Berichten, die der nach Frankreich entsandte Yiğirmisekiz Mehmed Çelebi vorlegte, inspiriert gewesen sein.

Schließlich entwickelte sich ein neuer Bautyp, das große, reich ornamentierte und oft auch mit Versen verzierte Brunnenhaus, das auf der Mitte eines Platzes steht. Manche dieser prachtvollen Brunnen tragen ganz deutlich indische Züge, ein Zeichen, dass neben einer europäischen Mode auch andere »Exotika« ihren Widerhall in der osmanischen Hochkultur fanden. Diese Brunnen waren zugleich Zentrum von Plätzen, einer Form nicht konfessionell geprägten öffentlichen Raumes, die bis dahin im Osmanischen Reich unbekannt gewesen war.

Nur Moden?

Blieb von den europäischen oder indischen Einflüssen mehr als von der »Türkenhochzeit«, in der August der Starke von Sachsen und Polen 1719 seinen Sohn Friedrich August mit der österreichischen Erzherzogin Maria Josepha vermählen ließ – aus diesem Anlass wurden immerhin unter anderem eine Truppe von 341 »Janitscharen« aufgestellt und ausgerüstet und Teile des Palastes »türckisch«

umgebaut? Tatsächlich ist fraglich, worin die Kontinuität zwischen der Aneignung einzelner Versatzstücke westeuropäischer Kultur, die die osmanische Oberschicht des 18. Jahrhunderts betrieb, und der umfassenden Transformation »von oben« des 19. Jahrhunderts eigentlich genau bestand. Das Gefühl kultureller und die Gewissheit militärisch-politischer Unterlegenheit jedenfalls kann man bei den Osmanen der Tulpenzeit sicher nicht entdecken.

Auf zwei Gebieten aber kam es zu einer Aneignung europäischen Wissens, die langfristig tief greifende Entwicklungen vorbereitete: auf dem Gebiet des Militärs und dem des Buchdrucks.

Militärisch spielte Claude Alexandre Comte de Bonneval (1675–1747) wie andere Männer europäischer Herkunft eine große Rolle. Der hoch begabte, aber politisch überaus risikofreudige Offizier Bonneval hatte jeweils nach einer glänzenden Karriere den französischen und den habsburgischen Dienst verlassen müssen. 1729 fand er im Osmanischen Reich Zuflucht, konvertierte zum Islam und wurde nach dem Pâtrôna-Halîl-Aufstand mit dem Aufbau einer modernen Artillerie beauftragt. Humbaracı Ahmed Pascha, wie er sich nun nannte, hatte erheblichen Anteil an den militärischen Erfolgen der nächsten Jahre; seine hochfliegenden militärischen, diplomatischen und persönlichen Pläne dagegen blieben zum großen Teil Entwurf. Charakteristisch für die Zeit ist, dass Bonneval in İstanbul quasi ein Doppelleben führen konnte: privat und Europäern gegenüber als französischer Aristokrat, offiziell und im öffentlichen Raum als osmanischer Würdenträger.

Zugleich mit Bonneval befand sich Franz (Ferenc) II. Rákóczi im osmanischen Exil, und Bonneval versuchte 1735 nach dessen Tod (vergeblich), seinen Sohn als Fürsten in Siebenbürgen zu etablieren. Die ungarischen Flüchtlinge, die bis zum Anfang des 19. Jahrhunderts in Tekirdağ am Marmara-Meer als Exilantengruppe nachzuweisen sind, hielten zur Pforte vor allem durch einen

Übersetzer namens İbrâhîm Müteferrika (gest. 1745) Kontakt, einen unitarischen Ungarn aus Kolozsvár, der als junger Mann in osmanische Gefangenschaft geraten und zum Islam konvertiert war. Bedeutung hat Müteferrika, weil er 1727 die erste Druckerei für die Herstellung türkischer Texte auf osmanischem Boden gründete und in den nächsten Jahren eine ganze Reihe von wichtigen Werken, darunter auch eigene Schriften und Übersetzungen aus dem Lateinischen, veröffentlichte. Das erste Buch war allerdings das *Vânkulı Lügatı*, ein großes arabisch-türkisches Wörterbuch.

Trotzdem ist es nicht möglich, von einem großen Erfolg des osmanischen Buchdruckes zu sprechen. Müteferrikas Druckerei blieb bis 1831 die einzige Buchpresse für arabischschriftliche Texte der Hauptstadt, und ihre Aktivität wurde immer wieder durch lange Phasen der Inaktivität unterbrochen. In diesen ersten gut hundert Jahren des osmanisch-türkischen Buchdrucks erschienen gerade 134 Titel, Einblattausgaben und Wiederauflagen eingerechnet. Dabei dürften weniger, wie früher gerne angenommen, ästhetische oder religiöse Bedenken und Rücksicht auf die Kopistenzunft eine Rolle gespielt haben als die osmanische Soziokultur. Schließlich war schon 1588 der Import gedruckter Bücher ausdrücklich erlaubt worden, und nichtmuslimische Druckereien existierten im Osmanischen Reich seit 1493, als eine hebräische Presse in İstanbul aktiv war – aber trotz dieser langen Existenz kam es im Lauf dieser Jahrhunderte auch unter den nichtmuslimischen Osmanen zu keiner Medienrevolution, die der in Europa vergleichbar gewesen wäre. Dass Müteferrikas Druckerei überhaupt eingerichtet wurde, ist damit zu erklären, dass es tatsächlich zu einem Mangel an Handschriften gekommen zu sein scheint (ihr Export war einige Jahre vorher verboten worden) und der Regierung an der Verbreitung autoritativer, geprüfter Texte lag.

Kultur in İstanbul und in den Provinzen

Zu den Texten, die erst im 19. Jahrhundert im Druck vorgelegt werden sollten, gehört die osmanische Kunstdichtung. Besonders berühmt wurde Nedîm, der 1730 während des Pâtrôna-Halîl-Aufstandes ums Leben kam. Obwohl er aus dem Seitenzweig einer Familie wichtiger *ulemâ* stammte und selbst Lehrer an Medresen war, sind seine Gedichte meist geistvolle, aber lebenslustige und direkte Wein- und Liebeslyrik ohne schwerwiegenden mystischen Hintergrund. Nedîm, ein Günstling des Großwesirs Nevşehirli İbrâhîm, ist so als Repräsentant der »Tulpenzeit« verstanden worden. Tatsächlich haben Zeitgenossen konventionellere Dichter wie Mîrzâzâde Sâlim (1688–1743) oder den volkstümlichen Sâbit Nedîm (gest. 1712) vorgezogen. Nedîms verhältnismäßig säkulare Dichtungsart sollte jedoch ein wichtiges Vorbild in der weiteren türkischen Literaturgeschichte bilden.

Auch in der Malerei kann man von einer vergleichbaren Wendung zum unmittelbar Menschlichen reden, die vor allem in den Werken des Miniaturisten Levnî ihren Ausdruck gefunden hat. Levnîs letztes und berühmtestes Werk gehört zu einem etablierten Genre; es sind Illustrationen eines »Festbuches«, das die Feier der Beschneidung der Söhne Ahmeds III. darstellt. Den Text dazu hatte Seyyid Vehbî (etwa 1674–1736) verfasst, ein berühmter Dichter, so dass das Werk als *Sûrnâme-i Vehbî* bekannt wurde: Aber wenigstens das wichtigste, dem Sultan präsentierte Exemplar ist genauso sehr ein *Sûrnâme-i Levnî.*

Levnîs Interesse an seiner Außenwelt, an privaten Szenerien, aber auch an der Darstellung von Landschaften, die gewisse Elemente klassischer Perspektive aufnahmen, fanden ihren Widerhall in der osmanischen Malerei des 18. Jahrhunderts. Sie zeigen auch eine Auseinandersetzung mit europäischen Malstilen. Künstlerisch muss es eine Interaktion zwischen in İstanbul lebenden Europäern, christlichen Osmanen und muslimischen Künstlern gegeben haben. Seit der Mitte des 18. Jahrhunderts taucht Landschaftsmalerei als Verzierung von Bauten auf, erst in İstanbul, dann in der Provinz, erst in geschlossenen Räumen, dann auch auf Außenmauern, und mit zunehmendem Interesse an perspektivischer Darstellung.

Die gleiche Kreativität zeigt sich auch auf dem Gebiet der Architektur. Das 18. Jahrhundert ist das Jahrhundert der osmanischen Bibliotheksgebäude. Bis dahin waren Buchsammlungen, auch die im Rahmen einer Stiftung öffentlich zugänglichen, meist informell in Moscheen oder Medresen untergebracht. Im 18. Jahrhundert entstanden nun spezielle Bibliotheksgebäude, entweder als Element in einem größeren Moscheekomplex oder als Einzelstiftung. Den ersten osmanischen Bibliotheksbau hatten 1678 die Köprülü errichtet, aber unter den Gründern solcher (meist ganz auf Handschriften spezialisierten) Büchereien befanden sich auch Sultane, Großwesire anderer Familien (besonders solche mit einem Hintergrund in der *kalemîye*) und hochrangige Palastbeamte. Die meisten dieser Stiftungen entstanden in der Hauptstadt, doch im Laufe der Zeit weitete sich das Netz auch auf die Provinz aus.

Besonders schöpferisch erwies sich die Staatsarchitektur aber in ihrem konventionell wichtigsten Genre, der Moschee. Einen künstlerischen Durchbruch bedeutete die Nûr-u Osmânîye-Moschee, die 1754 fertig gestellt wurde. Ihr Bauvolumen ist etwas kleiner als das der großen Sultansmoscheen des 16. Jahrhunderts, aber Teile der Baustruktur und vor allem der Dekoration sind ein Neubeginn: der des so genannten »osmanischen Barock«. Aus den Quellen zum Bauprozess lässt nichts auf eine Beteiligung von Europäern schließen, aber die Moschee selbst bezeugt eine schöpferische und selektive Auseinandersetzung mit der Architektur der Zeit – kein Wunder, dass europäischen Beobachtern die Moschee in der Regel entweder »zu wenig islamisch« oder »voll von Verstößen gegen die Regeln guter [westlicher] Architektur« erschien.

Der Nûr-u Osmânîye sollten noch eine Reihe mittelgroßer Moscheen (Ayazma 1761, La'leli 1763) folgen, bis 1766 ein Erdbeben mit großen Teilen der Stadt auch einige ihrer ältesten und wichtigsten Gotteshäuser zerstörte. Die Moschee Mehmeds des Eroberers (1771) und die Eyübsultâns (Ayyûb al-Ansârî, 1800) sind monumentale Moscheen des 18., nicht des 15. Jahrhunderts. Allerdings beschränkte sich diese Repräsentationsarchitektur weitgehend auf İstanbul. Sogar in Edirne und Bursa oder den beiden Städten, die während des 18. Jahrhunderts einen glänzenden Aufstieg erlebten, İzmir und Saloniki, wurde staatlicherseits kaum neu gebaut. Erhebliche Mittel flossen dagegen in die Erhaltung älterer Bauten, allen voran die Heiligen Stätten von Mekka und Medina.

Der Aufstieg der Notabeln in den Provinzen führte zu keiner symbolisch-architektonischen Herausforderung an die Adresse der Osmanen. Auch Familien wie die Azm in Damaskus oder die Karaosmânoğlu in Manisa und die Mamluken der Kâzdâgliyya in Kairo machten keinen Versuch, sich im Stadtbild dominant zu verewigen. Die von ihnen in Auftrag gegebenen Bauten (Hane, Derwischkonvente, Brunnen) halten sich im Allgemeinen stilistisch an konventionelle Vorgaben lokaler Bautradition und İstanbuler Vorbilder. Beeindruckend sind allerdings die Wohnhäuser, die diese politischen Haushalte errichten ließen: Die für die großen syrischen Städte charakteristischen Stadtpaläste, die von Ayda Arel untersuchten »Turmhäuser« der Ägäis oder ägyptische Residenzen, wie sie noch in Rosetta/ar-Raşîd erhalten sind. Architektonisch handelt es sich dabei um regional sehr unterschiedliche Artikulationen eines ähnlichen sozio-politischen Prozesses. Auf der Ebene der provinziellen Kleinstadt allerdings konnten solche im Reichsmaßstab bescheidenen baulichen Programme außerordentliche Wirkung erzielen. Die Karaosmânoğlu etwa verwandelten ihren Heimatort Zeytinliova/Yayaköy in ein Städtchen ihrer Prägung: mit Moschee, Bad, Karawanserei, Herrensitzen und Häusern. Viele dieser Gebäude sind beeindruckend, alle aber bewusst in einem lokalen Stil gehalten.

Neue Kultur der christlichen Minderheiten

Es war schon kurz die Rede von Dimitri Kantemir, dem auf die russische Seite übergelaufenen Hospodar der Moldau. Berühmt geworden ist dieser Mann allerdings vor allem durch seine literarische Produktion. Unter ihr finden sich Studien zur osmanischen Musik und İstanbuler Architektur, vor allem aber eine lateinisch geschriebene Geschichte des Reiches. Kantemirs Werke konnten nur entstehen, weil er ein Mann verschiedener Welten war und sich in der osmanischen Kultur genauso gut auskannte wie in europäischen literarischen Traditionen und Konventionen.

Sicherlich war dieser Mann eine Ausnahme. Aber das Phänomen der Liminalität, der soziokulturellen Grenzgängerschaft also, prägte im Laufe des 18. Jahrhunderts die nichtmuslimischen Eliten des Reiches zunehmend. Der Mönch Eygenios Voulgaris (1716–1806) studierte erst im osmanischen Ioannina, dann in Italien und verbreitete als Direktor einer Schule in Ioannina, schließlich als der der orthodoxen Akademien auf dem Berg Athos und in İstanbul Aufklärungsphilosophie und moderne Wissenschaft. Nach einem mehrjährigen Aufenthalt in Halle und Leipzig wurde er an den Zarenhof berufen, amtierte als Bischof auf der Krim und zog sich letztlich in die Einsamkeit eines Klosters zurück.

Für die Integration der nichtmuslimischen Eliten des Reiches (auch) in die europäische Kultur spielte der europäische Buchdruck eine wichtige Rolle. Damit hängt auch zusammen, dass Gelehrte wie Iosipos Misiodax und Demetreos Katartzes begannen, eine Popularisierung der Schriftsprache zu fordern.

Das armenische Geistesleben war zu einem guten Teil dadurch geprägt, dass die römisch-katholische Kirche versuchte, die Gemeinde an sich zu binden. Das Entstehen einer zweiten armenischen – katholischen – Kirche war ein schmerzhafter Prozess. Der von Mxit'ar Sebastac'i gegründete katholische Orden der Mechitaristen gründete eine Schule in Venedig. Der venezianischen, meist ausgesprochen katholischen Publikationstätigkeit stand die umfänglichere Produktion armenischer Drucker im Osmanischen Reich gegenüber: vor allem in İstanbul, aber auch in İzmir und im kaukasischen Etschmiadzin, dem Sitz eines gregorianischen Katholikos. In der Rückschau war das 18. Jahrhundert sicher auch ein Jahrhundert der Armenier, denn die geistige Auseinandersetzung verlief ertragreich, wie man unter anderem an der Bautätigkeit ablesen kann. Mit dem 18. Jahrhundert beginnt zugleich die Periode, in der armenische Architekten eine wichtige Rolle als Staatsbaumeister zu spielen begannen. Araboğlu Melidon, der unter Ahmed III. und Mahmûd I. wirkte, war der erste dieser armenischen Hofarchitekten.

Dass der innerarmenische Konflikt so heftig verlief, lag auch daran, dass die führenden armenischen Kaufmannsfamilien der Stadt, die soziale Oberschicht der *amira,* in der Sache gespalten waren und der konfessionelle Konflikt sich mit politischen und wirtschaftlichen Interessengegensätzen deckte. Dabei ging es um viel, weil diese Kaufleute immer tiefer als Bankiers in die Steuerpachtgeschäfte verwickelt waren. Hier handelt es sich um ein typisches Beispiel intraelitärer Arbeitsteilung: Als Steuerpächter hatten Muslime, vor allem solche mit dem Status des *askerî,* die Nichtmuslime verdrängt, die bis in die Mitte des 17. Jahrhunderts durchaus eine Rolle gespielt hatten. (Um die Wende vom 16. zum 17. Jahrhundert hatte es sogar mehr jüdische als muslimische Steuerpächter gegeben.) Muslime hatten besseren Zugang zu der die Steuerquelle verpachtenden Regierung und konnten ihre Forderungen bei den Steuerpflichtigen nachdrücklicher vertreten. Um die Mittel für die hohe Anfangszahlung aufzubringen, brauchten die Steuerpächter aber Kreditgeber, die wiederum fast immer Nichtmuslime waren und unter denen die *amira* eine besonders wichtige Rolle spielten.

Die osmanische Wirtschaft

Damit ist das Thema der osmanischen Wirtschaft angesprochen, die in der ersten Hälfte des 18. Jahrhunderts eine Zeit der Expansion erlebt zu haben scheint. Damit einher ging der Aufstieg der Notabeln in den Provinzen. Dass die Macht, die sich diese Männer aneigneten, nicht zum Zerfall des osmanischen Staatswesens führte, hat viel damit zu tun, wie die wirtschaftliche Basis ihrer Macht beschaffen war.

Die Notabeln: Eine provinzielle Elite

Die Regelung von 1695, die Steuerpachten auf Lebenszeit (*mâlîkâne*) eingeführt hatte, führte nur in einigen wenigen Gebieten auf dem Balkan und seit der Wende zum 19. Jahrhundert in Ägypten zur Bildung großer Güter, auf denen abhängige Landarbeiter Produkte produzierten, die der landsässige Gutsherr vermarktete. Auch von einer Exportorientierung der landwirtschaftlichen Betriebe kann nur in Ausnahmefällen (wieder vor allem die genannten Gebiete) die Rede sein.

Tatsächlich ist es außerordentlich schwierig, etwas allgemein Gültiges über die Art und Weise zu sagen, durch die die Notabeln ihre Stellung ausbauten, weil sich die Lebensverhältnisse in den verschiedenen Regionen des Reiches ganz erheblich voneinander unterschieden. Die Vielschichtigkeit des Problems hat in der Forschung zu einer außerordentlich lebendigen und kontroversen Debatte über Bedingungen und Grenzen osmanischen Agrarkapitalismus geführt. Diese Kontroverse wird im Allgemeinen *çiftlik*-Debatte genannt, nach dem schillernden osmanischen Begriff, der sowohl die Bauernstelle als auch das Landgut bezeichnet.

Trotz aller Vielschichtigkeit: eine Reihe von Charakteristika immerhin traten häufig genug auf, um auch in einem kurzen Überblick Erwähnung zu finden. Das eine ist, dass eine Ausweitung der landwirtschaftlichen Produktion ohne technologische Innovation schnell zu einem Mangel an Arbeitskräften führt. Landflucht und Wiederansiedlung waren für die Bauern oft eine tatsächliche Option, und das umso mehr, als der Steuerdruck tendenziell, und besonders in den Kriegsjahren bis 1746, wuchs. Die griechische Besiedlung Westanatoliens etwa fällt wesentlich in die Zeit nach 1715, als die Steuerlast (und nach 1770 die allgemeine Unsicherheit) auf der Peloponnes viele Bauern zur Flucht bewegte.

Dieser Arbeitskräftemangel führte dazu, dass viele Besitzer eines *mâlikâne* gar nicht erst versuchten, die Bauern in Lohnarbeiter zu verwandeln, sondern eher Arrangements anstrebten, die auf eine Teilpächterschaft hinausliefen, weil der nominell immer noch freie Bauer dem Besitzer des *mâlikâne* verschuldet war. Die Knappheit an Arbeitern führte auch dazu, dass auf vielen *çiftlik* nicht Ackerbau, sondern Viehzucht betrieben wurde. Versuche der Zentralverwaltung, Nomaden zur Ansiedlung zu bewegen und so eine leicht zu kontrollierende, leicht zu besteuernde Bevölkerungsgruppe zu schaffen, waren nur in Ausnahmefällen erfolgreich.

Eine weitere Bedingung, die die Ausbreitung eines Agrarkapitalismus behinderte, war die relative Unzugänglichkeit von Exportmärkten. Dabei handelte es sich einerseits um ein infrastrukturelles Problem, das erst im Zeitalter der Eisenbahn zu lösen war, andererseits auch um ein politisches und mentales: das oben dargelegte Prinzip des Provisionismus räumte der Versorgung des heimischen Marktes höchste Priorität ein. Ohne Zweifel war Schmuggel eine wesentliche Handelsaktivität und in den küsten- oder auch donaunahen Gebieten entwickelten sich Gutsherrschaften gerade deswegen, weil es so einfach war, Agrarprodukte auszuführen.

Trotzdem waren die Gutsherren zunächst einmal Steuerpächter oder Steuereintreiber und als solche Teil des Staatsapparates. Das bedeutete nicht, dass sie den Vorgaben der Regierung immer folgten, aber sehr wohl, dass offener Ungehorsam riskant war. Als Folge dauernder Auseinandersetzungen mit der İstanbuler Administration konnte ein Steuerpächter mit Konfiskation, in schweren Fällen mit dem Tode bestraft werden – ein Prozess, in dem es besser etablierten Familien allerdings in der Regel gelang, einen Teil der Habe zu retten und auch wieder eine staatliche Funktion zu übernehmen. Es handelte sich um ein Gleichgewicht, wenn auch um ein heikles. Bis zu der durch den Krieg gegen Russland nach 1768 ausgelösten Krise war aber die staatliche Zentralverwaltung, unter anderem auch durch den geschilderten Aufstieg der Bürokratie, so stark, dass nur in seltenen Fällen ein Steuerpächter versuchte, seine Macht offen gegen İstanbul oder gar außerhalb des osmanischen Bezugsrahmens zu behaupten.

Trotzdem war die Schicht der von den Osmanen *a'yân* genannten Notabeln so uneinheitlich, wie die kulturellen und agrarökonomischen Verhältnisse regional unterschiedlich waren. In vielen Regionen war der Steuerpächter ein hoher Würdenträger aus İstanbul, der keine Verbindung zu seiner Steuerquelle hatte oder jedenfalls nicht persönlich anwesend sein konnte. Einem solchen Mann gegenüber hatten die lokalen *a'yân* natürlich sehr viel mehr Gewicht als in den Fällen, in der es der prominentesten Familie der Gegend gelang, als Gouverneur die Provinz zu verwalten, die sie als *mültezim* von Steuerpachten finanziell kontrollierten. Aber auch solche regional sehr einflussreichen Personen mussten sich mit den örtlichen Netzwerken von *ulemâ,* Janitscharen und anderen Personen mit Militärstatus, Stiftungsverwaltern oder christlichen Gemeindeführern auseinander setzen. Kooperation war auch hier meist erfolgversprechender als Konfrontation.

In einigen Fällen ist die Schicht der Notabeln gut untersucht worden. Am meisten weiß man über die Peripherie des Reiches. Im Maghreb, der nur noch nominell unter osmanischer Kontrolle stand, tatsächlich aber unabhängiger als die Krim war, etablierten sich eigene Dynastien in Tunis und Tripolis, während in Algier eine Art Janitscharenrepublik entstand. Diese Regierungen hatten sich mit zwei Gruppen zu arrangieren: den Kapitänen, deren Aktivität als Händler und Piraten für das Gemeinwesen entscheidend war, und den Stammesführern des Umlands.

Die Dominanz militärischer Gruppen war für periphere Reichsgebiete charakteristisch. Auch in Serbien waren die Janitscharen tonangebend, und im Irak Mamluken, Haushalte, die sich die Institution der Militärsklaverei zu Eigen gemacht hatten, aber sonst den Mustern osmanischer *kapı* gut entsprachen. Charakteristisch für den Irak ist, dass in einzelnen Städten und Regionen jeweils ein Haushalt über längere Zeit dominant war: die Bâbân um Süleymaniye, die Calîlî in Mosul und die Eyyûbîzâde in Bagdad.

Die ägyptischen Mamlukenhaushalte, deren Funktionsweise Jane Hathaway genau untersucht hat, erlebten eine ähnliche Zentralisierung. Die jahrzehntelange Auseinandersetzung zwischen Kâsimîs und Fikârîs fand 1730 ihr Ende. Çerkes Mehmed Beg, Haupt der Kâsimî, unterlag im Kampf gegen den Fikârî Zû'l-Fikâr und bemühte sich nicht in İstanbul, sondern erst in Algier, dann in Wien um Unterstützung. Als dieser Versuch, einen innerosmanischen Konflikt zu internationalisieren, fehlschlug, war auch das Ende der Kâsimî gekommen. Aus dem Haushalt der Fikârî entwickelte sich dann der der Kâzdâgliyya, der die ägyptische Politik für den Rest des Jahrhunderts dominieren sollte. Ägypten war auch ein besonders früher Fall, in dem der lokale Machthaber versuchte, sich aus der İstanbuler Aufsicht zu lösen. Alî Beg al-Kabîr (»der Große«), die entscheidende Figur in der ägyptischen Politik von 1754 bis 1773, eliminierte erst alle rivalisierenden Kräfte wie etwa die Führer der Janitscharengarnison und nutzte dann die vom russisch-osmanischen Krieg ausgelöste Krise, um eine unabhängige Herrschaft zu begründen, die sich auf die Tradition der Mamluken berief: *de facto* durch das Einstellen der Tributzahlung und militärische Operationen im Hedschas und in Syrien, *de iure* durch das Prägen eigener Münzen. Es ist allerdings charakteristisch, dass dieser frühe Versuch in einem Bürgerkrieg und mit dem gewaltsamen Tode Alî Begs endete.

In Syrien existierte ein kompliziertes Netzwerk von Familien und gesellschaftlichen Gruppen, die die lokale Macht unter sich aufteilten. Linda Schatowski-Schilcher hat demonstriert, wie in Damaskus diese Machtverteilung funktionierte. Die Familie Azm war unter anderem deswegen die einflussreichste Kraft in der Stadt, weil sie nicht nur lokal tief verwurzelt war, sondern auch über beste Verbindungen in İstanbul verfügte.

In Anatolien sind besonders drei große *a'yân*-Dynastien bemerkenswert: Die Familie Karaosmânoğlu in der westanatolischen Region um Manisa, die Çapanoğlu um Bozok in Mittelanatolien und die Cânikli um Samsun. So wichtig diese Familien, die zum Teil bis heute in der türkischen Öffentlichkeit sichtbar sind, auch waren und so heftige Konflikte zwischen ihren Interessen und den Steuerforderungen der Zentralverwaltung auch verliefen: ihr Spielraum blieb beschränkt, ihre Autorität war mit der des Sultans verbunden. Die Karaosmânoğlu besaßen zwar Immobilien in der Hafenstadt İzmir, konnten aber den Handel dort nie auch nur im Ansatz kontrollieren.

Etwas anders verhielt es sich auf der Peloponnes. Hier konkurrierten und kooperierten lokale muslimische Militärführer mit einer griechisch-orthodoxen Oberschicht, in der die Familie Benaki besonders einflussreich war. Diese Machtteilung war eine der Voraussetzungen für den griechischen Unabhängigkeitskrieg. Eine andere bestand darin, dass auf der Peloponnes nach wie vor christliche Truppen, die *martolos*, die für die innere Sicherheit mit verantwortlich waren. Diese Männer wechselten die Fronten und kämpften zeitweilig mit *klephtes* (»Dieben«) und auch in der Unabhängigkeitsbewegung.

Weitere Kapitalisierung der Wirtschaft: Gesellschaften, Stiftungen und Gewerbemonopole

Das islamische Recht des Mittelalters kennt zwar keine verzinsten Kredite, aber eine ganze Reihe von kommerziellen Partnerschaften; und tatsächlich kann man hier von einer gemeinsamen mediterranen Geschäftskultur sprechen, in der die arabische *mudâraba* der italienischen *commenda*, die *mufâvaza* der *compagnia* entsprachen. Murat Çızakça hat gezeigt, dass die Osmanen (und zwar muslimische wie nichtmuslimische) in ihrem Geschäftsleben die vom hanefitischen Recht vorgesehenen Formen kaum weiterentwickelten und auch die Frommen Stiftungen als Kreditgeber (s. S. 153) keinen neuen, »islamischen« Kreditmarkt bildeten: oft liehen sich die Stiftungsverwalter von ihrem »eigenen« *vakf* das Geld, um es zu höheren Zinsen an die (nichtmuslimischen) Geldhändler (*sarrâf*) weiterzuleihen.

Eine neue Form der Partnerschaft bildete sich nun um die *mâlikâne*-Steuerpachten aus. Es wurde ja schon erwähnt, dass der Steuerpächter in der Regel auf Kreditgeber angewiesen war, um die Mittel für die hohe Einstandszahlung aufzubringen, und dass diese Rolle im Allgemeinen von den nichtmuslimischen *sarrâf* übernommen wurde. Genannt wurde auch die Unterverpachtung des *mâlikâne* an weitere Steuerpächter. Eine Schätzung der Anteile, die die einzelnen Beteiligten am Ertrag einer solchen Steuerquelle hatten, sieht für den Beginn des 18. Jahrhunderts wie folgt aus: Staatsschatz 24 Prozent, Inhaber des *mâlikâne* 30 Prozent, *sarrâf* 14 Prozent, Unterpächter (*mültezim*) 17 Prozent, Steuern und Gebühren 15 Prozent.

Der hohe Anteil, der dem Inhaber der Steuerpacht verblieb, erklärt, warum die Bildung von Bietergemeinschaften, die unter dem Namen eines der Beteiligten auftraten, so lukrativ war. Çızakça argumentiert, dass solche Bietergemeinschaften, wenn sie erst einmal im Besitz der Steuerquelle waren, fast schon eine Aktiengesellschaft bildeten: die Anteile waren in kleinen Stückelungen frei verkäuflich, das eingesetzte Kapital war groß, das Risiko mit der Einlage beschränkt und der Wert der Anteilsscheine marktabhängig. Was fehlte, war das volle Eigentum an der Gesellschaft. Hätte der osmanische Schatz auf die Steuerquelle selbst verzichtet und stattdessen nur die Einnahmen der Anteilseigner mit Gebühren oder Steuern belegt, wäre das einer Privatisierung gleichgekommen. Wie im nächsten Kapitel zu sehen sein wird, kam es nicht zu dieser Ausbildung eines osmanischen Kapitalismus. Die Bindung der am System beteiligten Personen an den Staat als Eigentümer der Steuerquelle blieb bestehen und trug dazu bei, das politische System zu stabilisieren.

Ähnliche Entwicklungen sind auf dem Gebiet der Stiftungen zu beobachten. Ein konventioneller Weg, Reichtum und den damit verbundenen Einfluss staatlichem Zugriff zu entziehen, bestand in der Gründung eines *vakf* (Plural *evkâf*). Tatsächlich war das Stiftungsrecht ein Gebiet, das ausgesprochen dynamische Entwicklungen erlebte. Die Osmanen waren erfindungsreich, wenn es darum ging, Möglichkeiten zu schaffen, Stiftungsgüter zu tauschen. Ein besonders wichtiges Instrument, mit dem Stiftungen zu Kapital verholfen wurde, war die »Doppelte Miete« (*icâreteyn*). Es war bereits im 17. Jahrhundert geschaffen worden, fand aber erst im 18. Jahrhundert weite Verbreitung.

Die Doppelte Miete erlaubte einem Anleger, ein Stiftungsgut langfristig in Besitz zu nehmen, und diese Langfristigkeit machte Investitionen ausgesprochen lukrativ, weil diese dann von mit dem Frommen Zweck verbundenen Steuerbefreiungen profitierten. Für die Stiftung war ein solches Arrangement deswegen interessant, weil der Mieter, ähnlich wie bei einem *mâlikâne,* eine hohe Einstandsmietzahlung leisten musste, die kapitalschwachen Stiftungen auf die Beine half. Die späteren, regelmäßigen Mietzahlungen waren dagegen verhältnismäßig gering.

Auch die Notablen waren als Stifter aktiv, und in einigen Gegenden des Reiches, etwa in Ägypten, machte Stiftungsland einen erheblichen Teil des Territoriums aus. Und ähnlich wie bei den *mâlikâne* führte die osmanische Zentralverwaltung auch hier Regelungen ein, die ihr den Zugriff auf die Stiftungen ermöglichte – weitaus mehr übrigens, als dies im Stiftungsrecht vorgesehen war, wie es die Rechtsgutachten der *ulemâ* formulierten.

Schon bislang waren ja großherrliche Stiftungen nicht von lokalen Kadis, sondern von dem Schwarzen Obereunuchen (*dâr üs-saâde ağası*) kontrolliert worden. Seit Mustafâ III. wurden nun verschiedene sultanische Stiftungen zunehmend zu Stiftungsgruppen vereinigt und die Aufsicht des *dâr üs-saâde ağası* auf andere Stiftungen ausgedehnt. So war er nun zum Beispiel für die vielen *evkâf* zuständig, die die Heiligen Stätten und die Pilgerfahrt unterstützten. Auch dem Großwesir und dem Scheichülislam wurde die Aufsicht über Stiftungen zugeteilt. Der Großwesir Râgıb Pascha leitete Einnahmen der Stiftungen zugunsten der Heiligen Stätten 1757 in die Staatskasse um, damit die mit dem Herrschaftsantritt Mustafâs III. verbundenen Kosten gedeckt werden konnten – ein Beispiel für den Zugriff, den der Zentralstaat auf die Stiftungen hatte.

Ein Stiftungsministerium, das die finanzielle und juristische Aufsicht über die zahllosen *evkâf* hatte, entstand zwar erst im 19. Jahrhundert. Trotzdem ist die *vakf*-Politik des 18. Jahrhunderts, deren Erforschung noch in den Kinderschuhen steckt, ein faszinierendes Beispiel für eine indogene Rationalisierung und Zentralisierung der osmanischen Verwaltung. Inwiefern von strukturellen Ähnlichkeiten zu der gleichzeitigen Säkularisationspolitik Josephs II. gesprochen werden kann, ist noch gänzlich unerkundet.

Die Elemente Kapitalisierung und staatliche Reglementierung sind schließlich auch im Handwerkswesen anzutreffen. Zunftordnungen des 18. Jahrhunderts sind oft viel strikter formuliert und angewendet worden als die früherer Zeiten. Das hat einerseits mit dem Schutz etablierter Zünfte vor als illegitim betrachteter Konkurrenz zu tun, andererseits aber mit Investitionsschutz.

Das Schlüsselwort dabei heißt *gedik.* Mit diesem Begriff wurden zuerst die Utensilien bezeichnet, die ein Handwerker zur Ausübung seiner Kunst benötigte, dann sein Arbeitsplatz, schließlich seine Mitgliedschaft in einer Zunft und das Recht, seinen Beruf auszuüben. Im 18. Jahrhundert wurden diese *gedik* verkäuflich. Die damit verbundene Zahlung war ursprünglich eine Einstandszahlung des neuen Zunftmitglieds gewesen, nun handelte es sich um eine Art Rentenschein. Denn ein *gedik* konnte jeder erwerben und dann einen Handwerker einstellen, der eine Zahlung an den Inhaber »seines« *gedik* zu leisten hatte.

Versorgung und Fernhandel, Kapitulationen und »Weltsystem«

Zugleich ist das *gedik* auch ein Ausdruck der Mentalität des Provisionismus, die für das osmanische Wirtschaftsleben so charakteristisch war: die Versorgung des Marktes als Zweck ökonomischen Handelns. Staatlicherseits wurde dieses Ziel noch durch zwei weitere ergänzt: den Fiskalismus, also die Erhöhung der Staatseinnahmen, und den Traditionalismus, den Schutz erworbener Rechte und etablierter Praxis.

Alle drei benachteiligten die osmanische Wirtschaft gegenüber der gleichzeitiger europäischer Mächte. Während der Provisionismus die osmanische Regierung veranlasste, Importe zu fördern (der Importzoll betrug 2 Prozent, der auf Exporte 5 Prozent), schlossen europäische Staaten ihre Märkte nach Möglichkeit für ausländische Waren. Die nach ihrer Einteilung in Kapitel »Kapitulationen« genannten internationalen Verträge der Osmanen gewährten ausländischen Kaufleuten weitreichende Privilegien, was osmanische Händler benachteiligte und eine wachsende Zahl christlich-osmanischer Kaufleute dazu bewegte, sich als »Übersetzer« unter den »Schutz« eines europäischen Staates zu stellen.

Dass unter diesen Bedingungen bis zum osmanisch-russischen Krieg von 1768 die osmanische Produktion nicht stärker von Importen aus Frankreich und England, die als wichtigste Handelspartner Venedig abgelöst hatten, geschädigt wurde, hat verschiedene Gründe. Unter anderem zogen sich die englischen Händler vom osmanischen Markt nach 1700 weitgehend zurück, weil der Nachschub an iranischer Seide durch die politische Krise in Persien nicht mehr zuverlässig gegeben war. Von dieser Situation profitierte vor allem Frankreich, das erst jetzt im östlichen Mittelmeer eine wichtige Rolle zu spielen begann.

Die fiskalische Politik der Osmanen war zwar insofern erfolgreich, als sie im Allgemeinen zu Haushaltsüberschüssen führte. Auf der anderen Seite: der durch die wachsende Bedeutung der Steuerpachten tendenziell noch steigende Steuerdruck und die Praxis staatlicher Aufkäufe unter dem Marktpreis machten für Produzenten eine Ausweitung der Produktion unattraktiv. Und der Steuerpächter, der nicht Eigentümer eines von ihm besteuerten Betriebs war, sondern eben nur Pächter, hatte wenig Interesse daran, ihn auszubauen.

Technischen Innovationen stand eine Zunftorganisation im Wege, die paradoxerweise gerade durch die Kapitalisierung des *gedik* starrer und Neuerungen gegenüber feindlicher geworden war. Der Traditionalismus erstickte weitgehend das Interesse der Handwerker an einer Transformation ihrer Produkte oder deren Herstellungsweise.

Mehmed Genç hat in einer Studie drei staatliche Manufakturen des 18. Jahrhunderts untersucht, die Wollstoffe, seidene Textilien bzw. Segeltuch herstellten. Dabei handelte es sich um ehrgeizige Projekte, die technische Innovation oder doch die Appropriation europäischer Technologie, hohen Kapitaleinsatz und Organisationsformen der Manufaktur vereinigten. Alle scheiterten daran, dass sie nicht für den Markt produzierten, sondern von Bürokraten, die nicht selbst investiert hatten, mit dem Ziel geleitet wurden, teure, aus dem Staatsschatz zu bezahlende Importe überflüssig zu machen.

In den letzten Jahrzehnten hat Immanuel Wallersteins Modell eines europäischen Weltwirtschaftssystems, das seit dem 18. Jahrhundert den Rest der Welt in seine eigene Peripherie verwandelte, auch unter Historikern des Osmanischen Reichs zahlreiche Anhänger gefunden. Die hier behandelte Zeit entspricht dabei einer recht frühen Stufe der Integration. Die in diesem Kapitel dargelegten Entwicklungen können auch der Modifizierung des Waller-stein'schen Modells dienen, das den Motor dieser Entwicklung ganz in den Kräften des europäischen Kapitalismus sieht. Die Osmanen handelten aufgrund eigener, im weitesten Sinne kultureller Präferenzen. Diese Präferenzen machten sie einerseits verwundbar und in einigen Beziehungen westeuropäischen Mächten gegenüber unterlegen. Andererseits war die osmanische Gesellschaft dynamisch (und dem Rest Europas ähnlich) genug, um nicht bloß Opfer einer von außen ihr aufgezwungenen Entwicklung zu werden. Die Osmanen blieben Akteure der Weltgeschichte.

Das Osmanische Reich in seiner Existenzkrise

(1768–1826)

Von Christoph K. Neumann

Epochenüberblick

Während die Osmanen bis 1746 in langen, teuren und blutigen Kriegen gegen die Habsburger, Venezianer und die Iraner unter Nâdir Schah ihre Stellung im Wesentlichen behauptet oder einmal Verlorenes ein andermal wiedergewonnen hatten, endete der Krieg von 1768–1774 gegen Russland mit einer unwiderruflichen Niederlage. Nach 1774 war das Osmanische Reich nie wieder in der Lage, mit europäischen Großmächten militärisch zu konkurrieren. Zugleich war diese Niederlage der Auslöser für tief greifende und schmerzhafte Transformationen, die das Gesicht des Reiches grundlegend verändern sollten. Sie verdienen eine eigene Behandlung, und deswegen wird in der vorliegenden Darstellung der Zeit der Krise nach 1774 ein eigenes Kapitel eingeräumt.

Diese Transformationen wurden von äußeren Niederlagen und inneren Aufständen und Erschütterungen begleitet. Die osmanischen Eliten mussten auf diese Schwierigkeiten reagieren, den weiteren Bevölkerungskreisen blieb meist nur, mit ihnen zu leben. In dieser Situation nahm die Bedeutung von Bindungen an regionale und lokale Netzwerke weiter zu; eine Tendenz, die den teilweisen Zerfall des Reiches förderte. Das gilt vor allem für jene Aufstandsbewegungen, die einen ethnisch-religiösen Charakter hatten und sich zu nationalen Bewegungen entwickelten.

Nachhaltigen Erfolg hatten die Aufstände im serbischen Siedlungsgebiet, die vor allem gegen die Dominanz der Janitscharen in der Gegend geführt wurden. Sie endeten mit einer Autonomie des serbischen Gebietes unter einem erblichen Fürsten.

Wichtiger und vielschichtiger noch war die Bewegung, die in den Griechischen Unabhängigkeitskrieg mündete. Seine Vorgeschichte reicht tief in das 18. Jahrhundert zurück. Seine Folgen betrafen nicht nur das Gebiet des griechischen Königreichs, sondern die Stellung und Identität aller orthodoxen Christen innerhalb und außerhalb des Osmanischen Reiches. Osmanische und orthodoxe Loyalitäten gerieten in Gegensatz, und nicht jeder Orthodoxe sollte sich in Zukunft auch als Grieche verstehen wollen oder können.

Einen Sonderweg ging Ägypten, wo es dem Gouverneur Muhammad Alî nicht nur gelang, die Macht im Lande zu monopolisieren, sondern auch Verwaltungs- und Wirtschaftsstrukturen zu schaffen, die in vieler Hinsicht zu einer Überlegenheit Ägyptens gegenüber der osmanischen Zentralmacht führten.

Bedrohlich für die osmanische Legitimität war auch die wahhâbitische Bewegung auf der Arabischen Halbinsel (s.a. S. 256). Ihr Vorwurf, Praktiken der Pilgerfahrt und das Leben an den Heiligen Stätten von Mekka und Medina entspräche nicht islamischer Lehre, war ein direkter Angriff auf den Sultan als »Diener der Heiligen Stätten«. Dass es den Wahhâbiten gelang, nach 1804 Medina und Mekka zu besetzen, die Pilgerkarawanen zum Umdrehen zu zwingen und Überfälle in den Irak zu organisieren, erhöhte ihre Bedeutung außerordentlich.

So ernst zu nehmen wie die Probleme im Inneren waren die Bedrohungen von außen. Zwar gelang es der osmanischen Regierung zunehmend besser, sich durch internationale Bündnisse zu schützen, aber seit dem »Griechischen Plan« Katharinas II. von Russland war das Reich

Objekt von Planspielen, es unter den Mächten (vor allem Großbritannien, Frankreich, Russland und Österreich) aufzuteilen. Letztlich verdankt das Reich militärisch sein Überleben der Unfähigkeit der europäischen Großmächte, sich auf die Modalitäten seiner territorialen Aufteilung zu einigen. Erwehren mussten die Osmanen sich aber nicht nur militärischer Angriffe, unter denen die »ägyptische Expedition« Napoleons die berühmteste, das Vordringen Russlands in der Schwarzmeerregion die folgenreichste war; außerdem musste die Regierung europäischen Kaufleuten weit reichende Handelsrechte einräumen und zulassen, dass einige Großmächte beanspruchten, Schutzmächte für Teile der osmanischen Bevölkerung zu sein: Russland für die Orthodoxen, Frankreich für die Katholiken und unierten Christen, etwa die Maroniten des Libanons und die neu entstandene armenisch-katholische Konfession. Wirtschaftliche und soziale Einflussnahme der europäischen Mächte verschärften direkt die inneren Konflikte des Reiches, wurden aber durch diese auch erleichtert.

Nachdem in den Jahren zwischen 1774 und 1787 die osmanische Regierung intensiv versucht hatte, mit relativ konventionellen Mitteln der Lage Herr zu werden, war die militärische Unterlegenheit danach ernüchternd. Sie bewog den seit 1789 herrschenden Selîm III., eine umfassende Erneuerung der militärischen Struktur des Reiches in Angriff zu nehmen, die von ebenso tief greifenden steuerlichen Maßnahmen begleitet wurde: die so genannte »Neue Ordnung«, *nizâm-ı cedîd.* Die neu aufgestellten Einheiten wurden nach europäischem Vorbild exerziert und ausgerüstet. Die »westliche« Prägung der neuen Truppen und die durch sie verursachte finanzielle Belastung führte in der Bevölkerung zu erheblicher Opposition gegen die »Neue Ordnung«, die sich mit der Gegnerschaft der an den Rand gedrängten Truppenteile der alten Schule deckte. Das galt vor allem für die Janitscharen, die in der

Handwerkerschaft der Hauptstadt tief verwurzelt waren. Ein Übriges tat der Prestigeverlust, den der Sultan durch die wahhâbitische Eroberung der Heiligen Stätten erlitten hatte.

Die dramatische Staatskrise der Jahre 1807 und 1808 mit ihren wiederholten blutigen Aufständen endete mit einem Arrangement, in dem der neue Sultan Mahmûd II. sich darauf beschränken musste, vorsichtig die Macht seiner Zentralregierung auszubauen. Die militärische Schwäche des Reiches und die angespannte fiskalische Lage schränkten die Bewegungsfreiheit des Herrschers ein. Die formelle und schriftlich fixierte Einigung mit den Notabeln des Landes aus dem Jahr 1808, das so genannte *sened-i ittifâk,* die Bayrakdâr Mustafâ getroffen hatte, schien die Provinzen dem sultanischen Zugriff auch formal zu entziehen.

Es ist zweifelhaft, ob ein solches Arrangement zentrifugaler Kräfte mit der Zentralgewalt zu einem funktionierenden Interessenausgleich unter den Regionen des Reiches geführt hätte. Einigermaßen sicher ist, dass der von den kommerziellen und politischen Interessen der europäischen Großmächte ausgehende Druck eine lockere Verbindung der einzelnen Reichsteile gesprengt hätte. So ist die am Ende der Existenzkrise des Reiches einsetzende letzte Phase seiner Geschichte auch die eines Gegensatzes zwischen Strömungen, die eine soziale Existenz außerhalb des osmanischen Kontexts anstrebten, und im Gegenzug einer nie dagewesenen Zentralisierung. Von nun an würde die Geschichte des Osmanischen Reichs auch die der Auseinandersetzung mit dem Westen sein, zu einem guten Teil auch die seiner Einfügung in west- und zentraleuropäische Vorgaben – ob durch die Herausbildung separater »nationaler Staaten« im Sinne Charles Tillys wie in Südosteuropa, durch Kolonialisierung wie in Nordafrika oder spezifisch osmanische Formen von Modernität wie in den osmanisch verbleibenden Landesteilen. Den sozialen Rahmen für all das aber hatte die Zeit der Existenzkrise zwischen 1768 und 1826 gespannt.

1768–1774	Russisch-osmanischer Krieg.
1770	Zerstörung der osmanischen Flotte im Hafen von Çeşme, Operationen des russischen Generals Orlow auf der Peloponnes.
1771	Österreichisch-osmanisches Bündnis.
1774–1789	Abd ül-Hamîd I.
1774	Frieden von Küçük Kaynarca, osmanische Gebietsverluste, Neutralität der Krim, russischer Zar Schutzherr der osmanischen Orthodoxen, Sultan als Kalif der Muslime auf der Krim, später ganz Russlands, russischer Seeverkehr im Schwarzen Meer.
1776	Gründung des *Mühendishâne-i Bahrî-i Hümâyûn*, einer staatlichen Marineingenieursschule.
1783	Russland annektiert die Krim (1784 von den Osmanen anerkannt).
1787–1792	Krieg gegen Russland und Habsburg.
1788–1822	Tepedelenli Alî Pascha autonom in Ioannina/Yanyâ.
1789–1807	Selîm III.
1789	Schwedisch-osmanisches Bündnis.
1790	Preußisch-osmanisches Bündnis.
1791	Friede von Ziştôvî/Sistova: Wiederherstellung der Vorkriegsgrenzen zwischen dem Habsburgischen und dem Osmanischen Reich.
1792	Friedensvertrag von Iaşi: der Dnjestr als osmanisch-russische Grenze.
1792	*Nizâm-ı cedîd:* Umfassende Militär- und Finanzreformen Selîms III.
1793	Einrichtung ständiger osmanischer Botschaften in London, Wien (1794), Paris (1795) und Berlin (1796).
1797–1799	Aufstand Pâzbandoğlı Osmân Paschas im Gebiet um Vidin.
1798–1801	Expedition Napoleon Bonapartes nach Ägypten, Besetzung des Landes und militärische Operationen in Syrien.

1804–1806	Serbischer Aufstand unter Đorđe Petrović.
1804	Wahhâbiten erobern Medina.
1805	Muhammad Alî Gouverneur in Ägypten (bis 1848, seit 1841 erblich).
1806	Widerstand der thrakischen Notablen verhindert Stationierung der *nizâm-ı cedîd*-Truppen in Edirne.
1806	Wahhâbiten erobern Mekka.
1806–1812	Osmanisch-russischer Krieg.
1807	Englische Flotte vor İstanbul; englischer Angriff auf Ägypten wird zurückgeschlagen.
1807	Aufstand in İstanbul, Auflösung der *nizâm-ı cedîd,* Absetzung Selîms III.
1807–1808	Mustafâ IV.
1808	Marsch Bayrakdâr (Âlemdâr) Mustafâs auf İstanbul, Absetzung Mustafâs IV. und Ermordung seines Vorgängers Selîm.
1808–1839	Mahmûd II.
1808	Aufstellung der *sekbân-ı cedîd*-Truppen.
1808	Einigung zwischen Mahmûd II. und den provinziellen Notabeln (*sened-i ittifâk*).
1808	Aufstand gegen Großwesir Bayrakdâr Mustafâ, Ermordung Mustafâs IV. und Auflösung der *sekbân-ı cedîd*.
1809–1812	Osmanisch-russischer Krieg, endet mit dem Frieden von Bukarest: Wiedergewinnung der Moldau und der Walachei, Verlust Bessarabiens.
1811	Massaker an den Mamluken, den führenden militärischen Haushalten Kairos.
1815–1817	Serbischer Aufstand unter Miloš Obrenović, endet mit seiner Anerkennung als oberster *knez* (Regent) des Landes (bis 1839) und weitgehender Autonomie des Landes.
1821–1830	Griechischer Unabhängigkeitskrieg.
1824	Ägyptische Flotte erzielt große Erfolge gegen griechische Unabhängigkeitskämpfer.

Die militärische Dimension der Krise

Lange Zeit haben die meisten Historiker aus der Türkei und aus den Industriestaaten der westlichen Welt die militärische Schwäche des Osmanischen Reiches als sein eigentliches Problem oder doch als denjenigen Aspekt identifiziert, der zu seiner Transformation führte: Die Osmanen, die ihre Unterlegenheit auf den Schlachtfeldern erkannt hatten, bemühten sich um eine Modernisierung – und bei denjenigen, die gegen solche Maßnahmen opponierten, handelt es sich um Traditionalisten, die nicht erkannten, dass eine Anpassung an europäische Vorbilder einfach notwendig war. Fehlschläge wie Selîms III. Scheitern 1807 werden dann mit der Kurzsichtigkeit der »Reformer« oder mit persönlichen Schwächen erklärt, die verhinderten hätten, dass die nötige Modernisierung mit der erforderlichen Systematik und Konsequenz durchgeführt wurde. Eine historische Figur wie Selîm steht dann »zwischen Alt und Neu« (so ein Buchtitel Stanford J. Shaws).

In den letzten Jahrzehnten wurden vermehrt wirtschaftliche Aspekte diskutiert, etwa durch solche Historiker, die versuchten, diesen Abschnitt osmanischer Geschichte als Einverleibung des Osmanischen Reiches in die »Semiperipherie« des »Europäischen Weltwirtschaftssystems« im Sinne Immanuel Wallersteins aufzufassen. Auch diese Debatte gibt Faktoren Priorität, die außerhalb des Reiches zu lokalisieren sind, denn entscheidend sind für das Modell die »kapitalistischen Marktkräfte« im Zentrum des Systems.

Eine Auseinandersetzung mit den osmanischen Quellen zeigt, dass beide Vorstellungen modifiziert werden sollten. Eine angemessene Berücksichtigung interner osmanischer Faktoren zeigt nämlich, dass es keine Dichotomie zwischen »Traditionalisten« und »Reformern« gab und auch nicht bloß *einen* Weg in *eine* Modernität. Und sie zeigt

Das Osmanische Reich nördlich des Mittelmeers 1683–1815

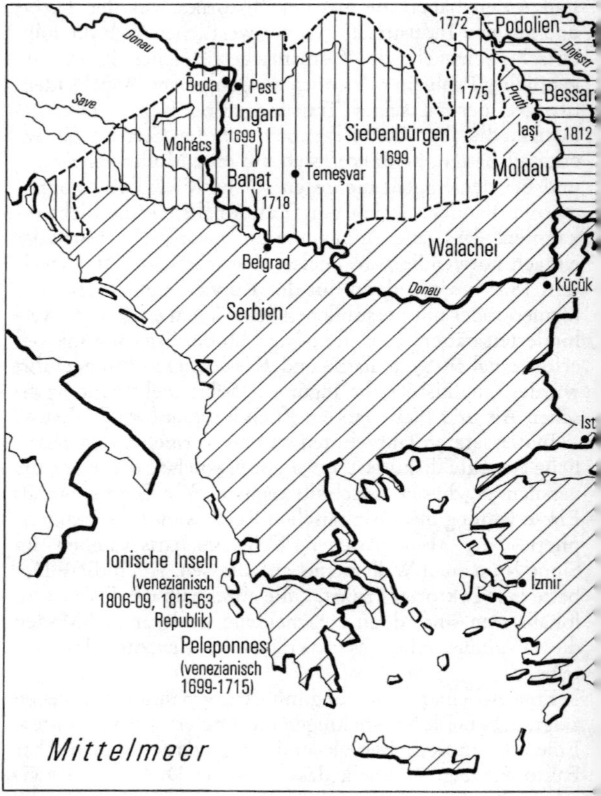

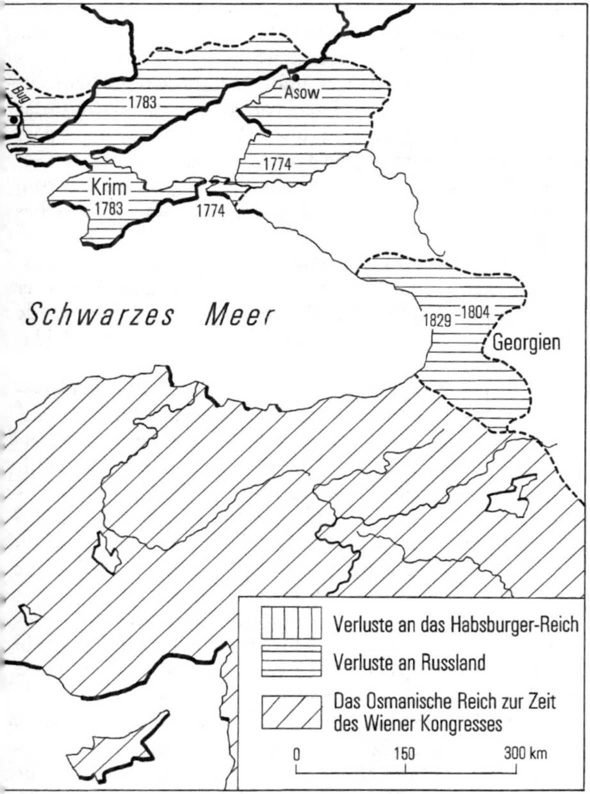
Bug
1783
Asow
1774
Krim
1783
1774
Schwarzes Meer
1829
1804
Georgien
Verluste an das Habsburger-Reich
Verluste an Russland
Das Osmanische Reich zur Zeit des Wiener Kongresses
0
150
300 km

auch, dass innerosmanische Dynamiken dafür verantwortlich waren, dass das östliche Mittelmeer seine ihm eigene, spezifische Neuzeit erlebte.

Die Reihe demütigender und vollständiger Niederlagen, die die Osmanen erlitten, ist lang. 1770 überraschte sie die russische Flotte, die durch die Straße von Gibraltar ins Mittelmeer gekommen war, und verbrannte ohne Schlacht die osmanische, die im Hafen von Çeşme manövrierunfähig vor Anker lag. Der Verlust der Krim bedeutete, dass erstmals eine überwiegend von Muslimen bevölkerte Gegend an einen christlichen Staat verloren ging. Ein Strom von tatarischen Flüchtlingen schlug sich auf osmanisches Gebiet durch.

Der Verlust von Otschakow/Özi, der wichtigsten Festung an der Mündung des Bug, der von einem Massaker an der muslimischen Bevölkerung dort begleitet wurde (1789), war Anlass des Schlaganfalles, an dem Abd ül-Hamîd I. starb.

Demütigend war auch die Leichtigkeit, mit der Napoleon Bonaparte Ägypten überfallen und besetzen konnte. Von osmanischer Seite konnte ihm nur in Syrien der Gouverneur von Saida/Sidon, Cazzâr Ahmad Pascha, mit Hilfe einiger Kontingente von *nizâm-ı cedîd*-Truppen und einigen englischen Kriegsschiffen in der von ihm ausgebauten Festung Akka wirklich Widerstand leisten. Letztlich waren es aber nicht die Osmanen, sondern die britische Flotte, die Napoleon zum Rückzug zwang.

1807 tauchte eine britische Flotte mit gleicher Leichtigkeit vor İstanbul auf. Britische Soldaten landeten auch in Ägypten. Beide Operationen machten aber einmal mehr die Verletzbarkeit des osmanischen Territoriums deutlich.

Angesichts einer so verheerenden Situation leuchtet es ein, dass keine Einigkeit darüber herrschen konnte, was zu tun sei. Traditionalisten, die zur Abhilfe schlicht eine Rückkehr zu den alten Sitten empfahlen, waren jedenfalls unter den osmanischen Eliten in der Minderheit. Andererseits gab es keine eingeführten Paradigmen gewollten Wandels, die es osmanischen Entscheidungsträgern erleichtert hätten, Reformvorschläge zu debattieren. Seinerseits zeigte sich das Europa der Zeit nach der Französischen Revolution keinesfalls ideologisch und militärisch homogen. Dazu kommt, dass in einer politischen Kultur, in der Netzwerke und Haushalte miteinander konkurrierten, gerade energische Vertreter von Projekten zur Verbesserung der Lage politisch entgegengesetzte Interessen hatten. Die beiden wichtigsten politischen Reformer des Jahrzehnts nach 1780 sind das beste Beispiel: der Großwesir Halîl Hamîd (1782–1785) und der langjährige Großadmiral und kurz vor seinem Tod 1790 auch zum Großwesir ernannte Cezâyirli Gâzî Hasan Pascha.

Halîl Hamîd war einer der glänzendsten Vertreter der *kalemîye,* ein Karriere-Bürokrat. Er hatte zwar selbst keine Erfahrung auf Gesandtschaftsreisen gesammelt, scheint aber eine umfassende, radikale Reform des Staates im Auge gehabt zu haben, die auf europäische Vorbilder einging. Zu seiner Politik gehörte die Einstellung europäischer Militärberater und das, was man heute als »Technologietransfer« bezeichnen würde, vor allem aber eine gründliche Reform des Besoldungs-, Steuer- und Rekrutierungswesens des Staates. Zu den konkreten Maßnahmen, die Halîl Hamîd ergriff, zählte sein Versuch, den Handel mit den Lohnscheinen der Janitscharen zu unterbinden, die wie festverzinsliche Staatsanleihen zirkulierten.

All das musste ihn in Gegensatz zu der einschüchternden Figur Cezâyirli Gâzî Hasan Paschas bringen, des größten osmanischen Haudegens seiner Zeit. Diese schon zu Lebzeiten legendäre Figur war aber nicht nur ein von seinem Löwen als Haustier begleiteter Kriegsheld, sondern ein fähiger Feldherr, in den 1780er Jahren Haupt des wichtigsten politischen und militärischen Haushaltes des Reiches und derjenige Militär, auf den sich Abd ül-Hamîd I. am meisten stützte. Gâzî Hasan hatte sich um den Ausbau der osmanischen Flotte verdient gemacht, sich im Krieg gegen Russland bewährt und wurde regelmäßig von İstanbul geschickt, wenn es galt, Aufstände in Syrien, auf der Peloponnes oder in Ägypten niederzuschlagen. Aber als jemand mit einer Janitscharenlaufbahn und Bektaşî-Identität und als Haupt einer *kapu* war seine Position durch Reformprojekte wie das Halîl Hamîd Paschas direkt bedroht. Das sah offenbar der Großwesir auch so, und weil Gâzî Hasan auf den Sultan zählen konnte, spann Halîl Hamîd eine Intrige, die die Absetzung Abd ül-Hamîds zum Ziel hatte. Das Ganze flog auf, und Halîl Hamîd zahlte mit seinem Leben.

Dies ist der Hintergrund, vor dem das *nizâm-ı cedîd* Selîms III. auch gesehen werden muss. Immerhin über 14 Jahre gelang es dem Sultan, in der Staatsführung so viel Einigkeit herzustellen, dass der kostspielige Aufbau eines zweiten Heeres fortgeführt werden konnte. Dabei ist das Bemühen erkennbar, Opposition einzubinden und überkommene Privilegien nicht anzutasten. Wichtige Entscheidungen wurden schon seit der Mitte des Jahrhunderts Ratsversammlungen von Würdenträgern unterbreitet, die dann ihre Zustimmung äußerten. Selîm III. rief solche *meşveret meclisi* genannten Treffen systematisch ein, auch um die Lage diskutieren zu lassen, vor allem aber, um die formelle Einwilligung aller entscheidenden Würdenträger einzuholen: Niemand sollte sagen können, er habe nicht hinter der Politik des *nizâm-ı cedîd* gestanden.

Diese Politik der Einbindung hatte ihre Grenzen. Sie definierte nämlich implizit auch, wer nicht zu den Entscheidungsträgern gehörte. Womöglich hat sie sogar die Kluft zwischen der osmanischen Elite und den Untertanen noch vertieft. Wichtig ist, dass dabei die Angehörigen der Pfortentruppen eher zu den Untertanen gehörten. Ein Janitschar, dessen Sold ein Drittel dessen betrug, was ein Soldat der »Neuen Ordnung« bekam, und der als ein Handwerker zur İstanbuler Stadtbevölkerung gehörte, konnte sich nur im Gegensatz zu diesen außerhalb der Stadt kasernierten, von osmanischen, aber auch französischen Ausbildern gedrillten Soldaten sehen, die Uniformen europäischen Zuschnittes trugen und gut bewaffnet waren. Die Tiefe der Kluft zwischen »großer« und »kleiner« Kultur (das Begriffspaar hat Şerif Mardin für die osmanistische Debatte fruchtbar gemacht) sollte durch das 19. und 20. Jahrhundert die politische Kultur des Osmanischen Reiches und der Türkei prägen.

Die Krise von 1807/1808

Welche Dynamik von dieser Trennung ausging, zeigte sich in der Krise von 1807 und 1808. Der Versuch, Festungsbesatzungen am Bosporus in die »Neuen Truppen« einzugliedern, führte im Mai 1807 zum Aufstand, der Absetzung Selîms III. und einem Massaker an seinen engsten Beratern. Die *nizâm-ı cedîd* war von dem Sultan noch vor seiner Absetzung aufgelöst worden.

Die Thronbesteigung Mustafâs IV. und die Rückkehr zu den alten Verhältnissen beendete die Krise nicht, sondern führte zu ihrer Ausweitung. Ein Jahr später marschierte der rumelische *a'yân* Bayrakdâr Mustafâ mit seinen Truppen nach İstanbul. In einem der dramatischsten Augenblicke der osmanischen Geschichte ließ der im Topkapı-Palast belagerte Mustafâ IV. seinen Cousin Selîm III. töten. Der einzige andere noch überlebende männliche Osmane, Mahmûd, entkam nur knapp und durch die Hilfe einer Palastdienerin namens Cevrî Kalfa dem Tod.

Mustafâ IV. wurde inhaftiert und abgesetzt, Bayrakdâr Mustafâ zum Großwesir ernannt. Mit seinen Leuten aus Ruse an der Donau errichtete er eine Art Terrorregime in İstanbul, das eine Wiederholung des Aufstandes von vor einem Jahr verhindern sollte. Denn der Großwesir richtete unter dem neuen Namen *sekbân-ı cedîd* (nach den unter Mehmed II. zur Disziplinierung des Korps zu Janitscharen gemachten »Hundeführern«) und in neuen Uniformen die *nizâm-ı cedîd* wieder ein. Außerdem sorgte er für eine Einigung zwischen der Zentralregierung und den meisten großen Notabeln des Reiches, die für Wochen ein Heerlager vor den Stadtmauern aufschlugen (Muhammad Alî und Tepedelenli Alî allerdings waren nicht erschienen). Diese schriftliche, von den Notabeln und führenden Würdenträgern İstanbuls, aber nicht Mahmûd II. unterzeichnete Einigung garantierte beiden Seiten ein Existenzrecht und steckte ihr gegenseitiges Verhältnis ab.

Aus dieser Einigung wurde kein dauerndes, verfassungsähnliches Arrangement. Mahmûd II. sollte es später ignorieren; ein autorisierter, offizieller Text wurde erst kürzlich gefunden und 1998 veröffentlicht. Das Dokument ist bemerkenswert, denn es zeigt, dass Cazzâr Mustafâ Pascha in Saida/Sidon und Bayrakdâr Mustafâ keine Ausnahmen waren: die großen Notabeln wussten im Allgemeinen sehr gut, dass ihre soziale Stellung ohne eine funktionierende Zentralregierung undenkbar war. Darin lag auch ein Widerspruch, denn die gleiche Schicht der Notabeln hatte 1804 verhindert, dass auch in Thrakien *nizâm-ı cedîd*-Truppen ausgehoben und stationiert wurden. Die Zentralregierung hatte damals nachgegeben und dadurch ihre eigene Position geschwächt.

Weniger die Einigung mit den Notabeln als die Einrichtung der *sekbân-ı cedîd* und das Gewaltregime Bayrakdâr Mustafâs in İstanbul waren für die blutige Revolte verantwortlich, die die Janitscharen und die Bevölkerung İstanbuls im November 1808 vom Zaune brachen. Noch einmal Dramatik im höchsten Grade: Mahmûd sorgte im wieder belagerten Palast für die Hinrichtung seines Halbbruders Mustafâ IV., um als einziger überlebender Osmane sich den Verbleib auf dem Thron zu sichern. Währenddessen war der an der Hohen Pforte, dem Amtssitz des Großwesirs, eingeschlossene Bayrakdâr Mustafâ Pascha trotz heftiger Gegenwehr in eine aussichtslose Lage geraten, in der er sich (und nach manchen Berichten Hunderte der ihn bedrängenden Aufständischen) mit dem Pulvermagazin des Gebäudes in die Luft sprengte.

Die Episode ist die erste seit 1402, in der das osmanische Sultanat ernsthaft in Frage gestellt war. Die aufständischen Janitscharen überlegten für kurze Zeit, Mustafâs IV. Schwester Esmâ oder einen Angehörigen der krimtatarischen Dynastie Giray auf den Thron zu bringen – das erste ein Zeichen der gewachsenen Bedeutung der weiblichen Mitglieder der Dynastie, das zweite für das Prestige einer Familie, die damals schon seit 25 Jahren keine wirkliche politische Macht mehr hatte, aber sich auf eine Abstammung von Dschingis Chan berufen konnte.

Mahmûd II. sollte auf dem Thron bleiben. Für die nächsten Jahrzehnte bemühte er sich um eine Konsolidierung seiner Position, achtete aber vor allem darauf, nichts zu unternehmen, was die Opposition der Janitscharen hervorrufen konnte. Dabei gab es Erfolge, etwa in Bagdad oder gegen Tepedelenli Alî, aber keine Möglichkeit, den Gouverneur von Ägypten, Muhammad Alî, in seinem Aufstieg zu einem *de facto* unabhängigen Herrscher zu stoppen.

Die schillernde Gestalt Hâlet Efendis (1760–1822), eines hochgebildeten, energischen Bürokraten, glänzenden Dichters und aktiven *mevlevî*, steht für die Politik der Zeit. Hâlet nutzte das Amt des *nişâncı*, das er von 1811 bis 1822 bekleidete, um zum einflussreichsten Politiker des Jahrzehnts zu werden. Geschickt gelang es ihm, einen Kompromiss zwischen den verschiedenen osmanischen Eliten herzustellen, wobei er besonders gute Beziehungen zu den Phanarioten unterhielt. Wer immer das interne Machtgleichgewicht störte, fiel einer seiner Intrigen zum Opfer.

Hâlet Efendi ist der letzte wirklich einflussreiche Politiker, der zutiefst von der osmanischen Überlegenheit Europa gegenüber überzeugt war. Als Botschafter hatte er von 1803 bis 1806 das nachrevolutionäre Paris gesehen und war nicht beeindruckt gewesen. Hâlet Efendis Haltung war die eines Vertreters der osmanischen Elitekultur, geprägt von einem starken Gefühl kultureller Superiorität gleichermaßen Europäern und Osmanen ohne Bildung gegenüber. Das erklärt auch die unterschiedlichen Reaktionen auf seinen Fall und Tod. Der berühmte Poet Keçecizâde İzzet Mollâ setzte sich für ihn ein und schrieb später:

Genähret haben mich Hâlets Gunst und Hâlets Brot
Bemüht hab' ich mich dann, zu verhindern seinen Tod.

Auf den Straßen der Hauptstadt kursierte dagegen der folgende Vers:

Ruhelos war er, dem Volke tief verhasst
Nun ist er tot, den Seligen zur Last.

Das Ende eines *Ancien Régime*

Hâlets Ende stand in engem Zusammmenhang mit dem Ausbruch des Griechischen Unabhängigkeitskriegs. Damit war die Politik gescheitert, die eine Zusammenarbeit der İstanbuler Eliten dadurch erkaufte, die Provinzen besser kontrollieren zu können. Der griechische Aufstand konnte, anders als die serbischen Aufstände, nicht als ein Betriebsunfall in einer isolierten Provinz verstanden werden. Griechen gab es überall, auch in der Staatsspitze, und sie waren in ihrer Haltung zu Zielen und Methoden des Aufstandes tief gespalten. Insofern traf es nicht unbedingt die Richtigen, wenn die osmanische Regierung die Phanarioten aus den meisten ihrer Schlüsselpositionen in der Staatsführung entfernte und Patriarch Gregorios V. in der Osternacht 1822 am Tor des Patriarchats aufhängte.

Griechenland

Unter den Muslimen scheint die innergriechische Auseinandersetzung mit den Idealen der Aufklärung und der Französischen Revolution weitgehend unbemerkt geblieben zu sein, die sich mit den Namen Velestinli Rêgas' (1757–1798), Adamantios Koraes' (1748–1833) und dem »Freundesbund« der 1814 gegründeten *Philike Hetaireia* verbindet. Zu diesen republikanischen Kräften stand auch die Kirche überwiegend in Gegnerschaft.

Auch die Vorbildrolle, die die süditalienische Carbonari-Bewegung und die republikanische Verfassung der »Republik der Sieben Inseln« (1807–1809, dann ab 1815) spielten, scheint ignoriert worden zu sein. Das Gleiche gilt für die Interessen des Netzwerkes griechischer Kaufleute, die in den Donaufürstentümern, in Wien, Venedig und Odessa lebten, Orte, die sich durch den Aufstieg Russlands zur Handelsmacht am Schwarzen Meer gründlich verändert hatten.

Es sollte jedoch nicht der Eindruck erweckt werden, dass der Griechische Unabhängigkeitskrieg im Wesentlichen durch außerosmanische Ideen und Interessen gesteuert worden sei. Dass ein griechischer Staat am Ende nicht in den Donaufürstentümern entstand, sondern auf der bäuerlich geprägten Peloponnes, hat regionale, inner-osmanische Gründe. Denn nach der osmanischen Wiedereroberung 1715 war diese Provinz nie recht zur Ruhe gekommen.

Ein heikles Gleichgewicht zwischen lokal führenden orthodoxen Familien, osmanischen Steuerpächtern und

Garnisonen hatte zu Übersteuerung, Landflucht und weit verbreitetem Räuberwesen (griech. *klephtoi*) geführt. Nach den Operationen des russischen Flottenkommandanten Graf Orlow 1770 war die Unsicherheit auf der Halbinsel endemisch geworden. Den anti-osmanischen Aufstand schlugen albanische Kontingente nieder, die danach aber nicht wieder abzogen. Gegen sie wurden mehrere Gouverneure geschickt, aber erst eine Strafexpedition Gâzî Hasan Paschas vertrieb die albanischen Freischärler weitgehend. Das Jahrhundert vor dem Unabhängigkeitskrieg war eines der unfriedlichsten in der Geschichte der Region.

So führten externe und interne Faktoren dazu, dass eine der Bevölkerungsgruppen, die für das Reich konstituierend waren, neue, außerosmanische Optionen erhielt. Bis in die letzten Tage des Reiches gab es ihm loyal gegenüberstehende Griechen. Was es nicht mehr gab, war die selbstverständliche Zugehörigkeit der griechischsprachigen Orthodoxen zur osmanischen Welt.

Ägypten

Der 1806 als Statthalter (*vâli*) von Ägypten anerkannte Muhammad Alî wurde von den europäischen Zeitgenossen neben Mahmûd II. zu Recht als wichtigste Figur eines »wieder erwachenden Orients« gesehen.

Muhammad, oder auf türkisch Mehmed, Alî stammte aus dem mazedonischen Kavala, seine Vorfahren waren anatolische Türken, die sich in Albanien niedergelassen hatten. Im Haushalt eines Janitscharen aufgewachsen, gelangte er 1799 nach Ägypten, um gegen die französische Okkupationsarmee zu kämpfen. In einem mazedonisch-albanischen Kontingent, das unter dem Schutz der britischen Flotte gelandet war, stieg er zum Kommandanten auf. Dabei setzte er sich gegen Hüsrev Pascha durch, der 1802–1803 Statthalter war, ohne das Land unter Kontrolle bringen zu können. Die persönliche Feindschaft zu Hüsrev sollte eine Konstante der Beziehungen zwischen Kairo und İstanbul bleiben, denn Hüsrev blieb bis kurz vor seinem Tod 1855 einer der mächtigsten Politiker des Reiches.

Muhammad Alîs Geschick, mit dem er seine eigene Macht konsolidierte und die politischen Haushalte der Mamluken ausschaltete (1811 eliminierte er die wichtigsten von ihnen in einem Massaker), war bemerkenswert. Entscheidend war, dass er nach 1811 Ägypten so reorganisierte, dass es eine auf ihn zugeschnittene politische und dem Weltmarkt angepasste wirtschaftliche Struktur erhielt. Das letzte ermöglichte ihm den systematischen Aufbau militärischer Macht, und diese wiederum machte ihn im osmanischen Kontext unangreifbar, ja unersetzlich.

Mahmûd II. stützte sich auf den ägyptischen Gouverneur nicht nur bei der Bekämpfung der griechischen Unabhängigkeitsbewegung, sondern auch bei der der Wahhâbiten – tatsächlich gelang ihm deren Vertreibung von den Heiligen Stätten und der Pilgerroute. Schon Anfang der 1820er Jahre war Muhammad Alîs Ägypten mächtiger, reicher und besser organisiert als die Reichszentrale – auch so etwas hatte es in der osmanischen Geschichte noch nicht gegeben.

Am Ende der Existenzkrise des Osmanischen Reiches waren einige der wesentlichen Grundannahmen der Zeit vor dem Krieg 1768–1774 gründlich erschüttert. In den Augen der osmanischen Elite war ihre Gesellschaft nicht mehr über-, sondern unterlegen, und Abhilfe für Schwierigkeiten lag nicht in der Wiederherstellung eines imaginierten Gleichgewichts, sondern in einem Wandel, der sich mit Europa auseinander setzen musste. Der Verzicht auf das Denken in Begriffen des Gleichgewichts bedeutete auch, dass soziale Konflikte zwischen etablierten Gruppen härter ausgetragen wurden: der durch alten Brauch geheiligte Besitzstand war nicht mehr unantastbar. Dieser Rahmen war die Voraussetzung dafür, dass die Administration mit bestenfalls taktischer Rücksicht auf Opposition eine Erneuerung des Landes von oben angehen, oppositionelle Gruppen aber sich Identität und soziale Zukunft außerhalb eines osmanischen Rahmens suchen konnten.

Wirtschaft

Die Kosten des Krieges von 1768–1774 und der Kriegsentschädigung, die anschließend an Russland zu zahlen war (7,5 Millionen *gurûş*, ein halbes Jahresbudget), trafen nicht nur den osmanischen Staatsschatz, sondern auch die Wirtschaft, die unter den staatlichen Zwangsabgaben litt. Dazu kam die durch die Industrielle Revolution schnell ansteigende Wirtschaftskraft der europäischen Staaten, die, unterstützt von neuer Transporttechnologie (Stahl- und Dampfschiffe) und effizienter kameralistischer Finanzverwaltung, im Lauf der Jahrzehnte immer deutlicher die des Osmanischen Reiches hinter sich ließ. Die Bewohner des Reiches hatten sich als Produzenten und Händler eines zunehmend fordernden Fiskus und übermächtig scheinender westlicher Konkurrenz zu erwehren, mit denen sie oft auch als Konsumenten in Wettbewerb standen. Sektoriell verlief die Entwicklung sehr unterschiedlich und umfasste katastrophale wirtschaftliche Zusammenbrüche wie auch bemerkenswerte Erfolge. Die Debatte, in welchem Grade die osmanische Wirtschaft von der europäischen vor dem berühmten Freihandelsvertrag von 1838 mit England bereits abhängig war, dauert an.

Ungleicher Handel

Nichts hatte sich an der Tatsache geändert, dass der internationale Handel weniger wichtig war als der innerhalb osmanischer Grenzen. Dennoch änderte er sich in seiner Bedeutung und in seinem Charakter.

Zwei Tendenzen sind zu beobachten, wenn auch detaillierte Handelsstatistiken fehlen: Eine Ausweitung des osmanisch-europäischen Handels stand einer Stagnation des Handels mit dem Osten gegenüber, und ein zunehmender Teil der osmanischen Exporte bestand aus Rohstoffen, vor allem landwirtschaftlichen Produkten, zu denen auch die Baumwolle zu zählen ist. Das gilt gerade für den Handel mit England, der auch relativ an Gewicht gewann, während Frankreich nach 1789 seine Bedeutung als Handelspartner zwischenzeitlich weitgehend verlor.

Zugleich war der Handel mit Europa immer mehr ein ungleicher: Dabei geht es nicht um das chronische Handelsbilanzdefizit und den dadurch verursachten Abfluss von Edelmetall, sondern darum, dass das Osmanische Reich in seinen Verträgen mit europäischen Mächten, den wegen ihrer Gliederung nach Artikeln so genannten »Kapitulationen,« deren Kaufleuten bessere Konditionen zugestand, als osmanische hatten – nicht nur im jeweiligen Ausland, sondern auch innerhalb osmanischer Grenzen. Osmanische Diplomaten machten nicht selten kommerzielle Zugeständnisse, um politische Vorteile zu erhalten.

Auf den ersten Blick ist es erstaunlich, dass unter diesen Umständen die osmanischen Kaufleute sich im internationalen Handel behaupteten, ja sogar ihre Stellung ausbauen konnten. Zunächst begaben sich zahlreiche Nichtmuslime als »Übersetzer« in den Schutz von Botschaftern und Konsulen ausländischer Mächte. Als »Angestellte im diplomatischen Dienst« genossen sie die gleichen Privilegien wie die Kaufleute der jeweiligen Macht, unter anderem neben niederen Zollsätzen oft dasjenige, sich nicht vor osmanischen Gerichten verantworten zu müssen. 1808 hatten 120000 orthodoxe Griechen einen solchen Status als Schutzbefohlene Russlands. Schon der Handel mit solchen Ernennungsurkunden (*berât*) lohnte den Ausbau eines Netzes von diplomatischen Vertretungen.

Selîm III. schuf daraufhin schon 1802 die Möglichkeit für nichtmuslimische osmanische Untertanen, sich gegen eine Zahlung zum »Europa-Kaufmann« (*Avrûpâ tüccârı*) ernennen zu lassen, der zu gleichen Bedingungen Handel treiben durfte wie die Schutzbefohlenen anderer Mächte, deren Zahl in der Folge langsam abgebaut wurde. Unter der Regierung Mahmûds II. wurde ein entsprechender Status für muslimische Kaufleute geschaffen, der des *hayrîye tüccârı*. Die Kommunitäten ausländischer Kaufleute konnten sich durch das 19. Jahrhundert hindurch zwar in den Handels- und Hafenstädten des Reiches erhalten; aber auch diese »Levantiner« passten sich kulturell wie in ihren kommerziellen Interessen oft weitgehend in die lokalen Gegebenheiten ein, in denen sie fest verwurzelt waren.

Fiskalismus

Von den Grundsätzen der osmanischen Wirtschaftspolitik – Traditionalismus, Provisionismus und Fiskalismus – wurde der erste langsam und stillschweigend in dem Grade aufgegeben, in dem die politischen und ökonomischen Erschütterungen dies verlangten. Der Provisionismus war wohl mitentscheidend dafür, dass die Administration keine ernsthaften Versuche machte, seine importorientierte Außenhandelspolitik zu ändern.

Treibende Kraft der osmanischen Wirtschaftspolitik der Krisenzeit war der Fiskalismus: der Staat brauchte Geld. In der Weise, es zu beschaffen, zeigt er sich außerordentlich erfindungsreich. Einige Maßnahmen sind daneben mit dem Bemühen zu erklären, provinziellen Netzwerken und Notabeln den Zugriff auf Steuerquellen zu erschweren.

Die 1775 fällige Kriegsentschädigung von 7,5 Millionen *gurûş* an Russland war der Grund für die Einführung der *eshâm*, festverzinslichen, persönlichen Anteilsscheinen an lebenslangen Steuerpachten. Solche in Form von *eshâm* vermarkteten *mâlikâne* wurden nicht mehr einem einzelnen Pächter vergeben, sondern in kleiner Stückelung verkauft. Die Eintreibung der Steuern regelte die İstanbuler Finanzadministration, der Eigentümer eines Anteilsscheines sicherte sich nur das Recht auf einen fixen Jahresertrag, für den er eine relativ hohe Einstandsleistung erbrachte.

Tatsächlich war das System für die Käufer so attraktiv, dass die konventionellen lebenslangen Steuerpachten allmählich fast verschwanden. Weil Anteilsscheine nicht so teuer waren wie ganze Pachten und weil keinerlei Verwaltungstätigkeit mit dem Erwerb eines Anteils verbunden war, kamen als Käufer nicht nur männliche Muslime mit einer Stellung im Staatsapparat, sondern alle wohlhabenden Osmanen in Frage. Als Folge davon kam die Regierung innerhalb kurzer Zeit tatsächlich zu viel Bargeld.

Schon nach wenigen Jahren stellte sich aber heraus, dass sich der Staatsschatz zu hohen Zinsen verschuldet hatte. Das galt umso mehr, als es nicht recht zu überprüfen war, welche der vielen tausend *eshâm*-Eigner noch lebten und wie viel Nachkommen weiter Bezüge aus den eigentlich verfallenen Rechten Verstorbener bezogen. Zwischen 1786 und 1798 wurden keine neuen Anteilsscheine mehr verkauft. Die napoleonische Invasion Ägyptens machte dann aber neue Emissionen nötig. Diese Methode der Staatsverschuldung über den Verkauf von Erträgen aus Steuerquellen sollte bis 1870 eine der bevorzugten Methoden der Staatskasse bleiben, Kredit im Inland aufzunehmen.

Eine Maßnahme, die nach 1813 ergriffen wurde, scheint einer Logik zu gehorchen, die der der *eshâm* gerade entgegengesetzt scheint: Die Anteilsscheine wandten sich ja an ein möglichst weites Publikum; 1813 wurde aber die Regelung eingeführt, dass Steuerpachten in den Provinzen vom Ursprungspächter ausschließlich an den Gouverneur unterverpachtet werden durften. Ziel war, zwischen Steuerpächter und Steuerpflichtige einen Amtsträger zu schalten, so die Ausbeutung der Steuerpflichtigen zu unterbinden und trotzdem den Provinzgouverneuren zu Mitteln zu verhelfen, die ihnen den Unterhalt eines *kapu* erlaubten. Die Maßnahme hatte zwei Folgen, eine beabsichtigt (und durchaus in Übereinstimmung mit einem anderen Aspekt der *eshâm*-Regeln), eine andere wohl unbeabsichtigt. Die erste bestand darin, dass der Zugriff lokaler Notabeln auf Steuerquellen weiter eingeschränkt wurde. Die zweite war, dass oftmals eine derartige Pattsituation entstand, dass Gouverneure den Ertrag nicht zur Finanzierung ihres Gefolges verwendeten, sondern lieber an die Staatskasse abführten und stattdessen ein Festgehalt bekamen – ein weiteres Beispiel für einen spezifisch osmanischen Schritt in Richtung eines modernen Beamtentums.

Konventioneller war dagegen das Mittel der Münzverschlechterung, das anzuwenden die Regierung nach Einführung des *gurûş* lange vermieden hatte. Der Staat griff dann aber doch dazu, um kurzfristig zu nominal höheren Einkünften zu kommen.

Am Ende der Herrschaft Mahmûds II. war der *gurûş*, der 1690 26 g, 1808 noch fast 13 g gewogen hatte, eine Münze von gut 2 g Gewicht, die gerade noch ein 1 g Silber enthielt. Die von diesen Münzverschlechterungen ausgehende Lähmung des Marktes war eine derart traumatische Erfahrung für die osmanischen Finanzpolitiker, dass sie nach 1839 auf dieses älteste Mittel ihrer Fiskalpolitik verzichteten und stattdessen ihren Geldbedarf über Staatsanleihen im Ausland deckten – mit gleichfalls katastrophalen Folgen.

Die wirtschaftliche Aktivität der Bevölkerung

Anfang des 19. Jahrhunderts, so Schätzungen, sollen etwa zehn bis elf Millionen Menschen im osmanischen Europa, ähnlich viele in den asiatischen Landesteilen, etwa drei Millionen im osmanischen Nordafrika gelebt haben. Noch immer war das Land dünn besiedelt, wenn diese Zahlen auch höher liegen als die dreieinhalb Jahrhunderte früher. Nach wie vor gab es Hungersnöte und Seuchen, neben wohlbekannten wie der Pest neue wie die Cholera.

Die hier beschriebene Periode war aber auch eine der Migrationen: Der Flüchtlingsstrom nach 1774 von der Krim wurde schon angesprochen. Auch die verheerende Sicherheitslage auf der Peloponnes etwa führte zu einer massenhaften Abwanderung auf die ägäischen Inseln und vor allem weiter nach Westanatolien: der größte Teil der 1922 und 1923 vertriebenen und ausgetauschten griechischen Bevölkerung Joniens ging auf diese Zuwanderer zurück. Solche Zuwanderer waren billige Arbeitskräfte, die auf den für den Markt produzierenden Gütern (*çiftlik*) Anstellung fanden.

Städte dagegen boten für solche Zuwanderer wenig Möglichkeiten, vielleicht mit Ausnahme der größeren Häfen. Neuerdings wird betont, dass etwa Textilien oft außerhalb von Zunftstrukturen und auf dem Land hergestellt wurden. Weiter ist noch zu wenig Genaues über die Art und Weise bekannt, wie Zünfte auf den Import industriell hergestellter europäischer Waren reagierten. Einige Wirtschaftszweige, etwa die Herstellung von Mohair-Wollstoffen in Ankara, kollabierten rasch, andere taten es überhaupt nicht.

Aber wie flexibel mancherorts manche Zunft auf die Probleme der neuen Zeit reagiert haben mag – zu einer massiven Expansion städtischer handwerklicher Produktion kam es nur in seltenen Ausnahmefällen. Der Kleinbetrieb in der ökonomischen Nische, möglichst versteckt vor dem Zugriff des Staates mit seinen fiskalischen Sorgen, hatte auch in Zeiten der Krise Überlebenschancen – aber keine Möglichkeit, Kapital und Wissen zu akkumulieren wie in Westeuropa kleinere Industriebetriebe.

An der Schwelle zu neuen osmanischen Identitäten

Bei den Friedensverhandlungen von Küçük Kaynarca musste die osmanische Seite erstmals formal ihr Gegenüber als gleichrangig anerkennen. Dieser Vertrag war nicht mehr eine einseitige Zusage von Schutz (*âmân*), die der Sultan aussprach, nachdem ihm die Gegenseite schriftlich Zusicherungen gemacht hatte. Er war, auch ganz formell, eine Abmachung zwischen zwei Völkerrechtssubjekten, und noch dazu zwei höchstrangigen: Sowohl Katharina II. als auch Abd ül-Hamîd I. hatten imperialen Rang.

Der osmanische Sultan war aber nicht nur Kaiser, sondern gleichzeitig etwas anderes, ganz Neues geworden, unter dem Mantel eines sehr alten Titels: geistiges Oberhaupt der Muslime; und als solches nannte er sich *halîfe,* »Kalif«. Als die Zarin in ihrer Eigenschaft als Oberhaupt des Patriarchen beanspruchte, Schutzrechte über osmanische Untertanen orthodoxen Glaubens ausüben zu dürfen, erfanden die osmanischen Unterhändler den Kalifentitel unversehens neu: nicht mehr Führer der muslimischen Gläubigen als Nachfolger des Propheten und in jeder Hinsicht, auch nicht mehr einfach der wichtigste islamische Herrscher der Welt, sondern ein geistiges Oberhaupt. Der Titel bezeichnete sozusagen den papistischen Aspekt eines cäsaropapistischen Herrschertums. Innerhalb von Tagen war die osmanische Außenpolitik bereit (und intellektuell in der Lage) gewesen, ihren Souverän in europäischen Begriffen neu zu definieren. Diese

Definition war einstweilen vor allem für den Gebrauch Fremden gegenüber gedacht, aber sie hatte Folgen: Ohne die Neudefinition von 1774 wäre 1922 nicht die Abtrennung des Kalifats vom Sultanat denkbar gewesen.

Bei den Verhandlungen von Küçük Kaynarca zeigten noch zwei weitere Teilnehmer typische Reaktionen der muslimischen Elite auf die Krise: Şâhîn Giray und Ahmed Resmî Efendi.

Ahmed Resmî, osmanischer Verhandlungsführer in Küçük Kaynarca und also vermutlich der Mann, dem die Neuerfindung des Kalifatstitels einfiel, war ein Angehöriger der *kalemîye,* der sich als Gesandter längere Zeit in Wien und Berlin aufgehalten hatte. Virginia H. Aksan, die Biographin Ahmed Resmîs, stellt heraus, wie dieser auch als politischer Autor hochbedeutende Mann angesichts der von ihm durchschauten Schwierigkeiten einen klaren, kritischen Pragmatismus entwickelte, der letztlich auf einer Betonung innerweltlicher individueller Verantwortlichkeit beruhte.

Şâhîn Giray war ein Mitglied der krimtatarischen Dynastie. Er hatte längere Zeit am russischen Hof verbracht und Pläne, die Krim nach russischem Vorbild zu reorganisieren. Die russischen Diplomaten setzten ihn tatsächlich als Chan durch. Seine radikalen und provokanten Maßnahmen führten mehrmals zu schweren Krisen, doch wurde er von Katharina II. gestützt. Nach der russischen Annexion der Krim floh er in osmanisches Exil, wo er auf Rhodos 1787 hingerichtet wurde. Şâhîn Girays Geschichte, fast eine tragikomische Variation auf das Leben Dimitri Kantemirs, beweist, dass ein nur als »Verwestlichung« zu bezeichnendes Programm auch für Muslime denkbar, jedoch nicht notwendig die rationalste aller Optionen war.

Die beiden Beispiele zeigen, wie bewegt die osmanische Geistesgeschichte der Zeit war. Soweit bekannt, hat eine aktive Auseinandersetzung mit aufklärerischem Gedankengut unter den Muslimen der Zeit nicht stattgefunden; sie beschränkt sich auf Nichtmuslime. Der griechisch-orthodoxe Autor Velestinli Rêgas (Pheraios) hatte schon 1796 in seinem berühmten Gedicht *Thourios* (»Marsch«) einen gesamtosmanischen Aufstand unter »hellenischer« Führung gegen die »Tyrannei« gefordert, dabei aber auch dem *a'yân* Pâzbandoğlı Osmân eine führende Rolle zugedacht.

Erkennbar ist sie auch in der faszinierenden Person Mouradgea d'Ohssons, eines als Murâdca Tosûnyân 1740 geborenen Armeniers, der als schwedischer Diplomat Karriere machte, Anhänger der Jakobiner in Frankreich war und 1807 dort starb, nachdem er sich von Frankreich hatte bezahlen lassen, aber in schwedischen Diensten 1799 erfolgreich, doch skandalös um die Akkreditierung des revolutionären Botschafters bemüht hatte – gegen den Widerstand des diplomatischen Korps und monarchistischer französischer Kreise. Berühmt ist sein monumentales *Tableau Général de l'Empire Othoman*, das das Reich detailliert in den Begriffen und Kategorien aufgeklärter Beobachter darstellt, übrigens ohne Herablassung.

Interkonfessionelle Gemeinsamkeiten im Geistesleben lassen sich in der Frage der Schriftsprache erkennen. Die türkische Prosa und Amtssprache des 18. Jahrhunderts entwickelte Varianten, die stärker an die gebildete Umgangssprache angelehnt waren, und parallel dazu verlangte der Phanariot Dêmêtrios Katartzês (1730–1807) nach einer Erziehung in der griechischen *dêmotikê* (»Volkssprache«).

In der Zeit der osmanischen Existenzkrise fand auch die post-newtonsche Wissenschaft Eingang in das osmanische Denken. Eine paradigmatische Ablehnung moderner Naturwissenschaft gab es kaum, wohl aber – relativ vereinzelt – Reaktionen gegen sie als soziale Praxis. Schon der Mystiker İbrâhîm Hakkı aus Erzurum (1703–1780) hatte aber in seinem enzyklopädischen

Maʿrifetnâme (»Buch des Wissens«) neben dem ptolemäischen das kopernikanische Weltbild vorgestellt. Mahmûd Râif Efendi (er starb 1807 während des Aufstandes gegen das *nizâm-ı cedîd*), einer der Vertrauten Selîms III. und möglicherweise der erste muslimisch-osmanische Würdenträger, der Französisch gut gelernt hat, schrieb über Geographie.

Vor allem aber wurden die Ingenieursschulen zu Institutionen, durch die wissenschaftliches Wissen westlicher Prägung vermittelt wurde und mit dem Wissen der Medrese-Tradition in Berührung kam. Denn hier unterrichteten nicht nur europäische, meist französische, Lehrer, sondern zum Beispiel auch der *âlim* und Mathematiker Gelenbevî İsmâîl (1730–1790). Seyyid Mustafâ, einer der ersten Absolventen der Schule, verfasste auf Französisch eine Abhandlung zur Ingenieurskunst in dem *nizâm-ı cedîd,* die in der Staatsdruckerei veröffentlicht wurde, welche man der Ingenieursschule angeschlossen hatte.

Muhammad Alî, in vielem eher ein Vorbild für die Reformer in İstanbul als umgekehrt, war darin ein guter Schüler der Verhältnisse in der Hauptstadt, dass er seine 1822 gegründete Staatsdruckerei auch zum Druck wissenschaftlicher Werke einsetzte (diese Druckerei im kairener Stadtteil Bûlâk produzierte übrigens mehr türkische als arabische Titel). Darunter war auch ein Werk des Polyhistors Şânîzâde Mehmed Atâullâh, die Übersetzung einer militärischen Denkschrift Friedrichs II. von Preußen. Şânîzâde hat als Reichschronist hohe Bedeutung, war aber eigentlich ein wissenschaftlich produktiver Mediziner. Mehrere seiner Schriften erschienen auch in İstanbul im Druck. Şânîzâde war der erste osmanische Autor, der als moderner Anatom gelten kann.

Şânîzâde schrieb auf Türkisch, nicht auf Französisch, das im 19. Jahrhundert als Wissenschaftssprache im Osmanischen Reich präsent war und nach 1827 die Unterrichtssprache an der medizinischen Akademie wurde.

Noch größere Verdienste um eine moderne türkische Wissenschaftssprache erwarb sich Başhôca (»Hauptlehrer«) İshâk Efendi (1748?–1835) mit seinem vierbändigen *Mecmûa-ı Ulûm-u Riyâzîye* (»Kompendium der exakten Wissenschaften«), das lange Jahre das osmanische Standardwerk zu allen positiven Wissenschaften mit Ausnahme der Biologie war.

Neben den Ingenieursschulen kann das Übersetzerbüro (*terceme odası*) als ein wichtiger Ort gelten, in dem europäisches Wissen rezipiert wurde. Das Amt war 1821 eingerichtet worden, um muslimische Übersetzer auszubilden und zu beschäftigen, die die durch den Griechischen Unabhängigkeitskrieg desavouierten Phanarioten als Staatsdolmetscher ablösten. Eine Auseinandersetzung mit europäischen Vorbildern kann man in der zeitgenössischen Malerei, etwa den Sultansporträts Kapudağlı Kostantîns, finden. Auch die Architektur İstanbuls spiegelt eine produktive Auseinandersetzung mit westlichen Modellen, die sich allerdings nie auf eine bloße Übernahme beschränkt – selbst in den Fällen, wo der Architekt ein Mittel- oder Westeuropäer war wie Antoine-Ignace Melling (1763–1831), der sich nach 1784 achtzehn Jahre lang in İstanbul aufhielt.

Schließlich muss erwähnt werden, dass in der schönen Literatur einige der wichtigsten Werke die Grenzen der osmanischen Vorstellungswelt bewusst ausweiteten und an die Grenzen des Universums der osmanischen Dichtungssprache vordrangen. Ein Beispiel dafür ist die Rahmenerzählung der *Muhayyelât* (»Phantasien«) des 1798 als osmanischer Botschafter in Berlin verstorbenen Azîz Efendi. Dieser Prosatext bemüht interessanterweise eine Herausgeberfiktion, die sich auf syrianische und hebräische Quellen beruft.

Noch berühmter aber ist heute das Masnawi *Hüsn ü Aşk* (»Schönheit und Liebe«) des Mevlevî-Scheiches Gâlib, dessen Dichtung von Victoria Rowe Holbrook untersucht wurde. Es geht um die Befreiung des Mädchens Schönheit durch den Jüngling Liebe aus dem Schloss der Form – eine mystische Allegorie. Anders aber als alle die Texte, auf die sich Gâlibs Dichtung bezieht, endet die Geschichte mit der Vereinigung der beiden Liebenden nicht in einer anderen, sondern in dieser Welt.

Das letzte osmanische Jahrhundert

(1826–1920)

Von Klaus Kreiser

Epochenüberblick

Das letzte »lange« osmanische Jahrhundert ist zugleich eine Zeit großer, verlustreicher Kriege, die zur Aufgabe riesiger Gebiete führten, aber auch eine Epoche zahlreicher sichtbarer und nachhaltiger Reformen. Die territorialen und demographischen Veränderungen verwandelten das multinationale Reich in eine Nation, als deren Träger sich nur Türken und turkifizierte Muslime betrachteten. Die insbesondere in den Jahren 1856 und 1908 proklamierte Gleichstellung aller osmanischen Untertanen blieb in ihrer Wirkung zwar begrenzt, konnte sich aber durchaus mit den Verhältnissen im russischen Reich messen. Gewaltsame Vertreibungen von Muslimen aus dem Balkanraum (insbesondere nach 1876) und von Christen aus Anatolien (1915/1916) führten zu weitreichenden demographischen Umschichtungen.

Die Fortdauer des Osmanenreichs als europäische Macht wurde nach den napoleonischen Kriegen von den meisten europäischen Politikern in Frage gestellt. Der griechische Aufstand war nicht die erste erfolgreiche Befreiungsbewegung in Südosteuropa. Schon 1815 hatten die Serben die faktische Selbstständigkeit erlangt. Jetzt wurde deutlich, dass die kulturelle und sozioökonomische Osmanisierung der Balkanländer zwar sehr weit fortgeschritten war, aber dass das Gewicht der türkischen Bevölkerung innerhalb der ethnischen Gemengelage nicht ausreichte, um die Unabhängigkeitsbestrebungen von Griechen, Bulgaren und Rumänen einzudämmen. Auch die Bindung von muslimischen Albanern und Südslawen an Sultanat und Kalifat war am Ende nicht fest genug, um ihre Ablösung zu verhindern. Mit den Balkankriegen von 1912/1913 endete die osmanische Präsenz in Südosteuropa bis auf die Hauptstadt İstanbul mit ihrem thrakischen Vorland.

Hingegen gelang im 19. Jahrhundert die teilweise Re-Integration von arabischen Provinzen, die wie der Irak und Tripolitanien zuvor ein weitgehendes Eigenleben geführt hatten. Wie entschlossen die Pforte war, auch am Roten Meer und am Persischen Golf wieder Flagge zu zeigen, beweist die Einrichtung von Provinzialverwaltungen auf der arabischen Halbinsel und die Wiederbesetzung des Jemen (ab 1869) nach vieljähriger Unterbrechung. Erfolglos blieben hingegen die Versuche, die französische Besetzung von Algier (ab 1830) abzuwenden. Mit dem Ägypten Mehmed Alîs war zum ersten Mal ein wichtiges muslimisches Staatswesen entstanden, das mit der Resttürkei als einflussreiche Mittelmacht konkurrierte.

Die Verwaltungsreformen der Epoche waren unter Mahmûd II. (1808–1839) und seinen Nachfolgern durch eine straffe Zentralisierung und die Schaffung vorkonstitutioneller Beratungsgremien auch in den Provinzen gekennzeichnet. Allmählich verbreitete sich ein Netz staatlicher Schulen über die wichtigsten Städte. Die Vernichtung des Janitscharenkorps (1826) bildete die Voraussetzung für alle zukünftigen Heeresreformen. Unter Abdülazîz (1861–1876) kam es zu einer starken Förderung der Flotte.

Auslandsaufenthalte, später auch Auslandsstudien wurden Merkmal der neuen bürokratischen und militärischen Elite. Mehrere Sultane unternahmen Inspektionsreisen ins Landesinnere. Mit der Verlesung des »Kaiserlichen Handschreibens« von Gülhâne leitete Sultan Abdülmecîd 1839 die Epoche der *Tanzîmât-i hayrîye* (»Wohltätige Verordnungen«) ein. Im Mittelpunkt stand eine Rechtsschutzgarantie für Person und Vermögen aller Untertanen, ohne Ansehen von Rang und Herkunft.

Der Modernisierungsschub der 1850er Jahre hatte sichtbare Auswirkungen insbesondere auf die größeren Hafenstädte (İstanbul, Saloniki, İzmir und Beirut). Die ersten Telegraphenleitungen wurden eingerichtet und Konzessionen für Bahnlinien in Europa und Anatolien vergeben. In İstanbul-Beyoğlu entstand eine beispielhafte Stadtverwaltung. Bleibende Ergebnisse der Reformen der Tanzîmât-Zeit sind die Grundlagen eines modernen staatlichen Schul- und Hochschulsystems, deren Kontinuität bis in die republikanische Gegenwart anerkannt wird.

Die zum Teil im europäischen Exil lebenden Mitglieder der neuen Intelligenz verstanden sich noch unter Sultan Abdülazîz als osmanische Patrioten, die besorgt den wachsenden Bildungsabstand zwischen muslimischer Mehrheit und den in ihren Augen begünstigten Minoritäten sahen. Das im Jahr 1876 verkündete Grundgesetz unter Sultan Abdülhamîd II. (1876–1909) war nur kurze Zeit gültig und hatte ohnehin mehr autokratische als konstitutionelle Bestandteile. Abdülhamîd gelang es über mehr als drei Jahrzehnte zum Teil mit polizeistaatlichen Instrumenten, innere und äußere Gegner unter Kontrolle zu halten.

Die Folgen der Niederlage gegen Russland im Krieg von 1877/1878 wurden im Berliner Kongress unter Beteiligung aller Großmächte geregelt. Während im Pariser Frieden von 1856 noch zugesagt war, dass sich keine der Mächte in die inneren Angelegenheiten des Reiches einmischen dürfte, sprach der Berliner Vertrag ausdrücklich von Reformmaßnahmen in den so genannten »sechs Provinzen« mit starker armenischer Bevölkerung.

1881 nahm die europäisch kontrollierte Schuldenverwaltung (*Dette Publique*) ihre Tätigkeit auf. Eine Militärrevolution entmachtete den Sultan im Jahr 1908. Das neue

»jungtürkische« System war zunächst eine Verbindung von Exilpolitikern, Offizieren und Repräsentanten des alten Regimes. Unmittelbar nach der Revolution entfaltete sich für wenige Jahre eine beispiellose Presse- und Vereinsfreiheit. Die wieder in Kraft gesetzte Verfassung wurde durch eine Reihe von Artikeln reformiert. Bis 1918 setzten die Jungtürken wesentliche Reformen durch, die Teile des kemalistischen Programms vorwegnahmen.

Österreich-Ungarn nutzte die jungtürkische Revolution, um Bosnien und Herzegowina endgültig zu annektieren. Bulgarien erklärte ebenfalls 1908 seine Unabhängigkeit. Die Annexion von Tripolitanien und der Cyrenaika durch Italien (1911) zwang die Osmanen zu weiteren Konzession im Jemen und in der Ägäis. Neben der Kreta-Frage und Konflikten in Mazedonien, in Syrien und im Libanon bildete die armenische Minderheit insbesondere ab den 1890er Jahren das wichtigste Problem. In den ostarabischen Ländern wuchs die Unzufriedenheit mit einem Regime, das keine Schritte in Richtung auf Gewährung einer Selbstverwaltung machte.

Der unmittelbar nach der Unterzeichnung des Friedens mit Italien (1912) durch Montenegro, Serbien, Griechenland und Bulgarien erklärte Balkankrieg endete mit einer osmanischen Niederlage und dem fast vollständigen Rückzug aus Europa. Im nachfolgenden 2. Balkankrieg, in dem sich die bisherigen Feinde der Türkei mit ihr gegen Bulgarien verbündeten, gewannen die Türken nur Edirne zurück. Diese Kriege führten den europäischen Mächten, aber auch den seit 1882 tätigen deutschen Militärberatern die Schwäche des türkischen Heeres vor Augen.

Der Eintritt in den Weltkrieg an der Seite der Mittelmächte wurde nur von einer kleinen Gruppe des osmanischen Kabinetts unter Enver Pascha befürwortet, andere osmanische Politiker sprachen sich für einen Anschluss an den Mittelmeer-Dreibund und für unterschiedliche Formen von Neutralität aus. Mit Ausnahme der Abwehrschlacht an den Dardanellen (1915), die freilich von weltgeschichtlicher Bedeutung war, konnten die Osmanen an keiner Stelle einen wichtigen Sieg erringen. Der Einmarsch Russlands in Ostanatolien bot der jungtürkischen Führung die Gelegenheit zur Deportation des größten Teils der armenischen Bevölkerung, die unter den damaligen Umständen einem Massenmord gleichkam. Der weitere Kriegsverlauf war durch den britischen Vormarsch in Mesopotamien und den Zusammenbruch des Zarenregimes bestimmt. Großbritannien einigte sich mit Frankreich und unter Einbeziehung Russlands im Sykes-Picot-Abkommen auf eine Nachkriegsordnung im arabischen Osten (1916). Die Balfour-Erklärung konzedierte 1917 eine jüdische »Heimstatt« in Palästina ohne weitere staatsrechtliche Festlegungen.

Der amerikanische Präsident Wilson hatte im Januar 1918 unter anderem die »nationale Autonomie der nichttürkischen Völker des Osmanischen Reiches« gefordert. Nach dem Waffenstillstand von Mudros schienen die alliierte Besetzung İstanbuls, die Aufteilung Anatoliens in Einflusszonen und das Friedensabkommen von Sèvres das Schicksal der Türkei zu besiegeln. Der daraufhin von Mustafâ Kemâl organisierte anatolische Widerstand endete mit der Vertreibung der griechischen Invasoren, dem Austausch der muslimischen und christlichen Bevölkerungsteile Griechenlands und der Türkei, der Abschaffung des Sultanats (1922), der Ausrufung der Republik (1923) und der Ausweisung des Kalifen Abdülmecîd (1924). Auf Dauer hatte es sich als unmöglich erwiesen, ein »Reich« zusammenzuhalten, dessen Bevölkerung weder Religion noch Sprache, Kultur oder Wirtschaftsleben gemeinsam hatte.

Mahmûd II. (1826–1839)

1826 Janitscharenerhebung in İstanbul. Blutige Unterdrückung durch loyale Truppen und Aufhebung des Korps. – 7. Oktober: Konvention von Akkerman mit Russland. Ungehinderte Fahrt für russische Handelsschiffe, freie Wahl der Hospodare der Moldau und Walachei aus einheimischen Bojaren. – Autonomie Serbiens. – Griechische Patrioten wenden sich an die russische Regierung um Hilfe. – Gründung der Militärmedizinschule.

1827 27. April: Kapodistrias von der griechischen Nationalversammlung gewählt. – Juli: Londoner Vertrag, Kompromisslösung zwischen den drei Großmächten: Griechenland soll innere Autonomie erhalten, aber der Pforte als tributpflichtiges Fürstentum unterstellt bleiben. – 20. Oktober: Untergang der osmanisch-ägyptischen Flotte in der Seeschlacht von Navarino gegen England, Frankreich und Russland.

1828 Rekrutierung von 30000 Mann ausgebildeter Reformtruppen. – Die russische Armee greift fast gleichzeitig auf dem Balkan und im Kaukasus an. Besetzung der Donaufürstentümer und des Chanats Erewan, Fall von Kars.

1829 14. September: Friede von Adrianopel/Edirne. Abtretung des Donaudeltas und der Provinz Akhaltsikhe. Griechenland soll unter russischem Protektorat bis zur Arta-Volos-Grenze entstehen.

1830 Der Kriegsminister Hüsrev Pascha entsendet vier Knaben zum Studium nach Paris. – Der Sultan Mahmûd II. tritt die erste von fünf Rumelien-Reisen an. – 2. Februar: Londoner Protokoll, Kompromiss zwischen russischen und englischen Vorschlägen über Griechenland. – Französische Besetzung von Algier. – Souveränität Serbiens.

1831 Cholera in İstanbul. – Gründung der katholischen *millet*. – Druck des ersten lithographischen Buchs und des Osmanischen Staatsanzeigers. – Mehmed Alî Pascha, der Statthalter Ägyptens, besetzt Syrien.

1832 Anerkennung einer unabhängigen Monarchie in Griechenland. – Erste amtliche Provinzzeitung (Kreta). – 23 Fes-Arbeiter werden aus Tunesien angeworben. – Unabhängigkeit der Insel Samos unter einem christlichen Fürsten. – 21. Dezember: İbrâhîm Pascha besiegt das osmanische Heer bei Konya.

1833 8. Juli: Auf Ersuchen İstanbuls landen russische Truppen am Bosporus. Russisch-türkische Verteidigungsallianz von Hünkâr İskelesi.

1834 Gründung von Provinzialmilizen. – Moderne Postverwaltung. – Entmachtung der Calîlî-Familie in Mosul.

1835 Große Staatsreform. Die Chefs der drei klassischen Dienste, Bürokratie (*kalemîye*), Korpus der Richter und Gelehrten (*ilmîye*) und Militär (*seyfîye*) gelten als gleichberechtigt und dem Sultan verantwortlich. – Einrichtung einer griechischen Gesandtschaft in İstanbul und eines Konsulats in Saloniki. – Das nordafrikanische Tripolis kommt wieder unter osmanische Verwaltung. – Eintreffen des preußischen Heeresreformers Helmuth von Moltke.

1837 Der İstanbuler Kadi bezieht ein Amtsgebäude. – Osmanische Mission in Berlin.

1838 Gründung des Hohen Rates für Rechtsverordnungen. – 16. August: Handelsabkommen mit England in Balta Limanı. – Mustafâ Reşîd Pascha geht als außerordentlicher Gesandter nach London. – Einrichtung einer Behörde für das weltliche Schulwesen.

1839 Tod Mahmûds II. – Thronbesteigung von Sultan Abdülmecîd.

Der griechische Unabhängigkeitskampf, die Vernichtung des Janitscharenkorps und der Konflikt mit Mehmed Alî von Ägypten waren die beherrschenden Themen in der zweiten Hälfte des Sultanats von Mahmûd II. Alle drei Komplexe standen in einem engen Zusammenhang: Die Griechen sollten mit Hilfe eines ägyptischen Expeditionsheers zur Raison gebracht werden. Die Abhängigkeit İstanbuls von Mehmed Alî, der als selbstständiger *vâli* (Gouverneur) in Kairo saß, war wiederum Ausdruck der militärischen Schwäche des Reiches, die auch durch die Reformen Selîms III. nicht beseitigt worden war. Während des griechischen Aufstands hatte die Türkei die drei wichtigsten Staaten Europas zum Gegner. Zusammen mit Frankreich und England beteiligten sich russische Schiffe an der den griechischen Konflikt lösenden Schlacht von Navarino (20. Oktober 1827). Russland erklärte jedoch erst im April 1828 der Türkei den Krieg. Im Sommer 1829 standen die Armeen von Nikolaus I. im thrakischen Vorfeld von İstanbul und hatten alle wichtigen Festungen im südlichen Kaukasus (Kars, Erzurum, Bayburt) eingenommen. Frankreich eroberte 1830 Algier und beschloss 1834, sich aus Gründen »der Ehre und des Interesses« in Nordafrika auf Dauer niederzulassen. 1837 fiel nach längerem Widerstand Constantine. Tunis wurde als nächstes französisches Okkupationsziel ins Auge gefasst (erst 1881 errichtete Frankreich ein Protektorat über das nordafrikanische Fürstentum). England setzte sich unter dem Eindruck von Napoleons Ägyptenexpedition im frühen 19. Jahrhundert im südarabischen Aden fest und okkupierte es 1839 endgültig. Aden war zwar schon im 17. Jahrhundert von İstanbul verlassen worden, gehörte aber eindeutig zu seiner Interessensphäre. Metternichs Österreich verstand das Osmanische Reich auch während des griechischen Aufstands als einen Ordnungsfaktor. Preußen unterhielt freundliche Beziehungen mit dem Staat Mahmûds II. Die Militärmission unter Helmuth von Moltke ist Ausdruck der sich mit Berlin anbahnenden Interessengemeinschaft. Mit den Vereinigten Staaten von Amerika wurde 1830 ein Vertrag über Freundschaft, Handel und Seefahrt geschlossen. Die unter Selîm III. in Europa eingerichteten Gesandtschaften in Paris, London, Wien und Berlin wurden gegen Ende von Mahmûds Epoche wieder ständig besetzt (1834).

Weder das Eintreten der europäischen Mächte für Griechenland noch ihre kolonialen Ambitionen hatten jedoch anhaltende Auswirkungen auf die große Politik. Vier Jahre nach der Niederlage im Krieg gegen Russland schloss

İstanbul mit dem Sieger die gegen Mehmed Alî gerichtete Verteidigungsallianz von Hünkâr İskelesi am Bosporus (1833). England erhielt im Vertrag von Balta Limanı weitreichende Handelszusagen (1838). Im selben Jahr wurde auch mit Frankreich ein neues Handelsabkommen vereinbart. Die Einfuhrzölle lagen nun bei 3 Prozent, die Ausfuhrzölle bei 12 Prozent. Mit dem 1832 unabhängig gewordenen Königreich Griechenland wurden bereits 1835 diplomatische und konsularische Beziehungen aufgenommen. Serbien erhielt ebenso wie die griechische Insel Samos die Selbstverwaltung unter einer eher symbolischen osmanischen Oberherrschaft. Das erst 1805 entstandene serbische Fürstentum wurde mit einigen Bezirken der osmanischen Provinzen Bosna und Vidin abgerundet.

Aus der Sicht İstanbuls war die wiedererlangte Kontrolle über lange entglittene Gebiete wie Mosul im Irak und Tripolis in Nordafrika (1834 bzw. 1835) von großer Bedeutung. Die Kernprovinz Syrien kehrte zwar erst nach Mahmûds Tod unter die direkte Verwaltung von İstanbul zurück (1840), doch hatte der Sultan in seinem letzten Lebensjahr die Wiedergewinnung in Angriff genommen. Mahmûd II. bemühte sich schon vor der Abschaffung der Janitscharen um eine Reform des Landheers, das das von Selîm III. geschaffene militärische Schulwesen mit ausländischen Beratern fortsetzte. Die förmliche Verabschiedung vom Timar-System und die statistische Erfassung der wehrfähigen Männer gehörte zu den begleitenden Maßnahmen. Die Bedürfnisse des Heeres wurden zum Teil durch staatliche Manufakturen erfüllt und damit die Grundlagen einer Industrie gelegt.

Zum ersten Mal in der osmanischen Geschichte wurde aber auch das elementare, rein religiöse Bildungswesen als reformbedürftig erkannt. Der zögernd begonnene Buchdruck und die periodische Presse setzten sich durch. Unter Mahmûd II. wurde eine große Staatsreform in Angriff genommen, die zahlreiche Maßnahmen der Tanzîmât-Epoche (s. S. 330–338) vorwegnahm. Sie reichte von der Stadtteilverwaltung in İstanbul und einigen Provinzorten bis zur Einführung von Ressortministerien. Der Sultan betonte seine Legitimität als Oberhaupt der islamischen Welt und pflegte den Kult der Dynastie. Damit sind Anfänge eines sakralisierten Patriotismus verbunden, der bis zur Einrichtung der türkischen Republik verfolgt werden kann. Am Verhältnis zu den Nichtmuslimen änderte sich grundsätzlich wenig, lediglich der Einfluss von Griechen nahm in der Zentralbürokratie ab. Trotzdem hatten auch in späteren Jahren Griechen wichtige Stellungen inne. Es sei nur an Alexander Karatodori erinnert, den ersten Bevollmächtigten des Osmanischen Staates beim Berliner Kongress (1878). In London, St. Petersburg und Wien ließ sich die Türkei durch Diplomaten wie Kostaki Musurus, Komnenos und Kalimaki vertreten. Hervorheben muss man aber die Anerkennung einer katholischen Religionsgemeinschaft als *millet* durch den Staat (unter *millet* verstand man im 19. Jahrhundert zunehmend, aber nicht ausschließlich eine nicht-muslimische Religionsgemeinschaft). Als konservativer Reformator hatte es Mahmûd II. verstanden, reformwillige Persönlichkeiten aus der Religions- und Heeresverwaltung für seine weitreichenden Maßnahmen zu gewinnen.

»Das wohltätige Ereignis«

Die Armeereform Mahmûds II. zielte ursprünglich auf eine Erneuerung von innen. Jedem der 51 İstanbuler Janitscharenregimenter sollten 150 mit neuen Methoden geschulte Soldaten (*eşkinci*, etwa: »Galoppierende Truppe«) zugeordnet werden. Diese hatten den Auftrag, im Laufe der Zeit ihren Drill und ihre Waffentechnik an die älteren Kameraden weiterzugeben.

Der Sultan hatte vorsorglich Rechtsgutachten (*fetvâ*) durch seinen Scheichülislam ausfertigen lassen, welche die Verwendung von neuem Kriegsgerät mit Hinweisen auf das Leben des Propheten sanktionierten. Muhammad habe im Kampf gegen die ungläubigen Kuraischiten die Ausbildung im Bogenschießen und Schwerterkampf gefördert. Auch das Schießpulver sei schon in frühislamischer Zeit erfolgreich gegen die Polytheisten verwendet worden! Die İstanbuler Janitscharen erhoben sich unbeeindruckt davon am 14. Juni 1826, zwei Tage nachdem die neue Truppe das Exerzieren aufgenommen hatte. Die Aufständischen wurden in ihren Kasernen am Et Meydanı von loyaler Artillerie in einem blutigen Massaker zum Schweigen gebracht. Ihre Kasernen wurden abgebrannt bzw. abgerissen. Auch der Widerstand in den Provinzen, wo viele Janitscharen als Festungsbesatzungen dienten, wurde rasch gebrochen. Es war von symbolischer Bedeutung, dass der Scheichülislam seine Amtsgebäude am ehemaligen Sitz des Janitscharenagas hinter dem Süleymaniye-Komplex bezog.

Die mit dem Janitscharenkorps verbundenen Bektaşîs wurden ihrer Konvente beraubt. Mitglieder der hochorthodoxen Nakşbendîye nahmen ihre Stelle ein. In dem Aufhebungsbefehl ist allerdings von den Janitscharen keine Rede, und auch sonst wissen wir wenig über den Zusammenhang zwischen Janitscharen und Bektaşîs. Es steht aber fest, dass die heterodoxe Bruderschaft vielen *ulemâ* in der Umgebung des Sultans ein Dorn im Auge war. Eine Forscherin (Suraiya Faroqhi) hat nicht einmal ausgeschlossen, dass die Beschlagnahme des Landbesitzes der Bruderschaft eine Art Vorspiel für die Verstaatlichung aller Stiftungen im Jahr 1837 darstellte. Erst Ende der 1860er Jahre wurden die Bektaşîs wieder sichtbar, ohne ihren ehemaligen Einfluss wiederzuerlangen. Der reformierten Armee (offiziell »Siegreiche muhammedanische Soldaten«) wurden jetzt Vorbeter und Prediger orthodoxer Observanz beigegeben. Die Letzteren sollten zweimal in der Woche über »die Grundlagen der Religion, militärische Tugenden und die Verdienste des Heiligen Krieges« predigen. Mit der Bombardierung der Janitscharenkasernen war die von den Chronisten als »Wohltätiges Ereignis« umschriebene Militärreform nicht beendet, sondern allenfalls erst ermöglicht. Wesentliche Neuerungen standen zunächst nur auf dem Papier: Eine klare Regelung der Dienstjahre, Pensionen, Einstellungen und Beförderungen nach Verdienst wurden erst spät und unvollkommen geschaffen.

Aus den Palastwächtern der Bostâncıyân wurde eine Art Gardekorps (*hâssa*) gebildet. Eine neue berittene Truppe wurde aufgestellt, nachdem die alte Provinzialkavallerie im Wortsinn ausgedient hatte. Sie erlaubte, Stammesangehörige, insbesondere Kurden, aber auch türkische Jürüken und sogar christliche Kosaken in die Armee einzubinden. Der Artillerie, nach den Worten des Historiographen Ahmed Lütfî der »vorzüglichste unter allen Heeresteilen«, galt besondere Aufmerksamkeit. Die unter Selîm III. eingeführten preußischen Ausbildungsmethoden wurden jetzt durch französische Vorbilder ersetzt. Man kann in Moltkes Brief über die »Belagerung eines Kurdenschlosses« im Jahr 1838 nachlesen, unter welchen altertümlichen Umständen die osmanische Zentralgewalt ihre Artillerie gegen unbotmäßige Fürsten im Osten einsetzte.

Nach Navarino verfügte die osmanische Flotte nur noch über vier Linienschiffe, zwei Fregatten, drei Briggs und zwei Korvetten. 37 türkische und 15 ägyptische Schiffe waren verloren gegangen. Da aus politischen Gründen französische und englische Schiffsbauer vorübergehend ausfielen, wurden amerikanische Ingenieure und Techniker an den Bosporus geholt, um die Lücke wieder zu schließen. Inzwischen hatte die Dampfkraft Einzug gehalten. Sie wurde nun auch für Kupferwalzwerke eingesetzt, deren Produkte dem Schiffsbau dienten. Der seit 1832 für das Arsenal tätige Amerikaner Foster baute unter anderem das erste mit Dampf betriebene osmanische Kriegsschiff, die 1837 im Arsenal von Aynalıkavak zu Wasser gelassene *Eser-i Hayr*. Englische Instruktoren spielten bald die wichtigste Rolle in der türkischen Kriegsflotte und behielten ihren Einfluss bis zum Ausbruch des Ersten Weltkriegs. Schon 1842 wurde Englisch Unterrichtssprache an der Marineschule.

Der verdiente Admiral Hüsrev Pascha wurde 1827 als Oberbefehlshaber (*serasker*) an Stelle eines ehemaligen Janitscharenagas eingesetzt. Kurz nach seinem Amtsantritt bestellte er bei dem noch als »Generalgouverneur« (*beylerbeyi*) bezeichneten Herrscher von Tunesien 50000 Fese. Dann ging er an die Gründung einer großen Manufaktur für die neue Kopfbedeckung und andere Uniformteile. Am Ende der Reformwelle, die während des griechischen Aufstands und des Zweifrontenkriegs gegen Russland stattfand, zählte die osmanische Streitmacht höchstens 35000 Mann reguläre Truppen, zu denen man ungefähr 20000 irreguläre rechnen muss. Das waren, ganz abgesehen von der unzureichenden Ausbildung und der schlechten Ausrüstung, verglichen mit zeitgenössischen Armeen sehr geringe Zahlen. Ägypten hatte allein im griechischen Unabhängigkeitskrieg 30000 Mann verloren. Russland griff 1828 mit etwa 100000 Soldaten an.

Griechenland und die Mächte

Die griechische Unabhängigkeitsbewegung (1821–1830) hatte andere Voraussetzungen, aber auch andere Folgen als der vorausgehende Aufstand der Serben. Letztere lebten in einem verhältnismäßig geschlossenen Gebiet, in dem sich die muslimische bzw. türkische Bevölkerung auf wenige Städter und die Besatzung der Festungen beschränkte. Griechen waren hingegen in den meisten osmanischen Ländern anzutreffen. In den Donaufürstentümern Moldau und Walachei brachten Griechen (»Phanarioten«) seit 1709 sechs Fürsten und andere bedeutende Persönlichkeiten hervor. Sie hatten anders als die Balkanslawen auch Positionen in der zentralen osmanischen Staatsverwaltung einschließlich des konsularischen und diplomatischen Dienstes inne. Auch als Übersetzer waren sie bis 1821 unentbehrlich.

Die osmanische Führung traf die griechische Erhebung unvorbereitet. Mahmûd II. war noch mit der Niederkämpfung des Albaners Alî Pascha von Ioaninna/Yanyâ (»Tepedelenli«) beschäftigt. Der Pascha hatte mehr als 20 Jahre selbstherrlich im Raum Epirus-Südalbanien regiert. Er wurde erst 1822 zur Kapitulation gezwungen und exekutiert. Seinen Abfall hatte die Pforte ernster genommen als den »Klephtenkrieg« im Süden Griechenlands. Die griechische Bevölkerung der osmanischen Hauptstadt, des Pontos und in den großen Städten des östlichen Mittelmeerraums war vom gut geplanten Aufstand auf der Peloponnes unterschiedlich betroffen. Der religiöse Mittelpunkt der Orthodoxie blieb das Ökumenische Patriarchat von Konstantinopel, dessen Inhaber Gregorios die Aufständischen des Jahres 1821 unverzüglich exkommunizierte, was ihn aber wegen angeblicher Mitwisserschaft nicht vor der Hinrichtung bewahrte. Die Osmanen reagierten schon im ersten Jahr des Aufstands an vielen Stellen mit weiteren Exekutionen von Würdenträgern. So wurde auf Zypern die gesamte orthodoxe Kirchenführung einschließlich des Erzbischofs Kyprianos gehängt. Pogrome und Kriegshandlungen gingen ineinander über. Auf Samothrake und in Patras wurde die griechische städtische Bevölkerung ebenfalls im ersten Jahr des Aufstands massakriert, die türkischen Bewohner von Tripolitsa/Tripolis und Athen traf ein ähnliches Schicksal. Als der Admiral Kara Alî im April 1822 mit anatolischen Truppen im Rahmen einer Vergeltungsaktion auf Chios landete, wurden Tausende von Griechen niedergemetzelt und verschleppt. Trotz zum Teil spektakulärer Seesiege (Spetsä 1822) verschlechterte sich die militärische Lage der griechischen Aufständischen. Für die philhellenisch gestimmte europäische Öffentlichkeit waren Ereignisse wie das Eintreffen und Sterben des englischen Poeten Lord Byron (1824) deshalb von besonderer Bedeutung.

Die Landung ägyptischer Truppen unter İbrâhîm Pascha, dem Sohn Mehmed Alîs (s. S. 300–302), deren Ausbildungsstand auf die osmanische Führung einen beträchtlichen Eindruck machte, führte zwar nach langer vergeblicher Belagerung durch osmanische Einheiten zum Fall der Festungsstadt Missolunghi, machte aber das Eingreifen der europäischen Mächte unausweichlich. Russland sicherte sich 1826 zunächst in der Konvention von Akkerman (heute Belgorod-Dnestrowskij) die freie Durchfahrt seiner Handelsschiffe durch die Meerengen, eine Anzahl kaukasischer Stützpunkte und die Kontrolle über die Wahrung der Privilegien der Donaufürstentümer Moldau und Walachei. Im Londoner Vertrag wurde 1827 eine Kompromisslösung zwischen den drei Mächten England, Frankreich und Russland erzielt: Griechenland sollte eine »innere Autonomie« erhalten, aber der Pforte als tributpflichtiges Fürstentum unterstellt bleiben. Bei Navarino (heute Pylos/Messenien) kam es dann zu jener für die osmanische Marine verhängnisvollen Seeschlacht, die nicht viel mehr als eine militärische »Demonstration« hätte sein sollen. Ein französisches Expeditionskorps überwachte den Abzug der ägyptischen Truppen. Russland griff nun auf dem Balkan und im Kaukasus an (April–Mai 1828). Im Frieden von Adrianopel/Edirne (14. November 1829) musste die Türkei das Donaudelta und die kaukasische Provinz Akhaltsikhe (früher Altun Kale) abtreten. Das Zarenreich erzwang auch die Unabhängigkeit Serbiens, der Moldau, der Walachei und Griechenlands bis zu einer

Linie zwischen den Küstenstädten Arta und Volos unter seinem Protektorat.

Im Zweiten Londoner Protokoll von 1830 musste Russland die Nordgrenze Griechenlands auf die »klassische« Thermopylenlinie zurücknehmen und Griechenland volle Souveränität einräumen. Auf diese Weise wollte England weiteren Interventionsmöglichkeiten begegnen. Schon damals war der Besitz von İstanbul ein erklärtes politisches Ziel Russlands. Die griechischen Grenzen blieben bis zu einer Neuregelung nach dem Berliner Kongress (1881) nun für Jahrzehnte weitgehend stabil, obgleich sich der König seit 1864 nach einer Verfassungsänderung den Titel »König der Hellenen« statt wie bisher »König von Hellas« zulegte. Nach dem Abfall Griechenlands rückten Frankreich und England wieder näher an die Türkei, den Höhepunkt dieser Annäherung sollte dann der Krimfeldzug der Jahre 1854–1855 bilden.

Die Jahrzehnte der Tanzîmât (1839–1876)

1839	Erziehungsmemorandum mit heftiger Kritik an den Koranschulen. – Osmanische Niederlage gegen die ägyptische Armee bei Nizîb. – Tod Mahmûds II., Eintreffen Reşîd Paschas in İstanbul, Inthronisation von Abdülmecîd I. – Aden wird von England in Besitz genommen. – Reformdekret von Gülhâne.
1843	Erstürmung des quasi-autonomen Kerbela. – Einführung des Lossystems bei der Rekrutierung zur Armee.
1845	Hungersnöte in Anatolien in Folge von Trockenheit. – Libanesische Reformen.
1846	Gründung einer Lehrerbildungsanstalt.
1847	Druck des Korans in İstanbul. – *Code de commerce ottoman* und Einführung gemischter Handelsgerichte.
1848	Gesandter des Heiligen Stuhls in İstanbul.

1851	Hovsep Vartanian Efendi verfasst den Roman *Agabi Hikâyesi.* – Konstituierung der wissenschaftlichen Gesellschaft *Encümen-i Dânış.*
1852–1853	Napoleon III. erwirkt Vergünstigungen für Katholiken. – Montenegro-Krise: Danilo Petrović Njegoš proklamiert sich zum weltlichen Fürsten.
1853	Russland verlangt das Schutzrecht über die orthodoxe Christenheit des Osmanischen Staates. Nach Abbruch der diplomatischen Beziehungen überschreiten russische Truppen die Grenze zu den Donaufürstentümern.
1854	Verbot des Handels mit kaukasischen Sklaven.
1855	Kapitulation von Sewastopol. Ende des Krimkriegs.
1856	Beginn der Bahnlinie Köstence–Cernavoda; Konzession für die Bahnlinie İzmir–Güzelhisar/Aydın. – Abdülmecîd I. nimmt am Ball des französischen Botschafters teil. – 18. Februar: Reformdekret (*Hatt-ı hümâyûn*). – 27. April: Ratifizierung des Friedens von Paris.
1857	Abschaffung der Kopfsteuer (*cizye*) für Nichtmuslime.
1858	Grundrechtskodifizierung erlaubt Privateigentum an Ackerland.
1859	Eröffnung der Zivilbeamtenschule (*Mekteb-i Mülkîye*).
1860	Zusammenstöße von Drusen und Maroniten im Libanon. – Patriarchatsverfassung der Armenier.
1861	Der Libanon wird autonome Provinz unter einem christlichen, von der Pforte zu ernennenden Gouverneur. – Tod von Sultan Abdülmecîd I., sein Bruder Abdülazîz folgt ihm auf den Thron.
1862	Münîf Pascha schlägt die Einführung lateinischer Buchstaben vor. – Eröffnung der osmanischen Schule in Paris.
1863–1869	Baumwollboom in Ägypten.
1864	Presseverordnung mit Aufhebung der Vorzensur und Gleichstellung der Ausländer.
1865	Große Flächenbrände in İstanbul.
1867	Beginn der Propagandatätigkeit der Jungosmanen in Europa. – Europareise von Sultan Abdülazîz. – Novellierte Provinzialverordnung (zuerst 1863).

1868 Staatsrat und Kassationshof für Zivilangelegenheiten.

1869 Auf Ahmed Cevdet Paschas Anregung Sammlung von Rechtsvorschriften auf der Grundlage hanafitischer Überlieferung (so genannte *Mecelle*, bis 1876). – Einweihung des Robert College in İstanbul-Rumeli Hisarı. – Eröffnung des Suezkanals. – Wiederbesetzung des Jemen.

1870 Lehrerinnenbildungsanstalt. – Rechtsschule (*Hukûk Mektebi*).

1873 Schlechtes Erntejahr und harter Winter. – Erste osmanische Kunstausstellung. – Saloniki wird durch die Bahn mit Mitteleuropa verbunden. – Aufführung und Verbot von Nâmık Kemâls Schauspiel »Das Vaterland oder Silistria«. – Einweihung der unterirdischen Seilbahn (*Tünel*) zwischen Karaköy und Pera. – Beginn des Aufstands in der Herzegowina. – Staatsbankrott. – Andrássys Note zu Bosnien an die Signatarmächte des Pariser Friedens: Reformen in Bosnien und Herzegowina.

1876 Bulgarische Erhebung. – Absetzung von Sultan Abdülazîz (Selbstmord 4. Juni), Thronantritt Murâds V. – Serbien und Montenegro treten in den Krieg ein. – Midhat Pascha stellt seinen überarbeiteten Verfassungsentwurf vor. – Ärztliches Bulletin über den psychischen Zustand Murâds V. – 31. August: Einsetzung von Abdülhamîd II. – Osmanischer Sieg über die unter dem Befehl des russischen Generals Černiaev stehende serbische Armee. – Russische Mobilmachung. – Internationale Konferenz in der İstanbuler Admiralität. – 23. Dezember: Verkündigung der Verfassung.

Die Ergebnisse des Vierteljahrhunderts zwischen der Verkündigung der Tanzîmât (s. S. 336) und dem osmanischen »Dreikaiserjahr« 1876 lassen sich kaum auf einen Nenner bringen. Die Auswirkungen der Reformen sind schwer einzuschätzen, viele blieben auf die größeren Städte beschränkt oder ganz auf dem Papier, andere wirken bis heute nach. Die Öffnung nach Europa erfolgte auf vielen Ebenen. Das Eingreifen Frankreichs und Englands im Krimkrieg (1854–1855) bewahrte das Osmanische Reich vor einem erneuten Vordringen Russlands. Im Pariser Vertrag (30. März 1856) erklärten die Herrscher Österreichs, Frankreichs, Preußens, Russlands und Sardiniens »die Hohe Pforte der Vorteile des öffentlichen europäischen Rechts und des europäischen Konzerts teilhaftig«.

In den Jahrzehnten zwischen Mahmûd II. und Abdülhamîd II. löste sich Ägypten fast vollständig von İstanbul. Aufstände auf Kreta (1866) und in Bosnien und Herzegowina (1875) beschäftigten die europäische Diplomatie. Das Zusammenleben von Muslimen und Christen wurde an vielen Stellen nachhaltig gestört (Christenmassaker in Damaskus 1860).

Schon Mahmûd II. hatte (1830) eine Visitationsreise durch Teile Rumeliens angetreten und damit eine Tradition der Isolierung innerhalb der Palastmauern beendet. Sein Nachfolger Abdülmecîd unternahm 1844 eine gut zweiwöchige Tour nach İzmit, Bursa, Gelibolu, Çanakkale, Midilli/Lesbos und anderen Inseln der Ägäis. Beide Sultane wurden von Abdülazîz übertroffen, der als erster osmanischer Herrscher (jedenfalls in friedlicher Absicht) das europäische Ausland aufsuchte. Anlass war die Pariser Weltausstellung von 1867. Bei der Gelegenheit lernte Abdülazîz auch London und Wien kennen. Von eher symbolischer Bedeutung ist, dass sich die Osmanen bereits 1851 an einer Londoner Ausstellung beteiligten und für ihre Seidenindustrie warben.

Eine Neuerung war umgekehrt der Besuch gekrönter Häupter aus dem Ausland, unter anderem der Kaiserin Eugénie, die wie andere die Eröffnung des Suezkanals (1859) mit einem Aufenthalt in İstanbul verband. Der persische Schah Nâsir ad-Dîn veranstaltete eine Pilgerreise in den osmanischen Irak, um bei den Hauptheiligtümern der Schiiten zu beten (1871).

Während sich Sultan Abdülazîz in Paris aufhielt, wurden Mitglieder des so genannten »jungosmanischen« Exils in der französischen Hauptstadt aufgefordert, einstweilen nach London und auf die Insel Jersey zu gehen. In London gab Nâmık Kemâl, der führende Kopf dieser intellektuellen Regimegegner, das Blatt *Hürriyet* (»Freiheit« 1868) heraus. Zum Thema »Öffnung zur europäischen Welt« gehört auch die Aufnahme ungarischer Insurgenten, die sich nach den antirussischen Aufständen 1848/1849 auf osmanisches Territorium gerettet hatten.

Die Tanzîmât-Jahrzehnte waren die Epoche der »Hohen Pforte«. Staatsmänner wie Mustafâ Reşîd (1800–1858), Âlî (1814–1871) und Fuâd (1815–1869) waren bei allen Unterschieden in Herkunft, Temperament und politischen Zielen gleich gut mit orientalischen und europäischen Fragen vertraut. Alle hatten zeitweise als Botschafter in Paris und London bzw. als Außenminister gedient. Alle drei führten, zum Teil mehrfach, das Siegel des Großwesirs. Während Reşîd noch einen ganz traditionellen Bildungshintergrund hatte, war Âlî ein Zögling der 1822 gegründeten Übersetzer- und Dolmetscher-Schule (*tercüme odası*), Fuâd hatte die Medizinakademie absolviert. Gute Französisch-Kenntnisse ermöglichten allen drei Staatsmännern in unmittelbaren Verkehr mit ausländischen Gesandten zu treten. Der Einfluss Âlî Paschas auf Sultan Abdülazîz war besonders stark. Selbst so gnadenlos kritische ausländische Beobachter wie Andreas David Mordtmann lobten »sein scharfes Beobachtungstalent und seine eminente Begabung«. Der Molière-Übersetzer Ahmed Vefîk Pascha (1823–1891) ist ein weiterer Vertreter dieser kleinen Gruppe, die über östliches und westliches Bildungswissen geboten.

Die Tanzîmât-Zeit schuf zahlreiche neue Institutionen im Bereich von Staat und Verwaltung. Dazu zählen vor allem die so genannten »vorkonstitutionellen«, durchaus elitären Versammlungen als oberste Beratungs- und

Rechtsorgane des Gesamtstaats. Für die frühen Reformpolitiker, wie sie Reşîd vertrat, bestand eine ideale Gesetzgebung aus dem Zusammenwirken von »öffentlicher Meinung«, religiösem Recht und kaiserlichem *Fiat*. Auch auf der Ebene der Provinzen, Kreise und Kommunen entstanden zahlreiche Gremien. Das wichtigste Reformwerk im Einzelnen war dabei Midhat Paschas Provinzialverordnung (*vilâyet nizâmnâmesi*), die in 83 Artikeln die Aufgaben der Verwaltungseinheiten von der Dorfgemeinde bis zur Provinz regelte. 1876 wurde den Städten die Eigenschaft einer juristischen Person zugebilligt. Große Energien wurden auf die Reform des Rechtswesens verwandt. Darunter fiel die Gesetzgebung, die Gerichtsverfassung und die Ausbildung moderner Juristen. Noch Mahmûd II. hatte herkömmliche »Rechtsbücher« (*kânûnâme*) in Form sultanischer Erlasse verkündet. Das neue osmanische Handelsgesetzbuch einschließlich des Gesellschafts-, Wertpapier- und Konkursrechts von 1847 war Voraussetzung für die gleichzeitige Einführung von Gemischten Handelsgerichten. 1848 wurde ein an dem französischen *Code Pénal* angelehnter Strafrechtskodex erlassen, in den nur noch eine Bestimmung zur privatrechtlichen Vergeltung aus dem traditionellen islamischen Recht eingefügt wurde. Ab 1858 hatten Angeklagte das Recht, ein mit Angehörigen ihrer Religion besetztes Gericht zu wählen. Zu der Übernahme des *Code Civil* aus Frankreich, wie sie Âli Pascha 1860 vorschlug, ist es allerdings nie gekommen. Ganz auf islamischer Rechtsgrundlage wurde das Grundgesetzbuch von 1858 kodifiziert (*Kânûnnâme-i Arâzî*). Es ließ erstmals das Privateigentum an Ackerland zu. Seit 1867 durften Ausländer überall (mit Ausnahme des Hedschas) Grundbesitz erwerben. Den Scheriatsgerichten wurden auf diese Weise immer mehr Zuständigkeiten entzogen, ein Prozess, der bis zu ihrer Unterstellung unter das Justizministerium im Jahr 1917 andauerte. Für die moderne Juristenausbildung schuf man die »Rechtsschule« (*Hukûk*

Mektebi) von 1870. Sie war bald attraktiver als die besten Medresen der Hauptstadt.

Die Staatsfinanzen konnten nach den ersten großen Auslandsanleihen während des Krimkriegs nicht mehr ins Gleichgewicht gebracht werden. In die 1861 ausgegebenen Banknoten (*kâ'imes*) hatten die Untertanen trotz der Aufschrift, es handle sich um »Bargeld«, kein Vertrauen, nachdem schon 1840 zwölfprozentige Inhaber-Schatzscheine unter diesem Namen wegen zahlreicher Fälschungen kaum Abnehmer gefunden hatten. Insgesamt gelang es der osmanischen Finanzverwaltung nicht, einheimische Kapitaleigner für attraktiv verzinste Staatsanleihen zu interessieren. 1875 erklärte der Großwesir Mahmûd Nedîm Pascha angesichts eines riesigen Haushaltsdefizits, man werde über fünf Jahre den Zins und Zinseszins nur zur Hälfte bezahlen. 1877 fraß der Schuldendienst den größten Teil der regulären Steuereinnahmen auf (14 von 18 Mill. Türkische Pfund).

Insgesamt räumten die Tanzîmât-Reformen vielleicht gründlicher mit den Institutionen des *Ancien Régime* auf, als es einer gewalttätigen Revolution gelungen wäre. Eine Restauration der alten Verhältnisse schien ausgeschlossen. »Für die Türkei stand nur, im Guten oder Schlechten, ein Weg offen, der der Modernisierung und Verwestlichung« (Bernard Lewis).

Die Reformdekrete von 1839 und 1859

Erst in der so genannten Tanzîmât-Zeit entstanden Rechtsnormen, die das Zusammenleben der muslimischen Mehrheit mit den Nichtmuslimen ausdrücklich regelten. Das Wort *tanzîmât* bedeutet eigentlich »Verordnungen«. Die Zeitgenossen haben darin ein passendes Äquivalent zu dem französischen Terminus für »Gesetzgebung,

Rechtsvorschriften« (*législation*) gesehen. Als Epochenbegriff steht *tanzîmât* für die Reformperiode der Jahre zwischen 1839 und 1876. Das 1839 von dem Großwesir Reşîd Pascha entworfene Edikt von Gülhâne (nach einem Pavillon innerhalb der Serailgärten benannt) wurde als osmanische Fortsetzung der Menschenrechtserklärung der Französischen Revolution gelesen. Andere Forscher (Butros Abu Manneh) versuchten zu zeigen, dass auch eine islamische Ausdeutung desselben Textes möglich ist. Das Edikt bezieht sich vor allem auf »die Sicherheit des Lebens, den Schutz der Ehre und des Vermögens, die Fixierung der Steuern, die Art und Weise der Aushebung der nötigen Truppen und die Dauer ihrer Dienstzeit«. »Vollständige Sicherheit des Vermögens« werde die »Liebe zum Vaterland [*vatan*] und die Anstrengungen um Staat und Nation [*devlet ve millet*] von Tag zu Tag wachsen lassen«.

Ein zweiter, *Hatt-ı Hümâyûn* (»Kaiserliches Handschreiben«) genannter Erlass von 1856 überwand diese sehr allgemein gehaltenen Erklärungen und bestimmte das Verhältnis der Religionsgemeinschaften im Sinne eines geregelten Nebeneinanders. Einige Bestimmungen betreffen die Ausbesserung und den Neubau von dem Kultus gewidmeten Gebäuden der Christen und Juden und sanktionieren damit Verhältnisse, die vor allem in den Balkanprovinzen schon früher geduldet wurden. Die Wahl und Ernennung zu Staatsbeamten wurden nun an die Qualifikation ungeachtet des Glaubensbekenntnisses gebunden. Das setzte (den in einem weiteren Artikel garantierten) freien Zugang zu Zivil- und Militärschulen nach den Grundsätzen des Wettbewerbs (*concours*) voraus. 1856 wurden auch gemischte Tribunale gebildet, um zwischen Muslimen und Christen Handels- und Strafverfahren durchzuführen, während Prozesse, die auf dem bürgerlichen Recht gründeten, in den gemischten Verwaltungsräten der Provinzen nach den Bestimmungen der islamischen oder der weltlichen Gesetze geführt wurden. Artikel 15 des *Hatt-ı Hümâyûn* lautete: »Wie die Gleichheit der Steuern eine Gleichheit der übrigen Lasten im Gefolge hat, so rufen gleiche Rechte auch gleiche Pflichten hervor. Daher werden die Christen und die übrigen nichtmuslimischen Untertanen ebenso wie die muslimische Bevölkerung sich jenen Bestimmungen unterwerfen müssen, die in letzter Zeit über die Beteiligung am Militärdienste erlassen worden sind.« Gleichzeitig wurde aber die Stellung eines Ersatzmannes oder die Zahlung einer Wehrsteuer (*bedel*) vorgesehen, ein säkularer Erinnerungsposten an die islamische Kopfsteuer (*cizye*) für Christen und Juden.

Die Gemeinsamkeit beider Dokumente, von denen das zweite in vieler Hinsicht als das *opus magnum* von Lord Stratford, dem englischen Gesandten bei der Pforte, galt, ist, dass sie versuchten, die öffentliche Meinung Europas anzusprechen und Reformen im Inneren einzuleiten. Der *Hatt* von 1856 wurde gleichermaßen von osmanischen Staatsmännern (wie Reşîd Pascha) wie Mitgliedern des hohen griechischen Klerus kritisiert. Für Reşîd kam die Erwähnung im Pariser Vertrag, der den Krimkrieg beendete, einer Opferung von Souveränitätsrechten gleich. Die griechischen Kirchenführer erkannten sofort, dass sie ihres (freilich oft nur protokollarischen) Vorrangs vor anderen Nichtmuslimen verlustig zu gehen drohten. Der Staatsmann und Historiker Ahmed Cevdet Pascha (1822–1895) gab die Stimmung dieser Kreise mit den Worten wieder: »Der Staat hat uns mit den Juden gleichgestellt. Wir hatten uns mit der Höherstellung des Islams abgefunden!«

Abdülhamîd II. – ein aufgeklärter Despot? (1876–1908)

1876 Thronbesteigung von Abdülhamîd II.

1877 Allgemeine Versammlung zur Beratung der Beschlüsse der Tersane-Konferenz. – Absetzung des Großwesirs Midhat Pascha. – Zusammentreten des ersten Parlaments. – Russische Kriegserklärung. – Zweifrontenkrieg auf dem Balkan und im Kaukasus.

1878 8. Januar: Die russische Vorhut in Edirne. Die Türkei bittet um Frieden. – 3. Februar: England entsendet eine Flotte und droht mit Abbruch der Beziehungen zu Russland. – 13. Februar: Unbefristete Suspendierung des Parlaments. – 3. März: Frieden von San Stefano. Vollständige Unabhängigkeit Montenegros, Serbiens und Rumäniens; Bulgarien ein autonomes Fürstentum mit eigener Miliz. – 4. Juni: Osmanisch-englisches Abkommen über die Abtretung von Zypern. – 13. Juli: Berliner Vertrag. – 29. Juli: Einmarsch österreichisch-ungarischer Truppen nach Bosnien und der Herzegowina. – Konvention über Kreta, das einem christlichen Gouverneur unterstellt wird.

1879 Straf- und Zivilprozessordnung auf der Basis der französischen *Codes*. – Errichtung des französischen Protektorats über Tunis. – Prozess gegen Midhat Pascha. Verurteilung zum Tod und Umwandlung in lebenslängliche Haft. – »*Muharrem*-Dekret« und Errichtung der *Dette publique*.

1882 Eintreffen der neuen deutschen Militärmission. – Gründung der ersten jüdischen Agrarkolonien in Palästina. – Besetzung des größten Teils von Ägypten und der Suezkanal-Zone durch England.

1884 Midhat Pascha wird in Taif erdrosselt.

1885 Ost-Rumelien erklärt den Anschluss an Bulgarien.

1887 Reorganisation des Heeres. – Tod des Publizisten und Dichters Nâmık Kemâl. – Die europäische Bahn erreicht İstanbul. – Ein deutsches Konsistorium erwirbt die Konzession zum Bau der Anatolischen Bahn von Haydarpaşa nach Ankara.

1889 Erste Orientreise Wilhelms II. – Ahmed Rızâ flüchtet nach Paris. – Gründung der »Gesellschaft für osmanische Einheit«.

1890 Aufstellung von so genannten Hamîdîye-Truppen.
1891 Höhepunkt der jungtürkischen Agitation.
1892 Ansteigen armenischer terroristischer Aktivitäten. – Eine osmanische Strafexpedition wird im Bergland des Sincar von Jeziden aufgerieben. – Die anatolische Bahn erreicht Ankara.
1894 Armenier-Massaker nach von Huntschak-Revolutionären in Sasun angestiftetem Bauernaufstand. – Türkisch wird Pflichtfach in den Schulen der Nichtmuslime. – Erdbeben in İstanbul. – Gründung der »Osmanischen Gesellschaft für Einheit und Fortschritt«.
1895 Beginn der Anatolieninspektion von Ahmed Şâkir Pascha. – Erste für Frauen herausgegebene Zeitung erscheint (*Hanımlara Mahsus Gazete*). – Armenier-Proteste in İstanbul. Zahlreiche Massaker an Armeniern in den Provinzen.
1896 Die französische Regierung verbietet das Exilorgan *Mechveret*. – Armenieraufstand in Van. – Besetzung der Osmanischen Bank in İstanbul durch armenische Revolutionäre. – Zirkularmemorandum von Lord Salisbury: letzter Versuch, die übrigen fünf Signatarmächte des Berliner Vertrags zu einem gemeinsamen Vorgehen gegen die Türkei im Sinne von § 61 zu bewegen.
1897 Kreta-Krise. – Die armenische Dashnaktsutiun-Partei fordert die Jungtürken zum Bündnis auf. – »30-Tage-Krieg« zwischen Griechenland und der Türkei.
1898 In Kairo erscheint die Zeitschrift *Kurdistân*. – Missernte. – Amnestie für in Tripolis und im Fezzan exilierte Oppositionelle. – Zweiter Türkeibesuch Wilhelms II. – Türkische Truppen verlassen Kreta.
1899 Vorkonzession für die Bagdadbahn an die Anatolische Eisenbahngesellschaft. – Damat Mahmûd Pascha flüchtet mit zwei Söhnen nach Europa.
1900 Zum 25. Thronbesteigungsjahr Abdülhamîds II. Neueröffnung der Universität (*Dârülfünûn*).
1901 İstanbul erkennt England gegenüber den *status quo* für Kuwait an. – Baubeginn der Hedschas-Bahn.
1902 Erster Jungtürkischer Kongress in Paris.
1903 Aufstand vom St. Eliastag im Raum Bitola.
1904 Erste 200 km der Anatolischen Bahn bis Bulgurlu fertig gestellt.

1905 Mustafâ Kemâl schließt sich in Damaskus dem Geheimbund *Vatan* an. – Lokale Unruhen in den Ostprovinzen unter dem Einfluss der russischen und iranischen Revolution. – Sultan Abdülhamîd II. entgeht einem armenischen Attentatsversuch.

1906 Schließung der İstanbuler Kriegsschule, Verteilung von 2000 Schülern auf die Provinz.

1907 Vertrag mit der Anatolischen Eisenbahngesellschaft über Bewässerung der Konya-Ebene. – Aufhebung des Wehrersatzgeldes. – Zweiter Jungtürkischer Kongress.

1908 23. Juli: Der Sultan erklärt die Gültigkeit der Verfassung von 1876. – Annexion von Bosnien und Herzegowina durch Österreich-Ungarn. – Bulgarien erklärt seine vollständige Unabhängigkeit. – Eröffnung des Parlaments nach zweistufigen Wahlen.

Mit Abdülhamîd II. bestieg am 31. August 1876 ein weiterer Sohn Abdülmecîds den osmanischen Thron, nachdem sein Halbbruder Murâd V. nach 93 Tagen – dem kürzesten Sultanat der osmanischen Geschichte – wegen Anzeichen einer Geisteskrankheit abgesetzt werden musste. Der 1842 geborene Abdülhamîd war im Palast durch eine für die Tanzîmât-Zeit typische Schule gegangen. Die Gegenstände seiner ost-westlichen Bildung (u. a. Arabisch, Persisch, Religionslehre, osmanische Geschichte, Französisch) unterschieden sich nicht von dem Programm der staatlichen Lyzeen. Freilich standen ihm angesehene Gelehrte wie der Reichshistoriograph Ahmed Lütfî zu Verfügung. Hinzu trat als ein unverzichtbares Element der Prinzenschule eine Ausbildung in klassisch-osmanischer und westlicher Musik. Als Herrscher sollte er die italienische Oper allen orientalischen Musikgattungen vorziehen. Aus Italien kam auch sein Hofarchitekt Raimondo d'Aronco, später ein großer Name des europäischen Jugendstils. Die Tatsache, dass der Prinz nur zweiter Thronanwärter war, erweiterte seine Bewegungsfreiheit. Die Nähe des ansonsten schon früh als scheu und misstrauisch charakterisierten Abdülhamîd zu seinem regierenden Onkel Abdülazîz ermöglichte ihm die Teilnahme an dessen Reisen nach Paris und Ägypten (1867, 1869). Auch sonst übertraf der Prinz, der ein eigenes Landgut in Maslak bei İstanbul betrieb, manche europäische Fürsten an Realienkenntnissen.

Das 1876 von Midhat Pascha entworfene Grundgesetz bezeichnete den Sultan »als Kalif und Hüter der islamischen Religion und Souverän aller osmanischen Untertanen«. Seine Person war nach Artikel 5 »sakrosankt und nicht verantwortlich«. Alle Untertanen des osmanischen Staates, welcher Religion oder Konfession sie auch angehören mochten, wurden »ohne jede Ausnahme« Osmanen genannt. Das Parlament sollte aus einer Mehrstufenwahl hervorgehen, bei der die Bevölkerung nur auf der Ebene der Gerichtsbezirke direkt wählte. Auf den anderen Verwaltungsebenen hatte jeweils die niedere nur ein Vorschlagsrecht für Kandidaten der nächst höheren. Die Abgeordneten des Parlaments wurden durch die Regierung aus den Kandidaten der Provinzversammlungen ausgewählt.

Die Auflösung des Parlaments war für den Sultan die Voraussetzung seines Projekts, die Fehler der Tanzîmât-Jahrzehnte zu korrigieren. Er hatte keineswegs die Absicht, die rechtliche Gleichstellung der Nichtmuslime zurückzunehmen, verstand aber die Türken und turkophone Araber, Kurden, Albaner und Bosnier als staatstragende Schicht. Die Türken waren, wie es Ahmed Cevdet Pascha in einer Denkschrift für den Sultan (um 1880) formulierte, »die eigentliche Kraft hinter dem Erhabenen Staat. Sie sind aus ethischen und religiösen Gründen aufgefordert, ihr Leben für das Haus Osmân zu geben, bis sie alle untergegangen sind«. Nach seiner Auffassung hatten die Christen durch den Schutz der Konsulargerichtsbarkeit hinreichende Vorteile. Den Vorrang des Islams verglich er einmal mit dem Status der Katholiken in den Ländern, in denen die Protestanten eine Minderheit bildeten.

Über die persönliche Islamität Abdülhamîds gibt es unterschiedliche Auffassungen. Die im 19. Jahrhundert in den arabischen Gebieten des Osmanischen Reichs auftretenden Spekulationen um ein »echt arabisches Kalifat« zwangen ihn zu einer Religionspropaganda, die den universalen Anspruch des osmanischen Throninhabers verfocht. Die Ereignisse nach der Abschaffung des Kalifats (1924) zeigten eine gewisse Wirkung dieser Propaganda unter den nichtarabischen Sunniten Asiens. Die von ihm – in einem wichtigen Fall unter Missachtung der Hierarchie der *ilmîye* – ausgewählten Scheichülislame waren profilarme Figuren. Keiner gewann größeren Einfluss auf die Religions-, geschweige denn Tagespolitik. Dem Niedergang der Medrese sah er teilnahmslos zu und förderte hingegen das säkulare Schulwesen. Dass es viele religiöse Elemente im Dienste der Legitimation seiner Herrschaft gab, ändert an dieser Tatsache nichts. Solche gelegentlich als »Instrumentalisierung« der Religion bezeichneten Themen fehlen ja gerade auch bei den unbestritten als Reformer bezeichneten Herrschern Mahmûd II. und Abdülmecîd nicht. Der Beschluss für den Bau einer Bahnlinie in den Hedschas (1900, Durchführung 1903–1908) ist das bekannteste dieser ambivalenten Projekte. Im Jemen sollte die Schaffung von Scheriatsgerichtshöfen die Legitimität des schiitischen (zaiditischen) Imam schwächen.

Den Umstand, dass sich der Herrscher mit nach manchen Beobachtern »fanatischen und unwürdigen« Ordensscheichen syrischer oder nordafrikanischer Herkunft umgab, hat man mit dessen »mystischen« Neigungen zusammengebracht, vor allem weil Persönlichkeiten wie der Rifâ'î-Scheich Abu'l-Hudâ al-Sayyâdî und Scheich Zâfir al-Madanî fast über die ganze Regierungsperiode des Sultans im Umkreis des Palastes gelebt haben. Der aus unscheinbaren Verhältnissen im nördlichen Syrien stammende Abu'l-Hudâ (Ebülhüdâ) machte in İstanbul eine ungewöhnliche Karriere. Er dankte es dem Sultan durch zahlreiche Druckschriften, in denen er die Unterwerfung aller Muslime unter sein universelles Kalifat begründete und forderte. Scheich Zâfir diente dem Herrscher, indem er enge Kontakte mit Bruderschaften und Stammesgruppen in Afrika pflegte. Tripolitanien war seit 1885 Ziel der italienischen Kolonialambitionen, und man wusste in İstanbul, dass man bei einer eventuellen Besetzung durch Italien von keiner europäischen Macht Unterstützung erfahren würde. Die Islampolitik des Sultans war nach innen »pansunnitisch«, wenn man seine entschiedenen Anstrengungen der »Heimholung« heterodoxer Gruppen (Schiiten, Aleviten, Jeziden u. a.) unter das orthodoxe (sunnitisch-hanafitische) Mehrheitsbekenntnis so nennen darf. Als *pater patriae* ließ der Sultan schiitische Kinder auf seine Kosten in İstanbul erziehen (1891). Gleichzeitig ordnete er die Zählung von Aleviten (die man damals noch *Kızılbaş* »Rotköpfe« nannte) in einer anatolischen Provinz an.

Die Abdülhamîd II. zugeschriebene »Arabophilie« ist bei näherem Hinsehen nicht mehr als der Versuch, die arabischen Provinzen wieder fester an die Zentrale zu binden. Dazu gehört auch die Ernennung eines abchasischstämmigen Maghrebiners zum Großwesir. »Tunuslu« (d. h. »der Tunesier«) Hayreddîn Pascha hatte das Reichssiegel allerdings weniger als ein Jahr in Händen (Dezember 1878 – Juli 1879). Die 1894 erlassene Verordnung, Türkisch als Pflichtfach auch in den Schulen der Nichtmuslime einzuführen, kann rückblickend nicht nur als Versuch gewertet werden, aus osmanischen Arabern, Griechen oder Juden »Türken« zu machen, sie war vielmehr Voraussetzung für die in den Tanzîmât-Erlassen versprochene Emanzipation der Minderheiten: Nur wer Türkisch in Wort und Schrift beherrschte, konnte eine Rolle im Staatsdienst übernehmen. Insofern gingen Homogenisierung und Emanzipation Hand in Hand.

Für das literarische Leben der hamidischen Epoche war der produktive Erzähler Ahmed Midhat Efendi

(1844–1912) die repräsentativste Figur. Seine zahlreichen Erzählungen und 40 Romane wurden den neuen Publikationsorganen angepasst. Leicht verständlich und in Fortsetzungskapitel zerlegt erschienen sie in Tageszeitungen und Magazinen. Die Fortschrittsgläubigkeit ihrer im Sinne der islamischen Ethik gefestigten Helden geriet nicht in Konflikt mit der herrschenden Zensur. Ahmed Midhat erfreute sich der Protektion des Serails, war aber zugleich finanziell unabhängig. Das neue »bildungsbürgerliche« Publikum ergänzte diese Lektüre durch Übersetzungen der zeitgenössischen französischen Romane von Alexandre Dumas bis zur eigentlichen Trivialliteratur.

Unter Abdülhamîd II. wurden etwa 10000 öffentliche Schulen eingerichtet bzw. aus älteren islamischen Stiftungen umgewandelt. Grundschulen wurden in den Kernprovinzen überwiegend aus lokalen Ressourcen finanziert, während solche an der Peripherie und Sekundarschulen (*idâdîye*) staatliche Unterstützung genossen. 1884 wurden die Agrarsteuern leicht angehoben, um eine Finanzierung dieser Anstalten zu erleichtern. Dabei blieb die Aufteilung zwischen den Schulen der Muslime und Nichtmuslime weitgehend bestehen. Allein die kaiserliche Lehranstalt im Galatasaray (*Mekteb-i sultânî*) verwirklichte die Erziehung aller Bevölkerungsgruppen im Sinne eines übergreifenden Osmanismus. Die unter Abdülhamîd 1877 reorganisierte Zivilbeamtenschule (*Mekteb-i Mülkîye*) war eine Eliteanstalt, aus der bis zur Ausrufung der Republik fast 1800 Kandidaten für den höheren Staatsdienst hervorgingen. In İstanbul entstand eine zunächst als höhere Gewerbeanstalt geplante Hochschule für schöne Künste. Die Berufung des gebildeten und weltläufigen Malers Osmân Hamdî (1842–1910) zu ihrem Leiter schuf eine tragfähige Grundlage für die Ausbildung von Künstlern. Hamdî war auch Direktor des İstanbuler Archäologischen Museums und förderte zahlreiche Ausgrabungskampagnen in allen Teilen des Reichs.

Die christlichen Konfessionen ließ der Sultan weitgehend gewähren, auch wenn er die Wirksamkeit von Missionaren aus Europa und Amerika aufmerksam verfolgte. Für die Einführung eines Militärdienstes für Christen, die sein Großwesir Sa'îd Pascha in einer Denkschrift 1880 vorgeschlagen hatte, erschien ihm die Zeit nicht reif. Die zionistische Einwanderung nach Palästina versuchte Abdülhamîd II. vor allem durch Verwaltungshindernisse beim Landkauf zu verlangsamen. Um 1880 befanden sich etwa 24 000 Juden in Palästina. 1882 war eine erste Agrarkolonie gegründet worden, ein Jahr später erhob Theodor Herzl auf dem Ersten Zionisten-Kongress in Basel die Forderung nach einer jüdischen Heimstatt in der osmanischen Levante. Zwei Audienzen bei Abdülhamîd führten freilich nicht zu dem von Herzl erwünschten Ergebnis.

Eine besondere Belastung für das osmanische System stellten die aus Russland vertriebenen muslimischen Einwanderer (*muhâcir*) dar. Seit 1829 ergoss sich ein Strom von Lasen, Abchasen, Nogajern, Tscherkessen und anderen Kaukasiern, aber auch von Osmanen und Tataren von der Krim in die Kernländer des Reiches. 1856 wurde mit Mecîdîye in der Dobrudscha die erste Flüchtlingsstadt gegründet. Die größte Flüchtlingswelle erreichte den osmanischen Staat nach Ausbruch des dritten Kriegs gegen Russland in einem Jahrhundert. Die Abgeordnetenkammer beschloss Anfang 1878 so viele Flüchtlinge wie möglich nach Anatolien zu leiten. Die *muhâcir* gründeten Hunderte von Dörfern, vor allem in West- und Nordanatolien, aber auch in der Uzun Yayla, der Çukurova und in der nordsyrischen Steppe. Dort wurden Tscherkessen als »Wehrbauern« eingesetzt, »um sich mit Waffen der verfluchten Nomaden zu erwehren« (wie ein zeitgenössischer Chronist festhielt). Den Familien wurde eine bestimmte Menge Land zugeteilt, weitere Vergünstigen bestanden aus einer dreijährigen Befreiung von der Steuer und einer Zurückstellung vom Wehrdienst. Langfristig machte sich die Binnenkolonisation in demographischer Hinsicht bezahlt, unter Abdülhamîd bildete sie aber eine große Bürde für Städte und Provinzen.

Wohl aus Furcht vor Attentaten verzichtete der Sultan wenige Monate nach seiner Thronbesteigung sowohl auf Reisen in die Provinzen wie auch auf Ausfahrten in die nähere Umgebung. Er tauschte den Palast von Dolmabahçe mit dem von Yıldız. Diese ausgedehnte Anlage, die zum Synonym für sein Regime wurde, verließ er nur noch zum Freitagsgebet und an den höchsten religiösen Feiertagen. Besucher konnten dem *selamlık* genannten Zeremoniell des Empfangs beim Freitagsgebet bei der Hamidiye-Moschee vor den Toren des Yıldız-Palastes beiwohnen. Wie berechtigt seine Ängste waren, bewies ein Ereignis im Jahr 1905. Damals tötete eine von Armeniern in Europa angefertigte Höllenmaschine vor der Yıldız-Moschee 28 Personen, der Sultan entging nur durch Zufall diesem Attentat.

Eine andere Quelle des paranoiden Verhaltens Abdülhamîds war die Furcht vor einem Putsch, der dem abgesetzten Murâd zum Thron verhelfen könnte. Ein Presseerlass untersagte die Verwendung von Ausdrücken wie »Fortsetzung folgt«, um Eingriffe der Zensur zu vertuschen. Das Wort »Ermenistan« (»Armenien«) war in geographischen und historischen Verwendungen untersagt. Im Übrigen lässt sich eine zunehmende Verschärfung der Zensur- und Selbstzensur nach einem verhältnismäßig liberalen Klima im ersten Jahrzehnt der Regierung des Sultans beobachten. Ein 1886 erlassenes Verbot sämtlicher öffentlicher Telefonverbindungen blieb trotz zahlreicher Proteste des Auslands bis 1908 bestehen. Auf der anderen Seite stand der Palast offen für Besucher aus Ost und West. Mit den Gesandten der Mächte verhandelte Abdülhamîd II. häufig und unmittelbar in Form von Audienzen und am Rande von Diners. Erhebliches Aufsehen erregten die beiden Besuche des deutschen Kaisers Wilhelm II.

(1889/1898). Bei seinem zweiten Besuch reiste der Kaiser ein Stück auf der von ihm stark geförderten Anatolischen Bahn und besuchte Damaskus und Jerusalem.

Die später Bagdadbahn genannte Linie war seit 1888 eine Konzession der Deutschen Bank. Ihr Zinsendienst wurde mittels der 1881 durch das so genannte Muharrem-Dekret eingerichteten Staatsschuldenverwaltung (*Dette Publique*) abgedeckt. Der türkische Anteil an der Bahn betrug allein zwischen 1889 und 1911 170 Millionen Franc an Garantiezuschüssen! Erst 1903 gelang es, den russischen Widerstand gegen die Fortführung der Bahn über Konya hinaus nach Basra zu überwinden. Die Strecken zwischen İstanbul und Eskişehir und weiter nach Ankara bzw. Konya erwirtschafteten teilweise bescheidene Gewinne. Ob erhöhte Einnahmen von Agrarsteuern ursächlich mit der Erschließung durch den Bahnbau zusammenhängen, wird angezweifelt, weil es auch anderswo zu einer Steigerung der Produktion kam (Donald Quataert).

1890 zollte Bismarck, der in seiner Amtszeit in der Türkei nicht mehr als einen Köder, bestenfalls ein Zünglein an der Waage gesehen hatte, Abdülhamîds Geschick als Außenpolitiker späte Anerkennung: »Ich halte ihn für einen Diplomaten, der den anderen am Goldenen Horn meist über ist«. Bei einer gerechten Beurteilung können die immensen wirtschaftlichen Lasten nicht übersehen werden. Von den Staatseinnahmen flossen rund 30 Prozent in die Schuldenverwaltung, das Militär verschlang etwa 40 Prozent. Als detailversessener Autokrat bemühte sich der Sultan, sämtliche Angelegenheiten des Reiches unter Kontrolle zu halten. Der Großwesir bzw. Ministerrat legte dem Sultan alle Beschlüsse vor, der dann mit Unterstützung seiner persönlichen Sekretäre Entscheidungen fällte. Die lange Amtszeit der von der jungtürkischen Opposition gehassten »Grauen Eminenz« Tahsîn Pascha, des »Ersten Sekretärs«, von 1894 bis 1908, ist Ausdruck dieses auf persönlichen Vorlieben beruhenden Systems.

Die häufigen Entlassungen und Wiederernennungen von Großwesiren (23 Fälle in 33 Jahren), wobei einige Namen wie die von Mehmed (»Küçük«) Sa'îd und Mehmed Kâmil mehrfach erschienen, waren für viele Zeitgenossen Ausdruck einer eher unsteten Führung. Der Sultan selbst rechtfertigte den häufigen Wechsel unter anderem mit außenpolitischen Notwendigkeiten. So habe er Mehmed Kâmil Pascha immer dann eingesetzt, wenn es darauf ankam, England zu »beschwichtigen«. Kâmils vorsichtiger Umgang mit London brachte ihm sogar den Beinamen »İngiliz« ein. In anderen Situationen habe der »alte Wolf« Küçük Sa'îd Pascha die osmanischen Interessen besser vertreten. Ein moderner Forscher (Feroz Ahmad) brachte die außenpolitischen Abneigungen und Vorlieben des Sultans auf einen Satz: Abdülhamîd hasste Russland, verachtete Frankreich, fürchtete England und bewunderte Deutschland.

Wichtige Armeeführer im engsten Kreis des Sultans garantierten die Loyalität der Truppen. Dazu zählten unter anderem Cevâd Pascha, der sich wie Gazi Osmân Pascha im Krieg gegen Russland ausgezeichnet hatte. Im Dezember 1903 wurde die Dienstzeit im stehenden Heer (*nizâm*) auf neun Jahre festgelegt. Davon verblieb jeder Soldat drei Jahre in der Truppe und sechs Jahre in der Reserve. Nach preußischem Vorbild folgten neun weitere Jahre Dienstpflicht in der Landwehr (*redîf*) und zwei beim Landsturm (*müstahfiz*). Die Armeekorps in Edirne (II. *Kolordu*) und Saloniki (III.) waren die einzigen Truppen, deren Stärke annähernd den Sollzahlen entsprach. Ingesamt dürfte die Friedensstärke des Heers Anfang des 20. Jahrhunderts 220000 Mann betragen haben. Hinzu kamen auf 30000 Pferde geschätzte Hamîdîye-Truppen, überwiegend kurdische und arabische Stämme unter einheimischen Führern. Die İstanbuler Militärschulen nahmen jährlich mehrere hundert junge Leute auf, die nach dreijähriger Ausbildung den Nachwuchs für das Offizierskorps bildeten und allmählich die Offiziere, die aus den Regimentern hervorgegangen waren (*alaylı*), ersetzen sollten. Unter ausländischen Beratern spielten in der hamidischen Epoche vor allem aus Deutschland abkommandierte Offiziere eine gewisse Rolle, die aber viel geringer war als während der Jahre des kommenden Weltkriegs. Wichtiger war, dass das türkische Heer mit Mausergewehren und Geschützen aus deutscher Produktion (Krupp) ausgerüstet war. Abdülhamîd II. vernachlässigte hingegen die Flotte, obwohl einige bedrohte Provinzen nur auf dem Seeweg zu schützen waren. Die Ausgaben für Heer, Flotte und Gendarmerie waren regelmäßig der größte Posten im osmanischen Budget.

Abdülhamîds Maßnahmen gegen politische Gegner waren aus der Sicht des 20. Jahrhunderts vergleichsweise milde. Viele wurden in entlegene Provinzen (Fezzan im Süden des heutigen Libyen) verbannt oder kaltgestellt, nicht selten gekauft. Die Zahl der von ihm unterschriebenen Todesurteile ist gering. Die jungtürkische Revolution beendete das Regime von Yıldız, auch wenn der Sultan noch bis zu dem von ihm gewiss begrüßten Aufstand von 1909 seinen Thron behielt. Die hamidische Türkei wurde weder an ihrer Spitze vorbildlich regiert noch auf den mittleren und unteren Ebenen ideal verwaltet. Unter dem Strich steht eine relativ lange Epoche des äußeren Friedens und des Ausbaus des Erziehungswesens, auf die allerdings schwere Schatten fielen: die Ermordung Midhat Paschas und die Unterdrückung der Presse sind nicht die einzigen Negativposten in dieser Bilanz. Ob der Sultan Massaker an armenischen Aufständischen begrüßte oder gar auslöste, ist zweifelhaft. Als Alleinherrscher trägt er aber die Verantwortung vor der Geschichte.

Die jungtürkische Opposition

Im Jahr 1889, ein Jahr nachdem im Bahnhof Sirkeci der erste »Orientexpress« eingelaufen war, wurde an der İstanbuler Militärischen Medizinschule unter der Bezeichnung »Gesellschaft für osmanische Einheit« (*İttihâd-i Osmânî Cemiyeti*) die erste als Geheimzelle organisierte Oppositionsgruppe gebildet. Im Gegensatz zu früheren Reform- und Putschversuchen, die von Offizieren bzw. *ulemâ* getragen waren, gaben diesmal Studenten den Ton an. Drei prominente Jungtürken, İbrâhîm Temo, Abdullâh Cevdet und İshak Sükutî, wurden nach ihrem Examen an der Medizinschule »hauptamtliche« Oppositionelle. Der Name »Jungtürken« fasst höchst unterschiedliche Gruppen und Denkrichtungen zusammen, die innerhalb und außerhalb der Staatsgrenzen gegen das hamidische Regime kämpften. Die jungen Männer waren von dem Erfolg europäischer patriotischer Geheimgesellschaften beeindruckt. Ihr ideologisches Gerüst bestand aus nationalistischen, populistischen und positivistischen Bauelementen. Bald nahmen sie Kontakt zu dem bereits in Paris lebenden, deutlich älteren Ahmed Rızâ (1859–1930) auf, der bis zur Entmachtung Abdülhamîds II. (1908) der einflussreichste Exilpolitiker bleiben sollte. 1894 wurde der Name der Gesellschaft, offensichtlich unter dem Einfluss des August-Comte-Schülers Ahmed Rızâ, in »Osmanische Gesellschaft für Einheit und *Fortschritt* [Hervorhebung K. K.]« umgewandelt. Fortschritt und Religion schlossen sich für Ahmed Rızâ und seinen Kreis so sehr aus wie biologischer Materialismus und Islam.

Eine der ersten sichtbaren politischen Aktivitäten des jungtürkischen »Komitees« war ein offener Protest gegen die Armenier-Pogrome des Jahres 1895. Die »Schergen des Yıldız«, wie man die Geheimpolizei des Sultans nannte, blieben nicht untätig. Das wichtigste Disziplinierungsinstrument für einheimische Oppositionelle war die Verban-

Die Europäische Türkei vor dem Vertrag von Berlin 1878

nung in entlegene Teile des Reichs. İstanbul bemühte sich auch durch diplomatische Vorstöße, die Tätigkeit der Jungtürken im Ausland zu stören. Auf türkischen Druck hin verboten die französischen Behörden im Jahr 1897 das Exilblatt *Mechveret* (»Konstitutionalismus«) und verfügten die Ausweisung Ahmed Rızâs nach Belgien. Zentren des politischen Exils waren neben Paris die Städte Genf, Brüssel, London und Kairo. Sie entsprachen zeitweise auch verschiedenen Flügeln der Opposition. Ein führender regimekritischer Journalist, »Mizâncı« Murâd Bey, wurde 1897 von einem Sonderbeauftragten Abdülhamîds II. in Genf abgeworben und kehrte nach İstanbul zurück. Neben persönlichen Gründen mag der Prestigezuwachs des Sultans nach dem Sieg über Griechenland im selben Jahr eine Rolle gespielt haben. Doktor Abdullâh Cevdet, der schon erwähnte Jungtürke der ersten Stunde, ließ sich nur vorübergehend als Arzt an der osmanischen Botschaft in Wien »ruhig stellen«. Nach 1903 setzte er seine Exiltätigkeit fort. Als Publizist und Übersetzer wurde er zum exponiertesten Vertreter einer antiislamischen Denkschule.

Unerwartet war das Auftauchen einer neuen Konkurrenzgruppe zu Ahmed Rızâs Gesellschaft im Jahr 1899. Ein Schwiegersohn des Sultans, Mahmûd Celâleddîn Pascha, benutzte mit seinen Söhnen eine Europareise zur Flucht. Nach dem frühen Tod des Vaters setzten seine Söhne Lutfullâh und Sabâheddîn die politische Arbeit Mahmûd Celâleddîns fort. Im Februar 1902 organisierten sie den »Ersten Kongress der osmanischen Liberalen« in Paris. Er vereinigte 47 Delegierte der wichtigsten Nationalitäten: Türken, Griechen, Araber, Kurden, Albaner, Armenier, Tscherkessen und Juden. In der Eröffnungsansprache hatte Sabâheddîn Reformen gefordert »nicht für dieses oder jenes Volk oder diese oder jene Religionsgemeinschaft, sondern ausnahmslos für alle Osmanen«.

Die Opposition war vor allem uneinig in der Frage des Interventionsrechts, das der berühmte Artikel 61 des Berliner Vertrags den Großmächten in Makedonien und den »armenischen« Provinzen einräumte. Die Ahmed-Rızâ-Gruppe lehnte eine ausländische Beteiligung bei einem Staatsstreich ab, während eine neue Mehrheitsfraktion unter dem Namen »Osmanische freiheitsliebende Gesellschaft« eine Besetzung des Yıldız in Aussicht stellte. Im Übrigen entfremdeten sich Griechen und Armenier nach 1902 rasch der gesamtosmanischen Opposition, während Albaner und Araber sich eher dem Dezentralismus der Mahmûd Pascha-Fraktion zuwandten. Auf diese Weise nahm das Gewicht türkischer Mitglieder innerhalb der jungtürkischen Opposition zu. Aus aufgeklärten Imperialisten wurden Nationalisten im modernen Sinn. Der Beitrag der »Elitediasporagruppen« (Hans-Lukas Kieser) in Paris, Genf und anderswo war dabei ganz erheblich.

Durch die enge persönliche und ab 1907 auch organisatorische Verbindung von Exilpolitikern mit einer Geheimgesellschaft osmanischer Offiziere in Anatolien schien dem »Komitee« eine Armee zuzuwachsen oder – umgekehrt gedeutet – schien die Armee über einen politischen Arm zu verfügen. Es lag auf der Hand, dass die oppositionellen Offiziere eher die Ahmed Rızâ-Gruppe stützten als die dezentralistischen »Liberalen«, weil sie nicht zu Unrecht annahmen, dass eine straffe Zentralverwaltung der Provinzen die Voraussetzung für die territoriale Integrität des Reiches war. Ein zweiter »Jungtürken-Kongress« führte im Jahre 1907 noch einmal die drei wichtigsten Exilvertreter zusammen: Ahmed Rızâ, Sabâheddîn und den Führer der armenischen revolutionären Taschnaksutyon-Fraktion Malumyan. Diesmal forderten die Exilpolitiker in einer gemeinsamen Erklärung den Sturz des Sultans, die Wiedereinsetzung der Verfassung und die Öffnung beider Kammern des Parlaments.

Ungeachtet aller äußerlichen Übereinstimmungen hatten die Offiziere in Makedonien ihre eigenen Umsturzpläne. Im Mai 1908 präsentierten sie den Konsulaten in Saloniki Flugschriften gegen den Sultan. Das Treffen des Zaren Nikolaus II. mit dem englischen König Edward VII. in Reval im Juni beschleunigte die Aktion der Militärs, weil man weitere Aufteilungspläne durch die europäischen Mächte fürchtete. Kurz danach kam es zur offenen Meuterei in Makedonien. Eine Einheit der Dritten Armee nach der anderen schloss sich den jungen Offizieren Enver und Niyâzî an. Die Abordnung von Truppen aus Kleinasien zur Niederschlagung des Aufstands erwies sich als Schlag ins Wasser. Albanisches Militär, bislang eine solide Stütze des Regimes, versagte die Gefolgschaft. Am 24. Juli 1908 erklärte Abdülhamîd II. unter dem Druck der Aufständischen die Suspendierung der Verfassung für beendet.

Die Epoche der »Zweiten Konstitution«

1909 Abtretung von Bosnien und Herzegowina an Österreich-Ungarn. – Adana-Pogrome an Armeniern. – Zusammenschluss der jungtürkischen Deputierten zur Partei. – Gegenrevolution vom 31. März / 13. April mit Meuterei des I. Armeekorps. Eingreifen der II. und III. Armee. – Beide Kammern tagen als Nationalversammlung in San Stefano und erklären ihre Verfassungstreue. 27. April: Absetzung von Sultan Abdülhamîd II. und Thronbesteigung von Mehmed V. Reşâd. – 21. August: Liberale Änderung der Verfassung.

1910 Mahmûd Şevket Pascha als Kriegsminister im Kabinett. – Albanischer Aufstand. – 3. November: Scheitern der Verhandlungen um eine französische Anleihe; 7. November: deutsche Kreditzusage. – Bagdadbahn-Abkommen zwischen Russland und Deutschland.

1911 Aufstand des jemenitischen Imam Yahyâ. – Reise des Sultans ins Kosovo. – Italienische Kriegserklärung.

1912 Schlacht bei Tobruk gegen italienische Invasionstruppen. April/Mai: Italien besetzt die Inseln des Dodekanes. – 8. Oktober: Übergabe der Kriegserklärung durch Montenegro. Einmarsch montenegrinischer Truppen in den Sandschak von Novi Pazar. Es folgen die Kriegserklärungen Serbiens, Griechenlands und Bulgariens. – 18. Oktober: Friede von Lausanne-Ouchy mit Italien. – Die Bulgaren werden an der Çatalca-Linie geschlagen und schließen einen Waffenstillstand mit der Türkei.

1913 23. Januar: Jungtürkischer Staatsstreich; Kabinett Mahmûd Şevket Pascha. – 26. März: Fall von Edirne an Bulgarien. – April: Arabisch gilt als Schul- und Verwaltungssprache. – Fall von Skutari/Albanien an die montenegrinischen und serbischen Belagerer. – 11. Juni: Tödliches Attentat auf Mahmûd Şevket Pascha. – 29. Juni: Ausbruch des Zweiten Balkankriegs ohne Kriegserklärung. – 22. Juli: Rückeroberung von Edirne durch die Türkei. – 10. August: Friede von Bukarest (ohne Beteiligung der Türkei). – 29. Oktober: Friedensschluss mit Bulgarien. – 27. November: Beginn der Liman-von-Sanders-Krise.

1914 14. Mai: Eröffnung des 3. Parlaments. – 25. Juni: Konzessionserteilung für die Ölquellen Mesopotamiens in Mosul und Bagdad an »Turkish Petroleum Company«. – 15. Juli: Abkommen über die Bagdadbahn zwischen Deutschland und England. – 28. Juli: Ermordung des österreichischen Thronfolgers in Sarajevo. – 2. August: Geheimer deutsch-türkischer Bündnisvertrag. – 3. August: England beschließt Nichtauslieferung der Schiffe »Sultan Osmân« und »Reşâdîye«. – Die »Goeben« und »SMS Breslau« werden von der Türkei erworben, behalten aber ihre deutsche Besatzung. – 29. Oktober: Angriff auf Odessa mit Torpedobooten, die »Goeben« beschießt die Festung von Sewastopol. – 3. November: Kriegserklärung Russlands; 5. November: England und Frankreich folgen.

1915 10. Januar: Niederlage der osmanischen Armee bei Sarıkamış gegen Russland. – 4. Februar: Sazonov unterbreitet den Alliierten Russlands Forderungen (u. a. Annexion von İstanbul). – 25. April: Landungsversuche der Alliierten auf der Halbinsel Gelibolu. – 29. April: Sieg der Osmanen über ein anglo-indisches Heer bei Kut al-Amara. – 27. Mai: Provisorisches Gesetz über Deportationen; ab Juni: offizielle Deportationen der Armenier. – 14. Oktober: Bulgarien erklärt Serbien den Krieg (14. Oktober).

1916 Januar: Die Alliierten geben die Dardanellen auf. – April: Vorstoß von Kreß von Kressenstein zum Suezkanal. – 5. Juni: Beginn des arabischen Aufstands unter dem Scherifen Husain. – 15./16. Juni: Sykes-Picot-Abkommen über die Aufteilung des Nahen Ostens.

1917 2. März: Kabinett Tal'at Pascha. – 11. März: Fall von Bagdad. – September: Wilhelm II. beim Sultan. – 25. Oktober: Einheitliche Verordnung über die Form der Eheschließung. – 8. Dezember: Jerusalem fällt an die Engländer.

1918 2. Februar: Tod des 75-jährigen Abdülhamîd II. im inneren Exil. – 3. März: Friede von Brest-Litowsk. – 28. Mai: Gründung der Republik Armenien mit Erewan als Hauptstadt. – 3. Juli: Tod Mehmeds V.; 4. Juli: Huldigung für Mehmed VI. Vahîdeddîn. – 18. Juli: Mustafâ Kemâl Pascha Führer der VII. Armee in Palästina. – 9. Oktober: Rücktritt der Regierung Tal'at Paschas; Taurusübergang der Bagdadbahn. – 14. Oktober: Friedenskabinett Ahmed İzzet Pascha. – 30. Oktober: Waffenstillstand von Mudros. – 1. November: Flucht führender Kommiteemitglieder. – 16. Dezember: Einsetzung von Kriegsgerichten zur Verurteilung von Kriegsverbrechern.

1919 April: Mustafâ Kemâl fasst den Plan, nach Anatolien zu gehen. – 14. Mai: Mitteilung des Beschlusses der Pariser Friedenskonferenz, İzmir zu besetzen.

1920 30. Oktober: Einnahme von Kars durch die Türken. – 2./3. Dezember: Vertrag von Gümrü/Alexandropol.

1921 Juli: Griechische Offensive in Anatolien. – Bis 13. September: Abwehrschlacht am Sakarya. – 20. Oktober: Französisch-türkisches Abkommen von Ankara.

1922 1. November: Die Große Türkische Nationalversammlung beschließt die Abschaffung des Sultanats; 18. November: Wahl des Thronfolgers Abdülmecîd zum Kalifen. – 20. November: Eröffnung der Konferenz von Lausanne. – Mustafâ Kemâl kündigt die Bildung der Volkspartei an.

Die mazedonischen Freiheitshelden Enver und Niyâzî wurden in den Sommertagen des Jahres 1908 geradezu vergöttert. In vielen Orten des Balkans und Anatoliens kam es zu öffentlichen Umarmungen zwischen den Angehörigen verschiedener Religionsgemeinschaften. »Brüderlichkeit« war eine Formel, die Bulgaren, Griechen, Walachen und Türken »unter demselben blauen Himmel« zu Osmanen zusammenschließen sollte. Die neuen Männer griffen zunächst nicht direkt nach der Macht. Mit der Kabinettsbildung wurde zunächst der bejahrte Mehmed Kâmil Pascha beauftragt, der Abdülhamîd lange als Gouverneur, Minister und sogar Großwesir gedient hatte.

Mit Ausnahme von zwei Ministern (Tal'at und Câvid) stellten die nach der Bedeutung des Wortes *ittihâd* genannten »Unionisten« bis 1913 kein Regierungsmitglied. Ihre Legitimität beschränkte sich streng genommen auf die europäischen Reichsteile, da der Sultan in İstanbul, Anatolien und den arabischen Provinzen die Wiedereinsetzung der Verfassung selbst verkündet hatte. Abdülhamîd gelang es geschickt, den Eindruck zu erwecken, nicht er, sondern seine »verräterische« Umgebung sei für die Auswüchse des langjährigen Regimes verantwortlich gewesen.

Schon im Juli 1908 wurde die Zensur der Presse vollständig aufgehoben, was zu einer explosiven Vermehrung von Periodika in der Hauptstadt und den Provinzen führte. Zwischen 1908 und 1909 wurden 330 Titel gezählt, 1911 gab es immerhin noch 124. Obwohl sich darunter viele kurzlebige Zeitungen und Zeitschriften befanden, wurde deutlich, wie stark das *Ancien Régime* die Artikulationsmöglichkeiten der osmanischen Gesellschaft eingeschränkt hatte. Das galt durchaus nicht nur für Liberale oder Vertreter von Minderheiten; nach 1908 äußerten sich auch viele islamische Gelehrte erstmals zu Zeitfragen. Obwohl ein konservativer, ja apologetischer Ton vorherrschte, entstand doch ein politisch-religiöser Diskurs in einem modernen, jedermann zugänglichen Medium.

Für die türkische Geistesgeschichte der Republik sollten Autoren wie Ziyâ Gökalp (1876–1924), der in diesen

Jahren an einer kulturellen Fundierung des »Turkismus« arbeitete, eine große Rolle spielen, obwohl seine »Drei-Säulen-Theorie« (*üçüz umde*) im Grunde eine Synthese von Türkentum, Islam und Osmanismus bedeutete. Er entwickelte die Gegensatzpaare »Kultur« (*hars*) versus »Zivilisation« (*medeniyet*). Dabei beschränkte sich sein Verständnis von »Modernität« (*asrîyet*) auf die Übernahme materieller Errungenschaften des Westens. Jede Art von »Kosmopolitismus« wies er scharf zurück. Jedenfalls waren für Gökalp religiöse Gemeinsamkeiten wichtiger als postulierte Blutsgemeinschaften mit irgendwelchen »altaischen« Völkern.

Im Jahr 1908 kehrten nun auch die Politiker aus dem Exil zurück, die wie »Prens« Sabâheddîn (1879–1948), ein Neffe Abdülhamîds, im Gegensatz zu den »Unionisten« für eine Dezentralisierung des Reiches eintraten. Ende 1908 wurde nach mehr als 40 Jahren das Parlament eröffnet. Auf dem Stuhl des Präsidenten saß Ahmed Rızâ, der nach langen Exiljahren am Ziel seiner Hoffnungen schien. Aus einem mehrstufigen Wahlverfahren gingen 288 Deputierte hervor, deren Zusammensetzung im Großen und Ganzen der sprachlichen und religiösen Vielfalt des Reiches entsprach. In der ersten vierjährigen Legislaturperiode waren Türken (147), Araber (60), Albaner (27), Griechen (26), Armenier (14), Juden (4) und Slawen (vor allem Bulgaren) vertreten. Nach den Balkankriegen sank der Anteil von Albanern und Slawen auf Null, während sich das Gewicht der Araber entsprechend erhöhte. 1914 waren unter 259 Mandatsträgern 88 Vertreter arabischer Gebiete.

Die jungtürkische Kammer machte sich unverzüglich an eine Liberalisierung der Midhatschen Verfassung. Nun wurde die Regierung dem Parlament verantwortlich. Es gab sich das Recht, Gesetze einzubringen. Neben den einschneidenden Maßnahmen im Presserecht wurde der Bevölkerung ein Versammlungs- und den Arbeitern ein

Streikrecht zugestanden. Die 1909 gegründete »Föderation der Arbeiter von Saloniki« veranstaltete am 1. Mai regelmäßig große Aufmärsche. Die gesetzliche Möglichkeit, Vereinigungen zu bilden, führte zur Gründung einer Unzahl von Parteien und Vereinen. Ein Beispiel bildete die 1908 entstandene »Kurdische Gesellschaft für Solidarität und Fortschritt«, deren Vorsitzender zugleich Präsident des Oberhauses des osmanischen Parlaments war. 1912 fanden sich İstanbuler Juristen und Studenten kurdischer Abstammung zu einer Hochschülervereinigung zusammen, die auch eine Zeitschrift herausgab.

Erst im Sommer 1909 verlor Abdülhamîd II. den Thron, als seine Anhänger versuchten, die neuen Machthaber zu beseitigen. Unter den »Konterrevolutionären« befanden sich Figuren, die den Bestand der Religion bedroht sahen (ein Derwisch namens Vahdetî), zahlreiche Medrese-Schüler (*softas*), die um ihre Privilegien als vom Militärdienst befreite Gruppe bangten, und Offiziere, die sich von den Absolventen der Militärakademien verdrängt sahen. Diese Pläne wurden durch die so genannte Interventionsarmee unter Führung von Mahmûd Şevket Pascha vereitelt. Mahmûd Şevket wurde für einige Jahre als »Generalinspekteur« der ersten drei Armeen die stärkste Stütze des Regimes. Die Einberufung einer »Allgemeinen Nationalversammlung« in San Stefano vor den Toren İstanbuls legimitierte dieses Vorgehen der Armee. Der vorletzte Osmanensultan Mehmed V. Reşâd (1909–1918) war ein konstitutioneller Repräsentant ohne politische Ambitionen. Die neuen Herren zwangen Abdülhamîd und seine engste Familie, İstanbul zu verlassen und in Saloniki das so genannte Allatini-Kiosk, eine Villa, zu beziehen, die ein jüdischer Industrieller zur Verfügung gestellt hatte. Saloniki wurde gewählt, weil hier die wichtigsten Mitglieder des jungtürkischen Komitees noch ihr Hauptquartier hatten und sie den alten Sultan ihrer unmittelbaren Aufsicht unterstellen konnten.

Das Ende des neuen »Pluralismus« wurde durch das tödliche Attentat auf Mahmûd Şevket Pascha 1913 markiert. Zwischen 1913 und 1918 konnte keine einzige Partei mehr gegründet werden. Das Regime duldete weder die Oppositionspartei »Freiheit und Verständigung« (*Hürriyet ve Itilaf*) noch die Vereinigungen von Nichtmuslimen. Lediglich einige gemeinnützige und berufsständische Organisationen konnten sich noch betätigen. Die »Unionisten« hatten sich 1909 nicht mit dem Austausch des Throninhabers begnügt. Sie unterdrückten auch sämtliche gegnerischen Zeitungen und trugen zum Aufbau einer neuen oppositionellen Front im Exil bei. Die anfängliche Euphorie der Revolutionäre war schon früh einer Ernüchterung gewichen. Österreich-Ungarn nutzte den Staatsstreich, indem es Bosnien und Herzegowina, das es seit 1878 kontrolliert hatte, förmlich annektierte. In den folgenden Jahren zwangen Aufstände im Jemen und Albanien zur Aufgabe dieser entlegenen Provinzen. Italien besetzte die Inselgruppe des Dodekanes und das nordafrikanische Tripolis mit der Cyrenaika (Benghazi), weil die Türkei (so hieß es in einer Deklaration von 1915) die »friedliche Durchdringung dieser Länder mit bösen Listen« behindert habe.

Die Kriegserklärung Montenegros (1912), der sich Serbien, Griechenland und Bulgarien anschlossen, zwang İstanbul zur Aufgabe seiner letzten Besitzung in Afrika, um einen Mehrfrontenkrieg zu vermeiden. Sämtliche europäische Provinzen einschließlich der alten Reichshauptstadt Edirne gingen im Ersten Balkankrieg verloren, auch wenn es im Zweiten Balkankrieg gelang, das östliche Thrakien mit Edirne von Bulgarien zurückzuerobern.

Nach wenigen Jahren mussten die *de facto* als Triumvirat (Enver, Cemâl, Tal'at) regierenden »Unionisten« auf einen größeren Gebietsverlust zurückblicken als Abdülhamîd in seiner langen Herrschaftsperiode. Die führenden Schichten und große Teile der muslimischen Bevölkerung wollten sich nicht mit den neuen Verhältnissen abfinden. Die Wiedergewinnung des »teuren Saloniki, als Wiege der Freiheit und Verfassung«, die Befreiung der »Brüder jenseits der Grenzen« in den Provinzen Manastır, Üsküb (heute Bitola bzw. Skopje/Makedonien), Üsküdar (Shkodër/Albanien), Yanina/Ioaninna (Epirus) blieb bis in den Weltkrieg hinein politisches Programm. Die »Rache« an Bulgarien wurde ein fester Programmpunkt bei politischen Manifestationen und in den Programmen der staatlichen Schulen.

Die Trägerschichten des neuen Regimes waren vorrangig muslimische Türken (mit Ausnahme weniger Juden, Albaner und Aromunen). Sie stammten zum größten Teil aus der Klasse der bürokratischen und militärischen Elite und waren Absolventen höherer Schulen. Anders als ihren *tanzîmât*-zeitlichen Vorgängern war ihnen bewusst, dass der Aufbau eines Nationalstaates ohne eine wohlhabende türkische Mittelklasse und eine einheimische Großindustrie unmöglich war. Der einflussreiche tatarische Publizist Akçuraoğlu Yusuf (1876–1935) drückte das gesellschaftliche Dilemma 1914 mit folgenden Worten aus: »Im Grunde ist für das wirtschaftliche Wiedererwachen der wichtigste Aspekt eine Veränderung des falschen und schädlichen Bewusstseins, das lediglich das Soldaten- und Beamtentum als eine dem osmanischen Türken würdige Beschäftigung ansieht. Unter dem osmanischen Sultanat gab es so gut wie keine türkische Bourgeoisie. So wie im unglücklichen Königreich Polen bildeten auch in der Türkei unterworfene Elemente die bürgerliche Klasse.« Mit solchen Sätzen wurde zur Beendigung der angeblichen »ethnischen Arbeitsteilung« aufgerufen, die als ein Kennzeichen des osmanischen Wirtschaftssystems galt und an die noch oft in der frühen Republik erinnert werden sollte.

Noch im Jahr 1910 trugen die Bauern mit 87,2 Prozent zu den Staatseinnahmen bei. Das ländliche Elend erreichte zum ersten Mal auf dem Weg über jungtürkische Zeitungen die Leser in der Hauptstadt. Aber auch die Modernisierung der Städte wurde durch häufige Brände und nur provisorisch untergebrachte Balkanflüchtlinge aufgehalten. Die Verantwortlichen dieser Jahre nahmen ungeachtet der äußerst schwierigen Lage im Inneren und Äußeren zahlreiche Reformen in Angriff. Auch der Weltkrieg ließ diese Tätigkeit nicht ruhen, im Gegenteil, die Ausnahmebedingungen erlaubten gerade die Durchsetzung »islamempfindlicher« Maßnahmen. Dabei hat es sich in vielen Fällen eher um Projekte als Reformen gehandelt, von denen die meisten unverzüglich nach dem Zusammenbruch 1918/1919 wieder rückgängig gemacht wurden.

Bestandteile der Säkularisationspolitik waren die Unterstellung der religiösen Gerichtshöfe unter das Justizministerium (1915) und die große Familienrechtsreform, bei der erstmals die Formen der Eheschließung für die drei wichtigsten Religionen (Muslime, Christen, Juden) in einer Verordnung zusammengefasst wurden. Die Regierung war an einer Reform der Medrese-Ausbildung interessiert. Die İstanbuler religiösen Schulen wurden in einem Zentralinstitut konzentriert, an dessen Spitze eine moderne theologische Akademie stand. Vergleichbare Konzentrationsbemühungen gab es bei den mystischen Bruderschaften, die durch einen Zentralrat von Ordensscheichen kontrolliert und deren Mitglieder zu erzieherischen und wohltätigen Aufgaben ermuntert werden sollten. Ein aufwändiges Projekt war die Berufung von deutschen Gelehrten an die İstanbuler Universität (1915–1918). Weitere Spezialisten aus Deutschland und Österreich-Ungarn waren in diesen Jahren an zahlreichen Stellen in Wirtschaft und Verwaltung tätig.

Wesentliche Bestandteile des offiziellen Geschichtsbildes der Republik wurden in diesen Jahren formuliert. Der sprachliche Nationalismus wandte sich gegen das arabische und persische Lehngut in der osmanischen Schriftsprache, insbesondere gegen Bildungen, die nicht den

Regeln für türkische Wortverbindungen gehorchten. Das bekannteste Sprachrohr der Puristen war die 1911 in Saloniki gedruckte Zeitschrift »Junge Federn« (*Genç Kalemler*) unter dem Erzähler Ömer Seyfeddin (1884–1920). Die Buchläden wurden von patriotischen Titeln überschwemmt, auf den Bühnen widerfuhr dem unter Abdülhamîd II. verfemten Nâmık Kemâl postume Genugtuung. Auch der Lyriker Tevfik Fikret (1867–1915) wurde wegen seiner säkularen und liberalen Gesinnung über seinen Tod hinaus von der jüngeren Generation gefeiert und verehrt. Das lyrische Werk der kapriziösen und larmoyanten Nigâr Hanım (1862–1918) verarbeitete ein persönliches Schicksal, ohne die klassischen Formmuster zu opfern. Architekten wie Kemâleddîn (1870–1922) bemühten sich um die Herausbildung einer »nationalen Baukunst«, die an die einfache Sprache der klassischen osmanischen Zeit anknüpfte.

Das jungtürkische Regime wurde als »politisches Laboratorium« bezeichnet, welches die Westorientierung der Tanzîmât-Zeit und den edukativen Autoritarismus Abdülhamîds als Werkstoffe verwendete. Klarsichtige Zeitgenossen hatten verstanden, dass das Wort »Die osmanischen Länder« sich nur noch auf den Schulwandkarten über drei Kontinente erstreckte. Das lenkte ihren Blick zwangsläufig auf Anatolien mit seinen menschlichen und wirtschaftlichen Ressourcen. Die »Generation von 1908« sollte den politischen und kulturellen Habitus der Republik weit über das Todesjahr Atatürks (1938) hinaus prägen.

Der große Krieg

Deutsche Militärberater, die seit Ende 1913 unter Liman von Sanders in der Türkei wirkten, erregten das Misstrauen Russlands. Die Krise konnte nur mühsam beigelegt werden, obwohl die Mission nur eine längere Tradition preußisch-deutscher Offiziere in der Türkei fortsetzte. Auch war darunter kein vorgezogenes Votum der Türkei für Deutschland zu verstehen. Immerhin bildeten Engländer die Flotte aus, während Franzosen für die Gendarmerie tätig waren. Bei Kriegsausbruch war die Türkei alles andere als ein hochgerüstetes Land: Der Militärhaushalt der Türkei lag 1914 etwa 30 Prozent unter den bisherigen Ausgaben. Alle europäischen Mächte hatten auch nach der Zurückdrängung der Türkei auf Anatolien und einige arabische Provinzen territoriale und ökonomische Absichten. Russland war weiterhin an einer Sicherung von Bosporus und Dardanellen interessiert, nicht zuletzt im Sinne seiner Agrarexporte, die zu einem großen Teil (45 Prozent) durch die Meerengen liefen. Frankreich hatte seine Stellung als größter Investor ausgebaut. Das gilt insbesondere für den Bahnbau. Bei Importen und Exporten stand Frankreich mit England an der Spitze der Handelsbilanz. Ihr Anteil an der türkischen Staatsschuldenverwaltung betrug 62,9 bzw. 22,3 Prozent. Englands strategische Interessen an Anatolien hatten allerdings nach dem Bau des Suezkanals und der Besetzung von Zypern deutlich nachgelassen. In Berlin setzte man auf eine Nachkriegstürkei, die Deutschland alle erwünschten Konzessionen zur Entwicklung der Infrastruktur, des Handels, der Landwirtschaft und der Industrie überlassen würde. Man hoffte auf die Übertragung ehemals französischer Gesellschaften, die vor allem im Bergbau und Verkehrswesen engagiert waren. Auch die Entwicklung von Erdölvorkommen im Raum Mosul gehörte in das Repertoire von »Pfändern« für die wirtschaftliche und militärische Unterstützung durch das Deutsche Reich. Die Oberste Heeresleitung sah zwar die Türkei als Wächter an den Dardanellen, schätzte aber ihren militärischen Wert äußerst gering ein. Allen Beteiligten war klar, dass die Türkei ihre Verluste aus den Balkankriegen noch nicht ersetzt hatte.

Innerhalb des türkischen Kabinetts wichen die Meinungen in der Bündnisfrage stark voneinander ab. Es gab Anhänger einer »bewaffneten Neutralität«, bei denen die Einsicht in die unzureichende eigene Rüstung bei anhaltendem Misstrauen gegenüber Russland überwog. Eine zweite Gruppe setzte wegen ihrer weitaus größeren Ressourcen auf die Tripelallianz aus England, Frankreich und Russland. Enver Pascha, mit Tal'at und Cemâl seit 1913 Mitglied des »jungtürkischen Triumvirats«, stellte dann die Weichen für das Bündnis mit Deutschland und Österreich-Ungarn, weil er von einem schnellen Sieg der Mittelmächte über ihre Gegner überzeugt war. Enver hatte als Militärattaché in Berlin gedient (1910/1911) und verfügte über gute Kenntnisse des deutschen Rüstungspotentials. Im Rückblick bleibt offen, wie sich die Türkei verhalten hätte, wenn die Westalliierten für ihre Neutralität mehr versprochen hätten als eine von Anfang an unglaubwürdige Garantie ihrer territorialen Integrität.

Am Entschluss zu einem Kriegseintritt an der Seite Deutschlands war nur der engste Führungszirkel beteiligt. Diese Beratungen unter Ausschluss der meisten Kabinettsmitglieder fanden zwischen dem 18. und 23. Juli in der Villa des Großwesirs Sa'îd Halîm Pascha statt. Es ist nicht klar, ob in der osmanischen Führung Einigkeit über die Kriegsziele bestand. Eine Wiedergewinnung der verlorenen Balkanprovinzen war schon aus bündnispolitischen Gründen ausgeschlossen: man hatte ja nicht allein Österreich-Ungarn als Alliierten, sondern war auch gezwungen mit Bulgarien, dem verhassten Gegner zweier Balkankriege, zu kooperieren. Jedermann wusste, dass sich Bulgarien Gebietsgewinne in Makedonien erhoffte. Die englische Besetzung von Ägypten war schon in der Vergangenheit nicht bestritten worden. Daran änderte auch die vollmundige Erklärung von Cemâl Pascha Ende 1914 – »Ich werde erst nach İstanbul zurückkehren, wenn ich Ägypten erobert habe« – nichts. London und Paris trugen auf ihre

Weise zur Entfremdung der Türkei von den Gegnern Deutschlands bei. England verweigerte die für den 30. Juli 1914 in Newcastle vorgesehene Übergabe der Kriegsschiffe Sultân Osmân und Reşâdîye, Frankreich hatte Cemâl Pascha bei seinem Besuch im selben Sommer in der Frage von Rüstungsanleihen brüskiert.

Am 2. August wurde das osmanische Parlament aufgelöst und die »neutrale« Mobilisierung eingeleitet. Wenige Tage später (10. August) liefen die deutschen Kriegsschiffe Breslau und Goeben nach abenteuerlicher Fahrt durch das Mittelmeer in den Dardanellen ein. Die beiden Schiffe sollten unter deutschem Kommando, aber unter türkischer Flagge als *Yavuz* und *Midilli* Schwarzmeerhäfen bombardieren und damit eine russische Kriegserklärung erzwingen. Am 11. November 1914 wandte sich Sultan Mehmed V. Reşâd an Heer und Flotte. Er rechtfertigte den Kriegseintritt mit Angriffen der russischen Flotte auf türkische Schiffe und die Bombardierung der Dardanellen durch Frankreich und England. Die Osmanen seien zur Verteidigung ihrer legitimen Interessen gezwungen worden, die Waffen im Bund mit Deutschland und Österreich-Ungarn zu ergreifen. Russland habe »seit dreihundert Jahren unserem Erhabenen Staat zahlreiche Landverluste zugefügt und alles getan, um ein Erwachen und eine Erneuerung, welche in der Lage gewesen wären, unsere nationale Würde und Stärke zu vermehren, durch Krieg und zahllose Täuschungen und Machenschaften zunichte zu machen«. An alle Kriegsgegner wurde ein anderer Hauptvorwurf gerichtet: Sie unterdrückten Millionen von Muslimen und entfremdeten sie dem Kalifat, dem sie »aus Glauben und von Herzen« verbunden seien. Die Proklamation endet mit dem Aufruf zum Großen Glaubenskrieg (*cihâd*). Der Erklärung war ein Rechtsgutachten (*fetvâ*) des Scheichülislam Hayrî Efendi vorausgegangen. Im Laufe des Krieges hat Deutschland im Bündnis mit der Türkei die Loyalität der nichttürkischen Muslime mit dem *Ci-*

hâd-Motiv zu stärken versucht. Außerhalb der ehemaligen osmanischen Grenzen, sowohl in Russland als auch in den britischen und französischen Kolonien, zeigten sich diese Aufrufe allerdings völlig wirkungslos.

Der Versuch einer Landung alliierter, vor allem der ANZAC genannten australisch-neuseeländischen Truppen an den Dardanellen scheiterte, weil man in London die Wirksamkeit von Minensperren und den Widerstand der türkischen Truppen unterschätzt hatte. Als die Alliierten am 25. April 1915 bei Arıburun an Land gingen, gelang es Oberstleutnant Mustafâ Kemâl, dem späteren Atatürk, als Kommandeur der 19. Division die Gegner unter hohen Verlusten abzuwehren. Der Kriegsminister Enver war kein erfahrener Soldat. Er hatte zwar eine Stabsausbildung in Makedonien abgeschlossen und im tripolitanischen Krieg gegen Italien einige Meriten erworben, doch stand sein grenzenloser Narzissmus im Gegensatz zu seinen strategischen Fähigkeiten. Der mit einer Tochter des Sultans verheiratete Enver träumte bei Kriegsbeginn von napoleonischen Projekten, die ihn bis Afghanistan und Indien führen sollten. 1915 hatte er das Kommando über die III. Armee übernommen, um die tief nach Anatolien eingedrungenen Russen zu schlagen. Er gab den Befehl zum Angriff auf dem Höhepunkt des Winters, bei Temperaturen um minus 30 Grad und durch Schneemassen versperrten Wegen und Pässen. Im Raum Sarıkamış standen 90 000 osmanischen Soldaten 60 000 Russen gegenüber, die aber ungleich besser ausgerüstet waren und wegen einer Bahnlinie große logistische Vorteile hatten. Das erhoffte osmanische »Tannenberg« endete nach unter großen Verlusten erkauften Anfangserfolgen mit einer Niederlage. An die 75 000 Soldaten starben, die meisten wohl nicht im gegnerischen Feuer, sondern durch Kälte, Hunger und Krankheit. Die Abwehrschlachten an den Dardanellen und bei Sarıkamış hatten so vielen Soldaten und Offizieren das Leben gekostet, dass in den folgenden Kriegsjahren nur noch auf schlecht ausgebildete, mühsam rekrutierbare Truppen zurückgegriffen werden konnte.

Britische Truppen standen nicht nur an den Dardanellen und am Suezkanal, sondern sie hatten schon kurz nach Kriegsausbruch den Süden des Irak besetzt (Fall von Basra am 21. November 1914). Ihr Vormarsch in Mesopotamien wurde nur durch die Niederlage bei Kut am Tigris vorübergehend aufgehalten (29. April 1915). Seit 1915 stand der Großscherif von Mekka, Husain bin Alî, in Verbindung mit McMahon, dem britischen Hochkommissar in Ägypten. Das Versprechen eines arabischen Einheitsstaates südlich des 37. Breitengrads war Bestandteil dieses Briefwechsels. Kurz zuvor verständigten sich jedoch England und Frankreich im Sykes-Picot-Geheimabkommen über die Aufteilung des arabischen Ostens. Im Juni 1916 löste Husain den »arabischen Aufstand« im Hedschas aus. Der britische Außenminister sicherte dem Zionistenführer Rothschild eine nur vage beschriebene »nationale Heimstätte« in einem ebenfalls undeutlich umrissenen »Palästina« zu (*Balfour Declaration* vom 2. November 1917).

Während die Alliierten Anfang 1916 die Belagerung der Dardanellen aufgaben, erfolgte ab Februar ein russischer Vorstoß, der zur Besetzung großer Teile der heutigen Osttürkei führte. Commonwealth-Truppen erreichten am 11. März 1917 Bagdad. Da die deutsche Heeresleitung Bagdad zurückgewinnen und Ägypten angreifen wollte, wurden drei deutsch-türkische Bataillons unter Erich von Falkenhayn (Heeresgruppe »Jildirim«, d. i. »Der Blitz«) gebildet, dem es aber nicht gelang, die Briten unter General Allenby aufzuhalten. Jerusalem, dem in diesen Jahren von den Osmanen ein besonderer Symbolwert als Klammer zwischen Kalifat und Sultanat beigemessen wurde, musste am 8. Dezember kampflos geräumt werden.

Als Folge der Revolution in Petrograd zogen sich die russischen Truppen aus dem Osmanischen Reich und Persien zurück, was der Türkei schon im Februar 1918 die

Wiedergewinnung des ostanatolischen Erzincan ermöglichte. Im Anhang zum Friedensvertrag von Brest-Litowsk (3. März 1918) sagte Russland die vollständige Evakuierung der östlichen Landesteile zu sowie die »Entwaffnung und Zerstreuung der armenischen Banden«. Der Türkei wurden die im Berliner Vertrag von 1878 verlorenen »Drei Provinzen« (Ardahan, Kars, Batum) zurückgegeben. Kurz nach Bekanntwerden des Vertrags von Brest-Litowsk wurde Erzurum von türkischen Truppen besetzt.

Der amerikanische Präsident Wilson hatte schon in seiner 14-Punkte-Rede vom 8. Januar 1918, im Zusammenhang mit dem Frieden mit Russland erklärt, dass den nichttürkischen Völkern des osmanischen Reiches »nationale Autonomie« zugestanden werden müsse. Gleichzeitig forderte er die Öffnung und internationale Garantie der Meerengen. Der Kriegseintritt der Türkei hat den Weltkrieg verlängert, weil er bedeutende Kräfte der Tripelallianz band und den Zusammenbruch des zaristischen Russland beschleunigte. Ob aber ein Bündnis mit der Gegenseite die Türkei vor einer Amputierung großer Gebiete und dem Verlust İstanbuls bewahrt hätte, muss offen bleiben. Fest steht, dass solche Befürchtungen bestanden. Der deutsche Generalstabschef der türkischen Armee, von Seeckt, notierte am 4. November 1918 unter den Gründen des Zusammenbruchs der Türkei »die Täuschung über Deutschlands militärische und politische Leistungsfähigkeit«, eine zerstrittene osmanische Führung, Korruption und sinnlose Verschwendung von Menschen und Material. Für die Türkei bildeten die vier Jahre nur den längsten Abschnitt fast ununterbrochener Kriegführung zwischen 1911 und 1922. Die letzte Etappe richtete sich im Norden und Südosten Anatoliens gegen die Versuche, ein unabhängiges Armenien zu errichten; im Westen war Griechenland der Hauptgegner.

Die Armenier zwischen Berliner Vertrag und Deportation (1878–1915)

Die Armenier bildeten nach den Griechen und vor den orthodoxen Arabern die größte christliche Gemeinschaft im Osmanischen Staat. Sie konzentrierten sich in einigen Provinzen des Ostens wie Erzurum,Van, Bitlis und Diyarbekir und dem zentraleren Sivas. Auch in den meisten größeren Städten Zentral- und Westanatoliens bildeten sie eine unübersehbare Bevölkerungsgruppe. Das gilt vor allem für die Hauptstadt İstanbul, aber auch für Orte wie Kastamonu, Kütahya oder Bursa. Obwohl es Armenier in so gut wie allen Berufszweigen gab, war der größte Teil von ihnen (Schätzungen erreichen 70 Prozent) in der Landwirtschaft beschäftigt. Da ein beachtlicher Teil der Stadtbewohner Türkisch in Wort und Schrift beherrschte, nahmen zahlreiche Armenier im 19. Jahrhundert Positionen in der Staatsverwaltung ein. Armenier in Ministerämtern waren bis zum Weltkrieg keine Seltenheit. Die »christlichen Türken« (Helmuth von Moltke) leisteten unverzichtbare Beiträge zur gemeinsamen spätosmanischen Kultur, vor allem im Bereich der Baukunst (die Familie Balyan), im Theater- (Güllü Agops *Théatre Ottoman*) und ganz Besonderes im Musikwesen. Im Jahr 1914 geboten der osmanische Sultan und der russische Zar über fast gleich viele armenische Untertanen. Vor dem Weltkrieg lag die Zahl der Armenier Anatoliens bei 1700000 Menschen, das entspricht etwa 10 Prozent der Gesamtbevölkerung. Im Laufe des 19. Jahrhunderts traten durch Binnenmigration und Auswanderung in einigen Städten (z. B. Erzurum) Bevölkerungsverluste auf. In keiner Provinz übertraf jedoch ihre Zahl die der Muslime, welche im Osten überwiegend aus Kurden bestanden.

Die armenische »Frage« war eng mit dem russisch-osmanischen Gegensatz verbunden. Russland bemühte sich, seit es die vorherrschende Macht in den Kaukasusländern war, die armenische Bevölkerung jenseits der Grenze zur Destabilisierung des osmanischen Staates zu benutzen. Das orthodoxe Russland übte zunächst nur eine geringe Attraktion auf die gregorianischen Armenier aus, von der wachsenden Zahl an Katholiken ganz zu schweigen. Die armenische Unabhängigkeitsbewegung setzte auch auf die Unterstützung westeuropäischer Staaten. Ihre Exilpolitiker sahen ein »Erfolgsrezept« bei den südosteuropäischen Nationen, die am Ende eines langen Kampfes ihre vollständige Souveränität erlangten. Wenn armenische Revolutionäre zunehmend auf die Hilfe Russlands vertrauten, bedeutet das nicht, dass sie die Eingliederung ihrer Siedlungsgebiete in den russischen Herrschaftsbereich anstrebten. Vielmehr wünschten sie sich eine »bulgarische Lösung« (aus Bulgarien hatte sich das russische Heer 1878 nach der Befreiung wieder zurückgezogen). Auch strukturell hatte die Lage der christlich-slawischen Bevölkerung auf dem Balkan (vor allem Montenegro, Makedonien und Bulgarien) zwischen lokalen und zentralen Kräften manche Gemeinsamkeit mit der der Armenier in Anatolien.

Die Unterzeichner des Berliner Vertrags hatten versucht, die Lage der ostanatolischen Armenier durch eine Reihe von Maßnahmen zu verbessern. Die Situation der bäuerlichen Bevölkerung war in einigen Provinzen, in denen sowohl kurdische Stammeschefs als auch die Zentralregierung auf Abgaben bestanden, besonders angespannt. 1891 nutzten Aktivisten der revolutionären Huntschak-Bewegung diese Ausgangslage in Sasun/Süleymanlı (südlich von Muş) zur Anstiftung eines Aufstands, der 25 Dörfer erfasste. 1894 wurde die Revolte durch lokale Truppen blutig unterdrückt. Ein Jahr später beschloss Abdülhamîd II. auf Veranlassung der Mächte, einen umfassenden Bericht über die ostanatolischen Provinzen in Auftrag zu geben. Eine Reforminspektion unter dem angesehenen Ahmed Şâkir Pascha legte im Herbst 1895 eine Denkschrift vor, die fast kein Problem der Region (Erzurum, Van, Bitlis, Ma'mûratü'l-Azîz/Elazığ und Sivas) unberührt ließ. Das 32-Artikel-Papier kann zumindest als Dokument des *good will* eines hochrangigen Bürokraten gelesen werden. Gleichzeitig weist es unverblümt auf vorhandene Missstände hin. Es erinnert an die Provinzialverordnung von 1871, in denen der christlichen Bevölkerung der Posten des stellvertretenden Gouverneurs eingeräumt wurde. Beamte, einschließlich Polizisten, Gendarmen und Dorfwächter, sollten entsprechend ihrem Bevölkerungsanteil eingestellt werden. Die vielleicht nach dem Vorbild der Kosaken im Jahr 1891 gegründeten Hamîdîye-Regimenter, eine halb-reguläre kurdische Reitertruppe, sollte einer stärkeren Disziplin unterworfen werden. Den Steuereinnehmern sollte untersagt werden, sich auf Kosten der Landbevölkerung zu ernähren.

Im vollen Licht der Öffentlichkeit fanden im Herbst 1895 von der Huntschak-Partei organisierte Proteste im Herzen von İstanbul statt. Sie wurden von einem Mob niedergeschlagen, gegen den die Behörden nicht einschritten und den sie wahrscheinlich mit Waffen ausgerüstet hatten. Bis zum Jahresende folgte eine ganze Serie von Pogromen an Armeniern in anatolischen Städten. Die Besetzung der Osmanischen Bank durch Revolutionäre der Daschnak-Partei im Spätsommer 1896 war ein weiteres spektakuläres Ereignis dieser Jahre, wenn auch die Zahl der Pogrom-Opfer im Osten ungleich höher war. Der Armenier-Aufstand von Zeytun/Ulnia (heute Süleymanlı bei Maraş) konnte nach monatelangen Kämpfen erst im Februar 1896 durch Vermittlung der Großmächte beendet werden. Rund 1500 Bewaffneten war es gelungen, ein zahlenmäßig überlegenes türkisches Armeekorps zu dezimieren. Wenige Tage zuvor hatte Lord Salisbury noch einmal versucht, die Signatarmächte des Berliner Vertrags zu einem gemeinsamen Vorgehen gegen die Türkei im Sinne von Artikel 61 zu bewegen. Zu keinem Zeitpunkt war die Stellung Abdülhamîds II. stärker bedroht. Selbst der deutsche Kaiser hielt seine Absetzung für opportun. Allerdings überwog im deutschen Auswärtigen Amt die Meinung, die Blutbäder seien auf armenische »Provokationen« zurückzuführen und ein kleineres Übel als eine Schwächung des Verbündeten.

Die Konfliktlinien im ländlichen Anatolien verliefen allerdings nicht nur zwischen Muslimen und Armeniern. Es gibt auch Beispiele von Zusammenarbeit, um gemeinsam gegen die Steuerpolitik der Regierung zu protestieren (so im Jahr 1906). Auch nach 1908 blieb die Situation an vielen Orten gespannt. Die so genannten »kilikischen Massaker« (Adana und Umgebung, 1909) zeigten, dass nach der Entmachtung von Abdülhamîd II. keine stabilen Verhältnisse eingetreten waren. In Kilikien waren Anfang April 1909 mehr als 25000 armenische Opfer zu beklagen. Besonders tragisch ist der Umstand, dass Kriegsschiffe von sieben europäischen Nationen vor dem nahen Mersin lagen, ohne zu intervenieren. Die İstanbuler Regierung verurteilte die Pogrome mit Schärfe und sandte 124 muslimische und 7 armenische Beschuldigte auf den Galgen.

Die von den Jungtürken angekündigte Integration der Nichtmuslime war von Anfang an zum Scheitern verurteilt. Bei Ausbruch des Weltkriegs gab es zwar eine geringe Anzahl armenischer Soldaten in osmanischer Uniform, doch wurden sie wie ihre griechischen Schicksalsgenossen bald in Arbeitsbataillone eingereiht. Nur Ärzte und Techniker konnten bis zum Kriegsende im Heer bleiben. Ausgespart wurden auch katholisch und protestantisch getaufte Armenier. Ende April 1915 wurde 235 prominente Armenier in İstanbul verhaftet. Ihr Schicksal ist bis heute nicht restlos geklärt. Unmittelbarer Auslöser war der Aufstand der armenischen Bevölkerung von Van (20. April – 17. Mai 1915). Die Einwohner der ostanatolischen Stadt hatten sich in Erwartung des vorrückenden russischen Vierten Armeekorps, das durch eine aus armenischen Freiwilligen gebildete »Araratlegion« verstärkt war, erhoben. Kurz nach der Einnahme von Van wurden die Russen, die auch in anderen Städten bedrängte Armenier befreien wollten, von der osmanischen Armee zurückgeworfen. Van wurde am 31. Juli 1915 von den Russen evakuiert, wobei sich fast 200000 Armenier auf russisches Territorium retteten.

Das »Gesetz über Bevölkerungsumsiedlung« (27. Mai 1915) erlaubte die kollektive Deportation der Nichtmuslime aus den frontnahen Gebieten im Osten. Das Verschickungsziel war anfangs unklar, später wurden die Vertriebenenkarawanen in die Städte des nördlichen Syrien gelenkt. Sehr schnell wurde deutlich, dass nicht nur Armenier des Ostens vertrieben werden sollten, sondern die (mit wenigen Ausnahmen) gesamte armenische Zivilbevölkerung Anatoliens. Die hohe Priorität dieses »gigantischen Plans der ethnischen Umgestaltung Kleinasiens« (Hans-Lukas Kieser) geht schon daraus hervor, dass man kriegswichtige Einrichtungen wie Eisenbahnwagons für die Massentransporte von Menschen gebrauchte. Der Verdacht der Zusammenarbeit mit revolutionären Komitees und den Kriegsgegnern erstreckte sich auf einzelne Armenier, doch gab es keinen nachvollziehbaren Grund, Alte, Frauen und Kinder tagelangen Fußmärschen auszusetzen. Allein über die »Umschlagplätze« Eskişehir und Konya wurden Zehntausende deportiert.

An diesem Schicksal änderten auch wiederholte Einsprüche des Parlamentspräsidenten Ahmed Rızâ im Herbst 1915 nichts. Zahlreiche Armenier versuchten vergeblich, durch den Übertritt zum Islam von den Deportationen ausgenommen zu werden. Die Interventionen des deutschen Pfarrers Lepsius waren wirkungslos, auch weil die deutsche Regierung, bei weitreichender Kenntnis der Vorgänge, ihrem Verbündeten nicht in den Arm fallen wollte. Von offizieller türkischer Seite werden heute 300000 Deportationsopfer genannt, andere Schätzungen bewegen sich von 700000 bis zum Doppelten dieser Zahl. Ein historisch arbeitender Demograph (Justin McCarthy) errechnete, dass in den Kriegsjahren mindestens 40 Prozent der armenischen Bevölkerung Anatoliens zu Tode kam. In den »sechs Provinzen« war die Rate noch höher. Es ist sicher, dass Hunger, Krankheit und Epidemien in vielen, vielleicht in der Mehrheit der Fälle, die Hauptursache des armenischen Massensterbens waren, trotzdem musste in İstanbul allen Verantwortlichen, ob sie förmliche Anordnungen erteilten oder nur mündliche Befehle ausgaben, klar sein, dass die »Delokalisierung« (*tehcîr*, *teb'îd*) unter den Bedingungen des Jahres 1915 für viele einem Todesurteil gleichkam. Das galt sowohl für die Fluchtwege als auch für die als Ziel ausgewählten Orte in der syrisch-mesopotamischen Steppe.

Aus osmanischer Sicht wurde den Armeniern nicht mehr zugefügt als den aus dem Kaukasus, der Krim und den Balkanländern vertriebenen Muslimen der vergangenen Jahrzehnte. Darüber hinaus traf es ja durchaus zu, dass seit Jahrzehnten eine armenische Guerilla aktiv war, die sich aus dem Lande nährte. Dass dieser Unabhängigkeitskampf auch mit und parallel zu gewöhnlichen kriminellen Methoden wie Straßenraub, Erpressung und Entführungen geführt wurde, hat die Situation weiter kompliziert. Es gab zwar eine Fülle von Anordnungen, die den osmanischen Militärbefehlshabern eine »geordnete und humane Abwicklung« der Transporte vorschrieben. Man muss aber gleichzeitig berücksichtigen, dass im Jahr 1915/1916 selbst muslimische Rekruten hungernd und in Lumpen gehüllt bei ihren Einheiten eintrafen. Die Annahme, das İstanbuler Regime hätte von Anfang an auf eine Beseitigung der wirtschaftlich mit Muslimen konkurrierenden christlichen Bevölkerung gesetzt, geht sicher zu weit. Dass sich viele Kurden und Türken durch die Vertreibung bereichern konnten, liegt auf der Hand. Der »demographische Krieg« ist von allen Bevölkerungsgruppen betrieben worden, aber die Jungtürken haben ihn auf eine grausame Spitze getrieben. Zur Aufarbeitung des Themas gehört auch die Zusammenstellung von Interventionen türkischer Muslime, um ihre armenischen Nachbarn vor der Deportation zu bewahren. Ein bleibendes Ergebnis der »armenischen Frage« ist nicht nur die weitgehende Vernichtung der westarmenischen Kultur, sondern auch die Verstärkung einer weltweiten armenischen Diaspora vor allem im Nahen Osten, Frankreich und den Vereinigten Staaten.

Von Mudros nach Sèvres (1918–1920)

Der Waffenstillstand von Mudros (auf der Ägäis-Insel Limnos) wurde am 30. Oktober 1918 an Bord des britischen Kriegsschiffs *Agamemnon* zwischen Admiral Calthorpe und dem Leiter der türkischen Abordnung, Marineminister Ra'ûf (Orbay), geschlossen. Der erste von 25 Punkten des Waffenstillstands betraf die Öffnung der Meerengen und damit den Zugang zum Schwarzen Meer. Die Sieger behielten sich in Artikel 7 vor, »bei Bedarf jeden strategischen Punkt zu besetzen«. Die Garnisonen im Hedschas, Asir, Jemen, Syrien und Irak mussten sich ergeben (allein Fahrî Pascha, der Verteidiger von Medina, hielt sich nicht an die Abmachung und kapitulierte erst am 10. Januar 1919!). Sämtliche deutschen und österreichischen Marine- und Landsoldaten sowie Zivilbeamte mussten innerhalb eines Monats ausreisen. Einen Tag später verließen die wichtigsten Männer des Unionistenregimes fluchtartig die Türkei (Tal'at, Enver, Cemâl, Dr. Mehmed Nâzim, Dr. Behâeddîn Şakir). Obwohl britische Truppen zum Zeitpunkt des Abkommens noch nicht im Besitz von Mosul waren, nahmen sie die wichtige Stadt im Laufe des Novembers ein.

Die erste Nachkriegsregierung wurde unter dem letzten Osmanensultan Mehmed VI. »Vahîdeddîn« gebildet. Sein

Vorgänger Mehmed V. Reşâd war, ohne das Kriegsende zu erleben, im Juli 1918 gestorben. Der Großwesir Ahmed Tevfîk Pascha setzte ein Kriegsgericht ein. Seine Aufgabe war die Aburteilung von Politikern und Offizieren, die Verantwortung für die Massaker an der armenischen Bevölkerung trugen. Am 28. April 1919 wurde der so genannte »Jungtürkenprozess«, dessen prominentester Angeklagter Tal'at fehlte, eröffnet. Gegen die abwesenden Führer wurde Mitte Juli die Todesstrafe verhängt, die Anwesenden kamen mit verhältnismäßig milden Strafen davon. Von den geflüchteten Hauptverantwortlichen fielen alle mit Ausnahme Envers armenischen Attentaten im Ausland zum Opfer. Der Sultan verlor auf Grund seiner nachgiebigen Haltung und der seines neuen Großwesirs und Schwagers »Damat« Ferîd Pascha gegenüber den Alliierten immer mehr Rückhalt. Es wurde deutlich, dass für beide Personen an der Spitze des Staates das Überleben der Dynastie Vorrang vor der Bewahrung der Souveränität hatte.

Der Vertrag von Sèvres ging weit über die anderen Pariser Vorortsfriedenschlüsse hinaus. Bei einer Ratifizierung durch die Türkei wäre nur wenig von ihrer Staatshoheit geblieben. Selbst der Besitz der alten Hauptstadt İstanbul war jederzeit widerrufbar. Besonders einschneidend waren die Aufteilungspläne: Griechenland wurde der größte Anteil von Ostthrakien und das reiche Hinterland von İzmir zugeschlagen. Artikel 89 sah die Anerkennung eines unabhängigen Armenien vor, wie es sich am 8. Mai 1919 auf russischem Boden gebildet hatte. Diese armenisch-russische Teilrepublik sollte auf der Grundlage eines Schiedsspruchs des amerikanischen Präsidenten Wilson durch vollständige oder teilweise Abtretung von vier großen türkischen Provinzen vergrößert werden. Weniger eindeutig waren die Zusagen an die Kurden. Ihnen wurde (Artikel 62–64) zunächst lokale Autonomie zugestanden. Sollte dann die Mehrheit der Bevölkerung innerhalb eines Jahres den Wunsch nach völliger Loslösung von der Türkei und nach Errichtung eines unabhängigen Staates bekunden, blieb es dem Völkerbund überlassen, diesem Wunsch stattzugeben. Das südliche Kurdistan war damit nicht angesprochen, denn es sollte in einem von England kontrollierten Irak aufgehen. Es versteht sich, dass den armenischen und kurdischen Vertretern in Paris bewusst war, dass sich ihre Ansprüche vielfach überschnitten. Auch ist hervorzuheben, dass der neue Staat Armenien in Sèvres gleichberechtigt neben den europäischen Kleinstaaten von Belgien bis zur Tschechoslowakei am Verhandlungstisch saß, während der kurdischen Delegation unter dem ehemaligen osmanischen Diplomaten Şerîf Pascha nicht einmal ein Katzentisch eingeräumt war. Da es den Kurden an mächtigen Fürsprechern fehlte, begnügte sich ihr Wortführer mit dem Autonomiegebiet, das nur ein Drittel der ehemals osmanischen Kurdenbevölkerung erfasste. Der Rest Anatoliens wurde in italienische, französische und britische Interessengebiete aufgeteilt. Der größte Teil des Marmararaums sollte entmilitarisiert werden (vgl. Karte, S. 380f.).

Wichtige Forderungen waren in den Artikeln 145 und 147 des Vertrags von Sèvres enthalten: Alle Minoritäten sollten in Wahlen proportional vertreten sein. Allen rassischen, religiösen und sprachlichen Gruppen wurden die gleichen kulturellen Rechte wie der Mehrheitsbevölkerung zugestanden. Wie schon gesagt, ist es nie zur Ratifizierung dieses »festen, gerechten und dauerhaften Friedens« (Präambel des Vertrags) gekommen. Er hätte nur wenig mehr als die Hälfte des Staatsgebiets der heutigen Türkei belassen. Der größte und wichtigste Teil Anatoliens wäre europäischen Mächten zur wirtschaftlichen Ausbeutung übertragen worden.

Der Aufteilungsplan von Sèvres 1920

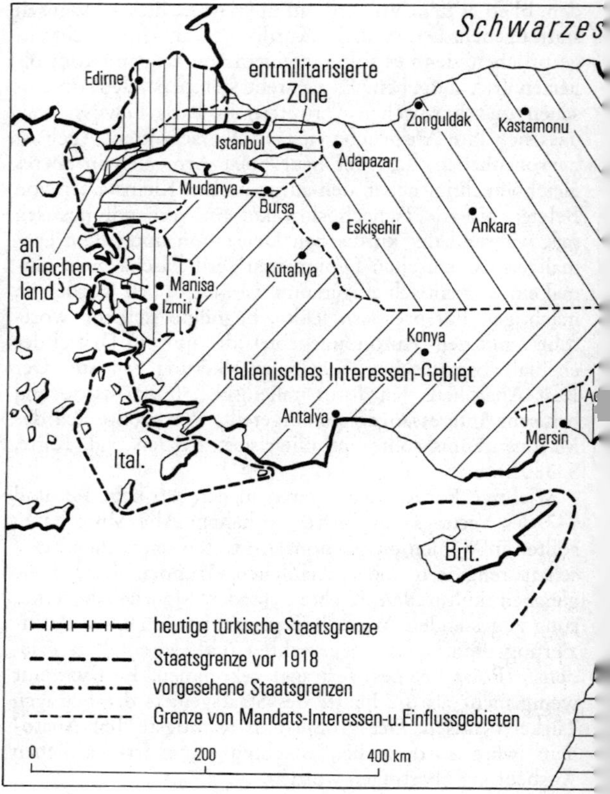

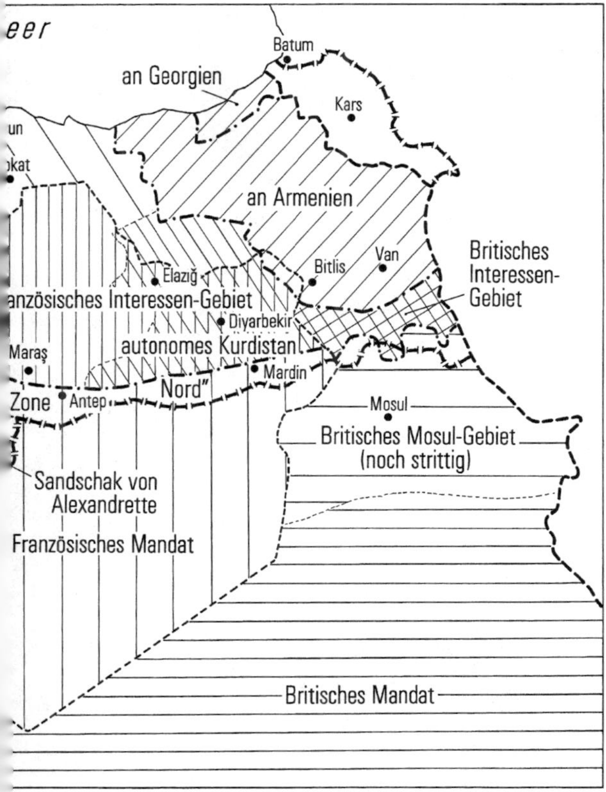
eer
Batum
an Georgien
Kars
un
kat
an Armenien
Britisches
Interessen-
Gebiet
Bitlis
Van
Elazığ
anzösisches Interessen-Gebiet
Diyarbekir
Maraş
autonomes Kurdistan
Mardin
Nord"
Zone
Antep
Mosul
Britisches Mosul-Gebiet
(noch strittig)
Sandschak von
Alexandrette
Französisches Mandat
Britisches Mandat

Die neue Türkei

(1920–2008)

Von Klaus Kreiser

Epochenüberblick 1920–1946

Nachdem die Große Türkische Nationalversammlung am 23. April 1920 in Ankara in einem unscheinbaren Gebäude, das provisorisch mit Schulbänken ausgestattet war, ihre Arbeit aufgenommen hatte, erklärte der »Ausschuss der Vollzugsbemächtigten« (Ministerrat) als Ziel des anatolischen Widerstands neben dem »Wohl des Vaterlands« die »Unabhängigkeit und Unverletzlichkeit von Kalifat und Sultanat«. Zwei Jahre nach dieser feierlichen Proklamation hatte sich das Problem des Sultanats erledigt, weil Mehmed VI. Vahîdeddîn auf einem britischen Kriegsschiff die Türkei für immer verlassen hatte (17. November 1922). Die noch ohne ideologischen Nebensinn so genannten »Kemalisten« duldeten seinen auf religiös-repräsentative Funktionen beschränkten »vatikanisierten« Nachfolger nur noch bis 1924 als »dekorative Spitze« (Gotthard Jäschke). Vermutlich wurde das Scheinkalifat nur deshalb aufrechterhalten, um die Unterstützung der islamischen Welt nicht zu verlieren. Anstatt »die Hauptstadt [İstanbul] aus der Gefangenschaft [der Alliierten] zu erlösen«, wie sie 1920 feierlich verkündet hatten, machten die Nationalisten Ankara noch knapp vor der Ausrufung der Republik zum Regierungssitz (1923). Die Nationalversammlung gab sich am 20. Januar 1921 ein vorläufiges »Organisationsgesetz« (*Teşkilat-i Esasîye Kanunu*), das bis zur Verkündung der Republikverfassung von 1924 in Kraft blieb. In ihm wurde das Prinzip der Volkssouveränität an erster Stelle genannt: »Die Souveränität steht ohne Einschränkung und Bedingung der Nation zu. Die Staatsverwaltung beruht auf dem Grundsatz, dass das Volk seine Geschicke selbst und tatsächlich lenkt.« Damit war das alte Grundgesetz von 1876 zwar formell nicht aufgehoben, aber faktisch zum toten Buchstaben geworden.

Am 13. Oktober 1922 hatte die nach dem griechischen Zusammenbruch zu den Friedensvertragsverhandlungen nach Lausanne eingeladene nationalistische Regierung erklärt, dass sie an Stelle des Osmanischen Reichs getreten »und innerhalb seiner nationalen Grenzen [damit ist das im noch zu behandelnden ›Nationalpakt‹ definierte Staatsgebiet gemeint] sein neuer Erbe geworden« sei. Nach Auffassung der Nationalversammlung war dieses Erbe umso berechtigter, als die türkische Nation auch die Gründerin(!) und Bewahrerin(!) des Osmanischen Reiches darstellte. Auch ohne diese ahistorische Dialektik steht die These von der Identität der Türkischen Republik mit dem Osmanischen Reich auch »rechtlich auf festem Boden« (Ernst Hirsch). Trotz aller dramatischen Veränderungen ergibt sich eine Kontinuität zwischen beiden Staaten, die sich unter anderem in der Wahrung internationaler Verpflichtungen und im Fortbestehen zahlreicher Institutionen und der ihnen zugrunde liegenden Gesetze und Verordnungen ausdrückt.

Die neue Türkei war ein Staat, der nach dem Friedensvertrag von Lausanne in international anerkannten Grenzen lebte, dessen offizieller Name sich aber erst allmählich im Bewusstsein seiner Bürger einprägte: Noch im Bündnisvertrag mit Afghanistan (März 1921) bezeichnete er sich in Analogie zum »Hohen Osmanischen Staat« als *Devlet-i Âlîye-i Türkîye*. Die romanisierte Form *Turkiya* wurde erst im Laufe des Jahres 1923 durch das bis heute gültige, eigentlich aus einem arabischen Adjektiv abgeleitete *Türkiye* ersetzt.

Das erste Vierteljahrhundert dieses alten und zugleich neuen Staates war von dramatischen kulturellen Umbrüchen bestimmt. Bis zu seinem Tod im Jahr 1938 bestimmte Mustafâ Kemâl (seit 1935 »Atatürk«) die Geschicke des Landes, nach ihm sein langjähriger Mitstreiter İsmet İnönü. Beide Männer hatten unter Abdülhamîd II. die Kriegsschule besucht. Beide hatten entscheidenden Anteil am Erfolg der Nationalisten im Befreiungskrieg. Atatürks mit Realismus gepaarte Autorität nahm das bis heute radikalste Modernisierungs- und Säkularisierungsprogramm in einem islamischen Land in Angriff. Der 1918 erst 34-jährige İsmet war nur vier Jahre jünger als Mustafâ Kemâl. İnönü trug wesentlich zur Verfestigung der kemalistischen Errungenschaften in dem Jahrzehnt (1938–1948) nach dem Tod des Staatsgründers bei. Auch sonst spielte die große Homogenität der führenden Männer des anatolischen Widerstands eine wichtige Rolle. Die meisten Mitstreiter Atatürks waren Altersgenossen, viele waren im Militär groß geworden.

Voraussetzung für die überragende Stellung Mustafâ Kemâls waren die militärischen Siege gegen Griechenland und der Prestigeverlust der İstanbuler Regierung in der Bevölkerung. Die türkische Geschichte wäre ohne die (aus griechischer Sicht) »kleinasiatische Katastrophe« und ohne einen Sultan-Kalifen, der mehr als die Hälfte Anatoliens zu opfern bereit war, um die Stellung seines Hauses zu retten, anders verlaufen. Darüber hinaus verbesserte sich die Lage der Nationalisten durch die Zusammenarbeit mit Moskau und die abnehmende Bereitschaft von Italien und Frankreich, hinter die Interessen Großbritanniens zurückzutreten.

Die ersten Verlautbarungen Ankaras waren noch kein Säkularisierungsprogramm, doch enthielt schon die Regierungserklärung von 1920 ausführliche Festlegungen zu einem einheitlichen Schulwesen. Als hätte man nichts Wichtigeres zu tun angesichts zerstörter Städte und Dörfer und obdachloser Flüchtlinge, war auch die Rede von der »Schaffung eines Wörterbuchs unserer Sprache durch Sammlung des Wortschatzes breiter Bevölkerungsschichten« und von der »Übersetzung westlicher und östlicher wissenschaftlicher und technischer Werke«. Der Begriff »zeitgenössisch« (*asrî, muâsır*) fällt schon damals in vielen öffentlichen Verlautbarungen; er sollte eines der Schlüsselworte der Reformer werden.

Nach der Niederlage der griechischen Invasionstruppen und dem Waffenstillstand von Mudanya (11. Oktober 1922) standen die Wiederaufbauarbeiten im Mittelpunkt. Ein Kongress in İzmir mit 1135 Delegierten aus allen Landesteilen verabschiedete 1923 einen »Wirtschaftspakt«, der in der Sache liberal, in der Sprache eher kooperativistisch war. In den Resolutionen wurde das Übergewicht der Kaufleute gegenüber den Landbesitzern deutlich. Kleine Bauern und Pächter waren in İzmir so gut wie nicht vertreten.

Während 1923 die Friedensverhandlungen in Lausanne in eine Sackgasse geraten waren und unterbrochen werden mussten, beschloss die Nationalversammlung ihre Auflösung und Neuwahlen. Trotz Änderung des alten Wahlgesetzes von 1908 wurde die indirekte Wahl beibehalten. Wahlberechtigt waren alle männlichen Bürger über 18 Jahren. Im Hinblick auf die Neuwahlen gründete Mustafâ Kemâl die Republikanische Volkspartei (CHF / *Cumhuriyet Halk Fırkası*, später CHP / *Cumhuriyet Halk Partisi*). Ein Manifest versprach zahlreiche strukturelle Vorhaben wie eine grundsätzliche Reform des Zehnten, den zügigen Ausbau des Eisenbahnnetzes, ein modernes Erziehungssystem, die Verbesserung des Stiftungswesens, soweit es sich mit Volksgesundheit und Wohlfahrt (also nicht mit religiösen Diensten!) befasste, und eine Reduzierung der militärischen Dienstpflicht. Nach den Wahlen wurde Mustafâ Kemâl Präsident der neuen Republikanischen Volkspartei, İsmet (İnönü) sein Stellvertreter und

Recep (Peker) Generalsekretär. Peker verkörperte in den folgenden Jahren den ideologischen *hardliner* unter den Kemalisten.

Erst nach Ablauf von drei Jahren an der Macht gab sich das Regime von Ankara eine festere Staatsform. Sie entstand mit der Proklamation der Republik am 29. Oktober 1923 und der Wahl Mustafâ Kemâls zu ihrem ersten Präsidenten. Er sollte noch dreimal (1927, 1931 und 1935) in dieses Amt berufen werden. Die alliierten Truppen räumten am Gründungstag der Republik İstanbul. Nun war Gelegenheit, oppositionelle Stimmen zum Schweigen zu bringen, insbesondere wenn man sie der Agitation für das noch bestehende Kalifat beschuldigte. Ebenso genau wurden Bestrebungen der Unionisten beobachtet, die sich etwa gleichzeitig mit der Republikgründung mit dem Programm einer »Partei für Einheit und Fortschritt« als einer Art Wiederauflage der jungtürkischen Bewegung befassten.

Am 20. April 1924 nahm die Nationalversammlung die neue republikanische Verfassung an. Anstelle der bisher von ihr verkörperten Gewalten*einheit* enthielt sie nun alle wichtigen Merkmale der Gewalten*teilung*, auch wenn die Grundrechte noch keinem ausgeprägten verfassungsrechtlichen Schutz unterworfen waren und es an einem Verfassungsgericht fehlte, »war ein wichtiger Schritt zu einem modernen Rechtsstaat getan« (Christian Rumpf). Der Präsident der Republik war aus der Mitte des Parlaments zu bestimmen. Er ernannte aus dem Kreis der Abgeordneten einen Ministerpräsidenten. Der fünfte Teil des Verfassungsgesetzes stellt die »Grundrechte der Türken« zusammen. Artikel 88 definierte das Wort »Türke«: »Die Einwohner der Türkei heißen ohne Ansehung der Religion und Rasse ›Türke‹ im Sinne der Staatsangehörigkeit.« Der Gebrauch von Wörtern wie Kurde, Lase, Tscherkesse bzw. Kürdistân und Lâzistân wurde zwar nicht per Gesetz, aber durch einen Runderlass des Erziehungsministeriums schon 1925 verboten. Noch in den 1930er Jahren gab es städtische Verordnungen, die den Gebrauch nichttürkischer Sprachen mit Geldstrafen belegten.

Eine im November 1924 unter dem Namen »Fortschrittliche Republikanische Partei« (TCF / *Terrakiperver Cumhuriyet Fırkası*) auftretende Gruppe bildete, obwohl sie mit Zustimmung Mustafâ Kemâls gegründet worden war, unerwarteterweise eine ernst zu nehmende liberale Konkurrenz zur Volkspartei. Ihre Gründungsmitglieder waren hochangesehene militärische Führer aus dem Befreiungskrieg wie Kâzim Karabekir, Ali Fuad (Cebesoy), Rauf (Orbay) und Refet (Bele). Mustafâ Kemâl »opferte« der Opposition vorübergehend seinen Ministerpräsidenten İsmet (İnönü) und tauschte ihn gegen Ali Fethi (Okyar) aus, aber schon im Juni 1925 wurde die TCF verboten.

Eine ernstere Herausforderung der Regierung war der Ausbruch einer Revolte im Osten des Landes im Februar 1925. Ihr Anführer Scheich Said mobilisierte vor allem sunnitische Kurden mit dem Ziel, Diyarbekir zu erobern. Alevitische Stammesgruppen und die städtische kurdische Bevölkerung von Erzincan und Erzurum verhinderten zusammen mit dem türkischen Militär eine weitere Ausbreitung der Bewegung. Die Frage, ob der Nakşbendî-Scheich Saîd eher von religiösen als kurdisch-nationalistischen Motiven geleitet war, ist falsch gestellt, weil er sich zu gleichen Teilen durch die säkularen und nationalistischen Aspekte der Republik bedroht sah. Nach Ausrufung des Kriegsrechts in den Ostprovinzen (4. März 1925) stimmte die Nationalversammlung mit 122 gegen 22 Stimmen für ein »Gesetz zur Aufrechterhaltung der Ordnung« (*Takriri Sükûn Kanunu*). Damit erlangte Ministerpräsident İsmet (der bis 1937 weitere fünf Kabinette bilden sollte) weitreichende Vollmachten, die sich nicht nur auf die Tätigkeit von Kriegsgerichten im Osten bezogen, sondern auch das Verbot zahlreicher konservativer und linker Zeitungen und Zeitschriften ermöglichte. Unter dem Gesetz, das zwei Jahre in Kraft bleiben sollte, waren »Unabhängigkeitstribunale« (*İstiklal Mahkemeleri*) tätig, die auch zahlreiche Personen aburteilten, denen man »Missbrauch« der Religion vorwarf. Insgesamt soll es in den allen Rechtsvorschriften Hohn sprechenden Verfahren zu 600 Hinrichtungen gekommen sein. Während die Regierungstruppen 1925 noch auf starken Widerstand gestoßen waren, wurde der Kurdenaufstand im Dersim-Gebiet (Provinz Tunceli) 1937/1938 mit modern ausgerüsteten Einheiten und erstmals auch Flugzeugen rasch niedergeschlagen.

Ein Attentatsversuch auf Mustafâ Kemâl im Juni 1926 erlaubte es den »Unabhängigkeitstribunalen«, zahlreiche Oppositionelle aus dem breiten Spektrum von ehemaligen Unionisten, liberalen Sympathisanten der verbotenen Fortschrittspartei und Religiösen abzuurteilen. Selbst wichtige Mitstreiter aus der Zeit des Unabhängigkeitskriegs wie die schon genannten Generäle Kâzim Karabekir und Ali Fuat (Cebesoy) mussten sich verantworten.

In seiner mehrtägigen Ansprache (*Nutuk*) vor den Delegierten des 2. Kongresses der Volkspartei (15.–20. Oktober 1927) ging Mustafâ Kemâl auf die »große Verschwörung« dieser Jahre ein. Seine Auslegung wurde sofort Bestandteil des offiziellen türkischen Geschichtsbildes. Mustafâ Kemâls Rolle wurde ins Überdimensionale gesteigert, die Rolle seiner Kampfgefährten herabgesetzt. Die in den 1930er Jahren zunehmende Verquickung von Staat und Partei wurde durch die Übernahme der Programmatik der Volkspartei in die Grundbestimmungen der Verfassung deutlich: Das Abänderungsgesetz von 1935 bezeichnete den türkischen Staat als »republikanisch, nationalistisch, volksverbunden, etatistisch, laizistisch und revolutionär«. Diese so genannten kemalistischen Prinzipien wurden seit 1931 im Emblem der Volkspartei in Form von »Sechs Pfeilen« (*Altı Ok*) dargestellt. Kennzeichnend für den Einparteienstaat war, dass die Volkspartei einerseits nicht nur mit dem Staat verbunden war, sondern andererseits auch *parallel* zur staatlichen Bürokratie

Informationen sammelte, Posten besetzte und Maßnahmen veranlasste. Die Partei versuchte »von Ankara aus bis zur Dorfebene hinab ein strenges Kontrollregime zu installieren, in dem Abweichungen, Nachlässigkeit oder gar Lokalniederlagen nicht geduldet werden sollten« (Horst Unbehaun). Der revolutionäre Nationalismus der Gründungsjahre der Republik, der noch auf Überzeugungsarbeit gesetzt hatte, war zunehmend einer elitär-offiziellen »Erziehungsdiktatur« gewichen.

Die Wirtschaftspolitik des frühen Kemalismus hatte extrem ungünstige Voraussetzungen: Große Teile Westanatoliens lagen in Trümmern. Fast alle Griechen und Armenier hatten das Land verlassen oder waren Opfer von Massakern geworden. Wesentliche Teile der Infrastruktur, insbesondere Bahnlinien, gehörten ausländischen Gesellschaften. Dasselbe galt für die Verwaltung bestimmter Monopole wie Tabak. Die Außenhandelsbilanz war bis 1929 ausnahmslos negativ. Die Weltwirtschaftskrise dieses Jahres führte zu einem Verfall der Weizenpreise und damit zu einer Entwertung des wichtigsten türkischen Ausfuhrguts. Die Hoffnung der radikalen Reformer, zahlreiche Minarette durch Fabrikschornsteine zu ersetzen, erfüllte sich nicht. Als sich die türkische Volkswirtschaft ab 1932 wieder langsam erholte, stand der Zweite Weltkrieg vor der Tür, der diesen Aufschwung völlig zum Erliegen brachte. Ökonomen trennen die Epoche in eine liberale Periode (1923–1930) und eine etatistische (1931–1946), weil 1931 der Interventionismus als Staatsziel (*devletçilik* »Etatismus«) in die Programmatik der Volkspartei aufgenommen wurde. Der Außenhandel entwickelte sich, vor allem wegen günstiger Clearing-Bedingungen, zugunsten von Deutschland. Mit dem Reich wurden bis gegen Ende der 1930er Jahre etwa 50 Prozent der Importe und Exporte auf der Basis »Ware gegen Ware« ausgetauscht.

Auf der positiven Seite der Wirtschaftsbilanz des Kemalismus steht der Rückkauf zahlreicher Bahnstrecken (4060 km) von ihren ausländischen Eigentümern und der Neubau von weiteren 3383 km zwischen 1924 und 1945. Damit wurde die Erschließung Ost- und Mittelanatoliens deutlich vorangetrieben. Der Straßenbau wurde dem Bahnbau untergeordnet und als ergänzendes Verkehrsnetz verstanden. Deshalb erhielt der Automobilverkehr in diesen Jahrzehnten kaum Impulse. 1945 zählte man 3649 Personenkraftwagen, 1213 Autobusse und 5417 Lastwagen. Die neue Hauptstadt Ankara wurde 1933 durch die nationale Fluggesellschaft mit İstanbul verbunden. Die Nationalisierung beschränkte sich nicht auf die Bahnstrecken. Sie schloss auch Bergbaugesellschaften, Hafenverwaltungen, Telefon- und Elektrizitätsbetriebe ein und war 1939 weitgehend vollendet. Gleichzeitig hatte die junge Republik die osmanischen Staatsschulden (mit Ausnahme der an Deutschland) zurückzuzahlen. Die letzte Rate war 1954 fällig. Allerdings hatten der Verfall des französischen Franc und manche Konzessionen der Gläubiger die Schuldenlast in den Jahren nach der Weltwirtschaftskrise deutlich gemildert.

Im ersten Fünfjahresplan der Türkei (1933–1937) stand die autarke Versorgung mit den »drei weißen« Wirtschaftsgütern (*Üç Beyaz*) im Vordergrund: Zucker, Mehl und Baumwolle bzw. Textilien. Beispielhaft für die staatliche Politik der Importsubstitution war die Gründung von Zuckerraffinerien in Verbindung mit dem bis dahin unbekannten Anbau von Zuckerrüben. Mit dem Anlaufen der Zuckerfabrik von Eskişehir (1933) waren bereits 78 Prozent der Versorgung des Landes erreicht. Im Textilsektor ist die 1932/1933 gegründete *Sümerbank* als Holding das bekannteste Beispiel für einen hundertprozentigen Staatsbetrieb. Er galt als Lokomotive des ersten Industrieentwicklungsplans. Auch bei Baumwoll- und Schafswollprodukten als »weißem Wirtschaftsgut« wurde die Abhängigkeit von Importen am Ende der kemalistischen Epoche auf unter 20 Prozent gesenkt. Die *Etibank* verwaltete große Teile des Montanbesitzes.

Kurz vor Ausbruch des Zweiten Weltkriegs hatten die französischen Besatzungstruppen den Sandschak von Alexandrette verlassen. Der schon länger von Krankheit gezeichnete Atatürk war während der Krise ein letztes Mal in die anatolische Provinz gereist. Den Feierlichkeiten zum 15. Jahrestag der Republik konnte er nicht mehr beiwohnen. Nach seinem von dem überwiegenden Teil der Nation aufrichtig betrauerten Tod am 10. November 1938 in Dolmabahçe, dem Palast am Bosporus, den er als Sommerresidenz gewählt hatte, bestimmte die Nationalversammlung İsmet İnönü zum Präsidenten der Republik.

Er wurde 1939, 1943 und 1946 wiedergewählt und konnte die Türkei unbeschädigt zwischen den Kriegsparteien erhalten. İnönü arbeitete trotz starker persönlicher Gegensätze zunächst mit Celâl Bayar als Ministerpräsident zusammen. Der italienische Angriff auf Griechenland löste in der Türkei große Beunruhigung aus (Oktober 1940). Als Griechenland kapitulierte, unterzeichnete İnönü einen Freundschaftsvertrag mit Deutschland (18. Juni 1941). Hitlers Angriff auf die Sowjetunion wurde in Ankara eher mit Erleichterung wahrgenommen, weil auch die Türkei ein strategisches Ziel auf dem Weg zu den Ölquellen von Mosul oder Baku hätte bilden können. Deutschland tauschte jetzt kriegswichtiges türkisches Chrom gegen Waffen. 1942 musste der damalige Ministerpräsident Saraçoğlu den Spagat seiner Regierung vor dem Parlament rechtfertigen: »Wir sind mit England verbündet und mit Deutschland befreundet […]«. Erst nachdem die VI. deutsche Armee in Stalingrad eingeschlossen war, ging die Türkei auf zunehmende Distanz zu Hitler. Gleichzeitig dämpfte man panturkistische Stimmen, die auf die Niederlage der Sowjetunion und die Erlösung der »gefangenen Turkvölker« gesetzt hatten. 1944 kam es sogar zu Prozessen gegen prominente Wortführer dieser ultrarechten Bewegung wie Nihal Atsız. Ende 1943 trafen Roosevelt und Churchill in Kairo mit İnönü zusammen. Ihre

Forderung nach Aufgabe der türkischen Neutralität blieb ebenso ergebnislos wie die einer britischen Militärdelegation, die mit Ankara unter anderem über die Benutzung türkischer Flugplätze verhandeln wollte. Erst am 2. August 1944 brach Inönü die diplomatischen Beziehungen zu Deutschland ab. Am 23. Februar 1945 erklärte die Türkei Deutschland und Japan den Krieg, um die Eintrittskarte zu den Vereinten Nationen zu erhalten, deren Gründungskonferenz in San Francisco kurz bevorstand.

Die bis dahin einigermaßen aufgegangene Politik der Äquidistanz, zunächst zwischen den Achsenmächten und ihren Gegnern, dann zwischen den Westalliierten und der Sowjetunion, endete unerwartet am 19. März 1945. Moskau kündigte den Neutralitätsvertrag vom 17. Dezember 1925 zum 7. November 1945, »weil er den durch den Zweiten Weltkrieg bewirkten tief greifenden Veränderungen nicht mehr entspricht«. Forderungen nach Abtretung von Gebieten im Südkaukasus (Kars, Ardahan, Artvin) und Stützpunkten an den Meerengen wurden mündlich vorgebracht. Stalin nahm einen Teil dieser Ansprüche auf der Potsdamer Konferenz zurück, blieb aber bei dem Verlangen, den noch zu behandelnden Vertrag von Montreux zu revidieren.

Der Zweite Weltkrieg hat der türkischen Bevölkerung große materielle Opfer abverlangt. Die plötzliche Mobilmachung kostete ihren Preis. Die Zahl der aktiven Soldaten wurde in diesen Jahren verzehnfacht und erreichte mehr als 1,5 Millionen. Die Lebenshaltungskosten vervielfachten sich. Viele Grundnahrungsmittel waren von Rationierungen betroffen. Zu den hässlichsten Erscheinungen dieser Jahre gehörte ein von manchen Presseorganen gepflegter Antisemitismus, der durchaus hausgemacht war und nicht etwa dazu diente, Deutschland zu beschwichtigen. Mit einer Sonderabgabe »zur Abschöpfung von Kriegsgewinnen« (*Varlık Vergisi* 1942) wurden vor allem wohlhabende Vertreter von religiösen Minderheiten geschröpft. 1229 Menschen, welche die willkürlich festgelegten Summen nicht aufbringen konnten, wurden ins Landesinnere deportiert.

Mustafâ Kemâl und İsmet İnönü (1918–1946)

1918 Mustafâ Kemâl Pascha (Atatürk) übernimmt von Liman von Sanders den Oberbefehl über die Heeresgruppe Jildirim. – 30. Oktober: Waffenstillstand von Mudros.

1919 15. Mai: Griechen landen in İzmir. – 19. Mai: Eintreffen von Mustafâ Kemâl in Anatolien. – Juli: Kongress von Erzurum; September: Kongress von Sivas.

1920 16. März: İstanbul wird von den Engländern besetzt. – 23. April: Eröffnung der Großen Türkischen Nationalversammlung in Ankara. – 10. August: Pariser Vorortfriede von Sèvres, der die fast vollständige Aufteilung der Türkei vorsieht. – 3. Dezember: Türkisch-armenischer Friedensvertrag von Gümrü/Alexandropol.

1921 10. Januar: Erster Sieg türkischer Truppen über die Griechen bei İnönü. – 20. Januar: »Organisationsgesetz«, in dem das Volk als Träger der Souveränität bezeichnet wird. – 16. März: Vertrag von Moskau. – September: Sieg am Sakarya.

1922 9. September: Die türkische Armee besetzt İzmir. – 11. Oktober: Waffenstillstand von Mudanya. – 1. November: Die Große Nationalversammlung beschließt die Abschaffung des Sultanats. – 18. November: Wahl des Thronfolgers Abdülmecîd zum Kalifen.

1923 24. Juli: Friede von Lausanne: Festlegung der Grenzen der Türkei, Garantie von Minderheitsrechten für Nichtmuslime. – 13. Oktober: Ankara wird Hauptstadt. – 29. Oktober: Wahl Mustafâ Kemâls zum Präsidenten der Türkei, die gleichzeitig als Republik ausgerufen wird.

1924 3. März: Abschaffung des Kalifats und Ausweisung der Familie Osmân. – 20. April: Beschluss über die erste türkische Verfassung durch die Große Nationalversammlung. – Ab 1. Mai: Aufhebung der Scheriatgerichte.

1925 4. März: Kurdischer Aufstand; Einsetzung von »Unabhängigkeitstribunalen«. – 30. September: Gesetz über Schließung der Derwisch-Konvente und Mausoleen. – 25. November: Verbot traditioneller Kopfbedeckungen. – 26. Dezember: Kalenderreform.

1926 1. Juli: Übernahme des italienischen Strafrechts. – 1. September: Zivilehe. – 4. Oktober: Einführung des Zivilgesetzbuchs nach Schweizer Vorbild.

1927 Erste Volkszählung (14 Millionen Einwohner).

1928 3. Februar: Freitagsliturgie in İstanbuler Moscheen in türkischer Sprache. – 10. April: Aus der Verfassung wird der Artikel »Die Religion des türkischen Staates ist der Islam« gestrichen. – 3. November: Gesetz über Einführung des »türkischen« (lateinischen) Alphabets.

1929 1. September: Abschaffung des Arabisch- und Persischunterrichts an höheren Schulen.

1930 3. April: Im Rahmen der Städteordnung Frauenwahlrecht für Kommunalwahlen; Frauen erhalten das nationale Wahlrecht ab 8. Dezember 1934. – 23. Dezember: Aufruhr von Menemen (bei İzmir): Ein Nakşbendî-Derwisch fordert die Scheriat, der junge Offizier Kubilay kommt dabei zu Tode.

1931 20. April: Wahlaufruf Mustafâ Kemâls: Die Republikanische Volkspartei ist republikanisch, nationalistisch, volksverbunden, etatistisch, laizistisch und revolutionär.

1932 12. Juli: Gründung der Gesellschaft zur Erforschung der türkischen Sprache.

1933 1. August: Aufhebung und Wiederbegründung der İstanbuler Universität.

1934 28. Juni: Gesetz über Einführung von Familiennamen bis zum 2. Juli 1936. – 8. Dezember: Schließung der Hagia Sophia; Öffnung als Museum am 1. Februar 1935.

1935 14. Juni: Eröffnung der »Fakultät für Sprache, Geschichte und Geographie« als Kern einer zukünftigen Universität Ankara.

1936 20. Juli: Meerengenabkommen von Montreux.

1937 11. Juni: Gesetz über Hilfslehrer.

1938 5. Juli: Einmarsch türkischer Truppen in İskenderun. – 10. November: Tod Atatürks. – 11. November: İsmet İnönü wird Präsident der Republik.

1939 29. Juni: Anschluss des Sandschaks von Alexandrette/Hatay. – 26. Dezember: Erdbeben von Erzincan (32 962 Tote).

1940 17. April: Gesetz über Dorf-Institute zur Ausbildung von Landschullehrern. – 20. Mai: Gründung eines Staatskonservatoriums in Ankara.
1941 18. Juni: Freundschaftsvertrag mit Deutschland.
1942 11. November: Gesetz über Vermögensabgabe (*Varlık Vergisi*).
1943 20 Jahre Türkische Republik: 80 % der Stadt-, 20 % der Dorfkinder besuchen die Schule. – 4.–6. Dezember: Roosevelt und Churchill verhandeln mit İnönü in Kairo.
1944 3. August: Abbruch der Beziehungen zu Deutschland.
1945 23. Februar: Kriegserklärung an Deutschland und Japan. – 24. Februar: Beitritt zu den Vereinten Nationen. – 7./25. Juni: Sowjetische Gebiets- und Stützpunktforderungen als Voraussetzung für einen neuen Freundschaftsvertrag.
1946 7. Januar: Gründung der Demokratischen Partei. – 12. Juli: Beginn des Mehrparteiensystems.

Der anatolische Befreiungskrieg

Im Mai 1919 standen die Streitkräfte von sechs Staaten (Großbritannien, Frankreich, Italien, Griechenland, Armenien, Georgien) auf dem Territorium der besiegten Resttürkei. Die Alliierten patrouillierten durch die Straßen von İstanbul. Frankreich hatte Truppen in wichtigen Städten wie Adana und Mersin stationiert, England unter anderem in Kars, Antep, Maraş und Urfa sowie an den Dardanellen. Die französische Besatzung unterstützte die Armenier, die in Kilikien auf dem Boden des mittelalterlichen Kleinarmenien ein zusammenhängendes Siedlungsgebiet mit dem Zentrum Adana aufbauen wollten. Italiener besetzten die Städte des Südwestens mit Konya. Im Raum Erzurum operierten georgische Milizen.

Der von Lloyd George im Gegensatz zu den Verbündeten Italien und Frankreich befürwortete und ermunterte griechische Einmarsch in Anatolien begann am 13. Mai mit dem Auslaufen einer Flotte in Saloniki, die eine 13 000 Mann starke Division transportierte. Zwei Tage später landete die Invasionstruppe unter dem Schutz alliierter Kriegsschiffe in İzmir. Die osmanische Garnison blieb auf Befehl des britischen Admirals Calthorpe in ihren Kasernen. Für Griechenland schien am Tag der »Siegesparade« die »Große Idee« verwirklicht zu sein. Seine Armee kontrollierte bald das Hinterland von İzmir bis nach Ayvalık im Norden und Aydın im Süden.

Ohne den Alleingang von Lloyd George, der auf ein größeres Griechenland als stabilisierende Macht im östlichen Mittelmeer setzte, hätte der griechische Ministerpräsident Eleutherios Venizelos den Einmarsch vor einer Entscheidung der Pariser Friedenskonferenz wohl kaum gewagt. Die neuen Herren bemühten sich, die während des Krieges ins Binnenland deportierten Griechen zurückzuholen. Umgekehrt verließen zahlreiche Muslime die griechische Einflusszone Richtung Anatolien. Beide Seiten blieben sich an »Racheakten« gegenüber der Zivilbevölkerung nichts schuldig.

Die Bildung der »Gesellschaft für die Zurückweisung der Annexion« (*Redd-i İlhâk Cemiyeti*) durch Vertreter der muslimischen Bevölkerung İzmirs kann als erstes Aufflammen des anatolischen Widerstands gelten. Schon zuvor war im thrakischen Edirne eine ähnliche Organisation gegründet worden (November 1918). Die vollständig auf Mustafâ Kemâls Rolle eingestellte türkische Geschichtsschreibung hebt dagegen sein Eintreffen in der Hafenstadt Samsun am 19. Mai 1919 als Beginn des Befreiungskriegs hervor.

Mustafâ Kemâl war am Tag nach der Unterzeichnung des Waffenstillstands von Mudros aus Syrien zurückgekehrt, wo er als Befehlshaber der VII. Armee gedient hatte. Am 30. April 1919 wurde er zum Inspekteur der IX. Armee ernannt, um deren Demobilmachung durchzuführen. Die Frage, ob der Wortlaut dieses Befehls den Absichten der Sultansregierung entsprach oder ob Mustafâ Kemâl sich einfach darüber hinweggesetzt hat, ist lange Zeit offen geblieben. Neu zugängliche Archivdokumente machen deutlich, dass er mit einer doppelten Mission beauftragt war. Einerseits sollte er griechische Milizen, die im Hinterland von Samsun agierten, bekämpfen, andererseits Angriffe von Muslimen auf Griechen und Armenier unterbinden, die aus der Deportation zurückkehrten. Unter Ausnutzung eines »Schlupfloches« (Stanford Shaw) im Waffenstillstandsabkommen ordnete der Großwesir am 29. Mai die Rekrutierung von Freiwilligen für die Gendarmerie an, um »ihre nationale Pflicht zu erfüllen«. Die griechische Armee war so unbeabsichtigt zum Helfer der Männer um Mustafâ Kemâl geworden, weil die Muslime in anderen Teilen Anatoliens, insbesondere im pontischen Raum, mit ähnlichen Vorstößen und Übergriffen rechnen mussten und sich entsprechend vorbereiteten.

Das Prestige Mustafâ Kemâls in Verbindung mit einer Welle von Manifestationen gegen die griechische Landung veranlasste den britischen Oberkommandierenden in Anatolien, General Milne, vom osmanischen Kriegsminister seine »unverzügliche Rückkehr« zu verlangen. Mustafâ Kemâl erklärte dem Sultan nach Ausflüchten, er werde dem Befehl nicht nachkommen: »Wenn man mich zwingt, werde ich aus der Armee austreten. Ich werde im Herzen der anatolischen Bevölkerung bleiben und meine Arbeit für die Nation weiterführen. Ich werde kämpfen, bis wir unsere Unabhängigkeit erreicht haben und Sultanat und Kalifat erlöst sind.«

Solche Äußerungen und die tatsächliche Unterstützung durch zahlreiche religiöse Amtsträger machen verständlich, dass viele europäische Beobachter in den Kemalisten zunächst eine Art »Kalifatsarmee« erblickten. In Wirklichkeit kam es aber schon im Juni 1919 zu einem Bruch mit der İstanbuler Regierung und den Nationalisten um Mustafâ Kemâl. Ihm gebührt von Anfang an das Verdienst, den zivilen und militärischen Widerstand energisch koordiniert zu haben. Er vereinigte politische Überzeugungskraft mit den Fähigkeiten eines guten Strategen und Diplomaten. Mustafâ Kemâls Befehlshaber wie Ali Fuad (Cebesoy) und Kâzim Karabekir waren als erfahrene Kommandanten der vorausgehenden Kriege von Anfang an eingebunden, auch wenn zu Letzterem, bei aller Loyalität, zeitweise eine starke Rivalität bestand. Inwieweit Mustafâ Kemâl mit einem »unionistischen Faktor« (Erik J. Zürcher), d. h. einem Netzwerk ehemaliger Mitglieder der jungtürkischen Staatspartei, in Anatolien rechnen musste, ist nicht ganz klar. Es ist aber plausibel, dass viele Ex-Unionisten Grund hatten, sich vor Nachstellungen durch das İstanbuler Regime, der Aburteilung durch die Alliierten und der Rache christlicher Gruppen in Anatolien zu schützen.

Zu den wichtigsten Etappen des Befreiungskriegs gehört der am 23. Juni 1919 in Erzurum eröffnete »Kongress der Ostprovinzen« mit einer nicht genau überlieferten Teilnehmerzahl von 60 oder 70 Delegierten. Mustafâ Kemâl machte hier mit dem Anlegen von Zivilkleidung den bereits vollzogenen Austritt aus der Sultansarmee sichtbar. Der Kongress betraute ein Komitee mit der Erarbeitung eines »Nationalpakts« (*Misâk-ı Millî*), dessen zehn Artikel als Rechtfertigung des anatolischen Widerstands galten und noch heute als ein Gründungsdokument der Republik angesehen werden. Legitimation für den Widerstand erwuchs zusätzlich aus den offenkundigen Verletzungen des Waffenstillstandsabkommens durch die Alliierten. Der erste Artikel des Nationalpakts unterstrich die Zusammengehörigkeit der östlichen Provinzen mit dem Rest der osmanischen Länder. Artikel 4 warnte die Sultansregierung in İstanbul vor einer Vernachlässigung dieser Regionen: »Angesichts der Möglichkeit, dass sich die Zentralregierung unter dem Druck der Mächte zu einer Aufgabe oder Vernachlässigung dieser Gebiete gezwungen sehen könnte, wurden alle Maßnahmen und Entscheidungen getroffen, um ihre Bindung an den Sitz des Kalifats und Sultanats sowie die Rechte der Nation zu garantieren«. Den Muslimen (Artikel 6) stünde in kultureller und wirtschaftlicher Hinsicht der Vorrang zu. Mit der Gründung einer über den Parteien stehenden »Gesellschaft zur Verteidigung der Rechte« (*Müdâfaa-i Hukûk Cemiyeti*), deren natürliche Mitglieder alle muslimischen Bürger seien, wurde der populistische Geist des »Nationalpakts« herausgehoben und gleichzeitig eine erste übergreifende, von İstanbul unabhängige Institution geschaffen. Häufig nahmen die Nationalisten auf den zwölften der 14 Punkte des amerikanischen Präsidenten Wilson Bezug, in denen er im Januar 1918 »den türkischen Teilen des osmanischen Reiches ein sicheres Herrschaftsgebiet« versprach.

Der im September 1919 tagende Kongress von Sivas stärkte Mustafâ Kemâls Position. Er erweiterte die Forderungen von Erzurum von den Ostprovinzen auf die gesamte Nation und schnitt – im wahrsten Sinne des Wortes – die Beziehung zu dem Regime in İstanbul ab, indem er den Post- und Telegraphenverkehr mit der Hauptstadt unterband. Nach weniger als einem halben Jahr, am 17. Februar 1920, sollte das Restparlament in İstanbul den Nationalpakt zu seiner eigenen Sache machen. Im März stellten die Alliierten, die befürchteten, die Kontrolle über die Entwicklung zu verlieren, İstanbul unter Kriegsrecht. Britische Einheiten besetzten die wichtigsten öffentlichen Gebäude, es kam zu Haussuchungen und die Presse wurde der Zensur unterworfen. Führende Politiker und Intellektuelle wurden verhaftet und auf der Insel Malta in ein Internierungslager gebracht.

Unter dem Kabinett von Ferîd Pascha verschärfte sich der Ton zwischen der Sultansregierung in İstanbul und Ankara. Am 10. April beantwortete der Scheichülislam in einem Rechtsgutachten fünfmal die Frage nach der Unrechtmäßigkeit des Kampfes von Mustafâ Kemâl mit

»Gott weiß es allein: Ja«. Der Mustafâ Kemâl ergebene Müftü von Ankara antwortete mit einem theologisch ebenso wohlbegründeten »Gegenfetva«. Am 11. Mai wurde Mustafâ Kemâl durch das İstanbuler Kriegsgericht zum Tode verurteilt. Zu diesem Zeitpunkt war die Große Nationalversammlung in Ankara schon einberufen worden (23. April 1920). Ankara wurde wegen seiner günstigen Lage innerhalb des Eisenbahn- und Telegrafennetzes gewählt. Die Abgeordneten der Nationalversammlung waren zum größten Teil aus dem letzten osmanischen Parlament hervorgegangen. Damat Ferîd war nun entschlossen, mit den vom Waffenstillstand gedeckten Armeeresten von 15 000 Mann und einer durch Großbritannien genehmigten Aufstockung des Kontingents um weitere 50 000 gegen die anatolischen »Rebellen« vorzugehen. Die offizielle osmanische Friedensdelegation in Paris wurde am 10. August 1920 gezwungen, den Friedensvertrag von Sèvres zu unterzeichnen. Auf diese Weise hoffte Mehmed VI. den Fortbestand von Sultanat und Kalifat auf Kosten der muslimischen Mehrheit zu sichern. Bei einer nach London einberufenen Konferenz (21. Februar 1921) bemühte sich Großbritannien, für Griechenland zumindest eine autonome Provinz İzmir zu retten, scheiterte aber am Nein der hier gemeinsam auftretenden İstanbuler Regierung unter dem Nachfolger von Damat Ferîd Pascha und den Nationalisten aus Ankara. Die Revision von Sèvres musste auf dem Schlachtfeld erfolgen.

Historische Glücksfälle spielten den Kemalisten in die Hände. Dazu gehörte die Zusammenarbeit mit Sowjetrussland im Nordosten und die Einigung mit Frankreich. Schon im April 1920 billigte die Große Türkische Nationalversammlung einen »Schriftlichen Vorschlag« an die Regierung in Moskau, in dem sie unter anderem anbot, einen militärischen Vorstoß gegen das »imperialistische Armenien« zu unternehmen und der Eingliederung der Regierung von Aserbaidschan in den bolschewistischen Staatenbund zuzustimmen. Gleichzeitig bat Ankara um fünf Millionen Goldrubel »als erste Rate für den gemeinsamen Kampf gegen den Imperialismus«, um Waffen und Kriegsgerät sowie um Nahrungsmittel für seine im Osten operierenden Truppen. Die bis 1922 eintreffenden Rubel deckten zwar nur einige Prozent der türkischen Verteidigungsausgaben, trotzdem haben türkische Kommunisten lange Zeit die Legende genährt, »Lenins Gold« habe den Unabhängigkeitskampf entscheidend beeinflusst. Allerdings schuf das russische Gold zusammen mit Waffenlieferungen günstige Voraussetzungen für die Entwicklung der Beziehung zwischen Ankara und Moskau. Ankara unterzeichnete am 16. März 1921 mit Moskau einen »Vertrag über Freundschaft und Brüderlichkeit«, in dem die Grenze zwischen Georgien bzw. Armenien und der Türkei festgelegt wurde. Es handelt sich um das dritte, aber weitaus wichtigste internationale Abkommen, das Ankara abgeschlossen hatte. Das erste war ein kurzlebiger Vertrag mit der Republik Armenien (2. Dezember 1920), der zweite wurde am 1. März 1921 mit Afghanistan abgeschlossen.

Paris sah sich zunehmend außerstande, umfangreiche Truppen nördlich seines Mandatsgebiets Syrien zu stationieren. Es erklärte den Kriegszustand für beendet und sicherte im Vertrag von Ankara (20. Oktober 1921) die Evakuierung von Kilikien mit Adana zu. Zum ersten Mal hatte ein westlicher Staat die neue Türkei *de iure* anerkannt. Die Verträge mit Moskau und Paris erlaubten nun, alle Anstrengungen auf die Verteidigung Westanatoliens gegen die griechischen Invasoren zu richten. Im Januar 1920 war den türkischen Streitkräften eine entscheidende Abwehrschlacht gegen die griechische Armee bei İnönü gelungen. Ihr Befehlshaber İsmet Pascha sollte später die Bezeichnung des im Westen von Eskişehir gelegenen Ortes als Familiennamen führen. Entscheidender war der dreiwöchige Abnutzungskampf am Sakarya-Fluss nach der griechischen Sommeroffensive, welche die Städte Afyon-Karahisar, Kütahya und Eskişehir unter die Kontrolle Athens gebracht hatte. In Ankara rechnete man mit dem Verlust der provisorischen Hauptstadt und schaffte wichtige Archive nach Kayseri. Selbst die Übersiedlung der Regierung ins Zentrum Anatoliens wurde erwogen. Auf beiden Seiten waren über 120000 Mann aufgeboten, die Türkei mit ihren letzten Reserven und eben einberufenen Männern der Jahrgänge 1900–1903. Nach mehrwöchigen Kämpfen durchbrachen die Türken Anfang September die griechischen Linien. Beide Seiten verloren zwischen 3000 und 4000 Soldaten. Für die Türken bildete neben zahlreichen griechischen Gefangenen (14450) die Beute an schweren und leichten Waffen einen gewichtigen Vorteil. Der Sieg am Sakarya verfehlte seinen Eindruck auf die Westmächte und insbesondere die Briten als Schutzherrn Griechenlands nicht. Ankara nutzte ein volles Jahr bis zur entscheidenden Auseinandersetzung, um seine Truppen an der überaus langen Frontlinie zwischen Eskişehir im Norden und Afyon-Karahisar im Süden zu verstärken. Am Vorabend der Großoffensive im August 1922 zählte die türkische Armee 297794 Soldaten und 14345 Offiziere, von denen nach der Befriedung des Nordostens durch Kâzım Karabekir der allergrößte Teil (mehr als 200000) an der Westfront bereitstand. Die entscheidende Schlacht wurde am 30. August 1922 im Raum Afyon bei Dumlupınar unter dem Oberkommando von Mustafâ Kemâl geschlagen.

Die griechische Invasion endete an den Kaimauern von İzmir, dort, wo sie begonnen hatte. Am 10. September begrüßten die muslimischen Bewohner der Hafenstadt den siegreichen Mustafâ Kemâl, während Zehntausende von Griechen auf ihre Evakuierung durch alliierte Schiffe warteten. Bis zum 2. Oktober wurden 221160 Personen auf ägäische Inseln bzw. das griechische Festland gebracht. Die Stadt war zu großen Teilen abgebrannt. Damit war das Ende des über zweitausendjährigen Hellenismus in

Kleinasien besiegelt. Andere westanatolische Städte kapitulierten sukzessive. Die griechische Armee hatte auf ihrem Rückzug zahlreiche Dörfer und Viertel dem Feuer überantwortet. In Mudanya, einem Städtchen am Südufer des Marmarameers, wurde am 11. Oktober 1922 der Waffenstillstand geschlossen. Bis zum Einmarsch türkischer Truppen in İstanbul sollte allerdings noch fast ein Jahr vergehen. An den Dardanellen rückten die Türken bis in die Nähe der britischen Stellungen vor.

Ausschlaggebend für den Erfolg der Kemalisten war, dass sie durch geschickte Diplomatie einen längeren Mehrfrontenkrieg vermeiden konnten. Auch die Gegnerschaft von kleineren »Privatarmeen« wie der des »Anzavur« Ahmed oder einer von İstanbul ausgerüsteten »Ordnungstruppe« hatte die wesentlich stärkeren und von Berufsoffizieren kommandierten nationalistischen Truppen nicht aufhalten können.

Die türkische Außenpolitik zwischen Lausanne (1922/1923), Montreux (1936) und dem Ausbruch des Zweiten Weltkriegs (1939)

Der atmosphärische Gegensatz zwischen Sèvres (1920) und Lausanne (1922/1923) hätte nicht größer sein können. In den Pariser Nachkriegsverträgen war nicht *mit* den Verlierern des »Großen Kriegs« gesprochen worden, sondern *über* sie. Der englische Delegationsleiter in Lausanne hieß nicht mehr Lloyd George, sondern Lord Curzon. Ihm war an einer Lösung gelegen, die Ankara von Moskau entfernte und näher an Westeuropa heranführte. Die Türkei vertrat am Verhandlungstisch von Lausanne mit İsmet Pascha (İnönü) ein selbstbewusster, ruhmbedeckter General. Die Vereinigten Staaten begnügten sich unter Hinweis auf ihre Nichtteilnahme am Krieg gegen die Türkei mit dem Status eines inoffiziellen Beobachters. Sowjetrussland wurde nur am Meerengenabkommen beteiligt.

Die Gespräche wurden im November 1922 aufgenommen. Im Frühjahr wurden sie fast zwei Monate unterbrochen, weil die türkische Delegation die Unterzeichnung des alliierten Vertragsentwurfs verweigerte. Haupthindernisse waren die Forderung nach Fortschreibung der wirtschaftlichen Privilegien von Ausländern und die Mosul-Frage. Die Große Nationalversammlung blieb beim ersten Punkt hart und ermächtigte İsmet, diesen Komplex auf einen späteren, aber festen Termin (Januar 1926) zu vertagen. Eine zehnprozentige Beteiligung über 25 Jahre aus den Gewinnen des Mosul-Öls bildete für die Türkei ein Trostpflaster für den Verlust der Provinz (die Zahlungen des Irak wurden zwar nach 1955 eingestellt, aber die so genannten *Irak Royalties* blieben bis in die 1980er Jahre ein Erinnerungsposten im türkischen Haushaltsplan!). Die europäischen Vertreter mussten sich grundsätzlich bereit erklären, für Ausländer denselben Rechtsstatus wie für Türken hinzunehmen. Damit wurde die noch vor Kriegsausbruch verkündete Abschaffung der Kapitulationen nach einigen Übergangsregelungen Wirklichkeit. Die Türkei erkannte ihre Schulden entsprechend ihres Flächenanteils an der osmanischen Erbmasse an.

Territoriale Fragen bezogen sich ansonsten vor allem auf die thrakische Grenze und die ägäische Inselwelt. Griechenland erlangte die Souveränität über alle Inseln mit Ausnahme von Imros/Gökçeada und Tenedos/Bozcaada am Dardanelleneingang. Auf den griechischen Inseln durften keine Marinebasen angelegt werden. Der Dodekanes mit Rhodos wurde an Italien abgetreten. Für die Meerengenfrage wurde eine vorläufige Lösung gefunden, welche aber die Türkei (und mit ihr die Sowjetunion) im Kriegsfall benachteiligte. Zum letzten Mal in der Geschichte waren neben territorialen und finanziellen Fragen die nichtmuslimischen Einwohner der Türkei Gegenstand internationaler Abmachungen. Nichtmuslimen wurde zugestanden, kultische, schulische und soziale Institutionen zu betreiben. Vor Gericht sollten sie sich ihrer Muttersprache bedienen können. Ihre Privilegien durften nicht im Widerspruch zur türkischen Souveränität stehen (es ist übrigens nicht leicht zu begründen, dass die Türkei bis heute diese Zugeständnisse auf gregorianische Armenier, orthodoxe Griechen und Juden beschränkt wissen will). Gleichzeitig wurde der Status von Muslimen außerhalb der türkischen Grenzen (insbesondere in Westthrakien) gesichert (Artikel 37–45). Insgesamt war der Friedensvertrag mit nicht weniger als 17 Nebenabkommen verbunden. Parallel zu den Gesprächen in Lausanne kam die Konvention über den Bevölkerungsaustausch zwischen Griechenland und der Türkei zustande (30. Januar, ratifiziert im Oktober 1923). Beide Bevölkerungsgruppen erhielten lediglich die Erlaubnis, ihre bewegliche Habe mitzuführen. Ihre Immobilien wurden beschlagnahmt. Zwischen dem Ausbruch des Balkankriegs (1912) und Oktober 1924 waren etwa 400000 Muslime aus Griechenland ausgewandert. In die umgekehrte Richtung gingen 1,2 Millionen Griechen, davon stammte mehr als die Hälfte (627000) aus Kleinasien. Die nächstgrößten Gruppen kamen aus Ostthrakien (256000), dem Pontosraum (182000) und den Kaukasusländern (47000). Die turkophonen Orthodoxen (»Karamanli«) wurden von dem unter Garantie des Völkerbundes vollzogenen Austausch nicht verschont und mussten als Christen ebenfalls nach Griechenland auswandern. Ausgenommen waren lediglich die Griechen in İstanbul, sofern sie vor dem 30. Oktober 1918 dort ihren Wohnsitz nachweisen konnten und – wie schon genannt – die Muslime in Westthrakien.

Die Türkei forderte vergeblich die Entfernung des Ökumenischen Patriarchats aus İstanbul. Der letzte »osmanische« Patriarch Melitios IV. musste die Türkei zwar verlassen und zog sich auf den Athos zurück. Über den

Status des Patriarchen wurde aber in der Folge weiter gestritten, weil die Türkei seine Funktionen auf İstanbul beschränkt sehen will und auf einem Geburtsort innerhalb der türkischen Grenzen besteht. Durch Letzteres wird der Kreis der wählbaren Metropoliten immer stärker eingeschränkt. 1930 schlossen Griechenland und die Türkei einen Vertrag, in dem sich Ankara unter anderem zu Ausgleichszahlungen für Griechen in İstanbul verpflichtete, deren Vermögen von der türkischen Regierung beschlagnahmt worden war. Venizelos reiste in diesem Zusammenhang in die neue türkische Hauptstadt, wo der ehemalige Kriegsgegner durchaus freundlich aufgenommen wurde.

Zu den Verlierern von Lausanne gehörten zweifellos die Kurden, denen die Alliierten in Sèvres »unter vielen Wenns und Abers« (Martin Strohmeier) einen unabhängigen Staat in Aussicht gestellt hatten. Die Türkei hatte zunächst die Mosul-Frage ausgeklammert, da die Provinz, wie schon erwähnt, zum Zeitpunkt des Waffenstillstands noch in osmanischer Hand war. Anfang 1923 hatte sich Mustafâ Kemâl vor Journalisten zum Thema einer kurdischen Selbstverwaltung in bestimmten Provinzen positiv geäußert, aber eine geographische Grenzziehung abgelehnt und herausgestellt, dass die Kurden zum »Volk der Türkei« (*Türkiye'nin halkı*) zählten. Im Rahmen der Großen Türkischen Nationalversammlung seien Türken wie Kurden durch Interessen und Schicksal vereint.

In Lausanne war ein Statut über die Meerengen vereinbart worden, das nur die Möglichkeit von Krieg oder Frieden, aber keinen Zustand der Kriegsgefahr vorsah. Die Türkei sah darin eine Einschränkung ihrer Handlungsfreiheit und forderte im April 1936 eine Revision. Da sie die Unterstützung der Sowjetunion und aller anderen wichtigen Staaten erhielt, einigte man sich auf die Aufhebung der internationalen Meerengenkommission und die alleinige Übernahme dieser Aufgabe durch die Türkei. Die Vereinbarung vom 20. Juli 1936 stellte nun ihre volle

Souveränität über Bosporus und Dardanellen her. Die Regelungen über die Durchfahrt von Handels- und Kriegsschiffen gelten, ergänzt um eine ab 1994 in Kraft getretene Lotsenpflicht für größere Schiffe, noch heute, auch wenn die Sowjetunion 1945 vergeblich ein Mitspracherecht gefordert hatte. Der Besuch von König Edward VIII. in İstanbul (September 1936) war das äußere Zeichen einer Annäherung an England, die nach Ausbruch des Zweiten Weltkriegs am 19. Oktober 1939 in eine Dreierallianz mit Frankreich einmündete. Das Abkommen sah bei einem Angriff »eines europäischen Staates« auf die Türkei den Beistand der Westmächte vor.

Der letzte beachtliche Erfolg der türkischen Außenpolitik der Zwischenkriegszeit war die Wiedergewinnung des Sandschaks von Alexandrette. Der Landzipfel mit den Hauptorten Iskenderiye/İskenderun und Antiochia/Antakya war Teil des neuen Syrien, nachdem die französische Mandatsherrschaft 1936 ausgelaufen war. Der Sandschak verfügte über eine relative türkische Bevölkerungsmehrheit (39,7 Prozent) neben alevitischen (28 Prozent), sunnitischen (10 Prozent) und griechisch-orthodoxen Arabern (9 Prozent) sowie Armeniern (11 Prozent). Frankreich und die Türkei vereinbarten 1937 für eine Übergangszeit die Gründung einer »besonderen Einheit [*entité distincte*] Sandschak«. Am 7. Juli 1939 wurde sie unter dem pseudohethitischen Namen »Hatay« von Ankara nach Absprache mit Paris annektiert. Proteste kamen von italienischer und erwartungsgemäß von syrischer Seite. Das Entgegenkommen Frankreichs auf Kosten seines ehemaligen syrischen Mandatsgebiets hat die Beziehungen zwischen Paris und Ankara am Vorabend des Zweiten Weltkriegs deutlich gefördert.

Auch im regionalen Rahmen betrieb Ankara in der Zwischenkriegszeit eine konstruktive Politik. 1934 wurde der Balkanpakt zwischen Griechenland, Jugoslawien und der Türkei unterzeichnet. Er sollte für weitere Staaten

Südosteuropas offen gehalten werden. Seine östliche Entsprechung bildete die Ratifizierung des Pakts von Sa'ādābād (bei Teheran) zwischen der Türkei, dem Irak, Iran und Afghanistan durch die Nationalversammlung Anfang 1938. Dem langjährigen türkischen Außenminister Tevfik Rüştü Aras (1925–1938) gebührt das Hauptverdienst an dieser Erfolgsbilanz der türkischen Außenpolitik der Zwischenkriegszeit. Die Klärung der Beziehungen zu den ehemaligen Siegermächten und den unmittelbaren Nachbarn war eine notwendige Voraussetzung für das Reformwerk der Republik.

Atatürk als Reformer

Mustafâ Kemâl war mit vielen Altersgenossen überzeugt, dass für das Überleben der Türkei keine Alternative zu einer radikalen, d.h. raschen und vollständigen Modernisierung und Säkularisierung bestand. Manche Biographen bringen diese Haltung mit der »westlichen Atmosphäre« seiner Heimatstadt Saloniki zusammen, wo der spätere Atatürk um 1881 als Kind kleiner Leute zur Welt kam. Das ist nicht zwingend, denn Saloniki war nicht der einzige Platz im weiten Osmanischen Reich, an dem man mit westlichen Lebensformen, Konzepten und Utopien in Berührung kommen konnte. Viele wichtige Figuren der türkischen Moderne sind in so entfernten Landesteilen wie Kurdistan und Jemen durch Schulbesuch, Gespräche und Lektüre zu radikalen Reformern geworden. Abgesehen davon war für Mustafâ Kemâl ein balkanischer oder levantinischer »Multikulturalismus« *avant la lettre* alles andere als ein kulturelles Leitbild. Er trat in Saloniki zunächst in eine militärisch geführte Mittelschule (*askerî rüşdîye*) ein, die er 1893 absolvierte. Nach dem Besuch eines Militärkollegs in Manastır (heute Bitola / Republik Makedonien) und der sechsjährigen İstanbuler Kriegsschule schloss er 1905 die Stabsoffiziersausbildung als Infanterist ab. Ihn unterschied nur wenig von seinen Klassenkameraden, deren Interesse für politische und literarische Themen er teilte. Ausreichende Lesefähigkeiten im Französischen öffneten ihm das Tor zur europäischen Geisteswelt, auch wenn er handfeste historische Stoffe der theoretischen Literatur vorzog.

Durch Einsätze in der osmanischen Peripherie (Syrien mit seinem Drusen-Christen-Problem, freiwillige Teilnahme am Krieg gegen Italien in der Cyrenaika) erwarb er nicht nur Kenntnisse von Land und Leuten, sondern nahm auch Kontakt mit vielen unzufriedenen, zum Teil in jungtürkischen Netzwerken arbeitenden Offizieren auf. Nach Ende des Balkankriegs wurde er als Militârattaché nach Sofia geschickt. In dieser Zeit (November 1913 – Januar 1915) konnte er sich einen Eindruck von den gewaltigen Fortschritten machen, die Bulgarien seit seiner Unabhängigkeit (1878) erzielt hatte.

Wesentliche Elemente der kemalistischen Kulturrevolution bildeten schon Jahrzehnte vor ihrer Durchsetzung Teile des intellektuellen Diskurses. Sie lagen sozusagen »in der Luft«. Dazu gehörte die Rolle der Frauen in einer islamischen Gesellschaft, die Vereinbarkeit von religiösen und säkularen Rechtsnormen und das große Thema der türkischen Sprache und Geschichte. Die unionistische Regierung hatte, wie gezeigt wurde (S. 363), eine ganze Reihe von Reformen auf den Weg gebracht, die zwar von den İstanbuler Nachkriegskabinetten eilig aufgehoben wurden, aber gerade durch ihr Scheitern für die Zeitgenossen lehrreich waren. Als Mustafâ Kemâl an der Spitze des neuen anatolischen Staates stand, verwirklichte er das über die Jahre herangereifte »Ideal« (*mefkûre*). Dieses Vorhaben war umso schwieriger, als die Türkei nach der Vertreibung und Umsiedlung der größten christlichen Minderheiten ein fast homogen muslimischer Staat geworden war.

Viele Muslime erwarteten nun von ihrem Staat, dass er sich nach dem jungtürkischen Intermezzo für die Inkraftsetzung von Scheriatsvorschriften einsetzte. Das »Organisationsgesetz« von 1921 (s. S. 383f.) enthielt sogar einen entsprechenden Artikel, auch wenn er schon »modernistisch verwässert« von »den Zeiterfordernissen am besten entsprechenden Vorschriften des kanonischen und säkularen Rechts« sprach. Im Übrigen fasste die Nationalversammlung in den ersten Jahren sogar Beschlüsse, die man heute als Merkmale einer »Re-Islamisierung« auffassen würde. Eines der ersten am 15. September 1920 in Ankara verabschiedeten Gesetze lautete: »In den Osmanischen Ländern ist die Produktion, der Import, der Verkauf und der Gebrauch von alkoholischen Getränken verboten.« Dazu gehört auch ein Gesetz über die Einführung des Freitags als Wochenfeiertag, das Anfang 1924 in Kraft trat (erst ab 1935 galt dann der Sonntag als Ruhetag). Das Abänderungsgesetz vom 29. Oktober 1923 *fügte* als Artikel 2 der Verfassung *hinzu*: »Die Religion des Türkischen Staates ist der Islam«. Dieses Wesensmerkmal der Republik blieb aber nur bis 1928 Bestandteil des türkischen Grundgesetzes. Die eher beiläufige Streichung dieses Artikels markiert, von den Zeitgenossen fast unbemerkt, die Kulmination der Säkularisierung von oben.

Die Personalunion zwischen Sultan und Kalif war zwar durch die Flucht Mehmed VI. Vahîdeddîn aufgelöst worden, aber sein noch als Kalif amtierender Nachfolger Abdülmecîd blieb ein Vertreter der uralten Dynastie. Am 24. November 1922 wurde ihm noch einmal in überkommener Form gehuldigt, wobei man auf die Übergabe der Schlüssel zu den im Serail aufbewahrten Reliquien aus den heiligen Stätten des Islams im Hedschas nicht verzichtete. Mekka und Medina waren freilich inzwischen der türkischen Schutzherrschaft entglitten, und in der arabischen Welt wurde der Niedergang des osmanischen Kalifats kaum betrauert und, was noch kennzeichnender war, wenig beachtet. In Ankara wurde erwogen, Abdülmecîd in die anatolische Stadt zu holen, um seine Verbindungen und sein Auftreten besser unter Kontrolle zu haben. Zu dieser Übersiedlung kam es nicht mehr, doch bestand Mustafâ Kemâl darauf, dass er als Titel nur noch die Bezeichnung »Kalif der Muslime« (*halîfe-i müslimîn*), nicht aber »Befehlshaber der Muslime« (*emîrü'l müslimîn*) führen dürfe. Am 2. März 1924 behandelte die Volkspartei in ihrer Fraktionssitzung den Gesetzesentwurf des Deputierten von Urfa, Scheich Safvet Efendi, der die Aufhebung des Kalifats und die Ausweisung sämtlicher Mitglieder des Hauses Osman forderte. Der Justizminister Seyit Bey, der schon im Vorjahr ein Buch über die Unvereinbarkeit von Kalifat und nationaler Souveränität veröffentlicht hatte, erklärte den Abgeordneten erneut, dass der wahre Islam keines Mittlers bedürfe: »Im Islam gibt es keine Geistlichkeit und keine Religionsverwaltung«. Schon am folgenden Tag verlor Abdülmecîd sein Amt. Er hat dann noch 20 Jahre bis zu seinem Tod im französischen Exil gelebt.

Mustafâ Kemâl sah in den Derwischkonventen (*zâvîye, tekye*) Orte, an denen sich »Müßiggang« mit »Aberglauben« als besonders abstoßende Kennzeichen des *Ancien Régime* verbanden. Die kemalistische Formel »Die einzig wahre Rechtleitung (*mürşid*) im Leben ist die Wissenschaft« war eine unmittelbare Anspielung auf den Titel *mürşid*, den die islamischen »Ordensmeister« gegenüber ihren »Novizen« beanspruchten. Später wurde die genannte Maxime über dem Eingang der Fakultät für Sprache, Geschichte und Geographie in Ankara weithin lesbar angebracht und gehört heute zur Fassadendekoration vieler Schul- und Universitätsbauten. Mustafâ Kemâls Annäherung an die Bruderschaften der Bektaşîs und Mevlevîs im Befreiungskrieg, deren Führer er 1920 in die Nationalversammlung holte, erwies sich schon 1923 als durchsichtiges Manöver. Er nutzte die schon erwähnte Scheich Said-Erhebung, um die »freiwillige und sofortige Schließung«

der *tekye* im anatolischen Osten anzukündigen. Auf die Unterdrückung der Bruderschaften in Kurdistan folgte das gesamtstaatliche Verbot am 13. Dezember 1925. Ein Lynchmord an dem jungen Offizier Kubilay in Menemen (bei İzmir) im Jahr 1930 durch eine Gruppe von Nakşbendîs bot dem Regime die willkommene Gelegenheit, den Druck jetzt auch auf »privatisierende« Angehörige dieser einflussreichen und politisch ambitionierten Gruppe zu erhöhen.

Der symbolische Wert des »Hutgesetzes« vom 25. November 1925 wurde dagegen von den ausländischen Beobachtern überschätzt. Zwar zeigte sich Atatürk schon zuvor mit einem »Panama« in der Öffentlichkeit, doch war der rote Fes bereits in den Tagen des Befreiungskriegs aus dem Straßenbild verschwunden. Offiziere trugen den Lammfell-*Kalpak*. Einschneidend war sicher die Vorschrift, die Kopfbedeckung in geschlossenen Räumen *abzunehmen*. Geistliche aller Konfessionen durften ihre Kopfbedeckungen in Gotteshäusern und bei religiösen Zeremonien weiterhin tragen. Strenggläubige Turbanträger, die sich nicht mehr in der Öffentlichkeit zeigen wollten, gab es nur in geringer Zahl. Die Mehrheit der ländlichen Bevölkerung entschied sich für einfache Schirmmützen, welche die Vorteile der alten und neuen Kopfbedeckung vereinten. »Bekleidungsvorschriften« im übertragenen Sinne wurden hingegen die Städte unterworfen. Es gab Anordnungen, enge und krumme Straßen zu begradigen und Sackgassen zu öffnen, nicht so sehr, um den noch unbeträchtlichen Verkehrsfluss zu erleichtern, sondern um den äußeren Eindruck der Städte zu »entorientalisieren«. Als wenig reputierlich galten im Sinne einer symbolischen Modernisierung außerdem Holzhäuser, Lastträger und Pferdekutschen.

Die rasche Annahme des Schweizerischen Zivilgesetzbuchs (ZGB) am 17. Februar 1926 durch die Große Nationalversammlung und sein In-Kraft-Treten am 29. Mai desselben Jahres wurde von vielen Juristen mit großer Zurückhaltung beobachtet, vor allem weil der Gesetzgeber der Entwicklung vorgegriffen und ein Gesetzbuch in die Türkei verpflanzt hatte, für das die sozialen Voraussetzungen noch nicht vorhanden waren (Bülent Davran). Zu den Vorteilen des Schweizerischen ZGB gehörte seine Übersichtlichkeit und Verständlichkeit sowie die Zugänglichkeit in einer französischen Version. Ein Nachteil lag darin, dass die Regelung zahlreicher Gegenstände der Schweizer kantonalen Gesetzgebung überlassen wurde, was zu Lücken in der türkischen Fassung führte. Im Jahr 1926 wurde auch das italienische Strafrecht (der so genannte *Codice Zanardelli* von 1899 mit wesentlichen Änderungen) und 1929 die deutsche Strafprozessordnung übernommen.

Der Zivilrechtskodex beendete den in der Scheriat festgeschriebenen minderen Rechtsstatus der Frauen. Sie erhielten 1930 bzw. 1934 das aktive und passive Wahlrecht auf kommunaler und nationaler Ebene. Diese politischen Rechte wurden allerdings nur zaghaft wahrgenommen. Immerhin lag der Prozentsatz weiblicher Abgeordneter in den ersten Legislaturperioden der Nationalversammlung höher als in den nachkemalistischen Jahren. Zwischen 1935 und 1946 schwankte der Frauenanteil zwischen 4,5 (18 Deputierte) und 3,7 Prozent, in der Mehrparteienperiode fiel er auf unter 1 Prozent. Die rechtliche Gleichstellung mit den Männern wurde 1935 zum Anlass genommen, die 1924 gegründete »Union türkischer Frauen« zur Selbstauflösung zu bewegen! Es gab keine nationalen Vorschriften und Regelungen für die weibliche Bekleidung. Die Damen der neuen städtischen Mittelschicht folgten ihren europäischen Geschlechtsgenossinnen, der Gesichtsschleier verschwand in den größeren Städten rasch und vollständig aus dem Straßenbild.

Atatürks Projekt war realistisch und utopisch zugleich: Er wollte den Menschen in ihrem fast gänzlich auf Anatolien beschränkten Lebensraum zu einer neuen Würde als

Herren eines Bodens verhelfen, der nach seinem Geschichtsbild seit Jahrtausenden von Völkern und Stämmen, die aus dem inneren Asien eingewandert waren, bestellt und beherrscht wurde. Eine Idealisierung der osmanischen Epoche, auch in ihren angeblichen Glanzzeiten, lag ihm fern. Er verglich die Feldzüge der Eroberersultane mit den sinnlosen Opfern an jungen Menschen, welche Napoleon Bonaparte von vielen Völkern gefordert hatte. Atatürk setzte mehr auf den hochkulturellen (Theater, klassische Musik, Literatur) als den technisch-industriellen Fortschritt. Auffällig war, wie wenig ihn die Möglichkeiten der modernen »Medien« wie Rundfunk und Film als Propagandainstrumente interessierten. Die Gleichsetzung des kemalistischen Säkularisierungsprogramms mit dem Jakobinismus der Französischen Revolution (Şerif Mardin) geht sicher zu weit.

Die Kemalisten waren weitgehend überzeugt, dass sich gut ausgebildete, im westlichen Sinn erzogene Menschen früher oder später aus freien Stücken von der Religion abwenden oder sie in einer nüchternen philosophisch-aufgeklärten Form praktizieren würden. Für die Mehrheit der Söhne der muslimischen Mittelschicht hatte die Medrese schon vor ihrer Schließung keine Attraktion als Ausbildungsweg mehr. Auch konservative Familien waren bestrebt, ihren Einfluss über die Besetzung staatlicher Ämter zu wahren. Dort wo man ahnte, dass der Widerstand schwer zu überwinden war, verhielt sich Ankara manchmal vorsichtig oder »ruderte zurück«. 1925 hatte die Regierung im Zusammenhang mit der Schließung der *tekye*s ausdrücklich zwischen »unschuldigen Bürgern« und den verfassungsfeindlichen Zielen dieser Einrichtungen unterschieden. Ein 1928 an der Theologischen Fakultät der Universität İstanbul erarbeitetes Papier zur Reform des islamischen Kultus, die den Freitagsgottesdienst ausdrücklich in eine Art Bildungs- und Erbauungsveranstaltung verwandelt hätte, der man auf Bänken sitzend und ohne die Schuhe auszuziehen beiwohnen konnte, wurde zurückgezogen, bevor es offiziell an die Öffentlichkeit gelangte. Der Kurs der Republik lautete nun: statt eine »aufgeklärte« Religionsphilosophie in die Moscheen zu tragen, wurde die Säkularisierung mit einer weitgehenden Austrocknung der islamischen Institutionen verbunden. Mit Blick auf das Europa der Zwischenkriegszeit war in der neuen Türkei wenig von einer Sakralisierung der Nation und ihren kultischen Manifestationen zu spüren. Der »Vater« aller Türken wurde an einigen Stellen mit eher unauffälligen Denkmälern vergegenwärtigt. Auch sonst hielt sich der Kult um seine Person verglichen mit den zeitgenössischen europäischen Diktaturen im Rahmen.

Bildung und Kultur als Chefsache der frühen Republik

Die Umstellung des Schriftwesens von arabischen auf lateinische Buchstaben war neben den Rechtsreformen das herausragendste Projekt des türkischen Reformprogramms. Mustafâ Kemâl beabsichtigte nicht nur den letzten *ulemâ* das längst erschütterte Bildungsmonopol völlig zu entziehen, sondern er war mit einiger Berechtigung überzeugt, dass eine breite und schnelle Alphabetisierung auf der Basis der arabischen Schrift unmöglich war. Dieser Plan war umso kühner, als zahlreiche Zeitgenossen wie der tieffromme Autor Mehmed Âkıf (Ersoy, 1873–1936), der den Text der von religiös-kämpferischem Pathos erfüllten Nationalhymne schuf, glaubten, dass das Türkische ohne die Dienste des arabischen und persischen Lexikons nicht als Wissenschaftssprache ausgebaut werden könne.

Mustafâ Kemâl soll schon am Ende des Nationalkongresses von Erzurum (1919) die Abschaffung der arabischen Buchstaben als Reformziel notiert haben. Als sich die Russlandtürken für die Umstellung auf die lateinische Schrift entschieden, verhielten sich İstanbuler Beobachter noch sehr feindselig gegenüber der ganzen Richtung. So änderte der herausragende Literaturwissenschaftler und spätere Politiker Mehmed Fuad Köprülü seine Einstellung erst in den 30er Jahren. Nach dem Übergang zur Lateinschrift stand die Ersetzung arabischen und persischen Wortguts im Mittelpunkt der Anstrengungen der 1932 gegründeten »Gesellschaft zur Erforschung der türkischen Sprache« (*Türk Dili Tetkik Cemiyeti*, seit 1936 *Türk Dil Kurumu* / TDK).

Am 11. November 1928 wurde die Einrichtung von Nationalschulen (*Millet Mektepleri*) beschlossen, um sämtlichen Volksgenossen im Alter von 16 bis 40 Jahren das Lesen und Schreiben zu vermitteln. Dafür wurden Schulgebäude für den Unterricht am Nachmittag bereitgestellt. Schon 1929 schrieb sich mehr als eine Million Schüler ein, von denen etwa die Hälfte ein Abschlusszeugnis erhielt. Bis 1933 wurden 1217419 Diplome ausgegeben. Sie waren Voraussetzung für die Beschäftigung im gesamten öffentlichen Dienst. Die »Buchstabenrevolution« von 1928 bewirkte durchaus keinen Rückschritt der Buchproduktion. In den Jahren 1918–1933 wurden durchschnittlich etwa 600 Bücher und Broschüren gedruckt. Ab 1934 stieg die Zahl sprunghaft an (1530). Im Jahr 1936 wurde die Grenze von 2000 überschritten. Türken wie ausländische Zeitgenossen waren über die Geschwindigkeit und die verhältnismäßig geringen Kosten der Umstellung verblüfft. Einschränkend muss allerdings gesagt werden, dass der Anteil staatlicher Publikationen ganz deutlich gegenüber den kommerziellen wuchs.

Die schon um die Wende zum 20. Jahrhundert lebhaft diskutierte Sprachreform wurde in den 1930er Jahren durch die Sprachgesellschaft stark gefördert. Die angestrebte Vereinfachung der Schriftsprache entsprach dem

Populismus der Kemalisten, ihre Purifizierung war Ausdruck des neuen Nationalismus und stand so im krassen Gegensatz zur Forderung des zu Unrecht als »nationalistischer Ideologe« bezeichneten Ziya Gökalp (1876–1924), der die arabische Schrift und die arabische Wortbildung für alle islamischen Völker bewahren wollte. Wichtigster Angriffspunkt der Reformer waren zunächst Wortverbindungen nach arabischen und persischen Regeln. Ihr späteres Ziel war die Substitution von Arabismen und Persismen durch Wörter aus älteren Turksprachen und den lebenden Dialekten des Türkischen. Der Text des Grundgesetzes von 1924 hatte erst einen Anteil von 25 Prozent türkischer Wörter. Die Sprachplaner sind damals allerdings weit über das Ziel hinausgeschossen, die Schriftsprache allgemein verständlicher zu machen. Oft schlugen sie totgeborene Ersatzwörter vor. Die Turkisierung machte auch vor Ortsnamen nicht Halt, im Osten erfasste sie flächendeckend ganze Provinzen.

Die offizielle Verkündigung der »Sonnensprachtheorie« im Jahr 1935 bildete Anfang und Ende der extremen Phase der türkischen Sprachreform (s. S. 24). Parallel zu diesen linguistischen Konstrukten wurde eine mit anthropologischen und prähistorischen »Beweisen« geführte Geschichtsthese entwickelt, die in der Genfer Dissertation von Ayşe Afet (İnan, 1908–1985) über »Anatolien als Heimat der türkischen Rasse« (1938) gipfelte. Afet war eine Adoptivtochter Atatürks und stellvertretende Vorsitzende der Türkischen Historischen Gesellschaft. Nach einer ebenfalls von Atatürk geförderten Auffassung beginnt die Geschichte der Türken im zentralasiatischen Neolithikum. Anatolien sei schon früh von türkischen Menschen alpinen Typs besiedelt gewesen, die aus Zentralasien infolge einer Trockenperiode ausgewandert waren. Hethiter, Seldschuken und Osmanen wiesen nahezu dieselben anthropologischen Merkmale auf. Keinesfalls gehörten sie zur »gelben Rasse«. Ein fünfprozentiger Anteil von Menschen mongolischen Typs sei auf die Invasionen Dschingis Chans und Timurs zurückzuführen. Afet wollte ihre Thesen mit anthropometrischen Untersuchungen stützen, die ab 1937 in der gesamten Türkei an 64000 Personen mit Hilfestellung der Gesundheitsbehörden vorgenommen wurden.

Zu den beachtlichsten und nachhaltigsten Leistungen der Republik gehört der Aufbau eines allgemeinen, breiten und tief gegliederten Schulwesens. Die Verfassung garantierte eine kostenlose Elementarbildung. Um den Lehrerbedarf rascher zu decken, wurden ab 1940 »Dorfinstitute« gegründet, an denen Absolventen der Grundschule in Fünf-Jahreskursen unter besonderer Berücksichtigung landwirtschaftlicher und handwerklicher Kenntnisse und Fähigkeiten auf den Dorflehrerberuf vorbereitet wurden. Diese »Agrarkommunen« wurden 1951 wegen des Eindringens von »hässlichem linken Gedankengut« geschlossen bzw. in allgemeine Lehrerbildungsanstalten umgewandelt.

Die Bildungspolitiker der Republik forderten den gleichmäßigen Ausbau aller Schulstufen. Im Hochschulwesen wurde Ende der 1920er Jahre ein großer Nachholbedarf erkannt. Man zählte nicht mehr als 300 Dozenten, auf die 3000 oder 4000 Studenten (darunter etwa 10 Prozent Frauen) kamen. Die an der İstanbuler Universität (*Dârülfünûn*) nach Ausweisung der deutschen Professoren nach dem Waffenstillstand eingetretene Stagnation wurde durch das Gutachten eines Schweizer Pädagogikprofessors (»Malche-Bericht«) von 1932 sichtbar. Mustafâ Kemâl nutzte die Gelegenheit, das *Dârülfünûn* zu schließen und unter dem Namen *İstanbul Üniversitesi* neu zu begründen. Die Vertreibung zahlreicher aus rassischen und politischen Gründen verfolgter Gelehrter aus Hitlerdeutschland ermöglichte einer in Zürich tätigen »Notgemeinschaft deutscher Wissenschaftler« die Vermittlung prominenter Wissenschaftler. Die Republik förderte gleichzeitig das Hochschulwesen in der neuen Hauptstadt. Ab 1935 entstand die schon genannte, für die Propagierung der kemalistischen Ideologie wichtige »Fakultät für Sprache, Geschichte und Geographie« als Nukleus der Universität Ankara. Die altehrwürdige Zivilbeamtenschule (*Mülkîye*) mit ihren selbstbewussten Absolventen wurde als Fakultät für Staatswissenschaften von İstanbul nach Ankara verlegt. Verhältnismäßig wenige Studenten konnten mit staatlicher Unterstützung ins Ausland gehen. Zum Beispiel studierten im Jahr 1931 nur 32 Türken an deutschen Technischen Hochschulen. Aus der Sicht der Türkei mit ihren äußerst eingeschränkten Devisenvorräten war dies aber eine hohe Zahl.

Ab 1932 wurde ein Netz von »Volkshäusern« aufgebaut. Diese *Halkevleri* veranstalteten Kurse in Sprache, Literatur, Geschichte, Kunst, Theater, Sport und Wohlfahrtswesen und entfalteten eine bemerkenswerte Museums- und Ausstellungstätigkeit. Ihnen war die Aufgabe zugedacht, den Kontakt zwischen Intellektuellen und der Bevölkerung zu intensivieren. Staat und Partei sahen in den Volkshäusern das wichtigste Projekt, um den Einfluss von osmanischer Tradition und islamischer Religion einzudämmen. Ansprachen im *Halkevi* sollten gleichsam die Ermahnungen von der Moscheekanzel ersetzen. Bei ihrer Schließung durch die Regierung Menderes im Jahr 1950 war ihre Zahl einschließlich der bescheideneren Volksräume (*Halk Odaları*) auf fast 500 angewachsen. İsmet İnönü war als Staatspräsident ein großer Förderer des westlichen Musiklebens. Der staatliche Rundfunk bemühte sich, eher vergeblich, den Musikgeschmack zu europäisieren. Auf einem Kulturkongress des Jahres 1939 wurde ernsthaft vorgeschlagen, Grammophonplatten mit »orientalischer« Musik zu verbieten. Radiogeräte waren teuer, im Jahr 1947 waren nicht mehr als 20 000 angemeldet.

Trotz knapper Kassen entstanden in der kemalistischen Epoche wichtige Bauten der europäischen Moderne. Prominente Architekten in türkischen Diensten waren unter anderem Paul Bonnatz, Ernst Egli, Martin Elsaesser, Clemens Holzmeister, Martin Wagner und Bruno Taut. Zwischen 1927 und 1938 wirkte Hermann Jansen als Stadtplaner und Architekt in Ankara. Die türkischen Schüler der deutschen und österreichischen Architekten entwickelten in den 1940er Jahren den so genannten »Zweiten Nationalen Stil« unter weitgehender Vermeidung des Eklektizismus der Epochen zwischen 1890 und 1930. Dabei ließen sie sich aber durchaus von altanatolischen, seldschukischen und traditionellen balkanisch-anatolischen Vorbildern inspirieren. Die Hauptleistung dieser Generation war die Rückkehr zum türkischen Hausbau bei aller Nutzung der konstruktiven Eigenschaften moderner Baumaterialien. Dieser Regionalismus wurde ab den 1960er Jahren von internationalen Stilen so gut wie völlig abgelöst. Es ist bemerkenswert, dass in der Epoche der »servilen Künste« mit Ausnahme einiger Repräsentationsbauten und Atatürk-Denkmälern keine »totalitären« Architekturen wie in der Sowjetunion, Italien oder Deutschland entstanden. Das Atatürk-Mausoleum wurde erst nach dem Tode des »Vaters aller Türken« geplant und vollendet (1953). Eine großformatige programmatische Gemäldeproduktion existierte zwar in Ansätzen, aber Ankara verstand Kunstpolitik in erster Linie als staatliche Hilfestellung für eine neue Generation von Malern und Bildhauern, ohne bestimmte Diktate oder staatsrepräsentative Ästhetik.

Die Republik Atatürks vermochte eine Anzahl wichtiger Autoren durch staatliche Ämter als Deputierte in der Nationalversammlung oder Gesandte im Ausland zu binden. Schriftsteller wie Ruşen Eşref (Ünaydın, 1892–1959), Yakup Kadri (Karaosmanoğlu, 1889–1974) und Falih Rıfkı (Atay, 1894–1971) sind Repräsentanten der kemalistischen Literatur. Hohes Ansehen bei einem konservativen Lesepublikum erwarb Yahya Kemal (Beyatlı, 1884–1958), dessen Neoklassizismus die Brücke zwischen der osmanischen und der modernen Poesie schlug. Die sehr angesehene Romanschriftstellerin Halide Edip (Adıvar, 1884–

1964) gehörte wegen ihrer liberalen politischen Haltung nicht in diesen Kreis, doch wurden ihre Werke aus der Zeit des Befreiungskriegs in den »unvollendeten Kanon der Nationalliteratur« (Ömer Türkeş) aufgenommen. Halide Edip kehrte erst nach Atatürks Tod aus Frankreich in die Türkei zurück. Einer der wenigen Exilschriftsteller der Periode war auch Refik Halid (Karay, 1888–1965), der wegen seiner Gegnerschaft zu den Kemalisten 15 Jahre in Aleppo und Beirut verbringen musste. Die 1933 gegründete Monatszeitschrift *Varlık* bildete das wichtigste Forum für Erzähler und Lyriker. Der 1925 vom Studium in Moskau zurückgekehrte Nazim Hikmet (1902–1963) ist die bekannteste Stimme unter der Avantgarde. 1941 traten drei junge Dichter – Melih Cevdet Anday (1915–2002), Oktay Rifat Horozcu (1914–1988), Orhan Veli Kanık (1914–1950) – mit einem aufsehenerregenden Lyrikbändchen *Garip* (»Fremdartig«) an die Öffentlichkeit. In einem poetischen Manifest verwarfen sie das arabisch-persische Erbe als klassengebunden und unnatürlich. Sabahattin Alis (1907–1948) Erzählungen stehen für einen engagierten Realismus. Der Einzelgänger Sait Faik Abasıyanık (1906–1954) ist der Meister der kleinen Form. Viele seiner Kurzgeschichten haben die Inseln des Marmarameers zum Schauplatz. Necip Fazıl Kısakürek (1905–1983) zählte durchaus zur Avantgarde der Jahre zwischen den Kriegen, entfernte sich aber nach mystischen Offenbarungserlebnissen von diesen Anfängen. Über seinen Tod hinaus blieb er *die* literarische Identifikationsfigur für viele nationalreligiös geprägte Türken. İnönüs Kulturminister Hasan Âli Yücel (1897–1961) propagierte den »Türkischen Humanismus« und initiierte die große Serie »1000 Klassiker der Weltliteratur«, in der zwischen 1940 und 1966 1117 Titel in moderner türkischer Übersetzung erschienen.

Im Abstand von mehreren Generationen wird die »Nachhaltigkeit« großer Teile des kulturellen Reformwerks sichtbar. Atatürks Schrift- und Sprachreform wird von niemandem ernstlich in Frage gestellt. Das Zivil- und Strafgesetzbuch wurde weiter liberalisiert, die rechtliche Stellung der Frau wesentlich verbessert. Die von einer ersten, ab 1908 aktiven Generation von Politikern, Militärs und Intellektuellen vorbereiteten Reformen wurden auch von einer zweiten Altersgruppe, welche unter Atatürk und İnönü aufwuchs, getragen und garantierte ihre Unumkehrbarkeit bis ins späte 20. Jahrhundert.

Epochenüberblick 1946–1980

Obwohl die Ablösung İnönüs als Staatspräsident erst 1950 erfolgte, bildete bereits das erste Nachkriegsjahr einen tiefen Einschnitt. Am 11. Juni 1945 verabschiedete das Parlament noch ein Gesetz über die Verteilung von Land an bedürftige Bauern, das unter anderem die teilweise Enteignung von Großgrundbesitz (über 5000 *dönüm*/Hektar) vorsah. Schon zuvor hatten vier einflussreiche CHP-Politiker – Celâl Bayar, Adnan Menderes, Refik Koraltan und Mehmed Fuad Köprülü – die Partei mit einer Denkschrift konfrontiert, in der sie demokratische Freiheiten forderten. Trotz ihrer deutlichen Sprache führte die Diskussion innerhalb der CHP-Parlamentarier zunächst zu keinem Parteiausschluss. Die Mehrparteienperiode begann streng genommen mit der Gründung der »Nationalen Entwicklungspartei« durch den İstanbuler Industriellen Nuri Demirağ. Wichtiger war aber, dass Anfang 1946 von den genannten vier Dissidenten die Demokratische Partei (DP / *Demokrat Parti*) gegründet wurde. Bayar, der Wirtschaftspolitiker und Weggefährte Atatürks, wurde zum Vorsitzenden gewählt. İnönüs Reaktion war die Ausschreibung von Wahlen zum 21. Juli 1946. Er hatte sie um ein Jahr vorgezogen, um neuen Parteien, vorab der DP, möglichst wenig Zeit zum Aufbau zu ermöglichen. Seine Rechnung ging zunächst auf. Obwohl erstmals in den Wahlkreisen mehrere Kandidaten zur Auswahl standen, fielen 395 von 465 Sitzen an die Volkspartei, die Demokraten mussten sich mit 64 begnügen. Ministerpräsident wurde vorübergehend Recep Peker, der ehemalige CHP-Generalsekretär. Er war die lebende Verkörperung des autoritären Kemalismus, seine Formel vom »Staat als formierte Nation« hatte allerdings nur noch wenig Anziehungskraft. Doch war er wegen seiner proenglischen Haltung eine zur neuen Westorientierung passende Figur.

Trotz – oder gerade wegen – der sich ankündigenden Polarisierung gab es eine gewisse Lockerung innerhalb der Volkspartei, deren Führung sehr genau wusste, dass religiöse Themen für viele Wähler von zentraler Bedeutung waren. 1947 wurde der Religionsunterricht außerhalb der staatlichen Schulen freigegeben. Im nächsten Jahr ging man einen Schritt weiter und erlaubte den fakultativen Religionsunterricht an den beiden letzten, d.h. 4. bis 5. Klassen der Grundschule. Schon im Juni 1946 wurde ein Gesetz über die Einrichtung einer Theologischen Fakultät in Ankara verabschiedet. Unter dem für ein Jahrzehnt letzten CHP-Ministerpräsidenten Şemsettin Günaltay (Januar 1949 – Mai 1950) bestätigte das Erziehungsministerium einen Lehrplan für »Kurse« zur Ausbildung von Vorbetern und Freitagspredigern. Günaltay vertrat eine durchaus unkemalistische Frühform der später »Türkisch-Islamische Synthese« genannten Ideologie. Gekrönt wurde diese schrittweise »Reislamisierung« durch eine Neugliederung des Präsidiums für Religionsangelegenheiten, dem jetzt alle Moscheediener direkt unterstellt wurden. In kürzester Zeit hatte die Volkspartei wesentliche Voraussetzungen für ein staatlich kontrolliertes und finanziertes islamisches Bildungssystem hergestellt. Diese Maßnahmen wurden von symbolischen Akten der »Reosmanisierung« begleitet. Dazu gehörte die Wiedereröffnung der Mausoleen »großer Männer« wie vor allem der Eroberersultane.

Zehn Wochen vor den Wahlen des Jahrs 1950 besuchte der İstanbuler Gouverneur im Beisein des Präsidenten für Religionsangelegenheiten die Türbe des Prophetengefährten Eyüp (Ayyûb al-Ansârî) in der gleichnamigen Pilgervorstadt İstanbuls.

Starke antikommunistische Strömungen traten jetzt an die Oberfläche. Schon 1947 beriet das Parlament über den Ausschluss von des Marxismus verdächtigten Hochschullehrern aus der Universität Ankara. Studentenkundgebungen zwangen den Rektor zum Rücktritt. 1948 richteten sich nationalistische Studenten in gewalttätigen Demonstrationen gegen linke Presseorgane. Kurz vor den Wahlen zur Großen Nationalversammlung am 14. Mai 1950 hatte İnönü angekündigt, die »Sechs Pfeiler« der ehemaligen Staatspartei als Verfassungsgrundsätze aufzugeben. Das Wahlergebnis zeigte, dass diese hastigen Versuche, Staat und Partei wieder zu entflechten, nicht honoriert wurden. An den bahnbrechenden Wahlen von 1950 beteiligten sich 7,9 Millionen Wähler, das waren 88 Prozent der Wahlberechtigten. Die Demokratische Partei sammelte 53,3 Prozent, die Volkspartei 40 Prozent der Stimmen. Das Mehrheitswahlrecht, das ein treuer Verbündeter der DP bis einschließlich 1957 bleiben sollte, sorgte aber dafür, dass der Sieger 84 Prozent der Sitze, die zukünftige Opposition nur 14 Prozent erhielt.

Celâl Bayar wurde Präsident der Republik und ernannte Adnan Menderes zum Ministerpräsidenten, während der »Pascha«, İsmet İnönü, als Oppositionsführer den Vorsitz der Volkspartei übernahm. Das Tandem Bayar/Menderes sollte zehn Jahre an der Spitze der türkischen Republik stehen, wobei auch Zeitgenossen nicht immer klar war, wer von den beiden nach Alter und Charakter so unterschiedlichen Politikern die Zügel in der Hand hatte. Beide Männer verfügten über ein eher bescheidenes Bildungsgepäck. Der Autodidakt Bayar hatte nur die Grundschule absolviert, Menderes das Rechtsstudium erst als

Abgeordneter nachgeholt. Menderes war ein nicht allzu wohlhabender Gutsbesitzersohn aus Aydın/Güzelhisar, der um 1930 erste Erfahrungen als Lokalpolitiker innerhalb der Volkspartei gesammelt hatte. Machtanspruch, Eitelkeit und tiefe Unsicherheit bis zu paranoiden Zügen kennzeichneten seine Persönlichkeit. Sein Verständnis von Demokratie unterschied sich nicht von dem seines Staatspräsidenten. Beide glaubten, durch demokratische Wahlen in Besitz einer fast unbeschränkten Vollmacht über die Dauer einer Legislaturperiode gelangt zu sein.

Das erste Regierungsprogramm der DP beklagte, dass im Laufe der Zeit »eine interventionistische, kapitalistische, bürokratische und monopolistische Art von Staat« entstanden sei. Man wolle nun das ausländische Kapital ermuntern, Monopole vermindern und vor allem die Landwirtschaft fördern. Während hier 80 Prozent der Bevölkerung beschäftigt seien, werde für sie nur 3 Prozent der staatlichen Mittel ausgegeben. Menderes erklärte, die Regierung erkenne das Streikrecht an und achte die Religions- und Gewissensfreiheit. Er kündigte baldige Maßnahmen in der Frage des Religionsunterrichts und Höherer Schulen zur Ausbildung von Religionsmännern an. Die Türkei stünde in Treue zum Ideal der Vereinten Nationen und »unserem großen Freunde, den USA, und unseren großen Verbündeten England und Frankreich«.

Das »türkische Experiment in Demokratie« (Feroz Ahmad) hatte begonnen. Seine eigentliche Bewährungsprobe stand ihm allerdings in den 1960er Jahren bevor, als Regierungen nach dem Verlust der parlamentarischen Mehrheit zum wiederholten Mal die Macht in andere Hände übergaben. Die Türkei gab mit der Annäherung an die USA ihren aus den Kriegsjahren nicht unbeschädigt hervorgegangenen nachbarschaftlichen Umgang mit der Sowjetunion auf. Ob die türkische Diplomatie auf die »günstige Gelegenheit«, wie ein Exbotschafter in seinen Memoiren schrieb, wartete, um sich von Moskau zu entfernen, lässt sich erst nach Öffnung der republikanischen Archive sagen. Die Menderes-Regierung sollte ihren proamerikanischen Kurs, der durch die Teilnahme am Korea-Krieg und den Eintritt in die NATO eingeleitet wurde, über zehn Jahre verfolgen.

Zu den ersten Maßnahmen von Menderes im Inneren gehörte die schon behandelte Schließung der Dorfinstitute und Volkshäuser und die Säuberung des Staatsapparats von CHP-Anhängern. Der Gebetsruf erfolgte nun wieder in arabischer Sprache. »Reaktionäre«, d. h. radikal-islamische Bewegungen wurden als randständig bezeichnet, ihre Anhänger meist nur milde bestraft. Weniger nachsichtig wurde allerdings die antilaizistische Bewegung des Said Nursî (1876?–1960) behandelt. Nursî war ein kurdischer Scheich, der schon mit Sultan Abdülhamîd II. Umgang pflegte. Der Gründer der Nurculuk-Bewegung starb, ohne die rasante Ausbreitung seiner neo-islamischen Bewegung ab den 1960er Jahren zu erleben.

Die »guten Menderes-Jahre« neigten sich nach der Wahl im Jahr 1954 (58 Prozent der Stimmen) allmählich dem Ende zu. 1957 sank bei erneuten, diesmal vorgezogenen Wahlen der Stimmenanteil auf 48 Prozent. Angesichts des Wahlsystems genügte das allerdings, um 70 Prozent der Sitze an die Gefolgschaft von Menderes zu verteilen. Der Premier scheint allerdings mehr Wirkung auf ein Massenpublikum ausgeübt zu haben als auf seine engere politische Umgebung, wo er sich mit altgedienten DP-Mitgliedern überwarf. Das Gründungsmitglied Mehmet Fuat Köprülü (Außenminister 1950–1956) verließ aus Protest gegen diktatorische Tendenzen im September 1957 die DP. Der Stern von Menderes sank auch, weil ein immer kleinerer Teil der Bevölkerung von den wirtschaftlichen Veränderungen profitierte. Die rasche Mechanisierung der Landwirtschaft hatte die Binnenmigration beschleunigt, die illegale Siedlungen (*gecekondus*) am Rande der Großstädte zur Folge hatte. Diese Prozesse waren seit den

1940er Jahren zu beobachten, wobei Steuerungsversuche immer wieder durch wahltaktische Legalisierungen aufgeweicht wurden. Anfang 1958 lebten bereits etwa 522000 Bewohner der beiden Metropolen İstanbul und Ankara in illegalen Behausungen.

Kritik durch die Presse oder die Oppositionspartei wurde von Menderes mit Volksverhetzung gleichgesetzt. Im Frühjahr (27. April 1960) kam das Fass zum Überlaufen, als die DP-Mehrheit in der Nationalversammlung einen Untersuchungsausschuss einsetzte, der ermächtigt war, die Presse zu zensieren, Zeitungen zu verbieten, Vorladungen anzuordnen und Gefängnisstrafen bis zu drei Jahren zu verhängen. Die Kommission wurde mit sämtlichen Rechten und Vollmachten aller hohen zivilen und militärischen Rechtsorgane ausgestattet. Nach heftigen Auseinandersetzungen zwischen Studenten und der Polizei in İstanbul, bei denen es Tote und Verletzte gab, wurde für drei Monate der Ausnahmezustand erlassen. Trotzdem kam es in İstanbul sogar während der Vollsitzung des NATO-Ministerrats zu Demonstrationen, was zu einem vorzeitigen Abbruch der Beratungen führte (1. Mai 1960). Den Studentenprotesten schlossen sich unter anderem Kadetten der Kriegsschule in Ankara an. Letztlich war es die Unzufriedenheit weiter Teile des Militärs – überwiegend unterhalb der Generalität – und akademischer, städtischer Eliten, die zu Menderes' Sturz führte.

Am 27. Mai 1960 übernahmen die Streitkräfte in einer unblutigen Aktion die Verwaltung des Landes. Unter General Cemal Gürsel, der eher als Galionsfigur der »Obristen« diente, ergriff ein »Komitee der Nationalen Einheit« die Macht. Die Leitung der Universität İstanbul erklärte sein Vorgehen im Sinn eines »säkularen Fetvas«, wie man es damals ironisch nannte, für gesetzlich. Auffälligerweise erhoben die USA keine Stimme gegen die Putschisten. Ob ihr Schweigen mit Versuchen von Menderes zusammenhängt, die Sowjetunion um wirtschaftliche Unterstützung anzugehen (Mete Tunçay), bleibt Spekulation. Obwohl das Wort von der »Zweiten Republik« nur beiläufig fiel, war die Aktion von 1960 mehr als eine »Korrekturrevolution« zur Wiederherstellung kemalistischer Prinzipien. Die neue Verfassung war ein durchaus respektables, in vielerlei Hinsicht an das Grundgesetz der Bundesrepublik Deutschland angelehntes Werk. Ihre wichtigsten Kennzeichen waren die auf zwei Kammern (Nationalversammlung als »Unterhaus« und Senat) aufgeteilte Legislative (Große Nationalversammlung) und ein Proportionalitätswahlmodus. Man schuf eine Anzahl neuer Institutionen. Unter ihnen ist das Verfassungsgericht (*Anayasa Mahkemesi*) zweifellos für die rechtsstaatliche Entwicklung der Türkei die wichtigste Errungenschaft. Der »Hohe Richter und Staatsanwälterat« (*Yüksek Hâkimler ve Savcılar Kurumu*) stärkte die Unabhängigkeit der Justiz. Auch die auf Beschluss des »Komitees für nationale Einheit« geschaffene »Staatliche Planungsorganisation« (*Devlet Planlama Teşkilatı*) erwies sich in den kommenden Jahrzehnten als wichtiges Instrument, das manchen allzu willkürlichen Investitionsvorhaben der Regierungen einen Riegel vorschob. Obwohl noch vor der Menderes-Periode ein Gewerkschaftsgesetz verabschiedet wurde (1947), wurde das Streikrecht erst im Jahr 1961 in die Verfassung aufgenommen.

Aus der Zeit stammt auch als militärisches Gegengewicht der »Nationale Sicherheitsrat« (MGK / *Milli Güvenlik Kurulu*), der bis zur Verfassungsreform des Jahres 2001 mehrheitlich aus Mitgliedern der Streitkräfte bestehen sollte. Das Referendum über die neue Verfassung (9. Juli 1961) machte deutlich, wie feindlich die ehemaligen DP-Hochburgen dem neuen Regime gegenüberstanden: Es erhielt nur 61,7 Prozent Zustimmung, in 11 »reichen« Provinzen überwogen die ablehnenden Stimmen der größeren Bauern und Agrarkapitalisten. Während des elfmonatigen Prozesses, den die Putschisten im Oktober 1960 gegen nicht weniger als 592 Angeklagte eröffneten, verloren sie die Sympathien von Beobachtern, die auf ein würdiges Verfahren gehofft hatten. Überraschend war, dass die eklatanten Korruptionsfälle, deren Behandlung nach zehn Jahren Alleinherrschaft der DP anstanden, keine Anklagepunkte bildeten. Hingegen wurden publikumswirksame Miniskandale ausführlich behandelt. Wirklich wichtige Themen waren der Vorwurf, die antigriechischen Unruhen von 1955 angestiftet und mit der Nutzung des staatlichen Radios für parteipolitische Zwecke gegen das Gesetz verstoßen zu haben. Die abschließende Urteilsbegründung lautete, die Angeklagten hätten versucht, die Verfassung der Republik Türkei gewaltsam zu verändern, durch eine andere zu ersetzen und sie aufzuheben. Am Ende wurde 15 Todesurteile ausgesprochen, von denen das »Komitee der Nationalen Einheit« drei bestätigte. 31 Angeklagte wurden mit lebenslänglicher Haft bestraft. Menderes wurde hingerichtet, Bayar hatte man aus Altersgründen verschont (bis zu seinem Ableben sollten in einer seltenen Ironie der Geschichte weitere 43 Jahre vergehen!).

Bei den Wahlen vom September 1961, aus denen die Volkspartei mit 36,7 Prozent der Stimmen nur als knapper Sieger vor der Gerechtigkeitspartei (AP / *Adalet Partisi*), der vorläufigen Nachfolgerin der DP, hervorging, konnte İnönü nach elf Jahren als Oppositionsführer wieder eine Regierung bilden. Ein wesentlicher Unterschied der AP zur DP bestand darin, dass sich ihr späterer Führer Demirel stärker mit dem neuen Industriekapital als mit dem Agrarsektor verbunden zeigte, was 1970 zu einer Spaltung der Partei führen sollte. Das Zweiparteiensystem erlebte nach 1960 keine Neuauflage, weil sich keine Politiker mehr fanden, die in der Lage waren, die heterogenen konservativen Wählerschichten zusammenzuführen bzw. alle Varianten des Kemalismus von links bis rechts zu vertreten. İnönü stand bis 1965 drei weiteren Kabinetten unterschiedlichster Couleur vor (1962–1963: CHP, AP; 1962–1963: CHP, YTP, CKMP und Unabhängige; 1963: CHP und Unabhängige). Er brachte in dieser Zeit einige Reformprojekte im Bereich des Arbeitsrechts auf den Weg. Auch erhielt die Türkei eine verhältnismäßig liberale Rundfunkverfassung nach dem Muster des BBC. Die angekündigte Landreform beschränkte sich auf schüchterne Maßnahmen. Das Assoziationsabkommen mit der Europäischen Wirtschaftsgemeinschaft wurde in dieser Periode unterzeichnet. Mit der Entsendung von Gastarbeitern nach Deutschland hoffte man ab 1961, den Arbeitsmarkt zu entlasten und die Devisenbilanz zu verbessern. Der aufkommende Zypern-Konflikt (s. S. 446) belastete nicht nur das Verhältnis zu Griechenland, sondern führte auch zu einer schweren Verstimmung mit den USA.

Die Jahre zwischen 1965 bis zur Militärintervention vom 12. September 1980 waren durch eine permanente Instabilität des politischen Systems gekennzeichnet. Im Durchschnitt wechselte die Regierung jährlich einmal. Nach dem »Memorandum« der Militärs vom 12. März 1971 (vgl. S. 440) folgten zwei Jahre wenig wirkungsvoll geteilter Herrschaft zwischen Militär und Parlament. Die dramatische Verschlechterung der wirtschaftlichen Rahmenbedingungen ab Mitte der 1970er Jahre führte zu einer Preisspirale und den rapiden Verfall der Währung. Jeder Bürger und jede Bürgerin der Türkei erlebte, wie abhängig das Land von Importgütern wie Erdöl und Düngemitteln, aber auch von unzähligen Notwendigkeiten des täglichen Bedarfs war. Die linken Gewerkschaften (DİSK / *Devrimci İşçiler Sendikaları Konfederasyonu*) versuchten sich, teilweise mit aberwitzig langen Streiks, gegen die Verschlechterung der Kaufkraft zu wehren. Radikalisierte Jugendorganisationen bekämpften sich auf dem Campus der Hochschulen und in den Straßen der Städte. Attentate auf einzelne Politiker und Intellektuelle alarmierten die Öffentlichkeit in kurzen Abständen. In mehreren anatolischen Städten wurde die alevitische Gemeinde das Ziel von ultrarechten Terroristen. Einen blutigen Höhepunkt bildete die Entführung und Ermordung des israelischen Generalkonsuls in İstanbul (Mai 1971) durch eine marxistische Studentenorganisation, die eine weit über das Ziel hinausschießende Verhaftungswelle auslöste.

Die Wahlen von 1973 lösten eine Serie repressiver Kabinette ab, ohne dem Sieger Bülent Ecevit die Mehrheit zu sichern. Ecevit hatte mit genau einem Drittel der Wählerstimmen die relative Mehrheit erzielt, war aber gezwungen, mit dem Islamisten und Führer der Nationalen Heilspartei (MSP / *Milli Selamet Partisi*) Necmettin Erbakan zu koalieren. Da Ecevit mit dem durch die Zyperninvasion (Juli 1974) erzielten Popularitätshoch seinen Juniorpartner Erbakan in den Schatten stellte, zerbrach die Koalition. Nach einem Übergangskabinett Sadi Irmak trat der AP-Führer Süleyman Demirel an die Spitze einer Vier-Parteien-Koalition. Die folgenden Jahre waren von der Rivalität zwischen Demirel und Ecevit geprägt. Die kleineren radikalen Parteien MSP und MHP verhalfen Demirel und seiner »Nationalen Front« (*Milliyetçi Cephe*) bis Ende 1977 zu Mehrheiten. In der letzten Amtsperiode von Demirel, einer Minderheitenregierung, nahm die Zahl politischer Morde auf das unerhörte Maß von 1500 Menschen zu. Stellvertretend auch für weniger prominente Opfer seien die Namen des Gewerkschaftsführers Kemal Türkler und des ehemaligen Ministerpräsidenten Nihat Erim, der 1971–1972 an der Spitze von zwei überparteilichen Regierungen gestanden hatte, hervorgehoben. Beide wurden im Mai 1980 ermordet.

Das Experiment in Demokratie zwischen 1947 und 1979

1947 12. März: Der amerikanische Präsident Truman fordert Hilfe für die Türkei und Griechenland.

1948 Die Volkspartei beschließt die Einführung des fakultativen Religionsunterrichts in den 4. und 5. Grundschulklassen.

1949 Zulassung der Türkei zum Europarat in Straßburg.

1950 14. Mai: Die Demokratische Partei gewinnt die Allgemeinen Wahlen mit 54 % der Stimmen; Beginn der »Menderes-Epoche«. – Beschluss, auf Ersuchen des Sicherheitsrats der UN, Truppen nach Korea zu entsenden.

1951 Gesetz über Beschlagnahmung der Volkshäuser (*Halkevleri*).

1952 18. Februar: Beitritt zum Nordatlantikpakt.

1953 10. November: Überführung Atatürks in das Mausoleum in Ankara.

1954 2. Mai: Zweite für die Demokratische Partei siegreiche Wahl.

1955 Zypern-Krise. – 6. September: Antigriechische Krawalle in İstanbul.

1957 27. Oktober: Allgemeine Wahlen: Die DP erzielt 47,70 % der Stimmen und 424 Sitze.

1959 31. Juni: Antrag auf Zulassung zur Europäischen Wirtschaftsgemeinschaft als assoziiertes Mitglied.

1960 Studentenkundgebungen für den Oppositionsführer İnönü. – 29. April: Ausnahmezustand. – 27. Mai: Offiziersputsch. – 30. Mai: Militärregierung unter General Gürsel.

1961 9. Juli: Zweite Republik Türkei: Referendum über die neue Verfassung. – 15. September: Todesurteile für den früheren Präsidenten Bayar, Ministerpräsidenten Menderes, zwei Minister und 11 DP-Mitglieder; 16./17. September: Vollstreckung an Menderes und den Ministern.

1963 12. September: Die Türkei unterzeichnet das Assoziationsabkommen mit der Europäischen Wirtschaftsgemeinschaft (wirksam 1. Januar 1964).

1965 10. Oktober: Wahlsieg der Gerechtigkeitspartei (AP) Süleyman Demirels.

1971 Entführung von vier US-Offizieren durch die linksterroristische »Türkische Volksbefreiungsarmee« des Deniz Gezmiş. – 12. März: Rücktritt der Regierung Demirel auf Grund eines »Memorandums« der Militärführung. – 7. April: Bildung eines überparteilichen Kabinetts unter Nihat Erim. – 27. April 1971 – 12. September 1973: Ausnahmezustand. – 20. September: Verfassungsänderung.

1972 Zusatzprotokoll zum Assoziationsabkommen mit der Europäischen Gemeinschaft.

1974 25. Januar: Kabinett Ecevit (CHP) unter Beteiligung der MSP Erbakans. – 20. Juli: Landung türkischer Truppen im Norden von Zypern.

1975 31. März: Erste Regierung der »Nationalen Front« unter Süleyman Demirel.

1978 22. Dezember: Sunnitisch-alevitische Zusammenstöße in Maraş, 109 Todesopfer.

1979 1. Februar: Ermordung von Abdi İpekçi (Chefredakteur der Tageszeitung *Milliyet*). – Höhepunkt der Petroleumkrise. – Gründung der »Kurdischen Arbeiterpartei« (PKK) bekannt gegeben. – Rücktritt der Regierung Ecevit. – Minderheitenkabinett Demirel.

Politiker unter der »Militärdemokratie« (zwischen 1946 und 1980 und darüber hinaus)

Trotz der häufigen Regierungswechsel sind die Jahre der »Militärdemokratie« mit den Namen von verhältnismäßig wenigen führenden Politikern verbunden. Die meisten unter diesen sollten auch nach 1980 eine gewichtige Rolle spielen. Bis 1950 standen mit Atatürk und İnönü die Gründerfiguren der Republik an der Spitze des Staates. Präsident Bayar (1950–1960) hatte nie Uniform getragen. Seine Nachfolger als Präsidenten der Republik bis 1989 waren hingegen ausnahmslos ehemalige Generäle bzw. ein Admiral (Cemal Gürsel, Cevdet Sunay, Fahri Korutürk, Kenan Evren), wenn man von einem verfassungsrechtlich notwendigen Interim im Jahr 1980 absieht. Mit Turgut

Özal wurde am 9. November 1989 zum zweiten Mal ein Zivilist Staatsoberhaupt. Özal starb im Amt (1993), sein Nachfolger Demirel war wie Özal ein früherer Parteipolitiker. Der im Jahr 2000 zum Präsidenten gewählte Ahmet Necdet Sezer ist als ehemaliger Verfassungsrichter das erste Staatsoberhaupt, das weder aus der militärischen Führung kommt noch einen parteipolitischen Hintergrund hat (vgl. Tabelle, S. 493)

Die türkischen Regierungen nach 1960 waren überwiegend Koalitionskabinette. Die zersplitterte Parteienlandschaft (vgl. Schema, S. 495 f.) nach Abschaffung des Mehrheitswahlsystems führte zu wechselnden politischen Bündnissen unter immer wiederkehrenden Parteiführern. In diesem Zeitraum erscheint der rechtsliberale Süleyman Demirel, seit er 1965 sein erstes Kabinett gebildet hatte, noch weitere sechsmal als Regierungschef. Bülent Ecevit stand fünfmal dem Ministerrat vor. Eine vergleichbar wichtige Rolle hat nur noch Turgut Özal eingenommen, der zuerst zwischen 1983 und 1987 und erneut zwischen 1987 und 1989 Kabinette auf der Basis einer absoluten Mehrheit seiner »Mutterlandspartei« (ANAP) bilden konnte (vgl. Tabelle, S. 495). Die genannten drei Politiker wurden alle in den 1920er Jahren nach Gründung der Republik geboren (1924–1927). Demirel und Özal sind nach einer Ingenieurausbildung sowie einigen Jahren im öffentlichen Dienst in die Politik gegangen. Im Übrigen gilt dieses Karrieremuster auch für Necmettin Erbakan, der sich allerdings in Deutschland fortbildete.

Der 1924 in Westanatolien geborene Demirel hat einen bäuerlichen Hintergrund, während der fast gleichaltrige Bülent Ecevit (geb. 1925) dem İstanbuler Bildungsbürgertum entstammt. Demirel war noch auf dem Eselsrücken zur Anmeldung an der Mittelschule in einer Kreisstadt geritten, während für Ecevit das amerikanisch geprägte Robert College die Tore öffnete. Demirel wurde 1945 in die Technische Hochschule İstanbul aufgenommen, wo bereits sein späterer Koalitionspartner Necmettin Erbakan studierte. Demirel hatte als erster türkischer Ingenieur ein Jahr in den Vereinigten Staaten verbracht (1949/1950). Ecevit benutzte den Journalistenberuf als Sprungbrett in die Politik. Demirel war 1964 an die Spitze der Gerechtigkeitspartei (AP) getreten, die zunächst ein konservatives Sammlungsbecken der Demokraten des hingerichteten Adnan Menderes bildete. Sie war 1961 von einem pensionierten General, der das Vertrauen des Komitees für nationale Einheit genoss (Ragıp Gümüşpala), gegründet worden und entwickelte sich zur echten Volkspartei, weil ihre Wählerbasis von der städtischen Bourgeoisie über Landbesitzer bis zu kleinen Beamten und sogar Arbeitern reichte, die von der Dynamik der Wirtschaftsentwicklung in diesen Jahren weniger profitiert hatten. Ecevit wurde 1972 nach dem erfolgreichen Sturz İnönüs, unter dem er früher als Arbeitsminister (1961–1965) gedient hatte, Vorsitzender der Volkspartei. Zuvor war es ihm gelungen, den profilierten Rechtskemalisten Professor Turhan Feyzioğlu auszubooten, der in einer für das türkische Parteiensystem charakteristischen Weise mit der Gründung einer eigenen, wenn auch kurzlebigen Partei (*Güven Partisi*) reagierte.

In den Jahrzehnten zwischen 1960 und 1980 baute sich eine deutliche Polarisierung zwischen »Rechts« und »Links« auf. Die »Rechte« wurde mit Demirel durch einen Politiker vertreten, der sich geschickt im Dreieck zwischen Landwirtschaft, neuer Privatindustrie und dem staatlichen Sektor, in dem er als Staudammbauer groß geworden war, bewegte. Ecevit wollte die ehemalige Staatspartei CHP in eine Richtung »links von der Mitte« dirigieren. Er trat als Anwalt der Arbeiter und kleinen Bauern auf. In seiner Programmatik galt die gegebene Sozialordnung als »korrupt« (*bozuk*) und änderungsbedürftig. Als Ministerpräsident ging er auf Distanz zu den Verbänden der Privatindustrie und trat für staatliche Beteiligungen ein. Im Rückblick wird aber deutlich, dass sich Ecevit von seinem Rivalen Demirel als Nationalist nicht in den Schatten stellen ließ. Die Landungsoperation auf Zypern (1974) wie die Freigabe des Opiumanbaus (für pharmakologische Betriebe) gegen den ausdrücklichen Wunsch der Vereinigten Staaten waren Bestandteile seiner Politik als Regierungschef. Sein »Antiamerikanismus« hatte jedoch keine prosowjetische Kehrseite. Es war Demirel, der das Eis brach, welches sich unter Menderes zwischen Moskau und Ankara gebildet hatte. Beide Politiker bezogen den islamischen Faktor auf unterschiedliche Weise in ihr Kalkül ein. Demirel hatte am Beginn seiner Laufbahn trotz seiner anatolisch-bäuerlichen Herkunft mit dem Vorwurf zu kämpfen, er sei unter die Freimaurer geraten. Auf Fragen der laizistischen Grundordnung angesprochen, betonte er stets, die Republik Türkei sei laizistisch, ihre Bevölkerung aber zu fast 100 Prozent islamisch. Ecevit hatte hingegen keine Probleme, den dezidiert fundamentalistischen Necmettin Erbakan als Stellvertreter in sein Kabinett zu holen (1974). Der Preis dafür waren entscheidende Weichenstellungen für den Ausbau der religiösen Sekundarschulen.

Ein weiterer tonangebender Politiker der Zeit war der ehemalige Oberst Alpaslan Türkeş (1919–1997). Er spielte in den Jahren 1975–1978 als Vizepremier in den Koalitionsregierungen der »Nationalen Front« unter Demirel eine einflussreiche Rolle. Er war eine wichtige Figur beim Umsturz des Jahres 1960, wurde aber kurz danach aus dem Komitee der Nationalen Einheit ausgeschlossen. Nach mehreren Vorgängergründungen schuf er 1969 die »Nationalistische Aktionspartei« (MHP / *Milliyetçi Hareket Partisi*), deren Programmatik sich gegen alle als »Links« eingeordneten Personen, Gruppen und Inhalte richtete. Zugleich vertrat die MHP ein minderheitenfeindliches, großtürkisches Programm. Die Jugendorganisation der MHP (*Ülkü Ocakları* / Idealistenvereine) tendierte dagegen zur Stärkung der islamischen Identität der Partei. Später wurde die großtürkische Komponente von der islamistischen überschattet. Die Entstehung von fünf unabhängigen Turkrepubliken (Aserbaidschan, Turkmenistan, Usbekistan, Kasachstan, Kirgisistan) nach 1990/1991 hat der Bewegung von Türkeş keine entscheidenden Impulse vermittelt.

Nach dem Militärputsch vom 12. September 1980 wurden alle führenden Politiker einem Betätigungsverbot unterworfen, ihre Parteien wurden aufgelöst. Das Militär unter Kenan Evren bemühte sich, die Parteienvielfalt durch ein nach seinen Vorstellungen maßgeschneidertes Drei-Parteien-System zu ersetzen. Gegen die Erwartungen der Militärs gewann aber die »Mutterlandspartei« (*Anavatan Partisi* / ANAP) des Wirtschaftsfachmanns Turgut Özal die Parlamentswahlen von 1983.

Die türkische Wirtschaft zwischen Etatismus und Liberalisierung

Das Wahlversprechen von Adnan Menderes »In jedes Dorf ein Millionär« erfüllte sich zwar erst in tragisch-ironischer Form in den Jahren der Hyperinflation nach 1980, jedoch war es ein kennzeichnendes Schlagwort für die »Bereichert-euch-Stimmung«, die nach seiner Wahl 1950 die ländliche Türkei ergriff. Mittel aus dem Marshall-Plan ermöglichten den Ankauf von Traktoren, deren Zahl bis 1955 auf 40 000 stieg. Die Folge war eine rasante Erweiterung der landwirtschaftlichen Nutzfläche. Mit der Erstellung eigener Kunstdüngerfabriken (ab 1954) wurde die Expansion der Getreideflächen durch eine Intensivierung des Anbaus ergänzt. Landbesitzer in der wirtschaftlich begünstigten Çukurova profitierten vom Baumwollboom während des Koreakriegs. Aus den »Baumwollbaronen« wurden, verstärkt nach 1960, Industriebarone. Der Straßenbau wurde auf Kosten der Bahnlinien forciert.

Zu den florierenden Wirtschaftszweigen gehörten die Zement- und die Nahrungsmittelindustrie. Anhänger der staatlichen Planungspolitik beklagten, dass die Türkei die Industrialisierung aufgebe, um stattdessen »der Gemüsehändler Europas« (*Avrupa'nın manavı*) zu werden.

Jedenfalls wuchs in den ersten Menderes-Jahren (1950–1953) das Pro-Kopf-Einkommen um beachtliche 28 Prozent, d. h., der Bauer hatte fühlbar Geld in der Tasche. Mit dem Instrument des schon 1938 gegründeten »Amts zur Pflege des Agrarmarkts« (*Toprak Mahsulleri Ofisi*) konnte die Regierung ihre bäuerliche Klientel durch staatlich festgelegte Mindestpreise zufriedenstellen. Die erfreuliche Entwicklung wurde jedoch nach 1954 durch eine rasante Inflation abgelöst. Die Importe stiegen schneller als die Exporte. Die Türkei brauchte ihre Devisenreserven rasch auf. Am 4. August 1958 war die Regierung zu einer Abwertung gezwungen, die der Internationale Währungsfond (IWF) im Übrigen schon 1954 vorgeschlagen hatte. Vom IWF geforderte wirtschaftspolitische Maßnahmen wie Entbürokratisierung und Privatisierung der Staatsbetriebe wurden weithin ignoriert. Es liegt nahe, dass man diese »Konditionalität« der Finanzhilfen bald mit der Verwaltung der osmanischen Staatsschuld durch die europäischen Mächte verglich.

Zu den wichtigsten sozialen Folgen der Epoche gehörte eine verstärkte Landflucht. Die »Traktorenrevolution« hatte zahllose Landarbeiter in die illegalen Stadtrandviertel (*gecekondus*) getrieben (man hat die Arbeitskraft von 10 Familien mit einem Traktor verglichen). Erst nach dem Sturz von Menderes setzte 1961 eine nennenswerte Arbeitsmigration ins Ausland ein, die 1973 ihren Höhepunkt erreichte. In diesen Jahren wurde zum ersten Mal die Wanderungsrichtung umgekehrt, nachdem Anatolien über mehr als ein Jahrhundert Einwanderungsziel von muslimischen Flüchtlingen und Umsiedlern gewesen war. Die Arbeitsmigranten ließen sich zum größten Teil nach

Deutschland (bis zum so genannten Anwerbestopp 1973), Frankreich und in die Niederlande vermitteln. 1983 lebten in den Ländern der Europäischen Wirtschaftsgemeinschaft 1942254 Türken, Saudi-Arabien und Libyen nahmen zusammen etwa 212000 Menschen auf. Die Arbeitsmigration bildete eine Fortsetzung der Binnenwanderung ins Ausland, da der größte Teil der Migranten außerhalb der türkischen Ballungsräume geboren war. Für die nationale Leistungsbilanz bildeten Überweisungen von Gastarbeitern in den 1970er und 1980er Jahren eine spürbare Entlastung. Hingegen wurden Erwartungen hinsichtlich Existenzgründungen von Rückkehrern zum großen Teil enttäuscht. Viele beschränkten sich auf Immobilienerwerb zur Alterssicherung und kleinstbetriebliche Aktivitäten.

Das Militär und seine Rolle in Staat und Gesellschaft

An dieser Stelle ist ein Blick auf die schon mehrfach angesprochene Rolle des Militärs in der zweiten Hälfte des 20. Jahrhunderts angebracht. Türkische Politiker berufen sich gerne auf Atatürk, der erklärt hatte, dass die Aufgabe der Streitkräfte nicht in der Politik liege, um ihre Distanz zur Armeeführung in eine angemessene Sprache zu kleiden. Trotzdem wird die Rolle der Militärführung als selbstständiger politischer Akteur von weiten Teilen der türkischen Öffentlichkeit anerkannt. Der Nationale Sicherheitsrat (MGK) hat, wie schon dargelegt, seit 1961 einen Platz als Verfassungsorgan. Damals wurde er als Beratungsgremium bezeichnet, nach 1971 wurde die »Beratung« in »Empfehlung« umgewandelt. Seit der Verfassungsänderung von 2001 besteht ein Übergewicht von zivilen Politikern gegenüber dem Generalstabschef und den vier Befehlshabern der Teilstreitkräfte.

Unter Menderes war das Militär sichtbar mit amerikanischen Waffen (Patton-Panzer, Flugzeuge) versorgt worden, ohne dass diese Modernisierung den Ansprüchen jüngerer Offiziere genügte. Ihre Beförderungschancen waren durch eine breite Schicht von politisch desinteressierten Generälen blockiert. Der Putsch vom 12. September 1980 bildete nach dem Sturz von Menderes (1960) und einem als »Denkschrift« (*muhtira*) in die türkische Geschichte eingegangenen Ultimatum vom 12. März 1971 die auffälligste Aktion gegen demokratisch gewählte Regierungen. 1971 richteten die Streitkräfte in einem Drei-Punkte-Memorandum an den Präsidenten der Republik und die Präsidenten beider Kammern der Großen Nationalversammlung folgende Botschaft: Die Zukunft der Republik sei in Gefahr, die Politiker müssten sich zur überparteilichen Zusammenarbeit im Sinne der Reformen Atatürks bereit finden. Am Ende drohten sie: Im Falle einer Nichtbefolgung seien die Streitkräfte bereit, die Macht unmittelbar zu übernehmen. Die Folge war damals die Bildung einer überparteilichen Regierung unter Nihat Erim, die als »luxuriös« empfundene Verfassungsartikel zurechtstutzen musste und damit wesentliche Fortschritte des Grundgesetzes von 1961 wie die Autonomie des Rundfunks zurücknahm.

Während es Menderes noch gelungen war, den überwiegenden Teil der Generalität politisch zu neutralisieren, hat sich die militärische Spitze nach 1960 stärker als Hüterin republikanischer Grundwerte verstanden, die sich immer dort aufgerufen sah, wo die Kabinette außerstande schienen, territoriale Unversehrtheit (Kurdenaufstand) und laizistische Prinzipien zu wahren. Die Rangordnung der Bedrohungen hatte sich nach der vorübergehenden Niederkämpfung der so genannten »Kurdischen Arbeiterpartei« (PKK) zunächst verändert. In der Gegenwart wurde auch das organisierte Verbrechen in die Liste nationaler Gefahrenpotentiale aufgenommen. Ausländische Gefahrenquellen sah das Militär noch Ende der 1990er Jahre (in dieser Rangfolge) bei dem NATO-Partner Griechenland (!), Syrien und Iran. Tatsächlich waren 1996 und 1997 im Verhältnis zu Iran untypische Krisenjahre. Erst im Herbst 2004 erklärte der Generalstabschef, dass die »Bedrohung« durch Griechenland beendet sei.

Eine durch Tradition gewachsene und durch Gesetze abgesicherte Autonomie des militärischen Apparats bildet die Voraussetzung für sein starkes Gewicht in Politik und Gesellschaft. Beispielsweise besitzt der Minister für Nationale Verteidigung im Verhältnis zum Chef des Generalstabs keine Weisungsbefugnis. Der »Nationale Sicherheitsrat« ist auch nach der Reform von 2001 ein Beratungsorgan des Ministerrats *und* eine Verfassungsinstitution. Zu den großen Fragen der türkischen Politik äußert sich der Chef des Generalstabs weiterhin. Die Militärführung steht zwar dem Reformwerk distanziert gegenüber, hat sich aber 2004 zustimmend zum türkischen Beitrittsgesuch zur Europäischen Union ausgesprochen.

Versuche von Politikern, in die Ernennung hoher Militärs einzugreifen, hat es nur sehr selten gegeben (durch die Ministerpräsidenten Demirel und Özal 1977 bzw. 1987). Insgesamt haben sich die Streitkräfte als erstaunlich homogen und stabil erwiesen. Zwei Putschversuche des Kommandanten der Militärakademie Ankara, Oberst Talât Aydemir, im Februar 1962 und Mai 1963 blieben isolierte Vorgänge, waren aber ein Symptom für die Unzufriedenheit vieler Offiziere über die schnelle Rückgabe der Macht an zivile Politiker.

Die allgemeine Wehrpflicht hat parallel zum Wachstum und der Verjüngung der Bevölkerung die gesamtgesellschaftliche Integration der Armee von Anfang an erleichtert. Von einer »Kastenbildung« im soziologischen Sinn kann nicht gesprochen werden, da sich der Offiziersnachwuchs nur zu einem kleinen Teil aus den Söhnen ehemaliger Militärs rekrutiert. Nur wenige höhere Offiziere gelangen durch den »Fünf-Prozent-Flaschenhals« auf Generalstellen. Das etwa 100000 Mann starke Offizierskorps ist verhältnismäßig gut besoldet. Eine 1961 gegründete »Armeehilfsorganisation« (OYAK / *Ordu Yardımlaşma Kurumu*), die als Holding zahlreiche Industriebeteiligungen umfasst, beruht auf Zwangsbeiträgen sämtlicher Berufsoffiziere und verbessert auf diese Weise ihre Altersversorgung.

Auf der anderen Seite der Medaille steht die ungenügende Ausbildung der Masse der Rekruten. In der zweiten Hälfte der 1990er Jahre wurden einige Hundert aktive Offiziere aus »ideologischen Gründen« (d. h. wahrscheinlich wegen ihrer religiösen Bindungen) aus der Armee ausgeschlossen. Für den im Jahr 2002 endgültig aus der Politik verbannten Erbakan hatte die Öffnung der Militärakademie für Absolventen der *İmam Hatip Liseleri* (s. S. 469) stets auf der obersten Stelle seiner Prioritätenliste gestanden. Die wahren Machtverhältnisse wurden deutlich, als die Armeeführung Erbakan zwang, ein Abkommen über militärische Zusammenarbeit mit Israel zu unterzeichnen (1996).

Die Armee hatte in den Jahren nach 1960 mit der Landung auf Zypern die Teilung der Insel vollzogen (1974). Noch 2007 waren im Norden der Insel 34000 türkische Soldaten stationiert. Im anatolischen Südosten waren im Kampf gegen die PKK bis zu 300000 Sicherheitskräfte, die von Zehntausenden von Polizisten und Dorfwächtern unterstützt wurden, mobilisiert. Man schätzt, dass 1,5 Millionen Türken in der Krisenregion als Soldaten dienten. Zu Auslandseinsätzen kam es im Rahmen von humanitären Interventionen der UN und NATO in Somalia, auf dem Balkan und in Afghanistan. Die Türkische Armee steht nach der Zahl ihrer Mitglieder im Weltvergleich an siebter Stelle (2006: 514850).

Die türkische Außenpolitik von 1950 bis in die Gegenwart

Die drei wichtigsten Bereiche der türkischen Außenbeziehungen nach 1950 waren 1. die Rolle der Türkei in der westlichen Militärallianz, 2. Zypern und die Beziehungen zu Griechenland und 3. die Annäherung der Landes an die europäischen Gemeinschaften. Dabei berührte die Zypernfrage auch das Verhältnis zu den Vereinigten Staaten und beeinflusst in der Gegenwart entscheidend das zur Europäischen Union. Mit dem Einmarsch der USA in den Irak im März 2003 geriet das NATO-Mitglied Türkei in eine ernste Konfrontation mit der Weltmacht USA. Ende 2007 wiederholte sich die Spannung zwischen beiden Ländern, weil die Türkei in einer koordinierten Aktion von Regierung und Militärführung mit dem Einmarsch in die kurdischen Teile des Irak drohte, von denen aus PKK-Kämpfer Anschläge auf türkische Militärangehörige jenseits der Grenze unternahmen.

Alle wesentlichen Weichenstellungen für die Westbindung der Türkei erfolgten in den Jahren nach 1945. Unter Menderes wurde – gleichzeitig mit Griechenland – der Eintritt in die Organisation des Nordatlantikvertrags (NATO) vollzogen (1951) und der Assoziierungsantrag an die Europäische Wirtschaftsgemeinschaft (EWG) gestellt (1959). Die Wiederbelebung alter Paktsysteme aus der Vorkriegszeit hatte sich als unmöglich erwiesen. Das gilt etwa für den zweiten Versuch, ein regionales Sicherheitssystem auf dem Balkan zu schaffen (Vertrag von Ankara über Freundschaft und Zusammenarbeit mit Griechenland und Jugoslawien 1953). Er scheiterte wegen der Verschlechterung der Beziehungen zu Griechenland und der Neutralitätspolitik des jugoslawischen Präsidenten Tito. Das von Großbritannien und den Vereinigten Staaten geforderte und zunächst unter dem Namen Bagdadpakt, nach dem Ausscheiden des Irak im Jahr 1959 als CENTO

(*Central Treaty Organization*) bekannt gewordene Vertragssystem stand von Anfang an im Gegensatz zum neutralistischen arabischen Nationalismus. Der Pakt war als ein Bündnis konservativer Staaten gegen den sowjetischen Einfluss in der erdölreichen Region gedacht. Die Türkei als sein aktivstes Mitglied gehörte ihm über die gesamte Vertragszeit von 1955 bis 1979 an, Ankara war die Zentrale der CENTO.

Die lange Zeit konstruktiven bis freundschaftlichen Kontakte mit Moskau konnten wie geschildert (S. 393) nicht erneuert werden, auch wenn es nach einer schweren türkisch-sowjetischen Krise im Jahr 1957, die mit Spannungen an der syrischen Grenze zusammenhing, bald wieder zu einer Normalisierung kam. Nur für eine kurze Zeit unter Ecevit (1978–1979) gab es Anzeichen, die Allianz mit dem Westen zu lockern. In der Periode des »Zweiten Kalten Kriegs« nach 1980 korrigierte die Türkei aber ihre Einstellung rasch. Offerten der postkolonialen Staaten an eine Türkei, die sich nicht als Teil eines asiatisch-afrikanischen Blocks empfand, wurden schon bei der Bandung-Konferenz (1955) zurückgewiesen. Tatsächlich bestanden ja für die im Vorfeld des Warschauer Pakts liegende Türkei anders als für Indien, Ägypten oder Indonesien keine Optionen zur »Blockfreiheit«.

Der Weg in die NATO war durch das Anliegen der Vereinigten Staaten vorgezeichnet, Griechenland nicht an den kommunistischen Block zu verlieren. Die Truman-Doktrin (1947) behandelte beide Länder gleich vor dem Hintergrund der Eindämmung der kommunistischen Guerillatätigkeit im Norden Griechenlands. Die zwischen 1948 und 1952 fließenden Marshall-Plan-Gelder waren aus amerikanischer Sicht unerheblich. Sie entsprachen nur 3,6 Prozent des gesamten Aufkommens und wurden von der US-Militärhilfe für die Türkei um das Doppelte übertroffen. Erst die Beteiligung von bis zu 6000 Mann am Korea-Krieg (1951–1953) führte zur Aufgabe einer gewissen Zurückhaltung der USA gegenüber der Türkei. In Korea erlitt das türkische Bataillon im Kampf gegen chinesische Truppen hohe Verluste. 1952 einigten sich die Mitglieder der NATO in Ottawa über die Aufnahme Griechenlands und der Türkei, die dann bei der Lissabon-Konferenz (1953) vollzogen wurde. Auch wurde die Einrichtung eines Nahost-Kommandos der NATO beschlossen. Im Juni 1954 wurde ein Geheimabkommen über den Status des militärischen US-Personals unterzeichnet. Seine nicht-autorisierte Bekanntgabe im Jahr 1970 löste in der türkischen Öffentlichkeit ein empörtes Echo aus.

Die Eisenhower-Doktrin vom 5. Januar 1957 war eine Art Neuauflage der Truman-Doktrin von 1947. Sie sichert allen Staaten des Mittleren Ostens auf Ersuchen amerikanische Unterstützung gegen den »Internationalen Kommunismus« zu. Auch die türkische Opposition und die maßgebliche Presse begrüßten diese Erklärung. Man muss daran erinnern, dass der ägyptische Präsident Nasser inzwischen den Suez-Kanal verstaatlicht hatte und die Vereinigten Staaten allen Grund hatten, ihre strategischen Interessen bedroht zu sehen. Die Türkei unterstützte die amerikanische Formel ohne Wenn und Aber zusammen mit einer Staatengruppe, bestehend aus dem Libanon, Libyen, dem Irak und Iran.

Die amerikanischen Militärbasen in der Türkei wurden für die Weltöffentlichkeit zum Thema, als ein US-Spionage-Flugzeug am 1. Mai 1960 im Innern der Sowjetunion zum Absturz gebracht wurde und der unverletzt gebliebene U-2-Pilot F. G. Powers eingestehen musste, dass er im türkischen Adana abgeflogen war. Der Abbau der von den Zeitgenossen kaum bemerkten, erst Ende 1962 in der Türkei stationierten amerikanischen Mittelstreckenraketen vom Typ »Jupiter« im April 1963 sollte bei der Beilegung der Kuba-Krise durch Kennedy und Chruschtschow eine wichtige Rolle spielen.

Die amerikanische Haltung in der Zypern-Frage führte

zu einer plötzlichen Abkühlung des Verhältnisses zum wichtigsten Verbündeten der Türkei. Die 1964 aufkommende Neigung der Türkei, auf Zypern militärisch zu intervenieren, wurde durch die USA verhindert. Auf dem Höhepunkt antiamerikanischer Ressentiments erhielt Ministerpräsident İnönü ein Schreiben des Präsidenten Johnson, in dem er die Türkei zur Nichteinmischung auf Zypern ermahnte (5. Juni 1964). Der Inhalt des »Johnson-Briefs« gelangte wenige Tage später an die Presse. Die Türkei unterbrach daraufhin die in Genf geführten Zyperngespräche, ließ ausgewählte Ziele auf der Insel beschießen und krönte diese Maßnahmen mit einer türkisch-sowjetischen Erklärung, die einen aus zwei »Gemeinschaften« bestehenden Staat Zypern vorschlug. In den 1970er Jahren gehörte das nach der Besetzung Nordzyperns über die Türkei verhängte amerikanische Waffenembargo (September 1974) zu den stärksten Belastungen des Verhältnisses zwischen Washington und Ankara. Es wurde erst vier Jahre später vollkommen aufgehoben, ohne seinen Zweck, die Türkei an ihren Zielen auf Zypern zu hindern, erreicht zu haben. Wegen der spürbaren Auswirkungen auf ihre Schlagkraft verstärkte sich in der Armee der Wunsch nach einer vom Ausland weniger abhängigen Rüstungsindustrie.

Die amerikanisch-türkischen Konflikte standen also in einem engen Zusammenhang mit der Zypernfrage, die sich auch als größte, aber nicht einzige Belastung des Verhältnisses zwischen Ankara und Athen erweisen sollte. Andere Themen aus dem türkisch-griechischen Krisenkatalog (Patriarchat, türkische Minderheit in Westthrakien, Ägäisproblem unterteilt in Festlandssockelfrage, Bewaffnung der Inseln durch Griechenland und die Suche nach submarinen Erdölquellen durch die Türkei) waren und sind nachgeordnet. In der Nachkriegszeit war noch kein Schatten auf die türkisch-griechischen Beziehungen gefallen. Das Jahr 1952 bildete einen Höhepunkt gegenseitiger

Staatsbesuche. Zum ersten Mal reiste ein griechischer König in die Türkei. Kurz danach weihte Präsident Bayar im westthrakischen Komotini / Gümülcüne eine Sekundarschule für die türkische Minderheit ein, die seinen Namen trug. Ab 1954 durften sich die bis dahin so genannten »Minderheitsschulen« in Westthrakien »Türkische Schulen« nennen. Im selben Jahr waren auch in der türkischen Presse antigriechische Stimmen zu vernehmen, die auf die Lage der türkischen Minderheit auf Zypern aufmerksam machten.

Auf der 1878 an England abgetretenen Mittelmeerinsel stand einer griechischen Bevölkerungsmehrheit eine über große Teile Zyperns verteilte türkische Minderheit von etwa 17,5 Prozent gegenüber. Unter dem englischen Kolonialregime, das sich bemüht hatte, keine der Bevölkerungsgruppen zu benachteiligen, kam es ab 1955 zu teilweise gewaltsamen Kampagnen für einen Anschluss (*Enosis*) an Griechenland. Der zyperngriechische General Grivas führte ab April einen regelrechten Kleinkrieg gegen englische Einrichtungen, aber auch rivalisierende inselgriechische Organisationen. Als am 6. September die von der offiziösen »Anatolischen Nachrichtenagentur« verbreitete Meldung von einem Anschlag auf Atatürks (so genanntes) Geburtshaus in Saloniki in İstanbul eintraf, kam es zu einer Kundgebung im Stadtteil Beyoğlu, die in schwere Ausschreitungen ausartete. Zahlreiche Ladengeschäfte von Griechen wurden geplündert. Ziel des Mobs waren aber auch Schulen, Kirchen und Friedhöfe von Minderheiten. Auch wenn die Zahl der Toten (einige Personen) und Verletzten (35) verhältnismäßig gering war, entstand Sachschaden an 5622 Gebäuden. Menderes beschuldigte nach den Ereignissen vor allem Kommunisten als Drahtzieher, obwohl militante zyperntürkische Studenten die wichtigste Rolle als Provokateure gespielt haben dürften. Der Anschlag in Saloniki wurde wahrscheinlich vom türkischen Nachrichtendienst ferngesteuert. Die »Ereignisse vom

6.–7. September 1955« sollten im Prozess gegen Menderes einen wichtigen Anklagepunkt bilden, weil Polizei und Militär nachweislich sehr spät eingegriffen hatten. Auch hatte Menderes zuvor mit einer aggressiven Rede Öl ins Feuer gegossen.

Erst Anfang 1959 wurde auf der Londoner Zypernkonferenz ein Ausgleich zwischen Griechenland und der Türkei erzielt. Die britische Kolonie wurde am 16. August 1960 als Präsidialrepublik Mitglied des Commonwealth. Großbritannien, Griechenland und die Türkei sollten über den Status der Insel wachen. In eine vorläufige Regierung unter Erzbischof Makarios wurden drei inseltürkische Minister aufgenommen. Später wurde mit Dr. Fazıl Küçük ein Türke Vizepräsident des neuen Staats. Von den 80 Parlamentssitzen in Nikosia fielen 24 an die Zyperntürken. Damit konnten aber die bestehenden Spannungen zwischen den Bevölkerungsteilen nicht ausgeräumt werden. Als 1967 Soldaten der zypriotisch-griechischen Armee zwei türkische Dörfer angriffen und zahlreiche Todesopfer zu beklagen waren, erklärte der türkische Präsident Sunay, die Türkei habe sich zur Intervention entschieden.

Dennoch kam es zu einem letzten griechisch-türkischen Abkommen, in dem Athen auf Anschluss und die Türkei auf Teilung (*taksim*) der Insel verzichtete. Das Jahr 1974 begann mit einer Ägäis-Krise, weil die Türkei in internationalen Gewässern, aber in nächster Nähe zur griechischen Inselwelt, Erdölprospektionen durchführte. Die Krise kulminierte in einem von dem damaligen Athener Obristenregime organisierten Staatsstreich auf Zypern, bei dem Makarios entmachtet wurde. Die Zyperngriechen machten mit Nikos Sampson einen Anhänger der Enosis zum Präsidenten.

Die Türkei reagierte nach vergeblichen Versuchen, London an der Operation zu beteiligen, am 20. Juli 1974 im Alleingang mit militärischen Mitteln, indem sie Truppen auf dem See- und Luftweg auf die Insel brachte. Nach einer zweiten »Friedensoperation« wurde am 16. August ein Waffenstillstand entlang der »Attila-Linie« festgelegt. Vor und nach der Teilung der Insel verließen etwa 140000 Griechen den Norden und etwa 20000 Türken den Süden der Insel. Am 15. November 1983 wurde von Rauf Denktaş nördlich der Waffenstillstandslinie der »Türkische Föderative Staat Zypern« (KTFD / *Kıbrıs Türk Federe Devleti*) ausgerufen, der sich 1985 als »Türkische Republik Nordzypern« (KKTC / *Kuzey Kıbrıs Türk Cumhuriyeti*) eine eigene Verfassung gab.

In die langjährige Patt-Situation kam erst durch den »EU-Faktor« Bewegung, weil bis Herbst 2002 die Beitrittsverhandlungen für Zypern abgeschlossen sein sollten. Der Europäische Rat einigte sich in Kopenhagen grundsätzlich auf die Aufnahme der Inselrepublik bis zum Jahr 2004 – unabhängig von einer Zustimmung der Volksteile. Im Nordteil der Insel führte die Parlamentswahl vom 14. 12. 2003 zu einer etwa gleich starken Vertretung von Befürwortern und Gegnern einer Wiedervereinigung im Sinne des UN-Stufenplans. Der äußerst detaillierte Annan-Plan (nach dem damaligen Generalsekretär der UN) sah die Bildung einer Föderation der beiden Landesteile vor und die Entschädigung vertriebener Bewohner. Im griechischen Süden erhielten bei der Wahl zum Europäischen Parlament (13. 6. 2003) die Gegner des Annan-Plans die überwältigende Mehrheit der Stimmen. Ein von der UN angesetztes Referendum über den Einigungsplan für beide Volksgruppen am 24. 4. 2004 ergab – bei jeweils hoher Wahlbeteiligung – eine breite Zustimmung im Norden (64,9 Prozent) und eine noch deutlichere Ablehnung im Süden (75,8 Prozent). An der Zypernfrage drohten die Beitrittsgespräche mit den Regierungschefs der EU im Dezember 2004 in letzter Minute zu scheitern. Die Türkei unterzeichnete am Ende ein Zusatzprotokoll, das die Anerkennung der (griechischen) Republik Zypern nur indirekt zum Ausdruck brachte. 2005 weigerte sich Ankara, Abkommen mit der EU zu schließen, die eine Anerkennung des Mitglieds Republik Zypern mit sich bringen. Dadurch entsteht die schwierige Lage, dass ein Bewerber um die Mitgliedschaft nicht bereit zur Anerkennung eines in die EU bereits aufgenommenen Staats ist.

Die Ägäis war ein Nebenschauplatz der Auseinandersetzungen um Zypern, weil Athen die 12-Meilen-Zone um jede seiner 2383 Inseln als Bestandteil des griechischen Territoriums reklamierte. Unter diesen Umständen würde ein großer Teil der internationalen Gewässer an Griechenland fallen (Verringerung von 56,2 auf 26,1 Prozent). Für die internationale Schifffahrt hätte sich nur eine schmale Passage zwischen Kykladen und Dodekanes geöffnet. Da beide Staaten auf den Tourismus als Einnahmequelle nicht verzichten können, trägt der internationale Ferienverkehr zu einer Vermeidung von überhitzten Auseinandersetzungen bei. In der Praxis gilt heute eine 6-Meilen-Zone.

Die Türkei ist seit dem 1. Dezember 1964 durch ein Assoziierungsabkommen mit der Europäischen Wirtschaftsgemeinschaft verbunden. Das Abkommen sah die Einrichtung einer Zollunion zwischen der EWG und der Türkei vor, die in eine Mitgliedschaft in der Gemeinschaft münden *kann* (»Sobald das Funktionieren des Abkommens es in Aussicht zu nehmen gestattet, dass die Türkei die Verpflichtungen aus dem Vertrag zur Gründung der Gemeinschaft vollständig übernimmt, werden die Vertragsparteien die Möglichkeit eines Beitritts der Türkei zur Gemeinschaft prüfen«). Der Vertrag sah eine Annäherung der türkischen Wirtschaftspolitik an die Gemeinschaft und die schrittweise Herstellung der Freizügigkeit von Arbeitnehmern vor. Ein weiterer wichtiger Schritt war das Zusatzprotokoll vom 23. November 1970, in dem der Abbau von Zöllen und Abgaben geregelt wurde. Der Zugang für türkische Industriegüter zum europäischen Markt war damit grundsätzlich zollfrei, allerdings wurden Quoten gerade für die relativ wettbewerbsfähigsten Produkte der Textilindustrie festgelegt.

Zu diesen Vereinbarungen kommen ältere Mitgliedschaften im Europarat (1949), und vor allem im europäischen Teil des Nordatlantikpakts (1953). Es wird allgemein anerkannt, dass der Wunsch nach Mitgliedschaft in der NATO nicht nur Ergebnis der wirtschaftlichen Schwäche des Landes war, verbunden mit der Einsicht, dass die Vereinigten Staaten als Verbündeter zwar wichtig waren, aber nur einen geringen Teil der wirtschaftlichen Probleme der Türkei mildern konnten. Der Antrag Griechenlands auf Assoziation (1959) hatte die Dinge stark beschleunigt. Das Abkommen von 1964 sah vor, dass die Türkei nach einer Übergangsperiode von fünf Jahren eine Zollunion mit der EWG eingehen sollte. Obwohl die Türkei auf dem europäischen Markt auch mit griechischen Exporten konkurrierte, dürften nichtökonomische Motive für beide Seiten, die Türkei und die EWG, den Ausschlag gegeben habe. Die Türkei wollte ihre Zugehörigkeit zum Westen unterstreichen, die EWG setzte auf Einfluss in einer wachsenden Zahl von Drittländern.

Am 23. November 1970 wurde ein Zusatzprotokoll zu dem genannten Assoziierungsabkommen geschlossen, in dem weitere Schritte zu einer Zollunion zwischen der mittlerweile als Europäische Gemeinschaft (EG) firmierenden Staatengruppe und der Türkei behandelt wurden. Bis 1985 sollte die Mehrheit der Waren, bis 1995 sämtliche Waren zollfrei ausgetauscht werden. Artikel 28 des Abkommens legt fest, dass die Türkei zu einem späteren Zeitpunkt in die Europäische Union aufgenommen werden kann. Inzwischen waren bereits 98 Prozent der Importe aus der Türkei von »nicht-tarifären Beschränkungen« befreit. Tatsächlich richtete auch das Zusatzprotokoll noch große Hindernisse für den Marktzugang der Türkei auf. Für wichtige Exportgüter wie Obst und Gemüse, Tabak und Textilien galten einschränkende Bestimmungen.

Am 14. April 1987 erfolgte das offizielle Beitrittsgesuch der Türkei. Die mehr als drei Jahrzehnte zuvor vereinbarte Zollunion wurde erst ab 1. Januar 1996 umgesetzt. Am 10./11. Dezember 1999 wurde auf einer Sitzung des Europäischen Rats in Helsinki beschlossen, die Türkei mit zwölf anderen Beitrittskandidaten in die Erweiterungsrunde aufzunehmen. Dabei wurde vor allem die Bedingung gestellt, dass das Land die so genannten Kopenhagen-Kriterien vom Juni 1993 erfüllt. Diese insgesamt »hochgradig offenen« Kriterien (Heinz Kramer) sehen »eine institutionelle Stabilität als Garantie für demokratische und rechtsstaatliche Ordnung, für die Wahrung der Menschenrechte sowie die Achtung und den Schutz von Minderheiten« vor. Unter anderem setzen sie auch »eine funktionierende Marktwirtschaft sowie die Fähigkeit, dem Wettbewerbsdruck und den Marktkräften innerhalb der Union standzuhalten« voraus. Die politischen Bedingungen sind dabei schon vor Verhandlungsbeginn zu erfüllen. Die Kopenhagen-Kriterien werden durch einen umfangreichen Aufgabenkatalog (»Dokument über Beitrittspartnerschaft«) ergänzt. Die Türkische Große Nationalversammlung war nicht untätig geblieben. Sieben so genannte Harmonisierungspakete haben zwischen 2001 und Juli 2004 in beachtlicher Geschwindigkeit zahlreiche Rechtsgebiete an europäische Standards angeglichen.

Anfang des 3. Jahrtausends ist die Türkei zum siebtgrößten Handelspartner der EU geworden, wobei Industriegüter (einschließlich Textilien und Bekleidung, deren Anteil an der gesamten Industrieproduktion allerdings stark abgenommen hat) den Löwenanteil ihrer Exporte ausmachen. Die einstige Befürchtung, die Türkei werde der »Gemüsehändler Europas«, bewahrheitete sich nicht. Obst und Gemüse machen (2003) nur etwa 4 Prozent des türkischen Exportwerts aus.

Ein Beitritt der Türkei als 27. oder 28. Staat würde die Bevölkerung der EU um 20 Prozent anwachsen lassen, ihr

Bruttosozialprodukt aber nur um vier Prozent erhöhen. Die türkische politische und militärische Elite des Landes tritt nicht vollständig, aber doch überwiegend für einen Beitritt zur EU ein. Das gilt insbesondere für die Geschäftswelt und die Mehrheit der Parteien. Dabei wird auf einen riesigen ungesättigten Markt verwiesen und die Liberalisierung der Dienstleistungen und öffentlichen Beschaffungsmärkte. Ankara ist wohl bereit, beim Thema der Freizügigkeit für Arbeitnehmer längere Übergangsfristen hinzunehmen. Zu den weniger schlüssigen Argumenten für einen Beitritt zählt die Bereinigung des Verhältnisses zu Griechenland.

Die meisten Konfliktthemen sind aber nicht an einen Beitritt zur EU gebunden und eskalierten trotz langjähriger gemeinsamer Mitgliedschaft im Militärbündnis der NATO. So gehört die Vorgeschichte des im März 2003 ausgebrochenen Irak-Kriegs zu den prekärsten Situationen der türkischen Außenpolitik und führte zu einer Zerreißprobe der NATO insgesamt. Die Türkei musste dem Druck der mit Zuckerbrot und Peitsche agierenden USA, die den Durchmarsch durch türkisches Territorium verlangten, standhalten. Bevor die Regierung Erdoğan eine Entscheidung treffen konnte, verhinderte eine parlamentarische Resolution die Freigabe türkischen Territoriums für militärische Operationen. Es ist auch bemerkenswert, dass es der Türkei gelungen ist, deutliche Kritik an der israelischen Besatzungspolitik in den besetzten Gebieten mit ausgezeichneten Arbeitsbeziehungen zu Jerusalem zu verbinden.

Epochenüberblick 1980–2008

Für die Weltöffentlichkeit bildeten die »Ereignisse von Konya« (s. S. 471) den Auslöser für die vorläufig jüngste Machtübernahme durch das Militär. Die Generäle wandten sich in ihrer »Bekanntmachung Nr. 1« vom 12. September 1980 jedoch mit sehr allgemeinen Worten an die Bevölkerung: »Erhabene türkische Nation! Der uns von Atatürk anvertraute türkische republikanische Staat, dessen Staatsgebiet und Staatsvolk ein unteilbares Ganzes bilden, war, wie Du in den letzten Jahren verfolgen konntest, durch die Aufwiegelung von äußeren und inneren Feinden geistigen und materiellen Angriffen in verräterischer Weise ausgesetzt. An Stelle des Atatürkismus wurden reaktionäre und andere abwegige ideologische Vorstellungen hervorgebracht.« Damit waren rechte und linke Extremisten ebenso gemeint wie islamische Gruppen und Wortführer. Der in den Kasernen seit Anfang der 1970er Jahre propagierte Atatürkismus wurde von den Generälen nach dem 12. September geradezu doktrinär verfestigt und als Schutzschild gegen die drei *Ismen* angesehen, welche die türkische Jugend gefährdeten: Kommunismus, Faschismus, Islamismus. Zahlreiche Gesetze und Verordnungen dieser Zeit enthalten entsprechende Präambeln. So wurde im Gründungsgesetz des Hochschulleitungsrats (YÖK / *Yüksek Öğretim Kurumu*) Ende 1981 festgeschrieben, dass es »das vorrangige Ziel der Hochschulbildung sei, die Studierenden auf dem Pfad der Atatürkschen Prinzipien und Revolutionen an den Nationalismus Atatürks zu binden.« Heute steht fest, dass der »12. September« auf eine längere Vorbereitungszeit zurückgeht, also keinesfalls eine spontane Reaktion auf jüngste Entwicklungen war. Auf die Machtübernahme folgten die Auflösung von Regierung und Parlament, die Aufhebung der Immunität der Abgeordneten und der Ausnahmezustand im ganzen Land. Der linksradikale Gewerkschaftsdachverband DİSK (Konföderation Revolutionärer Arbeitergewerkschaften / *Devrimci İşçi Sendikaları Konfederasyonu*) sowie sämtliche Vereine wurden aufgelöst. Bis November 1983 blieb die Macht in Händen der Militärs. Der Chef des Generalstabs, Kenan Evren, wurde als »Staatspräsident« an die Spitze des neuen Regimes berufen, ein Nationaler

Die türkische Verfassung 1982

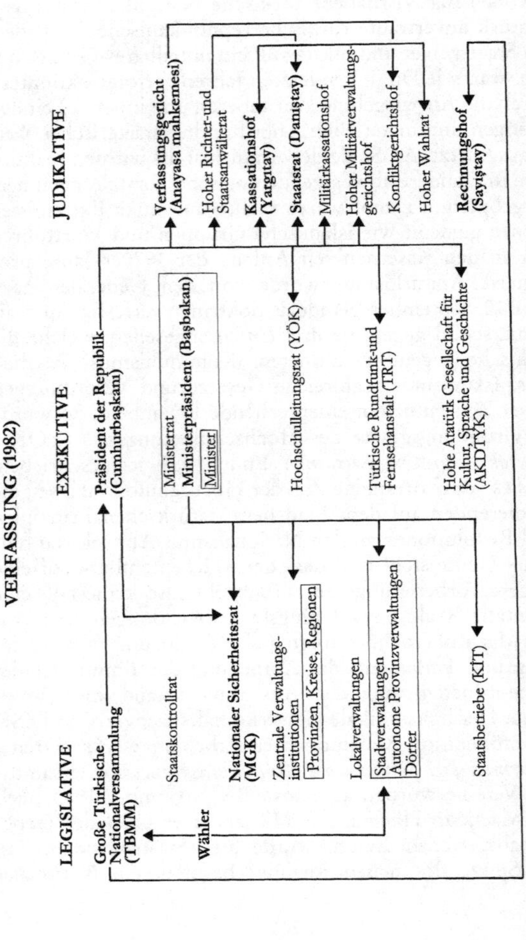

Sicherheitsrat (MGK / *Milli Güvenlik Konseyi*) als Gesetzgebungsorgan eingesetzt.

Die Intervention vom 12. September 1980 wurde im Gegensatz zur »Revolution« vom 27. Mai 1961 von der obersten Führung der Streitkräfte inszeniert. Anders als zwei Jahrzehnte zuvor vertrauten die Militärs diesmal die Neugestaltung der Verfassung nicht liberalen Juristen an, sondern ließen sie durch eine handverlesene »Verfassungsgebende Versammlung / Constituante« (*Kurucu Meclis*) ausarbeiten. Sie trat am 23. Oktober 1981 zum ersten Mal zusammen und bestand aus 160 Mitgliedern der »Beratenden Versammlung« (*Danışma Meclisi*) und fünf Mitgliedern des Nationalen Sicherheitsrats. 40 Mitglieder wurden vom MGK direkt ernannt, 120 weitere aus 11640 Kandidaten ausgewählt, die von den Gouverneuren der 67 Provinzen vorgeschlagen wurden. Entsprechend stark wurde die Mitwirkung der Streitkräfte in Staat und Gesellschaft in der Verfassung festgeschrieben. Es war auch nur folgerichtig, dass die Militärs den 27. Mai als nationalen Gedenktag (zusammen mit dem Tag der Arbeit am 1. Mai) abschafften. Am 7. November 1982 unterbreiteten sie den Wählern das neue Grundgesetz in einem Verfassungsreferendum. Gleichzeitig wurde Evren zum Präsidenten der (von einigen so genannten) »Dritten Republik« gewählt (91,4 Prozent Zustimmung). Sämtliche Altparteien waren zuvor verboten und ihr Vermögen eingezogen worden.

Die neuen Machthaber ließen zu den ersten Parlamentswahlen 1983 nur drei Parteien zu, von denen sich zwei als offensichtliche Retortenprodukte erwiesen. Als Sieger ging die »Mutterlandspartei« (ANAP / *Anavatan Partisi*) des Wirtschaftsreformers Turgut Özal mit 45,1 Prozent der Stimmen hervor. Zwei andere Parteien, die »Populistische Partei« (*Halkçı Parti*, 30,5 Prozent), und die »Nationalistisch-demokratische Partei« (*Milliyetçi Demokrasi Partisi*, 23,3 Prozent) verschwanden nach Wiederzulassung der alten Parteien bzw. Parteigranden (1985–1987) wieder von der politischen Bühne.

Ministerpräsident Özal, der schon als stellvertretender Ministerpräsident unter dem Militärregime ein beachtliches Wirtschaftsprogramm entwickelt hatte, setzte seinen Liberalisierungskurs fort und erzielte vor allem in der Exportförderung große Erfolge. Auch aus den allgemeinen Wahlen von 1987 ging er mit seiner ANAP als Sieger hervor (36,3 Prozent). Als sich Özal 1989 zum 9. Präsidenten der Republik wählen ließ, war die Parteienlandschaft erneut in starker Auflösung begriffen. 1991 war seine ANAP auf den zweiten Platz abgerutscht, die ideologisch nahe verwandte »Partei des Rechten Wegs« (*Doğru Yol Partisi* / DYP) blieb mit 27 Prozent eine sehr schwache »erste Kraft«. Die Erosion setzte sich bei den Parlamentswahlen von 1991 und 1995 fort, in denen keine Partei mehr als ein Viertel der Wählerstimmen errang. Die von dem ehemaligen CHP-Führer Bülent Ecevit geleitete »Demokratische Linkspartei« (DSP / *Demokratik Sol Parti)* konnte 1999 mit ihren 22,2 Prozent noch eine Regierung mit sehr ungleichen Partnern (MHP 18,0 Prozent und ANAP 13,2 Prozent) bilden. Bei den »Erdrutschwahlen« von 2002 scheiterten sämtliche Regierungsparteien an der Zehnprozenthürde, aber auch die oppositionelle DYP bekam keinen einzigen Abgeordnetensitz. Die nationalreligiöse Wohlfahrtspartei (RP / *Refah Partisi*) hatte 1987 erst 7,2 Prozent, 1991 16,9 Prozent und 1995 21,4 Prozent der Stimmen erzielt. Nach ihrem Verbot konnte sie unter dem Namen »Tugendpartei« (FP / *Fazilet Partisi*) 1999 15,4 Prozent gewinnen. 2002 bildete die »Partei für Gerechtigkeit und Entwicklung« (AKP / *Adalet ve Kalkınma Partisi*) des ehemaligen Bürgermeisters von Groß-İstanbul Recep Tayyip Erdoğan (geb. 1954), eine Einparteienregierung. Der Dissident Erdoğan, der sich als moderater, staatstreuer und europafreundlicher Reformer präsentierte, konnte nicht nur das Wählerpotential seines Ziehvaters

Erbakan fast vollständig ausschöpfen, sondern auch zahlreiche Protestwähler mobilisieren (insgesamt 34,28 Prozent). Die CHP von Deniz Baykal, deren Wählerschaft aus Linkskemalisten, »fortschrittlichen« Muslimen, Aleviten und anderen Minoritäten zusammengesetzt ist, bildet seitdem die einzige nennenswerte Oppositionspartei.

Damit ist die Türkei nach 1960 unerwarteterweise wieder zu einem Zweiparteiensystem zurückgekehrt, mit dem wesentlichen Unterschied, dass die beiden parlamentarischen Gruppen AKP und CHP wenig mehr als die Hälfte der Wählerschaft vertreten. Die ursprünglich gegen extremistische Parteien aufgerichtete Zehnprozenthürde (*baraj*-Gesetz von 1983) hatte sich in unerwarteter Weise ausgewirkt. Zugunsten der türkischen Demokratie muss hinzugefügt werden, dass die Wahlbeteiligung seit 1983 mit Werten zwischen 83,9 und 93,3 Prozent immer recht hoch war. Diese Zahlen sind nicht ohne Weiteres auf die gesetzliche Wahlpflicht zurückzuführen, weil die vorgesehenen (geringfügigen) Geldstrafen nie verhängt wurden.

Vom 12. September 1980 bis 2008

1980 Wirtschaftsreformprogramm von Turgut Özal (24. Januar) – Ende der Amtszeit von Präsident Korutürk (6. April). Bis September 1980 114 erfolglose Wahlgänge für seine Nachfolge. – Zahlreiche politische Morde. – »Jerusalem-Kundgebung« Necmettin Erbakans in Konya (6. September). – Machtübernahme durch die Streitkräfte (12. September). Kenan Evren wird Staatspräsident.

1981 Auflösung sämtlicher politischer Parteien durch den Nationalen Sicherheitsrat (16. Oktober). – Verbot des Kopftuchs (*türban*) für Studentinnen durch das Erziehungsministerium (7. Dezember).

1982 Referendum über die neue Verfassung und Wahl Evrens zum Präsidenten der Republik.

1983 Allgemeine Wahlen (29. November) mit Sieg der Mutterlandspartei.
1984 Erste Aktionen der PKK. – Umwandlung des Südostanatolienprojekts (GAP / *Güneydoğu Anadolu Projesi*) in ein größeres Entwicklungsprogramm.
1986 Erstes MacDonalds-»Restaurant« der Türkei.
1987 Referendum über Wiederzulassung der Altpolitiker Demirel, Ecevit, Baykal, Erbakan und Türkeş (50,2 Prozent Zustimmung). – Die Türkei ersucht um den Beitritt zur Europäischen Gemeinschaft.
1988 Oberster Erziehungsrat hebt »Kopftuchverbot« für Studentinnen auf (3. Dezember). Diese Maßnahme wird vom Verfassungsgerichtshof am 7. März 1989 für ungültig erklärt.
1989 Ausweisung des iranischen Botschafters im Zusammenhang mit der Rushdie-Affäre. – Wahl von Turgut Özal zum Präsidenten der Republik (31. Oktober).
1990 Auffüllen des Atatürk-Staudamms. – Gründung der »Vereinigten Kommunistischen Partei der Türkei« (4. Juni) und der »Partei der Arbeit des Volkes (7. Juni).
1991 Aufhebung des gegen den Gebrauch des Kurdischen gerichteten »Sprachenverbotsgesetzes« (12. April). – Allgemeine Wahlen (20. Oktober). Rücktritt von Ministerpräsident Mesut Yılmaz. Neuer Regierungschef ist Süleyman Demirel (20. November), der eine Koalition seiner »Partei des Rechten Weges« (DYP) mit der »Sozialdemokratischen Partei« (SHP) anführt.
1992 »Bosporus-Deklaration« über die wirtschaftliche Zusammenarbeit von 11 Schwarzmeer-Anrainern und ihren Nachbarn in İstanbul unterzeichnet (25. Juni). – Einweihung der ersten Turbinen des Atatürk-Staudamms im Rahmen des Südostanatolien-Projekts (GAP) am 27. Juli. – Gipfeltreffen der türkischen Welt in Ankara (30./31. Oktober). Teilnehmer: Türkei, Aserbaidschan, Kasachstan, Kirgisistan, Usbekistan, Turkmenistan.
1993 Tod des Präsidenten der Republik Turgut Özal (17. April). Süleyman Demirel wird sein Nachfolger. – Eine Menschenmenge belagert ein Hotel in Sivas, in dem sich Teilnehmer der alevitischen »Pir Sultan-Abdal«-Feierlichkeiten aufhalten. Das Hotel geht in Flammen auf. 37 Personen fallen dem Anschlag zum Opfer. Der Schriftsteller Aziz Nesin,

dem der Anschlag vor allem galt, wird verletzt (2. Juli). – Tansu Çiller führt die Koalitionsregierung als Ministerpräsidentin fort (5. Juli).

1994 Aufhebung der Immunität von 7 Abgeordneten der kurdisch ausgerichteten Demokratischen Partei (DEP) durch die Nationalversammlung (2. März). – Kommunalwahlen (27. März) mit zum Teil spektakulären Ergebnissen der Wohlfahrtspartei (RP, 19,07 Prozent). – Arbeitsprogramm über die Herstellung des freien Warenverkehrs zwischen der EU und der Türkei (November).

1995 Vertrag über Zollunion der Türkei mit der Europäischen Union (6. März). Das Europäische Parlament stimmt zu (13. Dezember). – Allgemeine Wahlen (24. Dezember). Die Wohlfahrtspartei übertrifft mit 21,38 Prozent der Stimmen ihre Konkurrenten und geht ein Bündnis mit der DYP (19,18 Prozent) von Tansu Çiller ein.

1996 Der Vertrag über die Zollunion tritt in Kraft. Die Europäische Union wird der Türkei in den kommenden fünf Jahren 375 Millionen ECU zur Verfügung stellen. – Durch einen Verkehrsunfall bei Susurluk wird die enge Verbindung zwischen Mitgliedern der Regierungspartei DYP, hohen Polizeibeamten und dem organisierten Verbrechen deutlich (3. November).

1997 Der Nationale Sicherheitsrat beschließt ein »Maßnahmenpaket«, um militante islamistische Gruppen zu kontrollieren. Dazu gehört der Auftrag an die Regierung, das Strafgesetzbuch um Paragraphen zu erweitern, die Verstöße gegen die laizistische Staatsordnung unter Strafe stellen (28. Februar / 2. März).

1998 Verbot der Wohlfahrtspartei (RP) von Necmettin Erbakan durch das Verfassungsgericht (16. Januar). – Gespräche mit Syrien in Adana auf Vermittlung Ägyptens und Irans (19./20. Oktober): Damaskus behauptet, dass der PKK-Chef Öcalan sich nicht in Syrien befindet und erklärt die PKK zur terroristischen Organisation.

1999 Festnahme von Öcalan in Nairobi (13. Februar), Auslieferung an die Türkei. Die PKK-Führung erklärt den bewaffneten Kampf für beendet. – Parlamentswahlen (18. April): DSP 22,19 Prozent; MHP 18,3 Prozent, ANAP 13,22 Prozent. Kabinett Ecevit unterstützt von MHP und ANAP.

DYP in der Opposition. – Katastrophales Erdbeben im Marmara-Raum (17. August). In Helsinki (10.–11. Dezember) stellt der Europäische Rat fest, dass die Türkei auf der Grundlage derselben Kriterien, die für die übrigen beitrittswilligen Länder gelten, Mitglied der Union werden soll.

2000 Ahmet Necdet Sezer wird Präsident der Republik, nachdem er im dritten Wahlgang die notwendige Zweidrittelmehrheit der Parlamentarierstimmen erhalten hatte (16. Mai).

2001 Finanzkrise (Februar). – Übergangsprogramm für eine starke türkische Wirtschaft. Verbot der »Tugendpartei« (FP / *Fazilet Partisi)* als Nachfolgerin der RP (22. Juni). – Liberale Verfassungsänderungen (24 Artikel). Tayyip Erdoğan gründet die »Partei für Gerechtigkeit und Entwicklung« (AKP).

2002 Wiederaufnahme der Zypern-Gespräche. – Erdrutschwahl (3. November) mit Sieg der AKP. Sie erhält 34,28 Prozent der abgegebenen Stimmen. Nur die CHP von Deniz Baykal überwindet noch die Zehnprozenthürde und übernimmt die Rolle der Opposition (19,4 Prozent). Alle Parteien der bisherigen Regierungskoalition erreichen das Ziel nicht. – Abschaffung der Todesstrafe (3. August). Abdullah Gül neuer Ministerpräsident (16. November).

2003 Erdoğan löst Gül als Ministerpräsident ab (14. März). Amnestiegesetz für PKK-Rebellen (5. August). – Staatspräsident Sezer lädt die Frauen der AKP-Abgeordneten am Nationalfeiertag nicht ein, um das Erscheinen von Kopftuchträgerinnen zu verhindern (29. Oktober). – Selbstmordattentate auf Synagogen in Istanbul durch türkische Islamisten (15. November).

2004 Kommunalwahlen, die AKP gewinnt mit weitem (42 Prozent) Vorsprung (28. März). – Die PKK-Nachfolgeorganisation KADEK kündigt das Ende des fünfjährigen Waffenstillstands an (28. Mai). – Die EU bietet der Türkei nach einer »indirekten« Anerkennung Nord-Zyperns Beitrittsverhandlungen an (17. Dezember).

2005 Einführung der »Neuen Türkischen Lira« (YTL) (1. Januar). Eröffnung der Pipeline von Baku nach Ceyhan (Mai).

2006 Verleihung des Nobelpreises für Literatur an Orhan Pamuk (geb. 1952). – Einfrieren der Beitrittsverhandlungen der EU mit der Türkei wegen Hindernissen im Handel mit beiden Zypern.

2007 Neuwahlen von Parlament und Präsident (nach Verfassungsänderung) mit klarem Sieg der Kandidaten der AKP. Erneutes Aufflammen von PKK-Aktivitäten im Südosten. – Präsident Abdullah Gül beim Europarat in Straßburg (3. Oktober).

2008 Anhaltende Militäraktionen im Nordirak. – Änderung des Stiftungsgesetzes, das religiöse Minderheiten diskriminierte (21. Februar). – Verbotsantrag des Generalstaatsanwalts gegen die AKP, wegen angeblicher Verstöße gegen das Laizismusgebot der Verfassung.

Das Dilemma der Wirtschaftsliberalisierung

Turgut Özal hatte sich schon vor dem 12. September 1980 mit seiner unter dem Namen »Beschlüsse des 24. Januar« bekannten Schocktherapie einen Namen gemacht. Sie bestand vor allem aus einer massiven Abwertung der türkischen Lira und einer Freigabe der Preise von staatlichen Produkten. In den Jahren 1979 bis 1983 kam es zu einer beträchtlichen Steigerung der Ausfuhren (25,3 Prozent), der aber nach wie vor ein gewaltiges Defizit in der Zahlungsbilanz (2025 Millionen Dollar) gegenüberstand.

Zu den Gewinnern der Zeit nach 1980 gehörten vor allem die großen Mischkonzerne, die horizontal und vertikal zahlreiche Branchen integrierten. An erster Stelle ist die schon in den 1930er Jahren gegründete *İş Bankası* zu nennen, die in den starken, auch exportorientierten Branchen Glas, Keramik und Textilien große Beteiligungen hält. Mit den Namen Vehbi Koç, Nejat Eczacıbaşı und Sakıp Sabancı verbinden sich herausragende Gründerpersönlichkeiten aus der Mitte des 20. Jahrhunderts, deren Firmengruppen aber längst nicht mehr reine Familienbetriebe sind. Sie bestehen nicht nur aus Industriebetrieben, sondern sind auch im Finanzsektor stark engagiert. So ist die *Akbank* der Sabancı-Gruppe nach der *İş Bankası* die zweitgrößte Privatbank der Türkei.

Seit den späten 1970er Jahren beobachtet man starke wirtschaftliche Konzentrationsprozesse. Die 100 größten Firmen produzieren 1990 bereits 40 Prozent aller Waren. Die Özal-Jahre kamen vor allem exportorientierten, modernen Industriezweigen zugute. Hervorzuheben sind Textilien, Lebensmittel, chemische Grundstoffe, Produkte der Elektroindustrie und der Fahrzeugbau. Die Öffnung der postkommunistischen Schwarzmeerländer führte zu einem Ansturm auf die grenznahen Städte und dem Aufblühen des »Kofferhandels« mit gewerblichen Produkten.

Der »Boom« der Özal-Jahre kam zunächst nicht nur den Kapitaleignern zugute. In der verarbeitenden Industrie stiegen die Pro-Kopf-Einkommen bis 1993 einigermaßen kontinuierlich an. Die Absicherung von Arbeitnehmern, Kleingewerbetreibenden und in der Landwirtschaft Tätigen blieb freilich schlecht. Die wichtigsten staatlichen Versicherungssysteme schließen die Vorsorge gegen Krankheit, Invalidität und vor allem Altersrenten ein. Seit 2002 können türkische Arbeitnehmer Leistungen aus der staatlichen Arbeitslosenversicherung beziehen. Die amtlichen Arbeitslosenstatistiken sind von der Wirklichkeit wegen der weit verbreiteten Unterbeschäftigung und Schwarzarbeit weit entfernt (Anfang 2005 wird ein Durchschnitt von 11,7 Prozent genannt). Auch die Erwerbsbeteiligung dürfte mit 46,8 Prozent zu hoch angegeben sein.

Insgesamt waren 2002 mehr als 35 Millionen Türken innerhalb der staatlichen *Sosyal Sigorta Kurumu* (SSK) versichert, wobei Familienversicherte mit 71 Prozent den größten Anteil ausmachen. Trotz der großen Anzahl von Beschäftigten in der Landwirtschaft stellen sie nur 1 Prozent der aktiv Versicherten. Das staatliche Versicherungswesen wird aus dem allgemeinen Haushalt subventioniert und leidet unter Beitragsschulden der Arbeitgeber. Zahlreiche Arbeitnehmer erhalten Rentenzahlungen über einen Zeitraum, der ihre Beitragsleistungen übertrifft! In fataler Analogie zum Schulwesen mit seinen teuren *süper lise* entwickelt sich ein paralleles privates Gesundheitssystem, das nur Wohlhabenden alle Leistungen bietet. 2005 meldete das Staatliche Statistische Institut, dass mehr als 19 Millionen Türken unter der Armutsgrenze lebten. Insgesamt war zwischen den frühen 1980er Jahren bis 1993 ein beachtlicher Anstieg des durchschnittlichen Pro-Kopf-Einkommens der Türken zu verzeichnen (von $ 1000 auf $ 3000). Stagnation und Rückgang kennzeichneten dagegen das »verlorene Jahrzehnt« zwischen 1994 und 2003.

Der Winter 2000/2001 führte zu einem weitreichenden Zusammenbruch der Finanzmärkte, bevor noch die schlimmsten Folgen des Marmara-Erdbebens von 1999 überwunden waren. Steigende öffentliche Ausgaben wurden vor allem durch Neuverschuldung statt über Sparmaßnahmen oder gar Steuererhöhungen finanziert. Im Jahr 2000 konnten Steuern nicht mehr die Zinsen der Inlandsverschuldung decken. 2002 überstiegen die Schuldentilgungen sogar die Steuereinkünfte um vier Prozent.

Ein noch unter dem Kabinett Ecevit ab 2000 entwickeltes Programm koppelte die Einkünfte der Staatsbediensteten und Rentner an die Inflationsrate, sah die Erhöhung indirekter Steuern und den Abbau von Agrarsubventionen vor. Das Haushaltsjahr 2002 war mit einem Rückgang des Wachstums um 8,5 Prozent das schlechteste der Republik.

Der Anteil ausländischer Direktinvestitionen ist nach wie vor gering, auch wenn unter anderem in der Zementindustrie ein Anfang gemacht wurde. Ab 2004 spülten Privatisierungserlöse einige Milliarden Dollar in die staatlichen Kassen. Noch sind 60 Prozent von Grund und Boden im Besitz des Staates, auch wenn mit Immobilienverkäufen zugunsten des Fiskus begonnen wurde. Ein Fünftel der Bevölkerung verfügt über mehr als 57 Prozent des Volkseinkommens. Die türkische Mittelklasse ist schwach, doch gibt es erfolgreiche Unternehmen in den Bereichen Medien, Werbung, Finanzen, Verkehr und Tourismus. 40 Prozent der Türken leben direkt oder indirekt von Agrarprodukten. Im Vergleich zu den meisten ihrer Nachbarländer hat sich aber der Abstand zwischen dem Ausbau der städtischen und ländlichen Infrastruktur verringert.

Nach dem Anschlag auf das World Trade Center vom 11. September 2001 zeigte sich erneut, dass die geopolitische Lage des Landes als »Frontstaat« wichtiger war als seine angebliche »Brückenfunktion« zur Staatenwelt des Nahen Ostens oder Mittelasiens. Die Tatsache, dass der erste Golfkrieg (1991) die Türkei mit 30 Milliarden US-Dollar belastet hatte, war Anfang des 3. Jahrtausends noch nicht vergessen. Trotz einer verzweifelten Haushaltslage entwickelte sich die türkische Wirtschaft überraschend positiv. Die Inflationsrate sank in den einstelligen Bereich. 2004 erreichte das Wirtschaftswachstum 7 Prozent, was zu einem gewissen Abbau der Staatsverschuldung führte. Ohne den weltweiten Anstieg der Erdölpreise wären in dieser Periode die Ergebnisse noch besser ausgefallen. Freilich gilt auch für diese zweite Boom-Periode nach 1982, dass die staatseigenen Betriebe, die 60 Prozent der türkischen Arbeitnehmer beschäftigen, unproduktiv bleiben. Die Unternehmen, ob staatlich oder privat, tragen auch wenig zur Qualifizierung ihres Personals bei. Die ausländischen Direktinvestitionen in der Türkei blieben im Vergleich zu einigen osteuropäischen Staaten bescheiden.

Die islamische »Staatskirche« nach Atatürk

Die kemalistische Türkei hat die im Osmanischen Staat vorangetriebene Kontrolle islamischer Institutionen weitergeführt und abgeschlossen. Im Jahr 1935 wurden die Religionsdiener, die man bis dahin aus einem getrennten Budget besoldet hatte, als Beamte in den allgemeinen

Staatsapparat eingebunden. Das »Gesetz über die Organisation und die Aufgaben des Präsidiums für Religiöse Angelegenheiten« (*Diyanet İşleri Başkanlığı*) definiert die Aufgaben einer Zentralbehörde, deren Präsident die höchste Instanz in Glaubensfragen der sunnitischen Muslime der Türkei ist. An der Wende zum 3. Jahrtausend sind ihr über 88 000 Religionsdiener unterstellt.

Diese quasi staatskirchliche Verfassung lässt sich zwar schwer mit der verfassungsmäßigen Neutralitätspflicht gegenüber den Religionen vereinbaren, erfüllt aber ihren Zweck, die Religion zu neutralisieren, d. h. die Religionsdiener im Sinne einer politischen Passivität zu disziplinieren. Im Gegensatz dazu hatte der prominente konservative Rechtsprofessor und spätere Mitbegründer der Gerechtigkeitspartei (AP), Ali Fuat Başgil (1893–1967), seit den 1950er Jahren die vollständige Scheidung von Staat und Religion verfochten. Diese Trennung sei eine Notwendigkeit, die sich aus dem laizistischen Charakter des Staates herleite. Başgil hatte die Frage der Finanzierung einer außerstaatlichen Organisation lösen wollen, indem er auf Einnahmen aus Stiftungen, also das klassische islamische Modell, verwies. An der republikanischen Staatsform selbst wollte Başgil nicht rühren. Immerhin gebieten die Verfassungen von 1961 (Art. 10) und 1982 (Art. 5), dass »der Staat die Voraussetzungen zu schaffen hat, die für die Entwicklung der materiellen und immateriellen (*manevi*) Existenz des Menschen erforderlich sind«. Daraus leiten manche Exegeten eine verfassungsmäßige Begründung der Religionsverwaltung ab.

Die Schließung der religiösen Ausbildungsstätten (*medrese*), die 16241 Studenten betraf, wurde schon 1924 durch ein Gesetz, das sich beschönigend »für die Vereinheitlichung des Unterrichts« nannte, vollzogen (s. S. 419). İnönüs Erziehungsminister Hasan Âli Yücel rechtfertigte diese Maßnahme mit den Worten: »Die Individuen einer Nation können nur eine Erziehung genießen. Zwei Arten von Erziehung führen zur Entstehung von zwei Arten von Menschen.« Später sollten Widersacher wie Befürworter eines staatlichen Religionsunterrichts das Argument von der Notwendigkeit einer gemeinsamen Erziehungsschiene im gegensätzlichen Sinn gebrauchen.

Die Republik erkannte zwar anfangs noch einen Bedarf für Vorbeter (*imam*) und Freitagsprediger (*hatip*) an, doch hatte man bereits 1930 die Zahl der vierklassigen Schulen für die Vorbeter-Prediger »mangels Nachfrage« auf Null heruntergefahren. Erst nach 1950 sorgte die Regierung Menderes, anfangs sehr zögernd, für die Schaffung von Ausbildungsstätten für diese Religionsdiener. Noch vor dem Wahlsieg von Menderes wurde nach Istanbul eine zweite Theologische Fakultät an der Universität Ankara eingerichtet. 1971 folgte die Universität Erzurum. Inzwischen waren auch »Hohe Islam-Institute« (*Yüksek İslam Enstitüleri*) entstanden, die man nach 1982 in Fakultäten der Universitäten umwandelte.

Die türkische Bevölkerung war nicht allzu stark an der Wiederherstellung des osmanischen Religionsapparats mit einem Kalifen und einem Scheichülislam an der Spitze interessiert. Auch sorgten Themen wie der arabische Gebetsruf (vor 1950 musste er in türkischer Sprache rezitiert werden) und die Diskussion um türkische Übersetzungen des Korans nur vorübergehend für Zündstoff. Dagegen sollte die Auseinandersetzung um Schulen für Imame und Hatips über ein halbes Jahrhundert das wichtigste religionspolitische Thema der Türkei bleiben. Für große Teile religiös gebundener Familien war die Ausbildung an einer İmam-Hatip-Schule nicht mit dem entsprechenden Berufswunsch für ihre Söhne verbunden, vielmehr sahen sie nur an solchen Anstalten die Vermittlung der islamischen Grundlagen gewährleistet. Die Schulen nahmen später sogar Mädchen auf, für die eine Funktion in der islamischen Liturgie ohnehin nicht in Frage kam! Darüber hinaus wuchs die Anziehungskraft vieler İmam-Hatip-Schulen durch kostenfreie Unterkunft in angeschlossenen Heimen.

Auf der anderen Seite sahen laizistische Gruppen in den bald zu Oberschulen (İHL / *İmam Hatip Lisesi*) aufgewerteten Anstalten nicht mehr als »Berufsfachschulen«, deren prinzipielle Notwendigkeit sie jedoch selten bestritten. Ein 1990 von der »Vereinigung türkischer Industrieller und Geschäftsleute« (TÜSİAD / *Türk Sanayicileri ve İş Adamları Derneği*) in Auftrag gegebenes Erziehungsgutachten beklagte, dass mit den »Lyzeen für Imame und Hatips« ein zweiter Ausbildungsgang (»Kanal«) des allgemeinen Erziehungswesens entstanden sei. Die Republik sei mit der »Heranbildung von zwei verschiedenen Generationen von Jugendlichen, deren kulturelle Identität, nationale Persönlichkeit, Werturteile, Lebensform, Kleidung, Weltsicht, kurz deren Erziehungsprofil sich sehr voneinander unterscheidet«, konfrontiert. Das Gutachten sprach sich für eine Begrenzung der Zahl der Schüler »entsprechend der Beschäftigungsmöglichkeiten« aus. Der wichtigste Schritt, den Absolventen der İHL den Zugang zur Hochschulbildung (mit Ausschluss der Militärakademien!) zu öffnen, war erst 1969 erfolgt, nachdem man ihnen zwei Jahre zuvor die Möglichkeit geboten hatte, Grundschullehrer zu werden. Die Ausbildungsdauer an den İHL schwankte in den letzten Jahrzehnten sehr stark. Zuletzt war etwa jede zehnte türkische Sekundarschule (605 von 5651) ein İHL, wobei die meisten unter den Ministerpräsidenten Tansu Çiller und Süleyman Demirel eröffnet wurden.

1998 erfolgte der fraglos von der Militärführung vorbereitete, vorerst stärkste Schlag gegen den weiteren Ausbau der İHL zu einem parallelen staatlichen Schulsystem. Das Erziehungsministerium verordnete die Erweiterung der Pflichtschule von fünf auf acht Jahre und damit die Schließung aller bisherigen Mittelstufen. Da diese Maßnahme auch für die İHL galt, wurde der alte Auftrag aktiviert, sich auf eine dreiklassige Berufsfachschule für Absolventen der Regelschule zu beschränken.

Die Funktion der Imame und Hatips außerhalb der Moschee sind reduziert auf die Schließung von Ehen *nach* der standesamtlichen Trauung und die Begleitung der Toten. Als Prediger müssen sie nicht selten Vorgaben ihrer Behörde und damit der jeweiligen Regierung befolgen. Diese reichen von Erörterungen über den Nutzen der Aufforstung bis zu einer Abgrenzung von als gefährlich erkannten Entwicklungen im Nachbarland Iran. Eine von den Imamen vollzogene Eheschließung bleibt ohne rechtliche Auswirkungen. Regelmäßige Amnestien sorgten bisher dafür, dass aus reinen Imam-Ehen hervorgegangene Kinder legitimiert wurden. Die Zahl der rechtlich korrekten doppelten Eheschließungen ist in allen Landesteilen im Steigen.

Spätestens Ende der 1980er Jahre waren die meisten Behauptungen, die kemalistische Republik gewähre keine vollständige Kultfreiheit (zumindest für sunnitische Muslime) stark übertrieben. Aleviten waren hingegen schon in den osmanischen Jahrhunderten einem starken Sunnitisierungsdruck ausgesetzt. In der Republik beklagten sie häufig die Verweigerung religiöser Dienste, vor allem bei Bestattungen, durch beamtete Religionsdiener. Anzeichen für eine neue Religionspolitik im Sinn einer Öffnung der *Diyanet*-Behörde hin zu den Aleviten haben sich dagegen in der letzten Regierung Ecevit (1999–2002) als Trugschluss erwiesen. Immerhin wurde 1998 eine finanziell bescheiden ausgestattete Dachorganisation (CEM) beim Kulturministerium eingerichtet.

Die Möglichkeit der Mekka-Wallfahrt wird immer häufiger wahrgenommen und ist nur durch die Kontingentierung der Pilgerströme (2005 ca. 100 000) durch Saudi-Arabien eingeschränkt. Neben den staatlich beaufsichtigten Gebets- und Ausbildungsstätten kam es allerorten zu einer Wiederbelebung mystischer Bruderschaften, die seit einem Jahrtausend dem türkischen Islam sein besonderes Gepräge verliehen hatten. Die wechselnden Regierungen betrachteten diese Entwicklung weitgehend wohlwollend, teilweise trugen sie sogar selbst zur Folklorisierung der Kultübungen (*zikr*) der Mevlevi-Derwische bei oder stellten sie in den Dienst des Tourismus und der kulturellen Außenpolitik. Die unleugbare Religionsfeindlichkeit der ersten Republikjahrzehnte wurde nun von Verfechtern einer moderaten Re-Islamisierung als notwendige Distanzierung von »Degenerationserscheinungen« gesehen, die mit den Grundlagen der islamischen Religion und türkischen Kultur wenig gemeinsam hätten. Die untrennbare Verbindung religiöser und nationaler Werte, Inhalte und Traditionen war als »Türkisch-Islamische Synthese« Bestandteil der Programmatik der Kabinette der Nationalen Front (s. S. 434) in den späten 1970er Jahren, wurde aber unter anderem auch von Turgut Özal stark propagiert. In systematisierter und profilierter Form bietet sie sich als ideologisches Gegenkonzept zum säkularen Nationalismus eines Mustafâ Kemâl an.

Die politisch-religiöse Debatte verlagerte sich nicht zuletzt auf symbolische Themen wie die Forderung, die seit 1935 als Museum dienende Hagia Sophia wieder für den islamischen Kult zu öffnen. Die Anhänger von Necmettin Erbakans »Wohlfahrtspartei« (RP / *Refah Partisi*) wurden zunehmend auf Brennpunkte des internationalen Islams wie die Palästinafrage eingestellt. Eine von Erbakan am 6. September 1980 organisierte »Jerusalem-Kundgebung« in Konya bildete angeblich den Auslöser für die Militärintervention vom 12. September. Die neuen Machthaber strebten, wie bereits ausgeführt (s. S. 438), alles andere als eine kemalistische »Korrekturrevolution« wie Teile des Militärs im Jahre 1960 an. Vielmehr wollten sie den Islam einsetzen, um die wachsenden Spannungen zwischen sunnitischen und alevitischen Bevölkerungsteilen zu kitten. Die Verfassung (Art. 24) von 1982 sollte den Religionsunterricht wieder als obligatorisch erklären: »Die Religions- und Sittenerziehung und -lehre wird unter der Aufsicht und Kontrolle des Staates durchgeführt. Religiöse Kultur- und Sittenlehre gehören in den Primar- und Sekundarschulanstalten zu den Pflichtfächern. Darüber hinaus ist religiöse Erziehung und Lehre vom eigenen Wunsch der Bürger, bei Minderjährigen vom Verlangen der gesetzlichen Vertreter abhängig.« Die Autoren dieser Verfassung erkannten keinen Widerspruch zur Religionsfreiheit, weil es sich bei dem Pflichtprogramm um Wissensvermittlung und nicht Religionserziehung handele.

Es gibt nur wenige brauchbare Umfrageergebnisse zu religionssoziologischen Fragen. Für die zweite Hälfte der 1990er Jahre gaben 19,8 bis 26,7 Prozent der befragten Türken an, für einen Staat auf Grundlage des islamischen kanonischen Rechts (*şeriat*) zu sein, allerdings sprachen sich auch über 80 Prozent für die Beibehaltung des Zivilgesetzbuches aus. In der politisch hochbedeutenden Kopftuchfrage unterstützt eine klare Mehrheit von 58,9 Prozent die Auffassung, dass muslimische Frauen in der Öffentlichkeit ihr Haupt bedecken sollten. Noch höhere Werte ergaben sich bei der Befürwortung des Zins- und des Alkoholverbots (während des Fastenmonats!). Offensichtlich hält die überwältigende Mehrheit der türkischen Bevölkerung ein säkulares Rechtswesen für vereinbar mit der Ausübung religiöser oder als religiös verstandener (Imam-Ehe!) Pflichten und Rituale.

Bei allen Anstrengungen, eine Art »Staatskirchentum« zu etablieren, hat die nachkemalistische Republik kein Monopol über islamische Diskursfelder, einzelne religiöse Gruppen und auch nicht über das Erziehungswesen erreicht. Klassische »Bruderschaften« (insbesondere *tarikat* wie die Kadiriye und Nakşbendiye) und moderne »Gemeinschaften« (*cemaat*) wie die Nurcus entwickeln sich parallel zum Angebot der Religionsbehörde. Die Nurculuk-Bewegung versammelt sich um die Lektüre des

Hauptwerks von Said Nursî (s. S. 427) und beansprucht, damit über eine zeitnahe, wissenschaftliche Auslegung des Korans zu verfügen. Fethullah Gülen (geb. 1938) ist unstrittig die einflussreichste Figur im Bereich eines nach außen hin republikanisch-korrekten Islam. Der charismatische Gülen ging aus dem »Netzwerk« der Nurcu-Gemeinschaft hervor, von der er sich aber ab den 1970er Jahren teilweise löste. Er gründete eigene Stiftungen im Bildungsbereich, insbesondere auch Repetitorien (*dershane*), die ihre Schüler auf die schwierige Hochschuleingangsprüfung vorbereiteten. Durch dieses Engagement im säkularen Bildungsbereich und seine ausdrückliche Nähe zu der von allen konservativen Politikern (Turgut Özal) vertretene »Türkisch-Islamischen Synthese« erschien Gülen als unverdächtiger, apolitischer Wohltäter, der seine Schulorganisation vor allem auch in den zentralasiatischen Turkrepubliken und Südosteuropa ausbaute. 1999 wurde Gülen allerdings auf Grund von Abhörprotokollen durch das Militär der Staatsfeindlichkeit bezichtigt und musste in den USA Zuflucht suchen. Der Versuch, den Staat in Form eines anatolischen *Opus Dei* zu unterwandern, ist vorläufig am Misstrauen der Armeeführung gescheitert.

Die Türkei als untypischer Mehrvölkerstaat und die kurdische Frage

Die Vielfalt ethnischer Gruppen (Peter Andrews zählt mindestens 51) ändert nichts am Übergewicht der sunnitischen Türken mit 70–80 Prozent. Das Türkische ist längst mehr als Staatssprache und *Lingua Franca*, es ist auch Muttersprache von Menschen, die sich zu ihrer nichttürkischen Abstammung selbstbewusst bekennen. An zweiter Stelle steht das Kurdische im Südosten, aber auch in Teilen des Nordostens. In den an Syrien und den Irak grenzenden Provinzen lebt eine etwa eine Million Menschen starke arabische Minderheit. Vor allem Lasen und Georgier bilden autochthone Gruppen am Rande des Schwarzen Meeres. Die Einwanderungsgeschichte hat viele Sprecher kaukasischer und balkanischer Idiome über das ganze Land verteilt. Die rasante Urbanisierung hat zur vollständigen Auflösung kleiner Ethnien (wie etwa der Ubychen) geführt. Der straffe Zentralismus des Landes hat auch keine Strukturen entstehen lassen, die wie im modernen Frankreich, Italien oder Spanien regionale Sprachen und Kulturen pflegen.

Die Gesamtzahl an Christen liegt auf jeden Fall unter 200 000, wahrscheinlich näher bei 100 000. Die größte Gruppe bilden orthodoxe Armenier (50 000–60 000), von denen bis zu 95 Prozent in Istanbul leben. Die griechisch-orthodoxe Gemeinde in İstanbul ist auf 2000–3000 Mitglieder zusammengeschmolzen. Der anachronistische Begriff »Assyrer« (Süryani) gilt heute nicht nur für Nestorianer, sondern für alle chaldäischen, jakobitischen (syrisch-orthodoxen) und syrisch unierten Christen. Der Gebirgsstock des Tur Abdin war noch in den 1970er Jahren ein Rückzugsgebiet von syrisch-orthodoxen Christen, die einen neuaramäischen Dialekt sprachen. Die türkischen Juden sind zum größten Teil nach Israel ausgewandert, im Land sollen noch etwa 26 000 überwiegend sephardische Juden leben. Den Oberhäuptern der »anerkannten« nicht-muslimischen Minderheiten (Armenier, Griechisch-Orthodoxe, Juden) fehlt eine Rechtspersönlichkeit, was zu zahlreichen inneren und äußeren Problemen führt (Fehlen fester Einnahmen, Verhinderung der Ausbildung von Geistlichen, Schikanen bei der Verwaltung von Stiftungen usw.). Das gilt um so stärker für nicht als solche anerkannte Gruppen wie die »Assyrer« und die als Ausländergemeinden geltenden römischen Katholiken und Protestanten: Jedenfalls kann davon ausgegangen werden, dass die Türkei die im Lausanner Vertrag garantierten Minderheitsrechte »nicht vollständig umsetzt und den Lausanner Vertrag (zu) restriktiv auslegt« (A. Künnecke).

Zahlenangaben zu den ethnischen Minderheiten in der Türkei sind aus vielen Gründen problematisch, vor allem aber, weil der Staat seit 1965 keine Statistiken dazu veröffentlicht. Selbst wenn man von den damals sicher zu niedrig angesetzten Werten ausgeht, ist eine Fortschreibung bis in die Gegenwart wegen der Abwanderung vieler Gruppen in die Städte und ins Ausland äußerst schwierig. Viele politisch bewusste Kurden nehmen die muttersprachliche Kompetenz nicht als unterscheidendes Merkmal, sondern die Abstammung von kurdischen Eltern bzw. Großeltern. Einige Größenordnungsangaben sind dennoch möglich. Die verlässlichste Sprachenstatistik wurde 1935 veröffentlicht. Hier werden ihre Zahlen mit dem letzten allgemein zugänglichen Zensus von 1965 mit Angaben zur Muttersprache verglichen.

Sprache/Jahr	1935	1965
Türkisch	13 899 073	28 289 680
Arabisch	153 687	365 340
Tscherkessisch	91 972	58 339
Kurdisch	1 480 246	2 370 233
Lasisch	63 253	26 007
Andere	469 219	281 822
Summen	16 157 450	31 391 411

Demographische Analysen (Servet Mutlu) führten zu einer Anpassung der amtlichen Zahl von 2 370 233 Kurden für 1965 auf 3 132 390. Aus der Fortschreibung, die das natürliche Bevölkerungswachstum berücksichtigt, errechnet man für 1990 7 046 250 Kurden, entsprechend 12,6 Prozent der Bevölkerung der Türkei. Im Jahr 2002 lagen die Werte über 10 Millionen. Höhere Zahlen mögen zutreffen, wurden aber bis heute nicht statistisch begründet. Innerhalb und außerhalb der Türkei besteht Uneinigkeit, ob neben dem dominanten »Standardkurdisch« (Kirmancı) auch das Zaza mit vielleicht 2 Millionen Sprechern als eigenständige kurdische Sprache zu gelten hat. Auch wenn sich Sprecher beider Idiome kaum verständigen können, ist dies für viele »Kurden« kein Grund, ihre Zusammengehörigkeit zu bestreiten. Darüber hinaus bilden die Kurden keine homogene religiöse Gemeinschaft. Sie sind mehrheitlich sunnitische Muslime (der schafiitischen Denomination), doch gibt es auch zahlreiche alevitische Kurden. Für Kurden und Türken gilt, dass Heiraten über die Grenze der ethnischen Gemeinschaft (wie im Fall der Eltern des PKK-Führers Öcalan) das Bild noch weniger eindeutig machen.

Der türkische Parlamentarismus hat von Anfang an kurdischen Notabeln, d. h. Stammesführern (*ağa*), die Vertretung ihrer Interessen in Ankara ermöglicht, solange sie nicht die Staatsdoktrin von der unteilbaren Nation bekämpften. Charakteristisch für den Umgang mit Kurden war eine Definition im amtlichen Wörterbuch der Sprachgesellschaft aus dem Jahr 1944: »*Kürt:* eine in der Türkei, Irak und Iran lebende Gruppe, die zum größten Teil aus Türken besteht, welche ihre Sprache aufgegeben haben und ein korruptes Persisch reden.« Mit dieser bis in die unmittelbare Gegenwart reichenden unwissenschaftlichen Leugnung der Eigenständigkeit des Kurdischen ging eine Umbenennung fast sämtlicher Siedlungsnamen in der Region einher. Kurdische Personennamen werden bis in die Gegenwart durch amtliche Stellen geächtet. Ein aus der Zeit des Militärregimes vom 12. September 1980 stammendes Sprachenverbotsgesetz wurde allerdings 1991 zurückgenommen. Zu einer offenen kurdischen Vertretung im Parlament kam es erst nach 1991, als Ecevits SHP einige Kandidaten im Osten des Landes als »Unabhängige« in ihre Liste aufnahm. Doch schon bei der Sitzungseröffnung kam es zum Eklat, als zwei der 14 Deputierten kurdisch-nationalistische Äußerungen machten. Die SHP trennte sich darauf von der »Partei der Arbeit des Volkes« (HEP / *Halkın Emek Partisi*), weil sie zu keiner weiteren Distanzierung bereit war als eben der, »sowohl den Terror des Staates als auch den der PKK zu verurteilen«.

Diese seit Ende der 1970er Jahre tätige Guerillaorganisation »Kurdische Arbeiterpartei« (*Partîya Karkêren Kurdistan* / PKK) war, wie ihr Name verrät, ursprünglich eine marxistische Kaderorganisation, die von einem Studenten namens Abdullah Öcalan ins Leben gerufen wurde. Sie soll Mitte der 1990er Jahre neben 10000 aktiven Kämpfern weitere 50000 Militante aufgebracht haben, zu denen mehr als 315000 Sympathisanten gerechnet wurden. Die militärischen Auseinandersetzungen in Ost- und Südostanatolien haben nach Angaben des Innenministeriums zwischen 15. August 1984 und 1. September 1997 23190 Menschenleben gekostet. Darunter befanden sich 4389 Angehörige der Sicherheitskräfte (Militär, Gendarmerie, Polizei und Dorfwächter) und 3965 Zivilisten. Die angegebene Zahl getöteter PKK-Leute (14838) ist im Vergleich zu verletzten Mitgliedern der »Organisation« (399) bedenklich hoch.

Die Militärverwaltung im Osten ließ zahlreiche Siedlungen evakuieren, deren Bevölkerung sich geweigert hatte, so genannte »Dorfwächter« gegen die PKK zu stellen. Dieselben Maßnahmen wurden ergriffen, wenn man größere Lebensmittelvorräte feststellte, die der Guerilla als Nahrungsmittelreserven hätten dienen können. In den 1990er Jahren waren davon über 3000 Siedlungen, darunter 905 Dörfer, betroffen. Mehr als eine Million Kinder blieb ohne Schulunterricht, Hunderte von Krankenstationen wurden geschlossen. Flucht- bzw. Auswanderungsziel waren zunächst die Großstädte der Region wie Şanlıurfa, Van und Diyarbakır, aber auch westlichere Ballungsgebiete wie Mersin, Adana und Antalya. Die Folge ist eine Ausdehnung der Gecekondu-Gebiete im Umkreis der

Provinzhauptorte. Kreisstädte, die noch in den 1980er Jahren nur wenige zehntausend Einwohner zählten, übertreffen inzwischen an Einwohnerzahl die namengebenden Hauptstädte der Provinz. Einige südanatolische Städte wie Mersin haben eine kurdische Bevölkerungsmehrheit. Die durch die Guerilla und das Militär ausgelöste Fluchtbewegung erreichte auch die Metropolen der Westtürkei, obwohl sich die Verwaltungen von Großstädten wie İstanbul und Bursa gegen den Zustrom wehrten. Umgekehrt führten Flucht und Vertreibung zur Entleerung großer Räume (z. B. Tunceli). Die »Trockenlegung des Sees« durch die türkische Armee erwies sich als erfolgreich, wobei die Binnenmigration (die auch internationale Fortsetzungen erfährt) aller Erfahrung nach unumkehrbar ist, d. h., die Flüchtlinge werden wohl zum überwiegenden Teil nicht in ihre Heimatorte zurückkehren.

Die PKK verfügte offensichtlich über ungenügenden Rückhalt in der Bevölkerung der Osttürkei. Außerhalb der türkischen Grenzen, insbesondere im Irak und in Iran, wurde ihr Kampf unzureichend unterstützt bzw. die türkische Armee fand ihrerseits unter den dortigen kurdischen Stämmen Verbündete. Auch nach der Befriedung setzte sich der Druck auf Kurden fort. Handlungen wie das Abspielen von kurdischer Musik in Minibussen und Taxis, die Schreibung des Buchstaben W, der im offiziellen türkischen Alphabet nicht vorkommt, auf Plakaten, die zum Neujahrsfest (*Newrûz*) einluden, und die Wahl traditionell kurdischer Namen für Neugeborene wurden noch 2002 verboten bzw. bestraft. Die Migration der Kurden in die großen Städte des Südens und Westens hat zur Lockerung oder Aufgabe ihrer tribalen Bindungen geführt. Angesichts ihrer seit Langem eingeleiteten sprachlichen Assimilation bleibt offen, ob den türkischen Kurden in absehbarer Zukunft die Stärkung ihrer nationalen Identität gelingt. Weder bei den Parlamentswahlen des Jahres 1995 noch 1999 und 2002 war es der »Demokratischen Partei des Volkes« (HADEP / *Halkın Demokrasi Partisi*) als jüngster Parteibildung gelungen, die Zehnprozenthürde zu überwinden. Dabei war die HADEP 1999 nach der islamistischen Tugendpartei (FP) mit 16,9 Prozent im Südosten die stärkste Kraft. Ihr gesamttürkischer Anteil betrug aber nur 4,8 Prozent. Offensichtlich vermochte es die HADEP nicht, Kurden außerhalb ihres Kernraums in ausreichender Zahl zu mobilisieren. In den vorgezogenen Wahlen im Jahr 2007 gelang 20 »unabhängigen« kurdischen Kandidaten der Einzug ins Parlament, sie schlossen sich zu einer Fraktion unter dem Namen »Partei für eine demokratische Gesellschaft« zusammen.

Die Türkische Republik: Eine kurze Bestandsaufnahme

Im Gründungsjahr der Republik war die Türkei nur mit Einschränkungen ein souveräner Staat. Auf ihr lasteten die Schulden des Osmanischen Reichs. Große Teile der Infrastruktur waren noch im Besitz ausländischer Gesellschaften. Die Ablösung der liberalen Wirtschaftspolitik durch eine umfassende staatliche Lenkung, die auf eine Substitution der Importe zielte, bestimmte nach 1932 die Investitionen. Erst mit dem Vertrag von Montreux im Jahr 1936 gewann die Türkei nach Jahrhunderten wieder die Kontrolle über die Meerengen. Als asiatische und balkanische Mittelmacht konnte sie bis zum Ende des Zweiten Weltkriegs ihre »relative Unabhängigkeit« erweitern und bis zum Eintritt in die NATO (1952) erhalten.

Die beispiellose »Revolution von Oben« durch Mustafa Kemâl Atatürk und seine Mitstreiter hat den schon vor 1923 schwindenden orientalischen Charakter des Landes weitgehend aufgelöst, ohne die große Mehrheit der Türken dem Islam zu entfremden. Die Radikalität der Reformen lässt sich zum Teil mit der historischen Erfahrung der Jungtürken erklären, deren Programme noch einen Mittelweg zwischen Alt und Neu suchten. Der kulturelle Umbau hatte dabei zweifellos Vorrang vor ökonomischen Projekten, die wegen der Folgen von Kriegen und Aufständen, der Weltwirtschaftskrise und des Zweiten Weltkriegs nur langsam vorankamen.

Im Kontrast zu allen islamischen Nachbarländern ersetzte die Türkei sämtliche religiösen Verfassungs- und sonstige Rechtsnormen durch europäische. Erst nach 1946 verschafften die Regierungen dem religiösen Unterrichts- und Hochschulwesen wieder Spielraum.

Die Schrift- und Sprachreform holte, weithin erfolgreich, die Purifikationsprozesse nach, die einige europäische Nationen im 19. Jahrhundert vollzogen hatten. Sie hat die rasche Alphabetisierung breiter Schichten ermöglicht, wobei die Absicht der Reformer nicht ganz aufging, einen Bruch mit dem älteren Bildungsgut anzustreben. Erst in der Gegenwart steht den türkischen Lesern ein umfassendes Korpus an osmanischen bzw. arabischen und persischen Texten in Übersetzung bzw. neutürkischer Paraphrase zur Verfügung.

Die Dominanz moderner Massenmedien ist unübersehbar. Nach Aufhebung des staatlichen Rundfunkmonopols im Jahr 1993 entwickelte sich das private Fernsehen explosiv. Ein »Hoher Rundfunk- und Fernsehrat« (RTÜK / *Radyo Televiziyon Üst Kurulu*) überwacht den Programminhalt. Die wenigen verbliebenen wichtigen Tageszeitungen und privaten Fernsehsender werden von zwei großen Verlagshäusern kontrolliert. Im Gegensatz zu einer beachtlichen Vielfalt der Buchproduktion beharrt die Tages- und Wochenpresse in quantitativer und qualitativer Hinsicht auf einem erbärmlichen Niveau.

Die Türkei ist mit ihrer West-Ost-Ausdehnung von 1500 km und ihrer Nord-Süd-Distanz von 500–600 km ein großes Land, das mit seinen 779000 km² die 36. Stelle im Weltvergleich einnimmt. Als »Süd-Ost-Ecke von Großeuropa« (Herbert Louis) hat die Türkei nie stärkere Nord-Süd-Beziehungen, dafür aber immer eine intensive Verkehrsbedeutung für den Austausch zwischen Ost und West gehabt. Trotz einer im Vergleich zu den Trockenräumen der Erde günstigen Naturausstattung gibt es eine Anzahl ungünstiger Faktoren. Dazu gehört, dass 82 Prozent des Landes in mehr als 500 m Höhe liegen. Der Anteil geneigter Bodenfläche ist groß (46 Prozent davon mit einer Neigung bis zu 40 Prozent!), was die natürliche und die von Menschen hervorgerufene Erosion beschleunigt. Die Flüsse transportieren alljährlich mindestens 500 Millionen Tonnen fruchtbaren Bodens ins Meer bzw. tragen zur Auffüllung der Stauseen bei. Die Anfälligkeit für Erdbeben ist nicht auf den Osten beschränkt. 92 Prozent des türkischen Territoriums gelten als gefährdet. Die so genannte Nordanatolische Hauptstörungslinie, die vom Van-See bis nach Griechenland reicht, hat zuletzt 1999 im Marmara-Raum massive Schäden angerichtet. 16000 Todesopfer waren zu beklagen. Die materiellen Verluste waren riesig. Modernste Produktionseinrichtungen, militärische Anlagen und eine Erdölraffinerie waren betroffen. Die türkische Wirtschaft wurde um Jahre zurückgeworfen.

Im Jahr 2005 zählt die Türkei etwa 72 Millionen Einwohner, d. h., die Bevölkerung hat sich seit der ersten umfassenden Zählung im Jahr 1927 mehr als verfünffacht, wobei die Auslandstürken mit ca. 4 Millionen nicht mitgerechnet sind. Von den Unterbevölkerungsängsten der spätosmanischen und frührepublikanischen Zeit kann nicht mehr die Rede sein. 1923 hatte Anatolien durch Vertreibung und Umsiedlung der Minderheiten etwa zwei bis drei Millionen Menschen verloren und zählte nur noch 12–13 Millionen Einwohner. Der jährliche Bevölkerungszuwachs war bis in die 1930er Jahre moderat, stieg aber zwischen 1955 und 1975 auf den hohen Wert von 26 bis 28 Geburten pro 1000 Einwohner. Das durchschnittliche Heiratsalter ist leicht ansteigend, es beträgt bei Männern etwa 26, bei Frauen über 22 Jahre. Die Scheidungsraten wachsen, liegen aber noch weit unter europäischen Verhältnissen. Die wirtschaftliche Lage von Frauen ist insgesamt ungünstig. Ihr Anteil an den Beschäftigten fällt. Sehr große Unterschiede sind beim Immobilienbesitz zu verzeichnen (73,1 Prozent in der Hand von Männern, 8,7 Prozent von Frauen, der Rest ist Gemeinschaftsbesitz).

Die Bevölkerungsstruktur veränderte sich in den letzten Jahrzehnten erheblich. Zwischen 1970 und 2005 sank die Geburtenrate von 3,45 auf 2,2 Prozent, die Sterberate verringerte sich ebenfalls für die Gesamtbevölkerung und signifikant bei Säuglingen und Kindern. Die Lebenserwartung lag zur Jahrtausendwende bei über 66 Jahren für Männer und 71 Jahren für Frauen. Die türkische Bevölkerung wächst – trotz nicht zufriedenstellender Ernährungsdaten – deshalb um jährlich 2 Prozent bei gleichzeitig sinkender Geburtenrate (1,364 Prozent, Durchschnitt für 2000–2005). Die amtliche Statistik geht von einem Wachstum auf 85,4 Millionen bis zum Jahr 2020 aus.

Die Alphabetisierung von Frauen und Männern nimmt als Ergebnis der weitgehend flächendeckenden Schulversorgung zu, wobei die Grundschule mit Ausnahme von Schulkleidung und Lehrmitteln kostenlos ist. Der deutliche Abstand zwischen den Geschlechtern verringert sich. 1935 konnten erst 29,3 Prozent aller Türken über 6 Jahre lesen und schreiben, bei Türkinnen waren es weniger als 10 Prozent. Die Werte für 2000 lauten 93 zu 77 Prozent. Im Weltvergleich der einfachen Lesefähigkeit von Personen lag die Türkei 1999 hinter Malaysia und Indonesien, aber weit vor Ländern wie Saudi-Arabien, Ägypten und Pakistan. 1999 konnten 12,5 Prozent aller Türken über 15 Jahren keinen einfachen Text über ihr Alltagsleben verfassen. Die Erweiterung der Schulpflicht auf acht Jahre lässt auf eine Besserung hoffen.

Während die Türkei im Jahr 1960 nur über sechs Universitäten verfügte, wuchs ihre Zahl im Jahr 2007 auf 82 staatliche Universitäten, von denen einige allerdings nur auf dem Papier existieren. 2005 waren mehr als 2145000 Studierende eingeschrieben. Nur etwa ein Drittel des Lehrkörpers besteht aus Professoren. Besonders ungünstig ist das Zahlenverhältnis Dozent zu Student an den lehrerbildenden Abteilungen. Die Zahl privater Stiftungsuniversitäten ist im Steigen (2007:30). Ein gigantischer Verwaltungsapparat von etwa ¼ Million Helfern sorgt für den reibungslosen Ablauf der zentralen Hochschulaufnahmeprüfungen. 2005 standen 1,93 Millionen Bewerbern 608000 erfolgreiche Kandidaten gegenüber. Ein sehr großer Anteil von Studienbewerbern muss sich auf Grund schlechter Punktzahlen bei der zentralen Eingangsprüfung mit ungewünschten Fächern, entlegenen Studienorten oder einem Fernstudium begnügen.

Die staatlichen und privaten Universitäten werden von dem zentralen Hochschulleitungsrat (YÖK) als einer in der Verfassung (Artikel 131) verankerten Institution straff kontrolliert, auch wenn inzwischen ihre militärischen Mitglieder ausgeschieden sind. Von einer Hochschulautonomie kann, auch im wissenschaftlichen Bereich, nur teilweise die Rede sein. Im türkischen Ranking konnten sich einzelne Abteilungen staatlicher Hochschulen (Middle East Technical University / *Orta Doğu Teknik Üniversitesi* in Ankara) gegenüber der privaten Konkurrenz (Bilkent, Sabancı, Koç) gut behaupten. Ein großes Defizit besteht in der Türkei bei der naturwissenschaftlichen Grundlagenforschung, aber auch der Eigenteil an Industrieforschung war immer sehr gering. Insofern darf das moderne Aussehen vieler Städte mit *shopping malls* und Industrieanlagen nicht über die fast vollständige Abhängigkeit der türkischen Wirtschaft von außertürkischen Innovationsimpulsen täuschen.

Natürliche Gegebenheiten verstärken das soziale und wirtschaftliche West-Ost-Gefälle. In fünf Provinzen des Westens (İstanbul, İzmir, Ankara, Kocaeli, und Bursa) konzentriert sich fast die Hälfte der Wirtschaftskraft des Landes. Die alte osmanische Hauptstadt İstanbul hat ihren Rang als Wirtschaftsmetropole behauptet, auch wenn die Rolle Ankaras weitaus bedeutender ist als die anderer neu geschaffener Regierungs- und Verwaltungssitze (vgl. Canberra oder Brasilia). So gut wie alle soziale Daten sind für die südöstlichen Provinzen am ungünstigen (Schulbesuch, Ärztedichte, Familiengröße, Analphabetismus bei Frauen, Spareinlagen).

Die Privatisierung von Staatsbetrieben erhielt ab 1984 gesetzliche Grundlagen. In einigen Fällen konnten Beschäftigte Aktien erwerben. Insgesamt erzielte der Staat bisher aber nur einen Bruchteil der angestrebten Einnahmen.

Die wichtigsten Exportgüter sind heute Industrieprodukte. Dabei bleibt die Außenhandelsbilanz negativ. In der Landwirtschaft ist das Ende der flächenhaften Expansion etwa bei der für die Ernährung entscheidenden Weizenproduktion längst eingetreten. Der Import wichtiger Grundnahrungsmittel (z. B. Linsen und Reis) beweist, dass die Türkei seit einigen Jahren kein reiner Selbstversorger mehr ist. Zu klassischen *cash crops* wie Tabak und Trockenfrüchten ist eine weite Palette anderer Agrarprodukte gekommen (u. a. Südfrüchte, Gemüse). Die Stärke und Krisensicherheit der türkischen Landwirtschaft liegt gerade in der Vielfalt der in erster Linie für den riesigen Binnenmarkt erzeugten Produkte (Hütteroth/Höhfeld).

Die aus dem Tourismus erlösten Devisen (9 Milliarden US-Dollar) entsprachen 2004 nur 1/6 der Exporteinnahmen. Damit ist die Türkei prozentual weniger vom Fremdenverkehr abhängig als Griechenland. Ungewöhnlich hoch sind die Kapazitäten für den Binnentourismus, der seinen Anteil an der »Betonisierung« der Küsten nicht verleugnen kann (1997 fast 40 Prozent aller Reisenden). Darüber hinaus treten ca. 5 Millionen Türken jährlich Auslandsreisen an, von denen zahlreiche den Besuch von in Europa lebenden Verwandten zum Ziel haben. Im Übrigen spielen Überweisungen der Arbeitsmigranten für die türkische Volkswirtschaft nur noch eine geringe Rolle.

Die Rechtssicherheit machte in den letzten Jahrzehnten Fortschritte. Im Jahr 2002 wurde die Todesstrafe abgeschafft. Allerdings sind die Gerichte und Behörden überlastet, was im Ergebnis vielfach zur Rechtsverschleppung und Rechtsverweigerung führt. Nach wie vor genießen nichtmuslimische Minderheiten nicht die ihnen im Vertrag von Lausanne in Art. 38–43 eingeräumten Freiheiten. Der Abstand zwischen Verfassung und Verfassungswirklichkeit ist auch auf den häufigen Ungehorsam der Exekutive gegenüber der Justiz zurückzuführen. Die große Reform des Zivilgesetzbuches (1. 1. 2002) setzte normative Vorgaben der Verfassung wie den Gleichheitsgrundsatz von Mann und Frau um.

Zu den stärksten Defiziten des türkischen politischen Systems gehört die fast völlige Abwesenheit von innerparteilicher Demokratie. Die Parteiführungen entscheiden willkürlich in »engen und exklusiven Kreisen« (Suat Kınıklıoğlu in Rubin/Heper), Verstöße gegen Verfassung und Parteiengesetz werden fast nie geahndet.

In einigen Großstädten kann man den Unterschied zwischen religiös und laizistischen Gruppen an luxuriösen *gated communities* bzw. Trabantenstädten für observante Muslime beobachten. Manche Beobachter sehen hier Anzeichen für eine zunehmende »Versäulung« der Gesellschaft. Die Bruchlinien in der Gesellschaft verlaufen nicht allein zwischen Ost und West, Arm und Reich, sondern auch zwischen »Orthodoxen« und »Liberalen«.

Insgesamt aber überwiegen die positiven Signale aus dem Land. Die türkische Bevölkerung hat sich von jener sozialen Passivität verabschiedet, die frühe Beobachter beklagten. Die um 1980 in bürgerkriegsähnliche Spannungen einmündende Polarisierung der Gesellschaft ist stark abgebaut, nicht zuletzt, weil Tabus in den Medien und der Wissenschaft vielfach in Frage gestellt werden (Deportierung der Armenier, Minderheitensprachen, Verfolgungen von Muslimen im frühen Kemalismus). Zwischen Säkularisten und Islamisten wurde ein zaghafter Dialog aufgenommen. Vergleichbares gilt für das Verhältnis von Aleviten und Sunniten.

Trotz der genannten Defizite stellt niemand den insgesamt funktionierenden Parlamentarismus in Frage. Nach allen drei Militärinterventionen (1960, 1972, 1980) kehrte das Land zu demokratischen Verhältnissen zurück. Dabei steht fest, dass viele Bürger die Rolle der bewaffneten Kräfte gerade bei der Begrenzung religiöser Forderungen begrüßen. Mit der Wahl von Ahmed Necdet Sezer, dem früheren Vorsitzenden des Verfassungsgerichtshofs, zum Präsidenten der Republik (2000) wurde zum dritten Mal in Folge ein Zivilist höchster Repräsentant der Türkei. Er zeichnete sich durch eine konsequente Verteidigung eines von seinen Gegner als starrer Altkemalismus denunzierten Säkularismus aus. Sein Nachfolger Abdullah Gül ist ein international erfahrener Ökonom aus dem konservativen Milieu von Kayseri.

Der Staat hat sich aus vielen Bereichen zurückgezogen bzw. seine Agenturen haben einen starken Bedeutungsverlust erfahren. Als Beispiele können die Staatliche Rundfunk- und Fernsehanstalt (TRT / *Türkiye Radyo ve Televizyon Kurumu*) oder die »Gesellschaft für türkische Geschichte« (TTK / Türk Tarih Kurumu) dienen. Private Medien (Fernsehsender, Verlage, Stiftungen) haben ihre Rolle weitgehend übernommen und das Meinungsspektrum erweitert.

Während der zwei oder drei Generationen, die nach dem Tode Atatürks das Programm der Modernisierung und Säkularisierung der Türkei fortschrieben, kam es zu vielen Krisen, von denen manche geopolitisch bzw. weltwirtschaftlich bedingt, viele aber hausgemacht waren. Trotzdem hat sich keine unter mehr als 50 demokratisch gewählten Regierungen zu panislamischen oder panturanischen Abenteuern ablenken lassen. Da die Türkische Republik schon bei ihrer Gründung auf eine »staatliche Gesellschaft« (Michael E. Meeker) als Ressource zurückgreifen konnte, hatte sich ihr die Aufgabe des *nation building* nicht oder jedenfalls nicht in der Dringlichkeit wie bei ihren nahöstlichen Nachbarn gestellt.

Als regionale Mittelmacht hat die Türkei nach 1965 ihre außenpolitischen Interessen nicht mehr allein von den USA bestimmen lassen. So gestattete sie den USA keinen Angriff auf Iran von ihrem Boden aus und nahm auch nicht am Embargo gegen dieses Land und Libyen teil. Auf dem Höhepunkt der Irak-Krise im Winter 2002/03 unterstrich sie ihre guten Arbeitsbeziehungen mit dem Nachbarland im Rahmen der UNO-Sanktionen.

Wegen der zunehmenden strategischen Bedeutung des Landes, die nach dem Zerfall der Sowjetunion kaum vorhersehbar war, unterstützt Washington den Aufnahmeantrag der Türkei in die Europäische Union. Bei einem Bruttoinlandsprodukt von der Größe der Niederlande hat die Türkei allerdings noch einen sehr langen Weg vor sich, um die ihrer Bevölkerungszahl entsprechende Wirtschaftskraft zu erreichen, ohne die Union noch stärker zu destabilisieren.

Letztlich wird man es der Türkei nicht zum Vorwurf machen, dass Atatürk kein günstigeres weltgeschichtliches »Zeitfenster« zur Gründung seiner Republik ausgewählt hat als die Jahre der Weltwirtschaftskrise und internationalen Spannungen. »Kulturelle Grenzen« scheinen jedenfalls weniger hoch als demographische und ökonomische Hindernisse, die freilich gegen einen übereilten Beitritt des Landes zur Europäischen Union sprechen.

Anhang

Stammtafel des Hauses Osmân

Die folgende Stammtafel stellt die Regierungszeiten der 36 Osmanenherrscher und ihre Abstammungsverhältnisse dar.

Es ist zu beachten, dass in der älteren europäischen Literatur Süleymân Kânûnî häufig als zweiter seines Namens geführt wird, weil der Emir Süleymân des Interregnums als selbständiger Herrscher aufgefasst wurde. Die Liste endete mit dem Kalifen Abdülmecîd (Nr. 37), der gelegentlich als Abdülmecîd II. bezeichnet wird, obwohl er nicht mehr den Titel »Sultan« führte.

Ertoğrul

|

1. Osmân I. Gâzî (st. 1324)

|

2. Orhân (1324–1362)

|

3. Murâd I. Hüdavendigâr (1362–1389)

|

4. Bâyezîd I. Yıldırım (»Der Wetterstrahl«; 1389–1402)

|

Interregnum: İsa (st. 1404), Emir Süleymân (st. 1411), Mûsâ (st. 1413), Mustafâ (st. 1422)

|

5. Mehmed I. (1413–1421)

|

6. Murâd II. (1421–1444, 1446–1451)

|

7. Mehmed II. Fâtih (»Der Eroberer« 1451–1481)

|

8. Bâyezîd II. Velî (1481–1512)

|

9. Selîm I. Yavuz (1512–1520)

|

10. Süleymân I. Kânûnî (im Abendland: »Der Prächtige«; 1520–1566)

|

11. Selîm II. (1566–1574)

|

12. Murâd III. (1574–1595)

|

13. Mehmed III. (1595–1603)

14. Ahmed I. (1603–1617)

15. Mustafâ I. (1617–1618, 1622–1623)

16. »Genç« Osmân II. (1618–1622)

17. Murâd IV. (1623–1640)

18. İbrâhîm »Deli« (1640–1648)

19. Mehmed IV. Avcı (1648–1687)

20. Süleymân II. (1687–1691)

21. Ahmed II. (1691–1695)

22. Mustafâ II. (1695–1703)

23. Ahmed III. (1703–1730)

24. Mahmûd I. (1730–1754)

25. Osmân III. (1754–1757)

26. Mustafâ III. (1757–1774)

27. Abdülhamîd I. (1774–1789)

28. Selîm III. (1789–1807)

29. Mustafâ IV. (1807–1808)

30. Mahmûd II. (1808–1839)

31. Abdülmecîd (1839–1861)

32. Abdülazîz (1861–1876)

33. Murâd V. (1876)

34. Abdülhamîd II. (1876–1909)

35. Mehmed V. Reşâd (1909–1918)

36. Mehmed VI. Vâhideddîn (1918–1922)

37. Abdülmecîd

Präsidenten der Türkei 1923–2008 mit Amtszeiten

Staatsoberhaupt	Amtsjahre	Bemerkungen
Mustafa Kemal Atatürk*	1923–1938	Wiedergewählt 1927, 1931, 1935
İnönü, İsmet*	1938–1950	Wiedergewählt 1939, 1943, 1944
Bayar, Mahmut Celal	1950–1960	Wiedergewählt 1954, 1957. Gestürzt 1960
Gürsel, Cemal*	1960–1966	Durch Staatsstreich. Gewählt 1961, aus Gesundheitsgründen abgewählt 1966
Sunay, Cevdet*	1966–1973	Gewählt 1966
Korutürk, Fahri*	1973–1980	Gewählt 1973
Çağlayangil, İhsan Sabri	1980	Senatspräsident, Interimspräsident 7. 4.–12. 9. 1980
Evren, Kenan*	1980–1989	Durch Staatsstreich. Gewählt 1982
Özal, Turgut	1989–1993	Starb im Amt 1993
Demirel, Süleyman	1993–2000	Gewählt 1993
Sezer, Ahmet Necdet	2000–2007	Gewählt 2000
Gül, Abdullah	2007–	Gewählt 2007

* Armeeführer

Die Regierungen der Türkei 1923–2008
(Ministerpräsidenten und Amtszeiten)

1 I. İnönü, İsmet
(30. 10. 1923 – 6. 3. 1924)

2 II. İsmet, İsmet
(6. 3. 1924 – 22. 11. 1924)

3 Okyar, Ali Fethi
(22. 11. 1924 – 3. 3. 1925)

4 III. İnönü, İsmet
(3. 3. 1925 – 1. 11. 1927)

5 IV. İnönü, İsmet
(1. 11. 1927 – 27. 9. 1930)

6 V. İnönü, İsmet
(27. 9. 1930 – 4. 5. 1931)

7 VI. İnönü, İsmet
(4. 5. 1931 – 1. 3. 1935)

8 VII. İnönü, İsmet
(1. 3. 1935 – 1. 11. 1937)

9 I. Bayar, Mahmut Celal
(1. 11. 1937 – 11. 11. 1938)

10 II. Bayar, Mahmut Celal
(11. 11. 1938 – 25. 1. 1939)

11 I. Saydam, Refik
(25. 1. 1939 – 3. 4. 1939)

12 II. Saydam, Refik
(3. 4. 1939 – 9. 7. 1942)

13 I. Saraçoĝlu, Şükrü
(9. 7. 1942 – 9. 3. 1942)

14 II. Saraçoĝlu, Şükrü
(9. 3. 1942 – 7. 8. 1946)

15 Peker, Recep
(7. 8. 1946 – 10. 9. 1947)

16 I. Saka, Hasan
(10. 9. 1947 – 10. 6. 1948)

17 II. Saka, Hasan
(10. 6. 1948 – 16. 1. 1949)

18 Günaltay, Şemsettin
(16. 1. 1949 – 22. 5. 1950)

19 I. Menderes, Adnan
(22. 5. 1950 – 9. 3. 1951)

20 II. Menderes, Adnan
(9. 3. 1951 – 17. 5. 1954)

21 III. Menderes, Adnan
(17. 5. 1954 – 9. 12. 1955)

22 IV. Menderes, Adnan
(9. 12. 1955 – 25. 11. 1957)

23 V. Menderes, Adnan
(25. 11. 1957 – 27. 5. 1960)

24 I. Gürsel, Cemal
(30. 5. 1960 – 5. 1. 1961)

25 II. Gürsel, Cemal
(5. 1. 1961 – 20. 11. 1961)

26 VIII. İnönü, İsmet
(20. 11. 1961 – 25. 6. 1962)

27 IX. İnönü, İsmet
(25. 6. 1962 – 25. 12. 1963)

28 X. İnönü, İsmet
(25. 12. 1963 – 20. 2. 1965)

29 Ürgüplü, Suat Hayrettin
(20. 2. 1965 – 27. 10. 1965)

30 I. Demirel, Süleyman
(27. 10. 1965 – 3. 11. 1969)

31 II. Demirel, Süleyman
(3. 11. 1969 – 6. 3. 1970)

32 III. Demirel, Süleyman
(6. 3. 1970 – 26. 3. 1971)

33 I. Erim, Nihat
(26. 3. 1971 – 11. 12. 1971)

34 II. Erim, Nihat
(11. 12. 1971 – 22. 5. 1972)

35 Melen, Ferit
(22. 5. 1972 – 15. 4. 1973)

36 Talu, Naim
(15. 4. 1973 – 26. 1. 1974)

37 I. Ecevit, Bülent
(26. 1. 1974 – 17. 11. 1974)

38 Irmak, Sadi
(17. 11. 1974 – 31. 3. 1975)

39 IV. Demirel, Süleyman
(31. 3. 1975 – 21. 6. 1977)

40 II. Ecevit, Bülent
(21. 6. 1977 – 21. 7. 1977)

41 V. Demirel, Süleyman
(21. 7. 1977 – 5. 1. 1978)

42 III. Ecevit, Bülent
(5. 1. 1978 – 12. 11. 1979)

43 VI. Demirel, Süleyman
(12. 11. 1979 – 12. 9. 1980)

44 Ulusu, Bülend
(20. 9. 1980 – 13. 12. 1983)

45 I. Özal, Turgut
(13. 12. 1983 – 21. 12. 1987)

46 II. Özal, Turgut
(21. 12. 1987 – 9. 11. 1989)

47 Akbulut, Yıldırım
(9. 11. 1989 – 23. 6. 1991)

48 I. Yılmaz, Mesut
(23. 6. 1991 – 20. 11. 1992)

49 VII. Demirel, Süleyman
(21. 11. 1991 – 25. 6. 1993)

50 I. Çiller, Tansu
(25. 6. 1993 – 5. 10. 1995)

51 II. Çiller, Tansu
(5. 10. 1995 – 30. 10. 1995)

52 III. Çiller, Tansu
(30. 10. 1995 – 6. 3. 1996)

53 II. Yılmaz, Mesut
(6. 3. 1996 – 28. 6. 1996)

54 Erbakan, Necmettin
(28. 6. 1996 – 30. 6. 1997)

55 III. Yılmaz, Mesut
(30. 6. 1997 – 11. 1. 1999)

56 IV. Ecevit, Bülent
(11. 1. 1999 – 28. 5. 1999)

57 V. Ecevit, Bülent
(28. 5. 1999 – 18. 11. 2002)

58 I. Gül, Abdullah
(18. 11. 2002 – 14. 3. 2003)

59 Erdoğan, Recep Tayyip
(14. 3. 2003 –

Die unveränderlichen Revolutionsgesetze als Bestandteil der Verfassungen

1. Gesetz über die Vereinheitlichung des Unterrichts (*Tevhid-i Tedrisat Kanunu*) vom 3. März 1924.
2. Gesetz über das Huttragen (*Şapka İktisâsı*) vom 25. November 1925.
3. Gesetz über das Verbot und die Schließung der Derwischkonvente und Mausoleen (*Tekye ve Zaviyelerle Türbelerin Seddi*) und das Verbot des Berufs eines Mausoleumwärters (*Türbedarlık*) sowie die Aufhebung einiger Titel vom 30. November 1925.
4. Gesetz über die Ziviltrauung (*medenî nikâh*) im Rahmen des Türkischen Zivilgesetzbuches vom 17. Februar 1926.
5. Gesetz über die Annahme der internationalen Ziffern vom 20. Mai 1928.
6. Gesetz über die Annahme und Anwendung des (lateinschriftlichen) türkischen Alphabets (*Türk Harfleri*) vom 1. November 1928.
7. Gesetz über die Aufhebung der Anreden und Titel wie Efendi, Bey, Pascha usw. vom 26. November 1934.
8. Gesetz über das Verbot bestimmter Gewänder (*Bazı Kisveler*) vom 3. Dezember 1934.

Literaturhinweise

Allgemeines, Landeskunde

Yurd Ansiklopedisi. Türkiye, İl, İl: Dünü, Bugünü, Yarını. 11 Bde. Istanbul 1981–84.
Cumhuriyet Dönemi Türkiye Ansiklopedisi. 15 Bde. Ankara/ Istanbul 1983–96.
Cumhuriyet Ansiklopedisi 1923–2000. 4 Bde. Istanbul 2002.
Dünden Bugüne İstanbul Ansiklopedisi. Hrsg. von Semavi Eyice [u. a.]. 8 Bde. Istanbul 1993–96.
The Encyclopaedia of Islam. Hrsg. von H. A. R. Gibb [u. a.]. 2. Aufl. Leiden 1954–2004. 3. Aufl. 2007ff.
Grothusen, Klaus-Detlev (Hrsg.): Türkei. Südosteuropa-Handbuch IV. Göttingen 1985.
Hütteroth, Wolf-Dieter / Höhfeld, Volker: Türkei. Geographie, Geschichte, Wirtschaft, Politik. Darmstadt 2002. [Auch als elektronische Publikation.]
İslâm Ansiklopedisi, İslâm Âlemi Tarih, Coğrafya, Etnografya ve Biyografya Lugatı. Hrsg. von Adnan Adıvar [u. a.]. Istanbul 1949–88.
Kreiser, Klaus: Der osmanische Staat 1300–1922. München 2001. 2., erw. Aufl. 2008.
– Kleines Türkei-Lexikon. München 1992.
Pitcher, Donald Edgar: An Historical Geography of the Ottoman Empire. Leiden 1972.
The Sultan's Portrait: Picturing the House of Osman. Hrsg. Selmin Kangal. Istanbul 2000.
Türkiye Diyanet Vakfi İslâm Ansiklopedisi. Istanbul 1988ff.

Epochenübergreifende Darstellungen zur osmanischen Geschichte

Agoston, Gábor: Ottoman Warfare in Europe 1453–1826. In: European Warfare, 1453–1815. Hrsg. von Jeremy Black. Basingstoke 1999. S. 118–144, 262–263.
An Economic and Social History of the Ottoman Empire, 1300–1914. Hrsg. von Halil İnalcık und Donald Quataert. Cambridge 1994.

Andrews, Walter G.: Poetry's Voice, Society's Song. Ottoman Lyric Poetry. Seattle 1985.

Artan, Tülay: Periods and Problems of Ottoman (Women's) Patronage on the Via Egnatia. In: The Via Egnatia under Ottoman Rule, 1380–1699. Hrsg. von Elizabeth Zachariadou. Rethymnon 1996.

Behrens-Abouseif, Doris: Egypt's Adjustment to Ottoman Rule. Institutions, *waqf* and Architecture in Cairo. Leiden 1994.

Berktay, Halil: The Search for the Peasant in Western and Turkish History / Historiography. In: New Approaches to State and Peasant in Ottoman History. Hrsg. von Halil Berktay und Suraiya Faroqhi. London 1992. S. 109–184.

Bierman, Irene [u. a.] (Hrsg.): The Ottoman City and its Parts: Urban Structure and Social Order. New Rochelle (NY) 1991.

Clayer, Nathalie: Mystiques, état et société. Les Halvetis dans l'aire balkanique de la fin du XVème siècle à nos jours. Leiden [u. a.] 1994.

Eldem, Edhem [u. a.]: The Ottoman City Between East and West. Aleppo, Izmir and Istanbul. Cambridge 1999.

Faroqhi, Suraiya: Herrscher über Mekka. Die Geschichte der Pilgerfahrt. München 1990.

– Kultur und Alltag im Osmanischen Reich. Vom Mittelalter bis zum Anfang des 20. Jahrhunderts. München 1995.

Fisher, Alan W.: The Crimean Tatars. Stanford (Ca.) 1978.

Gerber, Haim: State, Society, and Law in Islam. Ottoman Law in Comparative Perspective. New York 1994.

Goffman, Dan: The Ottoman Empire and Early Modern Europe. Cambridge 2002.

Gölpınarlı, Abdülbaki: Melamîlik ve Melâmîler. 2. Aufl. Istanbul 1992.

– Mevlânâ'dan sonra Mevlevîlik. Istanbul 1953.

Histoire de l'empire Ottoman. Hrsg. von Robert Mantran. Paris 1989.

Hodgson, Marshall G. S.: The Venture of Islam. Conscience and History in a World Civilization. Bd. 3: The Gunpowder Empires and Modern Times. Chicago/London 1974.

Holt, Peter: Egypt and the Fertil Crescent, 1516–1922. A Political History. London 1966.

Imber, Colin: The Ottoman Empire 1300–1650. The Structure of Power. Houndsmill / New York 2002.

İnalcık, Halil: The Ottoman Empire. The Classical Age 1300–1600. Übers. von Norman Itzkowitz und Colin Imber. London 1973.
Kazancıgil, Aykut: Osmanlılarda Bilim ve Teknoloji. Istanbul 1999.
Khoury, Dina: State and Provincial Society in the Ottoman Empire. Mosul 1540–1834. Cambridge 1997.
Kiel, Machiel: Art and Society of Bulgaria in the Turkish Period. Assen/Maastricht 1985.
– Ottoman Architecture in Albania. Istanbul 1990.
Kołodziejczyk, Dariusz: Ottoman-Polish Diplomatic Relations (15th–18th Century). An Annotated Edition of 'Ahdnames and Other Documents. Leiden 2000.
McGowan, Bruce: Economic Life in Ottoman Europe. Taxation, Trade and the Struggle for Land, 1600–1800. Cambridge/Paris 1981.
Murphey, Rhoads: Ottoman Warfare, 1500–1700. London 1999.
Ocak, Ahmet Yaşar: Osmanlı İmparatorluğunda Marjinal Sûfîlik, Kalenderîler, XIV–XVII Yüzyıllar. Ankara 1992.
– Osmanlı Toplumunda Zındıklar ve Mülhidler, 15.–17. Yüzyıllar. Istanbul 1998.
Pamuk, Şevket: A Monetary History of the Ottoman Empire. Cambridge 2000.
Peirce, Leslie P.: The Imperial Harem. Women and Sovereignty in the Ottoman Empire. New York / Oxford 1993.
Raymond, André: Grandes villes arabes à l'époque ottomane. Paris 1986.
Todorov, Nikolai: The Balkan City, 1400–1900. Seattle 1983.
Zilfi, Madeline C. (Hrsg.): Women in the Ottoman Empire. Middle Eastern Women in the Early Modern Era. Leiden 1997.
– The Politics of Piety. The Ottoman Ulema in the Classical Age. Minneapolis 1988.

Von den Anfängen bis 1512

Bibliographie alttürkischer Studien. Ausgew. und chronologisch angeordnet von Volker Adam [u. a.]. Wiesbaden 2000.
Bosworth, Clifford Edmund: The New Islamic Dynasties. A Chronological and Genealogical Manual. Edinburgh 1996.

Cahen, Claude: Pre-Ottoman Turkey. A General Survey of the Material and Spiritual Culture and History c. 1071–1330. London 1968. [Zuerst: La Turquie Pré-Ottomane. Istanbul 1988. Überarb. u. d. T.: The Formation of Turkey. The Seldjukid Sultanate of Rūm: Eleventh to Fourteenth Century. Harlow 2001.]
Flemming, Barbara: Landschaftsgeschichte von Pamphylien, Pisidien und Lykien im Spätmittelalter. Wiesbaden 1964.
Golden, Peter B.: An Introduction to the History of the Turkish Peoples. Wiesbaden 1992.
Hillenbrand, Robert (Hrsg.): The Art of the Saljuqs in Iran and Anatolia. Proceedings of a Symposium Held in Edinburgh in 1982. Costa Mesa (Ca.) 1994.
History of the Civilizations of Central Asia. Bd. 4.1: The Age of Achievement, AD 750 to the End of the Fifteenth Century. The Historic and Economic Setting. Hrsg. von Moukhamed Saïfitdinovitsch Asimov und Clifford Edmund Bosworth. Paris 1998.
Kafadar, Cemal: The Construction of the Ottoman State. Berkeley 1995.
Köprülü, Mehmed Fuad: The Seljuks of Anatolia. Their History and Culture According to Local Muslim Sources. Salt Lake City 1992.
Morgan, David: The Mongols. Oxford 1987.
Nizāmulmulk: Das Buch der Staatskunst Siyāsatnāma. Gedanken und Geschichten. Aus dem Pers. übers. und eingel. von Karl Emil Schabinger Freiherr von Schowingen. Zürich 1987.
Sinor, Denis (Hrsg.): The Cambridge History of Early Inner Asia. Cambridge 1990.
Strohmeier, Martin: Seldschukische Geschichte und türkische Geschichtswissenschaft. Die Seldschuken im Urteil moderner türkischer Historiker. Berlin 1984.
Sümer, Faruk: Oğuzlar (Türkmenler). Tarihleri, Boy Teşkilatı, Destanları. Ankara 1970.
Vásáry, István: Geschichte des frühen Innerasiens. Herne 1993. [Ungar. Szeged 1993.]
Vryonis, Speros: The Decline of Medieval Hellenism in Asia Minor and the Process of Islamization from the Eleventh through the Fifteenth Century. Berkeley 1971.
Wittek, Paul: Das Fürstentum Mentesche. Istanbul 1934.
Zachariadu, Elizabet A.: Trade and Crusade. Venetian Crete and the Emirates of Menteshe and Aydin (1300–1415). Venedig 1983.
– (Hrsg.): The Ottoman Emirate (1300–1389). Rethymnon 1993.

Die Zeit von 1512 bis 1596

Arbel, Benjamin: Trading Nations, Jews and Venetians in the Early Modern Eastern Mediterranean. Leiden 1995.
Barkan, Ömer Lutfı: Süleymaniye Cami ve İmareti İnşaatı. 2 Bde. Ankara 1972/79.
– Türk-İslam Hukuku Tatbikatının Osmanlı İmparatorluğunda Aldığı Şekiller I: Malikane Divani Sistemi. In: Türk Hukuk ve İktisat Tarihi Mecmuası 1 (1939). S. 119–185.
– The Price Revolution of the Sixteeth Century. A Turning Point in the Economic History of the Near East. In: International Journal of Middle East Studies 6 (1975). H. 1 S. 3–28.
Çağatay, Neşet: Osmanlı İmparatorluğunda Riba–Faiz Konusu, Para Vakıfları ve Bankacılık. In: Vakıflar Dergisi 9 (1971). S. 39–56.
Dávid, Geza / Fodor, Pál (Hrsg.): Hungarian-Ottoman Military and Diplomatic Relations in the Age of Süleyman the Magnificent. Budapest 1994.
Emecen, Feridun M.: XVI. Asırda Manisa Kazası. Ankara 1989.
Ergenç, Özer: Osmanlı Klasik Dönemi Kent Tarihçiliğine Katkı, XVI. Yüzyılda Ankara ve Konya. Ankara 1995.
Faroqhi, Suraiya: Sixteenth Century Periodic Markets in Various Anatolian Sancaks: İçel, Hamid, Karahisar-i Sahib, Kütahya, Aydın and Menteşe. In: Journal of the Economic and Social History of the Orient 22 (1976). H. 1. S. 32–79.
– Towns and Townsmen of Ottoman Anatolia, Trade, Crafts and Food Production in an Urban Setting, 1520–1650. Cambridge [u. a.] 1984.
Fleischer, Cornell H.: Bureaucrat and Intellectual in the Ottoman Empire. The Historian Mustafâ Âli (1541–1600). Princeton 1986.
– The Lawgiver as Messiah. The Making of the Imperial Image in the Reign of Süleyman. In: Soliman le Magnifique et son temps. Actes du Colloque de Paris. Galeries Nationales du Grand Palais, 7–10 mars 1990. Paris 1992. S. 159–178.
Guilmartin, John F.: Gunpowder and Galleys. Changing Technology and Mediterranean Warfare at Sea in the 16th Century. Cambridge 1974.
Heyd, Uriel: Studies in Old Ottoman Criminal Law. Oxford 1973.
Imber, Colin: Ebu's-su'ud, the Islamic Legal Tradition. Edinburgh 1997.

İnalcık, Halil: Capital Formation in the Ottoman Empire. In: The Journal of Economic History 29 (1969). H. 1. S. 97–140.

– The Ottoman Economic Mind and Aspects of the Ottoman Economy. In: Studies of the Economic History of the Middle East. Hrsg. von Michael Cook. London/Oxford 1970.

Kafadar, Cemal: A Death in Venice (1575): Anatolian Muslim Merchants Trading in the Serenissima. In: Journal of Turkish Studies 10 (1986) [= Raiyyet Rüsumu: Essays Presented to Halil Inalcik ...]. S. 191–218.

Kuban, Doğan: Sinan'ın Sanatı ve Selimiye. Istanbul 1997.

Mélikoff, Irène: Le problème kızılbaş. In: Turcica 6 (1975). S. 49–67.

Nasuhü's-silahî (Matrakçı): Beyan-ı Menazil-i Sefer-i 'Irakeyn-i Sultan Süleyman Han. Hrsg. von Hüseyin G. Yurdaydın. Ankara 1976.

Necipoğlu-Kafadar, Gülru: Architecture, Ceremonial and Power. The Topkapı Palace in the Fifteenth and Sixteenth Centuries. Cambridge (Ma.) 1991.

– The Süleymaniye Complex in Istanbul: an Interpretation. In: Muqarnas 3 (1986). S. 92–117.

– Süleyman the Magnificent and the Representation of Power in the Context of Ottoman-Habsburg-Papal Rivalry. In: The Art Bulletin 71 (1989). H. 3. S. 401–427.

Orhonlu, Cengiz: Osmanlı İmparatorluğunda Derbend Teşkilatı. Istanbul 1967.

Özbaran, Salih: The Ottoman Response to European Expansion. Studies on Ottoman-Portuguese Relations in the Indian Ocean and Ottoman Administration in the Arab Lands during the Sixteenth Century. Istanbul 1994.

Piri Reis: Kitabı Bahriye. Hrsg. von Haydar Alpagut and Fevzi Kurtoğlu. Istanbul 1935.

Posch, Walter: Der Fall Alkâs Mîrzâ und der Persienfeldzug von 1548–1549. Ein gescheitertes osmanisches Projekt zur Niederwerfung des safavidischen Persiens. Marburg 2000.

Prohazka-Eisl, Gisela (Hrsg.): Das Surname-i Hümayun. Die Wiener Handschrift in Transkription, mit Kommentar und Indices versehen. Istanbul 1995.

Schmidt, Jan: Pure Water for Thirsty Muslims. A Study of Mustafa 'Ali of Gallipoli's Künhü l-ahbar. Leiden [1991].

Singer, Amy: Constructing Ottoman Beneficience: An Imperial Soup Kitchen in Jerusalem. Albany (NY) 2002.

Soucek, Svat: Piri Reis and Turkish Mapmaking after Columbus. London 1992.
Veinstein, Gilles (Hrsg.): Soliman le Magnifique et son temps. Paris 1992.
Yılmaz, Fikret: XVI. Yüzyıl Osmanlı Toplumunda Mahremiyetinin Sınırlarına Dair. In: Toplum ve Bilim 83 (1999/2000). S. 92–110.

Die Zeit von 1596 bis 1703

Abou-El-Haj, Rifa'at A.: Ottoman Attitudes Toward Peace-Making: The Karlowitz Case. In: Der Islam (1974). S. 131–137.
– Formation of the Ottoman State. The Ottoman Empire. Sixteenth to Eighteenth Centuries. Albany (NY) 1991.
– The 1703 Rebellion and the Structure of Ottoman Politics. Istanbul 1984.
Anderson, Sonia: An English Consul in Turkey. Paul Rycaut at Smyrna, 1667–1678. Oxford 1989.
Barkey, Karen: Bandits and Bureaucrats. The Ottoman Route to State Centralization. Ithaca 1994.
Barkan, Ömer Lutfi: The Price Revolution of the Sixteenth Century: A Turning Point in the Economic History of the Near East. In: International Journal of Middle East Studies 6 (1975). S. 3–28.
Clayer, Nathalie: Münîrî Belgrâdî. Un représentant de la *'ilmiyye* dans la région de Belgrade, fin XVIe – début du XVIIe siècle. In: Frauen, Bilder und Gelehrte. Hrsg. von Sabine Prätor und Christoph K. Neumann. Istanbul 2002.
Cook, Michael A.: Population Pressure in Rural Anatolia, 1450–1600. London 1972.
Çelebi, Evliya: Im Reiche des Goldenen Apfels. Des türkischen Weltenbummlers Evliya Çelebi denkwürdige Reise in das Giaurenland und in die Stadt und Festung Wien anno 1665. Übers. und hrsg. Richard F. Kreutel [u. a.]. 2. Aufl. Wien 1987.
– Evliya Çelebi in Bitlis. The Relevant Sections of the Seyahatname. Hrsg. und Übers., Komm. und Einf. von Robert Dankoff. Leiden 1990.
– Evliya Çelebi in Diyarbekir. Hrsg. und übers. von Van Bruinessen [u. a.]. Leiden 1988.

– Evliya Çelebi Seyahatnâmesi. Istanbul 1995–2003. Bd. 1. Hrsg. von Orhan Şaik Gökyay und Yücel Dağlı. – Bd. 2. Hrsg. von Zekerya Kurşun [u. a.]. – Bd. 3, 4, 6. Hrsg. von Yücel Dağlı und Seyit Ali Kahraman. – Bd. 5, 7. Hrsg. von Yücel Dağlı [u. a.].
– Kairo in der zweiten Hälfte des 17. Jahrhunderts beschrieben von Evliya Çelebi. Übers. von Erich Prokosch. Istanbul 2001.
Eickhoff, Ekkehard: Venedig, Wien und die Osmanen. Umbruch in Südosteuropa 1645–1700. 2. Aufl. Stuttgart 1988.
Faroqhi, Suraiya: Seeking Wisdom in China: An Attempt to Make Sense of the Celali Rebellions. In: Zafar nama. Memorial Volume to Felix Tauer. Hrsg. von Rudolf Veselý und Eduard Gombar. Prag 1996. S. 101–124.
Finkel, Caroline: The Administration of Warfare: the Ottoman Military Campaigns in Hungary, 1593–1606. 2 Bde. Wien 1988.
Goffman, Daniel: Britons in the Ottoman Empire 1642–1660. Seattle/London 1998.
– Izmir and the Levantine World, 1550–1650. Seattle 1990.
Hanna, Nelly: Making Big Money in 1600. The Life and Times of Isma'il Abu Taqiyya, Egyptian Merchant. Syrakus 1998.
İnalcık, Halil: Military and Fiscal Transformation in the Ottoman Empire, 1600–1700. In: Archivum Ottomanicum 6 (1980). S. 283–337.
– The Socio-Political Effects of the Diffusion of Firearms in the Middle East. In: War, Technology and Society in the Middle East. Hrsg. von M. E. Yapp. London/Oxford 1975. S. 195–297.
Kafadar, Cemal: Les troubles monétaires de la fin du XVIe siècle et la conscience ottomane du déclin. In: Annales ESC 43 (1991). S. 381–400.
Kreiser, Klaus: Icareteyn. Zur doppelten Miete im Osmanischen Stiftungswesen. In: Journal of Turkish Studies 10 (1986) [= Raiyyet Rüsumu, Essays presented to Halil İnalcık …]. S. 219–226.
Majer, Hans Georg: Der Tod im Mörser: Starben so osmanische Schejchülislame? In: Von der Pruth-Ebene bis zum Gipfel des Ida […]. Festschrift zum 70. Geburtstag von Emanuel Turczynski. Hrsg. von Gerhard Grimm. München 1989. S. 141–152.
Mantran, Robert: Istanbul dans la seconde moitié du XVIIe siècle. Essai d'histoire institutionelle, économique et sociale. Paris/Istanbul 1962.
Osman Ağa: Der Gefangene der Giauren. Die abenteuerlichen Schicksale des Dolmetschers Osman Ağa aus Temeschwar, von

ihm selbst erzählt. Übers. und hrsg. von Richard Kreutel und Otto Spies. Köln [u. a.] 1962.
Steensgaard, Niels: The Asian Trade Revolution of the Seventeenth Century. The East India Companies and the Decline of the Caravan Trade. Chicago/London 1973.
Stepánek, Petr: War and Peace in the West (1644/5): A Dilemma at the Threshold of Felicity? In: Archiv Orientální 69 (2001). H. 2. S. 327–340.
Tabakoğlu, Ahmet: Gerileme Dönemine Girerken Osmanlı Maliyesi. Istanbul 1985.
Ze'evi, Dror: An Ottoman Century. The District of Jerusalem in the 1600s. Albany (NY) 1996.

Darstellungen, die ein »langes« 18. Jahrhundert betreffen

Alexander, John C.: Brigandage and Public Order in the Morea, 1685–1806. Athens 1985.
Artan, Tülay: Mahremiyet, Mahremiyetin Resmi. In: Defter 20 (1993). H. 6. S. 91–118.
Dialetis, Dimitris [u. a.]: The Sciences in the Greek Speaking Regions During the 17th and the 18th Centuries. In: The Sciences in the European Periphery During the Enlightenment. Hrsg. von Kostas Gavroglu. Dordrecht [u. a.] 1999. S. 41–72.
Eldem, Edhem: French Trade in Istanbul in the Eighteenth Century. Leiden 1999.
Frangakis-Syrett, Elena: The Commerce of Smyrna in the Eighteenth Century (1700–1820). Athens 1992.
Genç, Mehmet: L'économie ottomane et la guerre au XVIIIème siècle. In: Turcica 27 (1995). S. 177–196.
– Ottoman Industry in the Eighteenth Century: General Framework, Characteristics and Main Trends. In: Manufacturing in the Ottoman Empire and Turkey 1500–1950. Hrsg. von Donald Quataert. Albany (NY) 1994. S. 59–86.
Hanebutt-Benz, Eva [u. a.]: Sprachen des Nahen Ostens und die Druckrevolution: Eine interkulturelle Begegnung. Mainz 2002.
Jelavich, Barbara: History of the Balkans. Bd. 1: Eighteenth and Nineteenth Centuries. Cambridge 1983.
Marcus, Abraham: The Middle East on the Eve of Modernity: Aleppo in the Eighteenth Century New York 1989.

Nagata, Yuzo: Tarihte Ayânlar, Karaosmanoğulları Üzerinde bir İnceleme. Ankara 1997.
Quataert, Donald: Clothing Laws, State and Society in the Ottoman Empire, 1720–1829. In: International Journal of Middle East Studies 29 (1997). S. 403–425.
Raymond, André: Artisans et commerçants au Caire, au XVIIIe siècle. 2 Bde. Damascus 1973–74.
Renda, Günsel: Batılaşma Döneminde Türk Resim Sanatı, 1700–1850. Ankara 1977.
Schatkowski-Schilcher, Linda: Families in Politics. Damascene Factions and Estates of the 18th and 19th Centuries. Wiesbaden/ Stuttgart 1985.
Unat, Faik Reşat: Osmanlı Sefirleri ve Sefaretnâmeleri. Hrsg. von Bekir Sıtkı Baykal. Ankara 1968.
Yediyıldız, Bahaeddin: Institution du vaqf au XVIIIè siècle en Turquie. Étude socio-historique. Ankara 1985.

Die Zeit von 1703 bis 1768

Arel, Ayda: Gothic Towers and Baroque Mihrabs. The Post-Classical Architecture of Aegean Anatolia in the Eighteenth and Nineteenth Centuries. In: Muqarnas 10 (1993). S. 212–218.
Atıl, Esin: Levni and the Surname. The Story of an Eighteenth-Century Ottoman Festival. Istanbul 1999.
Barbir, Karl K.: Ottoman Rule in Damascus, 1708–1758. Princeton 1980.
Beydilli, Kemal: Büyük Friedrich ve Osmanlılar, XVIII. Yüzyılda Osmanlı-Prusya Münasebetleri. Istanbul 1985.
Cezar, Yavuz: Osmanlı Maliyesinde Bunalım ve Değişim Dönemi, XVIII. yy'dan Tanzimat'a Mali Tarih. Istanbul 1986.
Cızakça, Murat: A Comparative Evolution of Business Partnerships. The Islamic World and Europe. Leiden 1996.
Findley, Carter: Ebu Bekir Ratib's Vienna Embassy Narrative: Discovering Austria or Propagandizing Reform in Istanbul? In: Wiener Zeitschrift für die Kunde des Morgenlandes 85 (1995). S. 41–80.
Gdoura, Wahid: Le début de l'imprimerie arabe à Istanbul et en Syrie. Evolution de l'environment culturel, 1706–1787. Tunis 1985.

Genç, Mehmet: Osmanlı Maliyesinde Malikâne Sistemi. In: Türkiye İktisat Tarihi Semineri, Metinler – Tartışmalar [...]. Hrsg. von Osman Okyar und Ünal Nabantoğlu. Ankara 1975. S. 231–296.

Göçek, Fatma Müge: East Encounters West. France and the Ottoman Empire in the Eighteenth Century. New York [u. a.] 1987.

Greene, Molly: A Shared World. Christians and Muslims in the Early Modern Mediterranean. Princeton 2000.

Hathaway, Jane: The Politics of Households in Ottoman Egypt. The Rise of the Qazdağlıs. Cambridge 1997.

Keyder, Çağlar / Tabak, Faruk (Hrsg.): Landholding and Commercial Agriculture in the Middle East. Albany (NY) 1991.

Neumann, Christoph K.: Freundschaft und Karriere. Zwei Briefe Çelebi-zade İsmail Asıms zu Verhalten und Fehlverhalten führender *ulema*. In: Frauen, Bilder und Gelehrte. Studien zu Gesellschaft und Künsten im Osmanischen Reich. Festschrift Hans Georg Majer. Hrsg. von Christoph K. Neumann und Sabine Prätor. Istanbul 2002. S. 603–628.

Sarıcaoğlu, Fikret: Kendi Kaleminden bir Padişahın Portresi, Sultan I. Abdülhamid, 1774–1789. Istanbul 2001.

Veinstein, Gilles: Le paradis des infidèles. Yirmisekiz Çelebi Mehmed Efendi, ambassadeur ottoman en France sous la Régence. Paris 1981.

Die Zeit von 1768 bis 1826

Aksan, Virginia: An Ottoman Statesman in War and Peace. Ahmed Resmi Efendi, 1700–1783. Leiden 1995.

Bağış, Ali İhsan: Osmanlı Ticaretinde Gayri Müslimler, Kapitülasyonlar, Beratlı Tüccarlar ve Hayriye Tüccarları (1750–1839). Ankara 1983.

Beydilli, Kemal: Ignatius Mouradgea D'Ohsson (Muradcan Tosunyan). In: Istanbul Üniversitesi Edebiyat Fakültesi Tarih Dergisi 34 (1984). S. 247–314.

– Türk Bilim ve Matbaacılık Tarihinde Mühendishâne, Mühendishâne Matbaası ve Kütüphânesi, 1776–1826. Istanbul 1995.

Bode, Andreas: Die Flottenpolitik Katharinas II. und die Konflikte mit Schweden und der Türkei (1768–1792). Wiesbaden 1979.

Findley, Carter Vaughn: Mouradja d'Ohsson (1740–1807). Limi-

nality and Cosmopolitanism in the Author of the *Tableau général de L'empire ottoman*. In: The Turkish Studies Association Bulletin 22 (1998). H. 1. S. 21–35.
Fisher, Alan W.: The Russian Annexation of the Crimes 1772–1783. London 1970.
Fleming, Katherine E.: The Muslim Bonaparte. Diplomacy and Orientalism in Ali Pasha's Greece. Princeton 1999.
Gondicas, Dimitri / Issawi, Charles (Hrsg.): Ottoman Greeks in the Age of Nationalism Princeton 1999.
Holbrook, Victoria Rowe: The Unreadable Shores of Love. Turkish Modernity and Mystic Romance. Austin 1994.
Kaçar, Mustafa: Osmanlı İmparatorluğu'nda Askeri Teknik Eğitimde Modernleşme Çalışmaları ve Mühendishanelerin Kuruluşu, 1808'e Kadar. In: Osmanlı Bilimi Araştırmaları 2 (1998). S. 69–137.
Masters, Bruce: The Sultan's Entrepreneurs: The *Avrupa tüccarı* and the *Hayriye tüccarıs* in Syria. In: International Journal of Middle East Studies 24 (1992). S. 579–597.
Millas, Herkül: Yunan Ulusunun Doğuşu. Istanbul 1994.
Neumann, Christoph K.: Selânik'te Onsekizinci Yüzyılın Sonunda Masarif-i Vilâyet Defterleri: Merkezî Hükûmet, Taşra İdaresi ve Şehir Yönetimi Üçgeninde Malî İşlemler. In: Tarih Enstitüsü Dergisi 16 (1998). S. 69–97.
Quataert, Donald: Ottoman Manufacturing in the Age of the Industrial Revolution. Cambridge 1993.
Stoianovich, Traian: The Conquering Balkan Orthodox Merchant. In: The Journal of Economic History 20 (1960). S. 234–313.
Toledano, Ehud R.: State and Society in Mid-Nineteenth Century Egypt. Cambridge 1990.

Von 1826 bis 1920

Criss, Nur Bilge: İstanbul under Allied Occupation. Leiden 1999.
Dadrian, Vahakn N.: The History of the Armenian Genocide. Ethnic Conflict from the Balkans to Anatolia to the Caucasus. Providence 1995.
Davison, Roderic: Reform in the Ottoman Empire 1856–1876. 2. Aufl. Princeton 1973.
Deringil, Selim: The Well-Protected Domains. Ideology and Legi-

timation of Power in the Ottoman Empire, 1876–1909. London 1998.
Findley, Carter V.: Bureaucratic Reform in the Ottoman Empire. The Sublime Porte, 1789–1922. Princeton 1980.
Hanioğlu, Mehmet Şükrü: The Young Turks in Opposition. New York 1995.
Helmreich, Paul C.: From Paris to Sèvres. The Partition of the Ottoman Empire and the Peace Conference of 1919–1920. Columbus (Ohio) 1974.
Hewsne, Robert H.: Armenia. A Historical Atlas. Chicago 2001.
Issawi, Charles: The Economic History of Turkey. 1800–1914. Chicago 1980.
Kent, Marian (Hrsg.): The Great Powers and the End of the Ottoman Empire. 2. Aufl. London 1996.
Kieser, Hans-Lukas: Der verpasste Friede. Mission, Ethnie und Staat in den Ostprovinzen der Türkei 1839–1938. Zürich 2000.
Lewis, Bernard: The Emergence of Modern Turkey. London 1961. [Überarb. 1968 u.ö.]
Mardin, Şerif: The Genesis of Young Ottoman Thought. A Study in the Modernization of Turkish Political Ideas. Princeton 1962.
McCarthy, Justin: Muslim and Minorities. The Populations of Ottoman Anatolia and the End of the Empire. New York 1983.
Mordtmann, Andreas David: Stambul und das moderne Türkentum. Politische, sociale und biographische Bilder von einem Osmanen. 2 Bde. Leipzig 1877/78.
Neumann, Christoph K.: Das indirekte Argument. Ein Plädoyer für die Tanzîmât. Die geschichtliche Bedeutung von Ahmed Cevdet Paşas Ta'rîh. Münster 1994.
Ottoman Greeks in the Age of Nationalism: Politics, Economy, and Society in the Nineteenth Century. Hrsg. von Dimitri Gondicas und Charles Issawi. Princeton 1999.
Pamuk, Şevket: The Ottoman Empire and European Capitalism, 1820–1913. Trade, Investment, and Production. Cambridge 1987.
Quataert, Donald: Social Disintegration and Popular Resistance in the Ottoman Empire, 1881–1908. Reactions to European Economic Penetration. New York 1983.
Salt, Jeremy: Imperialism, Evangelism and the Ottoman Armenians 1878–1896. London 1993.
Scherer, Friedrich: Adler und Halbmond. Bismarck und der Orient 1878–1890. Paderborn 2001.

Shaw, Stanford J.: Between Old and New. The Ottoman Empire under Sultan Selim III, 1789–1807. Cambridge (Mass.) 1971.
Somel, Selçuk Akşin: The Modernization of Public Education in the Ottoman Empire 1839–1908. Islamization, Autocracy and Discipline. Leiden 2001.
Trumpener, Ulrich: Germany and the Ottoman Empire 1914–1918. Princeton 1968.

Von 1920 bis 2008

Geschichte

Adanir, Fikret: Geschichte der Republik Türkei. Mannheim 1995.
Ahmad, Feroz: Geschichte der Türkei. Essen 2005.
– / Turgay-Ahmad, Bedia: Türkiye'de Çok Partili Politikanın Açıklamalı Kronolojisi (1945–1975). Ankara 1976.
Akşin, Sina: Turkey: from Empire to Revolutionary Republic. The Emergence of the Turkish Nation from 1789 to the Present. London 2007.
Buhbe, Matthes: Türkei. Politik und Zeitgeschichte. Opladen 1996.
Jäschke, Gotthard: Die Türkei seit dem Weltkriege. Geschichtskalender 1918–1928. Berlin 1929. – Die Türkei in den Jahren 1935–1941. Leipzig 1943. – Die Türkei in den Jahren 1942–1951. Wiesbaden 1955. – Die Türkei in den Jahren 1952–1961. Wiesbaden 1965.
Kreiser, Klaus: Lebensbilder aus der Türkei. Zürich 1997.
Lewis, Bernard: The Emergence of Modern Turkey. London 1961. [Überarb. 1968.]
Zürcher, Erik: Turkey. A Modern History. London 1993.

Einzelne Epochen, Politik, Parteien

Ahmad, Feroz: The Turkish Experiment in Democracy 1950–1974. London 1977.
Dumont, Paul: Mustafa Kemal invente la Turquie Moderne, 1919–1924. Brüssel 1983.
Koçak, Cemil: Türkiye'de Millî Şef Dönemi, 1938–1945. 2 Bde. Istanbul 2003.

Mango, Andrew: Atatürk. The Biography of the Founder of Modern Turkey. London 1999.
Rubin, Barry / Heper, Metin (Hrsg.): Political Parties in Turkey. London 2002.
Schüler, Harald: Die türkischen Parteien und ihre Mitglieder. Hamburg 1998.
– Turkey. In: Elections in Asia and the Pacific. A Data Handbook. Bd. 1: The Middle East, Central Asia and South Asia. Hrsg. von Dieter Nohlen [u. a.]. Oxford 2001. S. 233–287.
Shaw, Stanford J.: From Empire to Republic. The Turkish War of National Liberation 1918–1923. A Documentary Study. 5 Bde. Ankara 2000.
Tuncay, Mete: Türkiye Cumhuriyeti'nde Tek Parti Yönetimin kurulması. Istanbul 1999.

Ausgewählte Landschaften und Orte

Meeker, Michael E.: A Nation of Empire. The Ottoman Legacy of Turkish Modernity. Berkeley/London 2002.
Planhol, Xavier de: De la plaine pamphylienne aux lacs pisidiens. Nomadisme et vie paysanne. Paris 1958.
Sterling, Paul: Turkish Village. New York 1965.
Unbehaun, Horst: Klientelismus und politische Partizipation in der ländlichen Türkei. Der Kreis Datça (1923–1992). Hamburg 1994.

Außenpolitik, Europa, Militär

Hale, William M.: Turkish Politics and the Military. London 1994.
– Turkish Foreign Policy 1774–2000. London 2000.
Kramer, Heinz: Die Europäische Gemeinschaft und die Türkei. Baden-Baden 1988.
Oran, Baskın (Hrsg.): Türk Dış Politikası. Kurtuluş Savaşından Bugüne. Olgular, Belgeler, Yorumlar. 2 Bde. Istanbul 2001.
Ziemke, Kurt: Die neue Türkei. Die politische Entwicklung 1914–1929. Stuttgart 1930.

Bevölkerung, Recht, Religion, Gesellschaft, Wirtschaft, Geistesgeschichte, Kultur

Andrews, Peter Alford / Benninghaus, Rüdiger: Ethnic Groups in the Republic of Turkey. Wiesbaden 1989. [Erw. Neuaufl. 2002.]
Belge, Murat (Hrsg.): Modern Türkiye'de Siyasi Düşünce. 9 Bde. Istanbul 2001–08.
Hershlag, Zvi Yehuda: The Contemporary Turkish Economy, London 1988.
Hirsch, Ernst E.: Die Verfassung der türkischen Republik. Frankfurt a. M. 1966.
– Verfassungsänderungen in der Türkei. Hamburg 1973.
Künnecke, Arndt: Eine Hürde auf dem Weg zur EU-Mitgliedschaft? – Der unterschiedliche Minderheitenbegriff der EU und der Türkei. Hamburg 2007.
Nicolai, Bernd: Moderne und Exil. Deutschsprachige Architekten in der Türkei 1925–1955. Berlin 1998.
Rumpf, Christian: Das türkische Verfassungssystem. Einführung mit vollständigem Verfassungstext. Wiesbaden 1996.
– Einführung in das türkische Recht. München 2004.
Strohmeier, Martin / Yalçın-Heckmann, Lale: Die Kurden. Geschichte, Politik, Kultur. München 2000.
Tapper, Richard (Hrsg.): Islam in Modern Turkey. Religion, Politics and Literature in a Secular State. London 1991.
Tekeli, Şirin (Hrsg.): Women in Modern Turkish Society. A Reader. London 1995.
Zarcone, Thierry: La Turquie moderne et l'Islam. Paris 2004.

Zeitschriften

Ejts.org = European Journal of Turkish Studies (Marseille) 1 ff. (2004 ff.).
New Perspectives on Turkey (Istanbul) 1 ff. (1987 ff.).
Tarih ve Toplum (Istanbul) 1 ff. (1984 ff.).
Toplumsal Tarih (Istanbul) 1 ff. (1994 ff.).
Turcica (Paris) 1 ff. (1969 ff.).

Verzeichnis der Karten und Graphiken

Die Karten und Grafiken wurden nach Angaben der Autoren von Theodor Schwarz, Urbach, gezeichnet.

Namenregister

Zu den Autoren

Klaus Kreiser, geboren 1945. Studium der Orientalistik, Geschichte und Archäologie in München und Köln. 1977–1980 Wissenschaftlicher Referent an der Abteilung Istanbul des Deutschen Archäologischen Instituts. Von 1984 bis 2003 Inhaber des Lehrstuhls für Türkische Sprache, Geschichte und Kultur an der Universität Bamberg. Gastprofessuren in Istanbul, Paris und Chicago. 1997 Stipendium der Agha Khan Foundation an der Universität Harvard, zwischen 1996 und 2001 Leitung eines Forschungsteams der European Science Foundation im Programm »Individual and Society in the Mediterranean Muslim World«. Autor und Herausgeber zahlreicher Bücher und Fachartikel zur osmanischen und jüngeren türkischen Geschichte und Kultur, darunter zuletzt: Lebensbilder aus der Türkei. 1996. – Türkische Studien in Europa. 1998. – Der osmanische Staat 1300–1922. 2001, ^{2}2008. – Istanbul. Ein literarisch-historischer Stadtführer. 2001. – Atatürk. Eine Biographie. 2008.

Christoph K. Neumann, geboren 1962. Studium an den Universitäten München und Izmir. Lehr- und Forschungstätigkeiten am Orient-Institut der Deutschen Morgenländischen Gesellschaft, der Boğaziçi-Universität und der Technischen Universität (alle Istanbul) sowie 1997-98 an der Karls-Universität Prag und der Prager Nationalbibliothek. Seit 2002 an der Historischen Abteilung der Bilgi-Universität Istanbul. Zahlreiche Publikationen zu den Themen Historiographie, Sozial- und Kulturgeschichte des Osmanischen Reiches, vor allem im 18. und 19. Jahrhundert. Für ein größeres Publikum Veröffentlichung von Reiseführern und Übersetzungen aus der modernen türkischen Literatur.

Kleine Geschichte Afrikas. Von Winfried Speitkamp. 517 S., geb.

Kleine Geschichte der böhmischen Länder. Von Manfred Alexander. 613 S., geb.

Kleine Geschichte Englands. Von Michael Maurer. 558 S., UB 9616

Kleine Geschichte Frankreichs. Hrsg. von Ernst Hinrichs. Aktual. und erg. Ausgabe 2006., 507 S., UB 17057 und geb.

Kleine Geschichte Irlands. Von Michael Maurer. 340 S., UB 9695

Kleine Geschichte Lateinamerikas. Von Hans-Joachim König. 815 S., geb.

Kleine Geschichte Polens. Von Manfred Alexander. 423 S., geb.

Kleine Geschichte Rußlands. Von Hans-Heinrich Nolte. 544 S., UB 9696 und geb.

Kleine Geschichte Schottlands. Von Michael Maurer. 333 S., UB 17056

Kleine Geschichte Spaniens. Hrsg. von Peer Schmidt. 555 S., UB 17039 und geb.

Kleine Geschichte der Türkei. Von Klaus Kreiser und Christoph K. Neumann. 519 S., geb.

Kleine Geschichte der USA. Von Philipp Gassert, Mark Häberlein und Michael Wala. 550 S., geb.

Kleine italienische Geschichte. Von Wolfgang Altgeld und Rudolf Lill. 519 S., UB 17036 und geb.

Philipp Reclam jun. Stuttgart

Deutsche Geschichte in Quellen und Darstellung

